Die Juden in der Oberpfalz

Studien zur Jüdischen Geschichte
und Kultur in Bayern

Herausgegeben von Michael Brenner
und Andreas Heusler

Band 2

R. Oldenbourg Verlag München 2009

Michael Brenner · Renate Höpfinger
(Hrsg.)

Die Juden
in der Oberpfalz

R. Oldenbourg Verlag München 2009

Bibliografische Information der Deutschen Nationalbibliothek
Die Deutsche Nationalbibliothek verzeichnet diese Publikation in der Deutschen
Nationalbibliografie; detaillierte bibliografische Daten sind im Internet
über <http://dnb.d-nb.de> abrufbar.

© 2009 Oldenbourg Wissenschaftsverlag GmbH, München
Rosenheimer Straße 145, D-81671 München
Internet: oldenbourg.de

Umschlaggestaltung: Dieter Vollendorf, München
Umschlagbild: Israelitische Volkshauptschule Weiden mit Oberlehrer Emanuel Strauß
1931. Privatbesitz Michael Brenner, München
Gedruckt auf säurefreiem, alterungsbeständigem Papier (chlorfrei gebleicht).
Satz: Typodata GmbH, München
Druck: Memminger MedienCentrum, Memmingen
Bindung: Buchbinderei Kolibri, Schwabmünchen

ISBN 978-3-486-58678-7

INHALT

VORWORT

Der vorliegende Band entstand auf der Grundlage der Tagung „Geschichte der Juden in der Oberpfalz", die im September 2006 in Sulzbach-Rosenberg stattfand. Die Bayerische Landeszentrale für politische Bildungsarbeit und der Lehrstuhl für Jüdische Geschichte und Kultur an der Ludwig-Maximilians-Universität München starteten damit eine Reihe, die mit Veranstaltungen zur Geschichte der fränkischen und schwäbischen Juden fortgesetzt wird. Die Tagungsbeiträge, ergänzt durch weitere Artikel, werden in diesem Band veröffentlicht. Sie beleuchten eindrucksvoll die jahrhundertealte Geschichte, die reichhaltige und erstaunliche Fülle jüdischen Lebens in der Oberpfalz. Der Dank der Herausgeber gilt den Autoren sowie Frau Monika Halbinger und Frau Andrea Pfeufer für die Mitarbeit an der Drucklegung.

Was will und was kann ein solcher Band erreichen? Es ist zu wünschen, dass an den betreffenden Orten das Bewusstsein dafür gestärkt wird, dass jüdische Präsenz nicht immer in weit entfernten Städten zu finden war. Insbesondere in den Schulen vor Ort sollte dieses Bewusstsein entwickelt werden. Wenn es in den Schulen um Juden geht, dann kommen diese zumeist als Opfer von Verfolgungen vor: von den Kreuzzügen bis zur Schoa. Sie starben aber nicht nur, sondern lebten auch in den Orten der Oberpfalz, studierten, gingen ihren Geschäften nach, stritten sich und spielten Fußball.

Es ist beeindruckend, mit welchen Ergebnissen während der letzten Jahre an der KZ-Gedenkstätte Flossenbürg gearbeitet wurde. Das dunkelste Kapitel jüdischer Geschichte in der Oberpfalz ist damit unübersehbar dokumentiert. Ein nächster Schritt wäre es, kleine Broschüren und Schautafeln an den Orten herzustellen, an denen noch steinerne Überreste jüdischen Lebens zu finden sind und das Wissen darüber zu verbreiten, dass auch heute wieder Juden in Regensburg, Weiden und Amberg leben. Einen Anfang könnten die Synagoge in Floß und die Hebräische Druckerei sowie die Synagoge in Sulzbach machen. Was nützt eine wiederaufgebaute Synagoge, wenn man nichts darüber erfahren kann? Wäre es nicht für Einheimische und Touristen, ja auch für die mittlerweile wieder etwa eintausend in der Oberpfalz lebenden Juden russischer Herkunft, faszinierend zu erfahren, welche Bedeutung ein Ort wie Sulzbach lange Zeit in ganz Europa für diejenigen hatte, die Hebräisch lasen?

Ein weiterer Schritt könnte eine „Straße der jüdischen Geschichte" quer durch die Oberpfalz sein, die zunächst virtuell und in Zukunft vielleicht tatsächlich, den Einheimischen wie den Besucher von außerhalb von einem Ort jüdischen Lebens zum nächsten leitet. Was spräche gegen ein Vernetzung der Orte, gegen eine Wegführung, an deren Stationen nicht nur tote Steine warten, sondern wo durch Initiativen und Programme vor Ort die Steine zum sprechen gebracht werden? Auch an einer „chronologischen" Wegführung, beginnend im hochmittelalterlichen Regensburg, dann mit den Vertreibungen aus den großen Städten den jüdischen Siedlungsspuren in die kleinen Orte der Oberpfalz folgend, über die Zwangsstationen jüdischen Lebens und Sterbens im KZ Flossenbürg und seinen Außenlagern bis zu den sehr lebendigen Gemeinden der Gegenwart, ließe sich jüdische Geschichte einprägsam vor Augen führen.

Den Herausgebern ist es ein Anliegen, mit diesem Band auch zwei herausragende Forscher zur jüdischen Geschichte der Oberpfalz zu würdigen:

Rabbiner Magnus Weinberg, den ersten und wichtigsten Chronisten der jüdischen Geschichte in der Oberpfalz und selbst Opfer der Schoa, der in diesem Band erstmals selbst Gegenstand eines Beitrag ist, und

Professor Dr. Wilhelm Volkert, Emeritus für bayerische Landesgeschichte an der Universität Regensburg, der sich intensiv mit der jüdischen Geschichte in der Oberpfalz beschäftigt und zahlreiche Schülerinnen und Schüler für die jüdische Geschichte begeistert hat.

Renate Höpfinger   *Michael Brenner*

EINFÜHRUNG

Von Michael Brenner

„Siehe, der Stein schreit aus der Mauer" hieß die große Ausstellung, die 1988 im Nürnberger Germanischen Nationalmuseum die Geschichte und Kultur der Juden Bayerns dokumentierte. „Steinerne Zeugnisse jüdischen Lebens in Bayern" betitelte Israel Schwierz eine von der Bayerischen Landeszentrale für politische Bildungsarbeit im selben Jahr herausgegebene Dokumentation. Es sind die Steine, die in beiden Fällen im Mittelpunkt stehen. Wenn die Steine nur sprechen könnten! Lassen wir sie hier doch einfach einmal sprechen und beginnen diesen Band damit auf eine etwas unkonventionelle Weise.

Die Steine unter dem Neupfarrplatz in Regensburg erzählen die Geschichte einer der ältesten jüdischen Gemeinden auf deutschem Boden. Gemäß einer mittelalterlichen jüdischen Tradition sollen Juden hier bereits in vorchristlicher Zeit gelebt haben. Diese Legende erfreute sich nicht zuletzt deshalb so großer Beliebtheit, da man nicht als Christusmörder gebrandmarkt werden mochte, wie dies im christlichen Umfeld gang und gebe war. Dem unhistorischen Vorwurf begegnete man mit der ebenso unhistorischen Argumentation: „Wir haben damit ja gar nichts zu tun, weil unsere Vorfahren schon in Regensburg lebten, als Christus in Jerusalem ans Kreuz geschlagen wurde." Belegt ist eine solch lange Tradition für die Regensburger Juden nicht, man kann aber darauf verweisen, dass für das 4. Jahrhundert bereits Zeugnisse jüdischen Lebens – wenn nicht an der Donau, so doch am Rhein – belegt sind. Ausgeschlossen ist es gewiss nicht, dass mit den römischen Legionen auch Juden in andere Gegenden des Limes wanderten, in denen eine jüdische Präsenz noch vor einer christlichen existierte.

Von einer kontinuierlichen jüdischen Ansiedlung in Regensburg, der ältesten jüdischen Gemeinde Bayerns, wissen wir immerhin seit dem 10. Jahrhundert. Wenig später wurde Regensburg zu einem der bedeutenden Zentren jüdischer Gelehrsamkeit und der deutsch-jüdischen Mystiker des Mittelalters. Wenn die Steine am Neupfarrplatz erzählen könnten, würden sie von der Pracht jener Synagoge berichten, die Albrecht Altdorfer in seinen Stichen am Vorabend ihrer Zerstörung am 21. Februar 1519 in einer Radierung verewigte, bevor sie einer Kirche Platz machen musste. Regensburg war eine der letzten größeren Städte im Reich, aus denen die Juden vertrieben wurden. Nur in Frankfurt und Worms sollten städtische Gemeinden vom Mittelalter bis in die Neuzeit kontinuierlich bestehen bleiben. Aus Bayern dagegen wurden sie 1551 und aus der Oberpfalz 1554 endgültig ausgewiesen. Wir sollten nicht vergessen, dass ein Jahr später der berühmte Augsburger Religionsfriede, von dem heute immer wieder als mögliches Modell für die Lösung religiöser Konflikte die Rede ist, erst in dem Moment geschlossen wurde, als es zumindest in Bayern neben den christlichen Konfessionen keine religiösen Minderheiten mehr gab.

Abb. 1: Das begehbare Relief „Misrach" von Dani Karavan an der Stelle der mittelalterlichen Synagoge in Regensburg.
Quelle: Privatbesitz Hans-Christoph Dittscheid.

Aus ganz Bayern und der ganzen Oberpfalz vertrieben? Nein! Einige von
unbeugsamen Oberpfälzern bewohnte Orte hörten nicht auf, Juden zu beher-
bergen. So heroisch wie die Gallier gerne auf ihren Widerstand gegen die
römische Besatzung verweisen, gestaltete sich die Aufnahmepolitik von Juden
nach der Vertreibung zwar nicht, doch muss man sehen, dass die damaligen
Territorien eben noch nicht flächendeckend waren, wie wir das aus späteren
Jahrhunderten gewöhnt sind. Wir besitzen Dokumente jüdischer Ansiedlungen aus der Landgrafschaft Leuchtenberg, bis diese 1614 an Bayern fiel,
sowie aus dem gemeinschaftlich von Pfalz-Neuburg und Sulzbach regierten
Weiden aus der Zeit des Dreißigjährigen Krieges. Die bedeutendste jüdische
Gemeinde in diesem Umkreis bestand während des 16. und frühen 17. Jahrhunderts aber in dem von den Lobkowitz'schen Fürsten regierten Neustadt an
der Waldnaab.

Womit wir bei den nächsten Steinen wären: In der Freyung 14, vor der noch
heute als Judengraben bekannten Straße in Neustadt, befindet sich das Haus,
das bis 1621 als Jeschiwa, als Talmudschule, genutzt wurde. Diese Steine
könnten zum Beispiel erzählen von den Brüdern Isak ben Mose und Joel
Aschkenasi Katzenellenbogen, die zu den angesehensten jüdischen Schrift-

gelehrten ihrer Zeit gehörten. Der 1543 geborene Isak musste 1621 von Neu-
stadt nach Prag übersiedeln, wo er mit der Schrift „Moledet Jitzchak" eine
weit beachtete Abhandlung zur Kalenderkunde abfasste. Joel Aschkenasis
Name wurde durch Einheirat in eine der bekanntesten Rabbinerfamilien
Europas, die der Katzenellenbogens, Teil des jüdischen Gelehrtenadels. Sein
Schwiegervater war der Oberrabbiner von Venedig, dessen Tochter nun nach
Neustadt an der Waldnaab zog. Allein dadurch kann man sich vorstellen, dass
die Gemeinde und ihre Talmudschule eine gewisse Bedeutung gehabt haben
müssen.

Die Steine an der Freyung mögen sich im Übrigen auch an jenen kuriosen
Rechtsstreit erinnern, der einstmals die jüdische Welt beschäftigte. Jener Joel
Aschkenasi war sich sehr wohl des berühmten Namens seiner Braut bewusst
und nahm für sich und seine Neustädter Verwandten den Namen Katzenellenbogen an. Daraufhin beschwerten sich die männlichen Nachkommen der
Familie und nahmen für sich in Anspruch, dass nur sie diesen Namen führen
durften. Ein jüdisches Gericht kam schließlich zu dem wahrhaft salomonischen
Urteil, dass die Neustädter Familie sich Kazenellenpogen mit „p" zu nennen
habe. Diese neue Schreibweise tauchte freilich nur für eine kurze Zeit auf, um
dann rasch wieder zu verschwinden.

Ihre Nachkommen sollten in weit entfernten Gegenden Europas Rabbiner-
ämter bekleiden: Ein Sohn des Joel, Mattithiah Liebermann, wurde Rabbiner
in Schnaittach, ein anderer Sohn Abraham ging nach Janow bei Lemberg.
Dessen Enkelsohn, Ezechiel Katzenellenbogen, gelangte zu großem Ruhm als
Oberrabbiner der bedeutenden Gemeinde Hamburg-Altona-Wandsbek. Das
sagenumwobenste Mitglied der Familie war jedoch ein Schwager des Joel
Aschkenasi, nämlich Saul Wahl, um den sich die Legende rankt, für eine Nacht
König von Polen gewesen zu sein. Die Steine an der Freyung sind geblieben,
aber seit 1684 haben auch sie keine jüdische Gemeinde mehr bezeugen können, denn damals beschloss Fürst Ferdinand August von Lobkowitz, sich „seiner" Juden zu entledigen. Wirtschaftliche und religiöse Motive gingen bei dieser wie auch den anderen Vertreibungen Hand in Hand.

Bewegen wir uns weiter an einen Ort, der Jahrhunderte lang von überregio-
naler Bedeutung für die Geschichte der Juden war. Der Sulzbacher Herzog
Christian August war es, der einigen der vertriebenen Neustädter Juden Asyl
in seinem Marktflecken Floß gewährte. Das Kapitel der jüdischen Ansiedlung
in der Sulzbacher Herrschaft reicht jedoch zwei Jahrzehnte weiter zurück. In
Sulzbach können noch viele Steine sprechen, die der ehemaligen Synagoge
etwa, oder die der alten hebräischen Druckerei. In Sulzbach stand eine
Druckerei, die wenn nicht die wertvollsten, so doch eine Zeit lang die meisten
hebräischen Bücher in deutschen Landen produzierte. Begründet wurde sie
nicht, weil der Herzog ein besonderes Interesse an den heiligen Büchern der
Juden hatte, sondern weil er sich für ein ganz besonderes Gebiet interessierte:
die Kabbala, die jüdische Mystik, die seinerzeit auch christliche Interpreten
fand. Sie meinten, aus der jüdischen Mystik auch die Wahrheit des Christen-

tums herauslesen zu können. Doch zog die Gründung einer hebräischen Druckerei eben auch jüdische Drucker heran, diese wiederum brachten ihre Familien, diese brauchten Lehrer für ihrer Kinder, Bedienstete, Metzger und Bäcker. Es entstand eine jüdische Gemeinde, die hier bis zur Auslöschung durch die Nationalsozialisten existierte. Die Steine der Druckerei könnten erzählen von Wagenladungen hebräischer Gebetbücher und Bibeln, die hier verpackt wurden, um in die Zentren jüdischen Lebens in ganz Europa ausgeliefert zu werden. Die Steine stehen noch, die Druckerei wie auch die Synagoge wurden vor der Zerstörung bewahrt. Es ist an der Zeit, die Synagoge wieder als einen würdigen Ort eines bedeutenden Teils der Sulzbacher Geschichte zu beleben. Diese Steine können gerade der jüngeren Bevölkerung, für die die jüdische Vergangenheit des Ortes nicht mehr präsent ist, einiges vermitteln.

Doch zurück nach Floß, wo die Neustädter Juden sowie aus anderen Orten Vertriebene eine neue Heimat fanden. Wenn der älteste Stein des bis heute als „Judenberg" bekannten Stadtteils erzählen könnte, er würde uns gewiss die nächsten Tage lang allein unterhalten können. Er würde von der langsam wachsenden Gemeinde, die 1736 erstmals amtlich als „Judenberg" bezeichnet ist, berichten, von den Flosser Selichot, einer Sammlung von Trauergebeten, die von ähnlichen Sammlungen bedeutend abweicht; vom großen Brand im Jahre 1813 und dem anschließenden Bau einer prächtigen Synagoge; von der Blüte der Gemeinde, die in der Mitte des 19. Jahrhunderts auf fast 400 Seelen angewachsen war und damit ein Fünftel der Ortsbevölkerung stellte; von der großen Auswanderung nach Amerika, durch die viele Mitglieder den noch bis 1861 bestehenden rechtlichen Diskriminierungen entkamen; von der Zerstörung der Inneneinrichtung der Synagoge 1938 und der Deportation der letzten Flosser Juden über Regensburg nach Lublin bzw. Theresienstadt; von der zeitweisen Ansiedlung einiger Überlebender aus dem nahegelegenen KZ Flossenbürg und von der Restaurierung der weitgehend zerstörten Synagoge im Jahr 1980.

Unserem Stein beliebt es, eher die Kuriositäten zusammenzutragen. So erinnert sich der Stein vom Flosser Judenberg besonders gerne an einen Streitfall, der sich sozusagen direkt vor seinen Augen im Jahr 1699 zugetragen hat. Rabbiner Magnus Weinberg, wichtigster Chronist der jüdischen Geschichte in der Oberpfalz und selbst Opfer der Schoa, dem in diesem Band erstmals ein Denkmal gesetzt wird, wies in seiner Darstellung auf die Isolierung der Flosser Juden hin, die dazu führte, dass das Gemeindeleben bis tief ins 19. Jahrhundert „ein Tummelplatz wildester Streitigkeiten" wurde: „Die Mitglieder lagen unter sich, mit dem Rabbiner und den anderen Angestellten, den Behörden... in ewiger Fehde." Die Gemeinde war in drei bis vier Familiengruppen aufgespalten, die um die Vorherrschaft kämpften. So mag folgende Episode nicht ganz uncharakteristisch gewesen sein. Sie überliefert den ersten uns bekannten von zahlreichen Familienzwisten, zwischen der Witwe Breinel und ihrem Schwiegersohn Isak Bloch auf der einen Seite und den Brüdern Nathan und Isak auf der anderen:

„Nathan hatte seinerzeit sein Haus einige Schuh über die amtliche Baulinie vorgerückt, was er auch mit hundert Gulden Strafe hatte büßen müssen. Durch diese Vorrückung gewann er ein Fenster, durch das er die Hauseingänge sämtlicher Juden überschauen konnte; hierdurch entstanden Streitigkeiten. Denn er benützte diesen Umstand angeblich, um zu spionieren, ob nicht ein Käufer zu einem Nachbarn eintrete, um ihn dann alsbald zu sich selbst hereinzuziehen. Der Rabbiner von Sulzbach wurde von Isak Bloch herbeizitiert mit der Forderung, er möge dem Nathan die Vermauerung des Fensters befehlen. Der Rabbiner kam und riet dem Moses, einen Holzstoß an der Ecke seines Hauses aufzurichten, der dem Beschuldigten die Aussicht versperre. Der Rat wurde befolgt, dadurch aber die vorbeiführende Straße so verschmälert, daß ein Fuhrwerk samt Fuhrmann und Pferden den Judenberg hinabfiel. Das Pflegamt befal die Beseitigung des Holzes und gab dafür nun die Anbringung eines Brettes anheim, das jetzt auch vor Blochs Haus aufgestellt wurde."

Nun, wir müssen die Erinnerung des Flosser Steines etwas abkürzen: kurzum, er wurde Zeuge, wie wiederum zwei Fuhrwerke den Berg hinunter fielen, wie Isak den Streit weiter verschärfte, indem er eine Konkurrenzsynagoge in seinem Haus einrichtete und sich weigerte, zum Gehalt des Schulmeisters beizusteuern. „Moses klagte in einer Immediateingabe an den Herzog, er sitze zwischen den Brüdern Nathan und Isak wie die Kinder Israel in der Wüste: hinten das Meer, vorn die Wüste, auf beiden Seiten Eidechsen und Schlangen, und er schreie wie dereinst um Hilfe." Nun wurden Regierungskommissionen aus Sulzbach nach Floß geschickt, und schließlich trat Ruhe ein.[1]

Die Enge auf dem Judenberg sollte bald ein Ende finden. Mit Beginn der Freizügigkeit fanden viele Flosser Juden am Ende des 19. Jahrhundert in der aufstrebenden und ans Bahnnetz angeschlossenen Stadt Weiden ihr neues Zuhause, so wie dereinst ihre Vorfahren aus Neustadt in Floß eine neue Heimat gefunden hatten. Diese Tendenz vom Land in die Stadt war für ganz Deutschland repräsentativ. Ein Stein in der Ringstraße 17, ehemals Martin-Luther-Straße, würde uns erzählen von den Engelmanns und Sterzelbachs und anderen Flosser jüdischen Familien, die am Ende des 19. Jahrhunderts aus dem Marktflecken kamen, hier ihre Geschäfte eröffneten und bald zum alltäglichen Leben der Max-Reger-Stadt gehörten. Er könnte uns berichten, wie an den hohen jüdischen Feiertagen viele Geschäfte in der Innenstadt geschlossen blieben, stattdessen reges Leben in den Gebetsräumen herrschte, in denen Oberlehrer Emanuel Strauss auch als Kantor amtierte. Während der Woche unterrichtete er hier die jüdischen Kinder in einer eigenen Volksschule. Ein Bild zeigt sie in Lederhosen und Kniebundstrümpfen, wie ihre christlichen Spielkameraden.

Strauss sollte es allerdings noch erleben, dass diese Kinder in den Lederhosen über den Ozean flüchteten oder in die Vernichtungslager deportiert wurden. Er selbst musste im hohen Alter die beschwerliche Reise nach Montevideo in Uruguay auf sich nehmen, wo sich eines seiner Kinder niedergelassen hatte. Seine Kinder waren von Weiden aus in alle fünf Kontinente ver-

[1] Magnus Weinberg, Geschichte der Juden in der Oberpfalz, Band V. Herzogtum Sulzbach (Sulzbach und Floss), München 1927, S. 78f.

Abb. 2:
Gedenkstein in Weiden.
Quelle: Stadtarchiv Weiden.

streut worden: neben Uruguay nach England und Palästina, nach Kenia und Neuseeland.

Der Stein in der Ringstraße könnte erzählen, wie das Gebäude am 9. November 1938 zwar nicht in Flammen aufging, aber die Heilige Lade wie auch andere Einrichtungsgegenstände zerstört wurden, wie Menschen verletzt, in Konzentrationslager transportiert und auch getötet wurden. Er könnte berichten von dem Warenlager, das nun hier entstand und alles Jüdische vergessen machen wollte. Und von der Rückkehr der Juden – nicht derselben, sondern überlebender Juden aus Osteuropa, die nun in die Oberpfalz kamen, da dies direkt an der tschechischen Grenze lag und somit erste Anlaufstelle der zumeist aus Polen stammenden sogenannten „Displaced Persons" war. Einer von ihnen malte die Steine wieder mit beeindruckenden biblischen Motiven an, die Heilige Lade wurde wieder errichtet, die Torarollen wieder in Gebrauch genommen. Neue steinerne Zeugnisse schmückten die Wände der Weidener Synagoge. In hebräischer Sprache künden sie von der Verzweiflung der Überlebenden, die zumeist ihre ganzen Familien verloren hatten – und jetzt erst einmal da gelandet waren, wo sie überhaupt nicht hin wollten: auf die blutbefleckte deutsche Erde. Sobald 1948 der Staat Israel gegründet war und wenig später die USA ihre restriktiven Einwanderungsgesetze gelockert hatten, sollten die meisten Displaced Persons aus Weiden und Regensburg, Cham und Vilseck ihre vorübergehende Heimat verlassen. Doch, auch dies können die Steine berichten, es blieben genügend übrig, um zumindest an den Feiertagen jüdisches Leben weiterzuführen. Und als zu Beginn der neunziger Jahre alles danach aussah, dass auch dieses Kapitel jüdischen Lebens zu Ende gehen müßte, geschah etwas vollkommen Unvorhersehbares: Jüdische Zuwanderer aus der ehemaligen Sowjetunion sorgten dafür, dass auch wieder Kinderstimmen in jenen Räumen zu hören sind, die einstmals von den Nazis entweiht wurden.

Steine gab es von jeher genug in Flossenbürg. Es sind die berüchtigten Steinbrüche, in denen die Häftlinge zur Arbeit unter unmenschlichen Bedingungen eingesetzt wurden. Mehr Juden als jemals zuvor diesen Teil der Oberpfalz zu Gesicht bekommen hatten, waren im Winter 1944/45 nach langen Fußmärschen aus anderen Lagern im Osten Europas hierher verbracht worden. Die meisten von ihnen sollten die letzten Kriegswochen nicht überleben, viele starben an Schwäche und Seuchen noch kurz nach ihrer Befreiung. Die Steine von Flossenbürg wurden in mancher Form zum Sprechen gebracht, so etwa in dem autobiographischen Roman des in Flossenbürg befreiten Stefan Schwarz oder den Autobiographien von Jack Terry und Otto Schwerdt. Sie könnten aber auch berichten von der harmlosen Parkanlage zwischen Wachtürmen und Krematorium, in die das ehemalige Lagergelände jahrzehntelang verwandelt wurde, und von den immensen Anstrengungen der letzten Jahre, aus dem Park wieder einen bedeutsamen Ort der Erinnerung zu machen. Es gehört zu den Ironien der hier behandelten Geschichte, dass mit Floß ein Ort reichhaltigen jüdischen Lebens direkt neben Flossenbürg, einem Ort der Zerstörung jüdischen Lebens, zu finden ist.

Vergessen wir im Übrigen nicht, dass die grausamen Todesmärsche in den letzten Kriegswochen Juden durch viele kleine Ortschaften der Oberpfalz führten und dass in der unmittelbaren Nachkriegszeit jüdische Displaced Persons in Vilseck und Schwarzenfeld, Cham und Rötz, Roding und Tirschenreuth und anderen Orten kurzzeitig jüdische Komitees gründeten und Betsäle einrichteten. In der jiddischen Presse jener Jahre lesen wir über spannende Fußballspiele zwischen Vereinen wie Maccabi Neunburg vorm Wald gegen Hakoah Schwandorf. In Neunburg vorm Wald existierte eine solche Gemeinde bis 1952, die Gottesdienste fanden in der damaligen Gastwirtschaft Wellenhofer in der Hauptstraße 65 statt. Wenige Kilometer entfernt findet sich ein Friedhof, auf dem 615 Opfer eines Todesmarsches von Flossenbürg nach Dachau bestattet wurden.

Kehren wir zum Schluss noch einmal zurück zu unserem Ausgangspunkt, nach Regensburg. Wie es das Schicksal so will, kann man die Steine des ehemaligen Ghettos unter dem Neupfarrplatz heute besichtigen. Die beeindruckenden Ausgrabungen vor wenigen Jahren legten wieder die Sicht auf einen Teil mittelalterlichen jüdischen Lebens frei, der jahrhundertelang verschlossen geblieben war. Daneben sind neue steinerne Zeugnisse getreten: die Umrisse der ehemaligen Synagoge, von dem israelischen Architekten Dani Karavan aufwendig gestaltet, dienen heute als Ruheplatz für die Älteren wie auch als Spielplatz für die Jüngeren. Nur wenige Meter entfernt erweckt ein

Abb. 3: „Judensau" am Regensburger Dom.
Veröffentlichung mit Genehmigung des Staatlichen Bauamtes Regensburg.

anderes steinernes Zeugnis weniger erbauliche Assoziationen. Die sogenannte „Judensau" am Regensburger Dom weist auf die entmenschlichte Darstellung von Juden hin, die hier an den Zitzen einer Sau, dem für Juden unreinen
Tier, säugend dargestellt und so verhöhnt werden.

Selbstverständlich ist dies im Gesamtzusammenhang eines mittelalterlichen
Judenbildes zu sehen, und selbstverständlich soll ein solches steinernes Zeugnis auch nicht entfernt werden. Umso lobenswerter war die Absicht, den heutigen Passanten mit ein paar erläuternden Sätzen zu konfrontieren. Doch sind
diese ein Beispiel dafür, wie man mit Steinen die Geschichte glätten, ja ver-
harmlosen kann. „Die Skulptur als steinernes Zeugnis einer vergangenen
Epoche muss im Zusammenhang mit ihrer Zeit gesehen werden. Sie ist in ihrem antijüdischen Aussagegehalt für den heutigen Betrachter befremdlich",
heißt es darauf. Die Steine hinter dieser Tafel erzählen weit mehr, als dieser
belanglose Text es wahrhaben will.

REGENSBURG ALS ZENTRUM JÜDISCHER GELEHRSAMKEIT IM MITTELALTER

Von Andreas Angerstorfer

Die Anfänge der Gemeinde Regensburg sind unbekannt. Die berühmte Urkunde vom 2. April 981 ist ein Zufallsdokument. Ein Jude Samuhel verkauft an der Schierstatt („Anschirrstätte") zwei *praedia* (landwirtschaftliche Grundstücke/Anwesen) an das Reichsstift St. Emmeram, was die Kanzlei Kaiser Ottos II. in Rom beurkundete. Diese Schierstatt lag nicht in Stadtamhof, sondern beim Kloster Prüfening[1]. Samuhel selbst wohnte in der Stadt, er verkaufte direkt an seinen Schutzherrn. Die Juden gehörten zum bischöflichen Machtbereich, die Trennung der beiden Ämter „Abt von St. Emmeram" und „Bischof von Regensburg" erfolgte erst unter Bischof Wolfgang. Der Nachlass eines Christen im Jahr 1010 lokalisiert seine Stiftung „apud habitacula Iudaeorum" – „bei den Judenhäusern". Sie bilden im hochmittelalterlichen Regensburg eine geschlossene Bausubstanz, diese war am Neupfarrplatz gelegen – im ältesten Teil der Stadt in der Nähe von Dom, Niedermünster und Herzogspfalz.

Beim 1. Kreuzzug wurden 1096 alle Juden der Stadt in der Donau zwangsgetauft. Heinrich IV. erlaubte ihnen, als er aus Italien zurückkehren konnte, auf einem Reichstag in Regensburg die Rückkehr zur Religion ihrer Väter. Beim zweiten und dritten Kreuzzug funktionierte der „Judenschutz" in Regensburg, obwohl beide Kreuzzüge, die Steinerne Brücke nutzend, von Regensburg ausgingen. Friedrich Barbarossa stattete 1182 die Regensburger Juden mit einem Privileg für Gold- und Silberhandel aus. Die Stadt hatte seit 1050–1100 eine romanische Synagoge aus Stein, die dann 1210/20 durch den bekannten frühgotischen Erweiterungsbau ersetzt wurde. Beide konnten durch die Ausgrabungen[2] dokumentiert werden.

Das jüdische Regensburg bildete die Drehscheibe jüdischer Gelehrsamkeit im Mittelalter zwischen den Zentren im Westen von Paris bis zu den großen rheinländischen Gemeinden Speyer, Mainz und Worms auf der einen Seite sowie den Gemeinden im Osten von Prag über Polen bis hin nach Kiew[3] in der

---

[1] Artur Dirmeier: Die Schierstatt von Regensburg. Frühe jüdische Siedlungsspuren, in: Konrad Ackermann/Alois Schmid (Hg.): Staat und Verwaltung in Bayern. Festschrift für Wilhelm Volkert zum 75. Geburtstag, München 2003, S. 37–42.

[2] Unter vielen Aufsätzen vgl. v. a. Silvia Codreanu: Das jüdische Viertel am Neupfarrplatz in Regensburg. Jüdischer Alltag aus der Sicht der neuesten Ausgrabungen, in: Egon Wamers/Fritz Backhaus: Synagogen, Mikwen, Siedlungen. Jüdisches Alltagsleben im Lichte neuer archäologischer Funde, Frankfurt 2004 (Schriften des Archäologischen Museums Frankfurt 19), S. 117–128.

[3] Zu den Studenten aus Kiew bei Jehuda he-Chasid vgl. Andreas Angerstorfer: Die Ausstrahlung der Talmudschule und des Bet Din von Regensburg von Frankreich bis nach Kiew (1170–1220), in: Edith Feistner (Hg.): Das mittelalterliche Regensburg im Zentrum Europas, Regensburg 2006 (Forum Mittelalter. Studien 1), S. 68f.

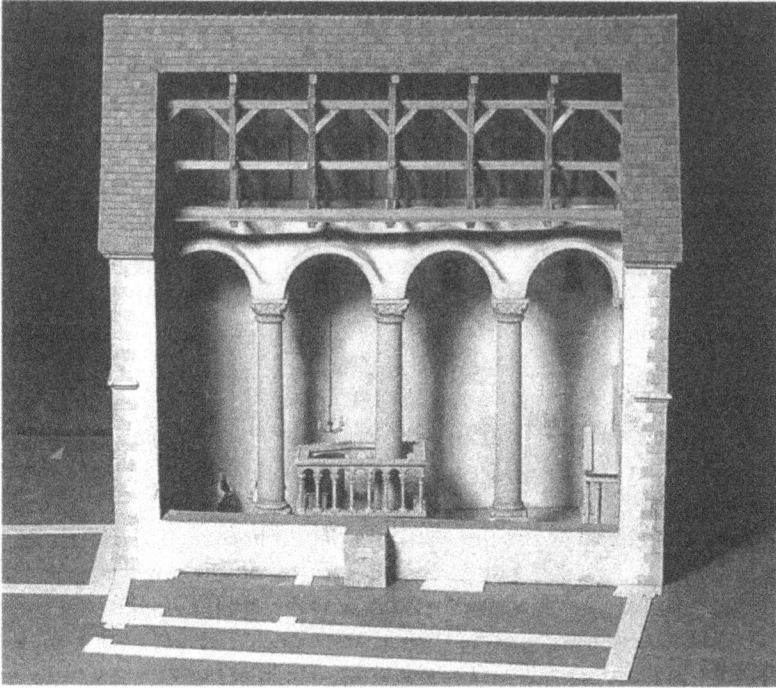

Abb. 4: Modell der frühgotischen Synagoge, erstellt nach der Radierung Albrecht Altdorfers und den Grabungsbefunden am Neupfarrplatz. Historisches Museum der Stadt Regensburg. Quelle: Bayerisches Landesamt für Denkmalpflege.

Abb. 5: Blick in einen 1995 freigelegten Kellerraum des jüdischen Viertels. heute im „document Neupfarrplatz" zu besichtigen. Quelle: Privatbesitz Andreas Angerstorfer.

Abb. 6: Siegel der jüdischen Gemeinde Regensburg mit den Symbolen Sonne und Mond.
Quelle: Bayerisches Hauptstaatsarchiv, Reichsstadt Regensburg Urk. 1078.

Ukraine auf der anderen Seite. Die Bedeutung Regensburgs für das geistige Leben der Juden im Mittelalter lässt sich am besten durch die Geschichte der Talmudschule und ihrer bedeutendsten Vertreter darstellen. Die Auswertung mittelalterlicher hebräischer Quellen aus Regensburg eröffnet einen neuen Blick in das innere Leben der jüdischen Gemeinden jener Zeit. Sie zeigt auch, welche Persönlichkeiten sich hinter den religiösen Autoritäten verbargen.

In Regensburg lässt sich die mittelalterliche Talmudschule[4] erstmals in der Mitte des zwölften Jahrhunderts mit der Gelehrtengeneration von Isaak ben Mordechaj, Moses ben Joel und Efraim ben Isaak ben Abraham erfassen. Isaak ben Mordechaj wird bezeichnet als „Oberhaupt des Bet Din (rabbinisches Gericht) in Regensburg und der größte Talmudgelehrte der Stadt und ihr Leiter". Seine circa 50 Tossafot (Zusätze) zum Talmud zitieren Autoritäten wie Jesaja ben Mali di Trani der Ältere (circa 1200–circa 1260) und Me'ir ben Baruch von Rothenburg (circa 1215–1293).[5]

[4] Zur Epoche des Hochmittelalters vgl. ebd., S. 55–69.
[5] Simon A. Neuhausen (Hg.): Pereş Taršiš: 'Išim wᶜ-soferim bᶜ-tossafot. The Personalities and Books referred to in Tossafot being a Compilation of References to Persons and Books mentioned throughout the Tosafot to the entire Talmud, New York 1942. S. 49f.; Ephraim E. Urbach: Die Entstehung und Redaktion unserer Tossafot, Breslau 1937

Der bedeutendste der ersten Trias war jedoch Rabbi Efraim ben Isaak ben Abraham (geb. circa 1110 in Regensburg, gest. 1175 in Regensburg). Jüdische Gelehrte seiner Zeit bezeichneten ihn als „Efraim der Große aus Regensburg" (so Mose von Coucy), als *ha-gibor* „den Helden (der Tora)", „den Ehrwürdigen" und wegen seines Studiums in Frankreich als „den Franzosen" (*hazarfati*). Deutsche und französische Gelehrte nennen ihn „Rabbenu Efraim aus Allemania". Er studierte wie seine Kollegen in Ramerupt bei dem größten rabbinischen Gelehrten Frankreichs, Rabbenu Jakob ben Meir Tam (circa 1100-1171), bei Isaak ben Ascher ha-Lewi in Speyer und bei Isaak ben Mordechaj (von Regensburg).[6]

Efraim kam aus Frankreich zurück, war vorübergehend in Worms und in Speyer, bevor er sich endgültig in seiner Heimat Regensburg niederließ. Hier verbrachte er die längste Zeit, hier lebten sein Sohn Mose ben Efraim und sein Enkel Jehuda ben Mose. Rabbi Efraim aus Regensburg gilt als der hervorragendste Gelehrte seiner Generation in Deutschland. Er korrespondierte mit allen jüdischen Autoritäten seiner Zeit, ist einer der wenigen Gelehrten dieser Zeit, dessen Charakterzüge und Persönlichkeit uns durch die Korrespondenz bekannt sind.

Efraim war ein freier, sehr unabhängiger Charakter unter den deutschen Talmudisten und Tossafisten des 12. Jahrhunderts. Er war begabt und ausgesprochen individuell, vielleicht etwas eigenwillig und autoritär, neigte zu Zornesausbrüchen, war bereit zu polemisieren und zu Kontroversen. Von auffallender Wahrnehmungsschärfe und aus einer sicheren Kenntnis der Tradition heraus lehnte es der Regensburger in Theorie und Praxis ab, Autoritäten der nachtalmudischen Zeit anzuerkennen. Dies führte zu vielen Konflikten mit seinen Lehrern und Kollegen und er ging diesen Diskussionen nicht aus dem Weg. Seine Rechtsgutachten reden Klartext über den, der ihn herausfordert. Trotzdem fanden seine Erläuterungen und Rechtsentscheide zu Fragen des rabbinischen religiösen Brauchtums weithin Anerkennung.

Er stellte mehrere Lehrsätze auf, die sich in der halachischen (religionsgesetzlichen) Literatur seiner Zeit finden. Efraim konnte durchaus liberal sein. Er erlaubte beim Brotbacken anstelle des Sauerteigs auch die von Christen bereitete Weinhefe zu gebrauchen, weshalb ihn sein Lehrer Rabbenu Tam böse angreift. Noch schockierter war der fromme Rabbi Eliezer ben Natan aus Mainz, er antwortete ihm fast hilflos: „[...] wie soll ich dir antworten, R. Efraim, dessen Brillanz seinen Meister findet nur durch dein Fassungsvermögen für Fehler". „Möge Gott ihm vergeben, denn er hat manches gesagt, das kein Echo hat irgendwo im Talmud". Den Regensburger beeindruckte das nicht. Als R. Efraim sich auf ältere Kommentare bezog als „Säuglinge, die das

(Jahresbericht des jüdisch-theologischen Seminars für 1936); Ders.: Ba^cale hat-tosafot (The Tosafists: Their History, Writings and Methods), Jerusalem ³1968.
[6] Macy Aaron Gordon: Collegial Relationships among Ashkenazic Jewish Scolars: 1100-1300, Yeshiva University New York 1977 (Ann Arbor 1985), S. 135-159.

Licht der Welt nicht gesehen haben", antwortete R. Eliezer scharf und gleichzeitig etwas hilflos: „Aus dem Mund dieser Kleinkinder kommt Stärke und
großes Licht".

In Konflikt geriet Efraim, als er eine Änderung der strengen Regeln zu Pes-
sach erlaubte. Er erklärte die Benutzung von Bierfässern und Bierkrügen, ja
sogar von Braukesseln während des Pessachfestes (für den Seder) für statt-
haft, wenn diese vorher einfach ausgewaschen („gekaschert") wurden. Diese
Rechtsentscheidung Efraims lehnten auch seine Regensburger Amtskollegen
ab. Aber Efraim beharrte auf seiner Entscheidung. Efraim bestand „auf einer
einmal ausgesprochenen Ansicht". Er war „höchst selbständig, ja kühn und
rücksichtslos in seinem Vorgehen". Etablierte Gebräuche und religiöse Vorschriften, die schon lange als unverletzlich angesehen wurden, hat R. Efraim
ben Isaak immer aufgehoben, wenn für ihre Existenz keine Begründung im
Talmud zu finden war.

Eine Diskussion, die fast zweihundert Jahre andauerte, löste sein Rechtsgutachten über bemalte Glasfenster bzw. Plastiken an der Nordwand der Kölner Synagoge aus, die Löwen- und Schlangenbilder zeigten. Die altehrwürdige
Autorität Rabbi Elijakim ben Josef aus Mainz (gest. zwischen 1145 und 1152)
verbot in einem negativen Rechtsentscheid, Synagogenfenster mit Tierfiguren
zu bemalen, da dies den Anschein erwecke, die Juden würden diese Tiere an-
beten. Rabbi Jo'el ha-Levi (Köln) hatte seine Anfrage auch an Efraim ben
Isaak nach Regensburg geschickt und der erlaubte in seinem Responsum das
Bemalen von Synagogenfenstern mit Tierfiguren.[7] Er begründet dies damit,
dass die Möglichkeit götzendienerischer Anbetung von Seiten Andersgläubi-
ger jetzt ausgeschlossen sei.

Rabbi Efraim interpretierte hier völlig unabhängig. Seine Entscheidung
verlief konträr zu den Ansichten seiner Zeitgenossen, die Darstellungen von
Löwen und Schlangen zur Synagogenverzierung verboten. Er gestattete es,
„wenn diese Tiere für sich selber dargestellt sind" als Plastik und auf Tora-
mänteln. Tiere wie Fische und Vögel kämen in der Wirklichkeit vor, würden
in der Fauna auch von den Christen nicht angebetet, geschweige denn, wenn
Christen sie auf der Kleidung trügen. Deshalb liege hier kein Grund zu Bedenken vor.

Der Streitfall hatte eine lange Nachgeschichte. Auch Rabbi Me'ir von Rothenburg, der größte Rechtsgelehrte (Halachist) in Deutschland, kam daran
nicht vorbei.[8] Er argumentierte: Die Völker der Welt beteten solche Darstellungen nicht an und sicher nicht, wenn sie auf Gewänder gestickt sind. Er verbot dennoch jeden Machsor (Gebetbuch für die Feiertage) mit Tier- und Vo-
geldarstellungen, weil die Betenden die Bilder anschauten und in der Andacht

---

[7] OZ I, S.200, § 712.
[8] Responsum Nr.496 (Editio Lemberg) = Nr.610 (Editio Prag); H. J. Zimmels: Beiträge
zur Geschichte der Juden in Deutschland im 13.Jahrhundert insbesondere auf Grund der
Gutachten des Rabbi Meir von Rothenburg, Wien 1926, S.66f., Anm.489f.

gestört würden. Noch im 15. Jahrhundert protestierte Rabbi Jakob ben Mose
ha-Lewi Mölln gegen bemalte Gebetbücher beim Synagogengottesdienst.
R. Efraim kritisierte die Sitte, beim bekannten Segensspruch der Hawdala
(Ausklang von Schabbat und Festtagen) an wilden Myrthen zu riechen. An
ihrer Stelle führte er die Gewürzbüchse mit ihren Duftkräutern (Besomim)
ein und setzte offensichtlich ihre allgemeine Benützung durch. Bis heute be-
nützen Juden in aller Welt die Gewürzbüchse am Ausklang des Schabbat und
der Feiertage.

Doch seine Kritik an den Autoritäten jener Tage setzte noch tiefer an und
lässt die Persönlichkeit Efraims erahnen. Die Geschichte spielt in den jungen
Jahren Efraims. In einem Brief an seinen Lehrer Rabbenu Tam, den vielleicht
größten Gelehrten seiner Zeit, wagte es Efraim, bestimmte Passagen im
Segensspruch, der zur Hawdala rezitiert wird, als „dummen/irrsinnigen Wort-
schwall/Längen" zu bezeichnen, gegen den er „Widerspruch erheben werde".
Dafür erfuhr er von seinem Lehrer härtesten Tadel, dieser nannte seinen
Schüler Efraim „eingebildet und unverschämt". Er urteilte kategorisch über
ihn: „Von diesem Tag an habe ich dich erkannt, ich habe nie gehört, dass du in
einem (einzigen) Punkt zustimmen würdest!"[9] Rabbenu Tam fertigte seinen
Schüler hart ab und qualifizierte ihn „als voreiligen jungen Mann, dessen Ansichten nicht wert seien, dass man sich mit ihnen beschäftige, der sich lieber
bei seinen gegenwärtigen Lehrern, oder bei ihm – Rabbenu Tam, seinem
früheren Lehrer – Rat einholen als selbständig urteilen sollte".[10]

Tam wirft ihm vor, er würde sein Unrecht nicht eingestehen und ließe sich
schlimme Irrtümer zu Schulden kommen, die zu widerlegen Papierverschwen-
dung wäre. „Er wolle die von den Weisen festgesetzten religiösen Bräuche verändern", „den Minhag (Brauch), der ebenso heilig wie die Torah ist, umstür-
zen!" „Du stehst nicht auf der Grundlage der Halacha, und wenn du Pergament
schickst, werde ich dir eine Teschuwa (Antwort) schicken!" „Dir ziemt Wahrheit und Bescheidenheit", „nur durch Hochmut gelangst du nicht ans Ziel!"

Efraim hat trotz dieser Zurechtweisungen nichts von seiner Unabhängig-
keit eingebüßt, wie die vielen Auseinandersetzungen mit seinem früheren
Schüler und Kollegen Joel ben Isaak in Köln und sein Antwortschreiben an
seinen alten Lehrer Rabbenu Tam zeigen. Dennoch bewahrten sich alle Seiten bei aller Schärfe der Diskussion Respekt vor dem anderen und seiner Meinung, es gab keine gekränkte Eitelkeit. Sein Lehrer Tam unterstellte ihm keinen bösen Willen, bezeichnete ihn später wieder als „mein Bruder Efraim"
und gebrauchte für ihn wieder die Ehrentitel „mein Lehrer" und „mein Kolle-
ge". „Es sind deine Lehren, die ich ersehne, denn die Lehren deiner Lippen

---

[9] Sefer ha-jašar, fol. 80f.
[10] Übersetzung bei S. Kohn: Mordekai ben Hillel, sein Leben, seine Schriften und die von
ihm citirten Autoritäten. Ein Beitrag zur jüdischen Literaturgeschichte, in: Monatsschrift
für Geschichte und Wissenschaft des Judentums 27 (1878), S. 72–93, hier S. 73.

sind mir lieber als Tausende von Gold und Silber-Denaren". Er habe in der heiligen Gemeinde Regensburg den alten Glanz der Tora wiederhergestellt. Sein Erfolg wäre noch größer gewesen, wäre nicht sein ungestümes Temperament gewesen. Zweimal musste er die Synagoge in Worms während des Gottesdienstes verlassen – in heftigem Zorn über eine Kultpraxis, die von ihm nicht gebilligt wurde.

Etwa 50 Zusätze zu verschiedenen Talmudtraktaten (Tossafot) und fast 40 Rechtsgutachten (Teschuwot), die er mit mehreren Gelehrten austauschte, werden Rabbi Efraim zugeschrieben. Ephraims übrige theologische Schriften gingen verloren, die letzten vermutlich 1519, als beim Pogrom in Regensburg die Talmudschule geplündert und die kostbaren Pergamente beschlagnahmt wurden.

Als liturgischer Dichter (*Pajtan*) stellte R. Efraim ben Isaak von Regensburg alle seine deutschen und die meisten seiner französischen Zeitgenossen in den Schatten. Seine 32 erhaltenen Pijjutim gehören zum Besten, was die deutsche Dichterschule des Mittelalters hervorgebracht hat. Seine Werke reichen an die Elite Spaniens heran. Sie haben Strophenreim und Versmaß. Seine Sprache ist „kurz, und dennoch klar, anmutig, wenngleich scharf, er bedient sich reiner, fließender Ausdrücke, deren Schmuck die biblischen und talmudischen Wendungen ausmachen".[11] Seine überwiegend als „Klagelieder" (*Selichot*) verfassten Dichtungen liegen seit 1988 in deutscher Übersetzung vor.[12]

Die erste Generation der Regensburger Jeschiwa war vom Terror der Pogrome der Kreuzzüge 1096 und 1147 geprägt. Auf dem Weg ins Heilige Land hatten die Kreuzfahrerhorden entdeckt, dass es auch in nächster Nähe „Ungläubige" gab, über die man herziehen könne. Blühende jüdische Gemeinden in Frankreich und Deutschland waren von der Vernichtung bedroht. Ganz scharf beschreibt Efraim die Leiden und Verfolgungen, v. a. beim zweiten Kreuzzug 1146/1147. Die Dichtung „Auf dich haben wir jeden Tag gehofft" für den Schabbat vor dem Wochenfest hat den Refrain „Wie lange (soll das noch dauern), Ewiger?", der sich reimt: *ad matá*j (bis wann) – *adonáj* (Gott)?

„Während ich auf die Endzeit hoffe, finden Mord und Untergang statt.
Niemand verfügt, die Wunde zu verbinden (Jeremia 30,13). Ich wurde bedrängt und in Stücke gehackt, da gab ich es auf, noch ferner an das Ende der Tage zu glauben.

Wie lange noch, Ewiger?   *[... ...]*
Die Christen riefen: ,Vergießt das Blut (der Juden)!'.
Doch dich, o Gott, hielten sie sich nicht vor Augen. Was schläfst Du denn? (Jona 1,6)
Du hast doch gesehen, wie sie Deinen Namen entweihten!
Voller Frevel tragen sie falsche Anschuldigungen vor.
Seine Herrscher brüsten sich hochmütig (Jesaja 52, 5).

Wie lange noch, Ewiger?

---

[11] Leopold Zunz: Literaturgeschichte der synagogalen Poesie, Berlin 1865 (ND Hildesheim 1966), S. 274–279.
[12] Hans Georg von Mutius: Ephraim von Regensburg. Hymnen und Gebete, Hildesheim/ Zürich/New York 1988 (Judaistische Texte und Studien 10).

Das Lärmen deiner Widersacher steigt empor (Psalm 74, 23),
wir sollten deine Herrlichkeit mit der Person des Gehängten vertauschen,
den Geehrten mit dem Geächteten. Die Mühsale haben mich sehr erschöpft.
Das Volk, das (bisher) dem Schwert entrann, ruinierten und zerstörten sie.
 Wie lange noch, Ewiger?   [... ...]
Sie mordeten und eigneten sich Werte an;
sie legten mir ihr hartes Joch auf und pflügten meinen Rücken (Psalm 129, 3)
Sie geben ihrem (Gottes)bild menschliche Gestalt und maßen ihm ein Modell zu.
Denn du hast ihr Herz nach hinten verkehrt (1 Könige 18, 37).
 Wie lange noch, Ewiger?   *[... ...]*
Viele reden, sie würden mich vom rechten Weg abbringen.
Sie rieten (mir) an, dich zu verwerfen. Sie sprechen zu meiner Seele: ‚Beug dich!‘
Sie planen, meinen Namen auszurotten, auf dass Dein Name nie mehr erwähnt wird.
Forscht Gott diesem Vorgang nicht nach? (Psalm 44, 22)
 Wie lange noch, Ewiger?   *[... ...]*
Meine Widersacher schaffe wie Kuhmist hinweg! Eifere für deinen Namen, er sei gepriesen, der bei den Christen entehrt wird (Ezechiel 36, 23)
Sei stark, mein Erlöser, biete deine Macht auf (Psalm 80, 3)
und komme (uns) schleunigst zu Hilfe!
Wache auf, meine Herrlichkeit, wache auf! (Psalm 57, 9)
 Wie lange noch, Ewiger?
Gieße mehr Liebe über mich aus
und entbiete deinen Zorneseifer gegen den bedrängenden Feind!
Denke an die, die dich von ganzer Seele lieben!
Schiebe die Belohnung für ihr Handeln nicht zu weit hinaus!
Liebst du uns doch mit ewiger Liebe!
 Du bist der Ewige, unser Vater!"[13]

Efraims Gedichte bilden das bisher älteste erhaltene literarische Zeugnis der Juden in Bayern. Hier schreibt ein Augenzeuge der Massaker, er schaut der Theodizee angesichts des Terrors der Kreuzfahrer ins Gesicht. „Da gab ich es auf, noch ferner an das Ende der Tage zu glauben". Wie lange noch, Ewiger? Auch wenn der Text fromm schließt, so polemisiert er doch gegen den Terror der Christen und schreit nach Gerechtigkeit. Jüdisches Leben im Mittelalter war zumindest seit den Kreuzzügen immer bedroht. Keiner war vor den Pogromwellen bei den Kreuzzügen und später sicher.

Im Winter 1195/96 verließ Rabbi Jehuda ben Samuel ben Kalonymos he-Chassid[14] („der Fromme", geb. circa 1140 in Speyer, gest. 1217 in Regensburg) mit etwa 55 Jahren seine Vaterstadt Speyer und ging nach Regensburg, wo er bis zu seinem Tod am 13. Adar 4977 (= 22. Februar 1217) lehrte. Er hat eine

---

[13] Vgl. ebd., S. 103–108, und Abraham Meir Habermann: Pijjute rabbenu Efrajim b"r Jizchaq mi-regensburg, Berlin/Jerusalem 1938 (Studies of the Research Institute for the Hebrew Poetry in Jerusalem IV), S. 137f.
[14] Andreas Angerstorfer: Rabbi Jehuda ben Samuel he-H̱asid (um 1140–1217), „der Pietist", in: Manfred Treml/Wolf Weigand/Evamaria Brockhoff (Hg.): Geschichte und Kultur der Juden in Bayern. Lebensläufe, München 1988 (Veröffentlichungen zur Bayerischen Geschichte und Kultur 18/88), S. 13–20.

zweite Gelehrtengeneration an der Talmudschule von Regensburg mitbegründet und während seiner fünfundzwanzigjährigen Tätigkeit dort die Spitzenstellung errungen.

Jehudah he-Chassid aus der alten Gelehrtenfamilie Kalonymos wurde der bekannteste Gelehrte am Neupfarrplatz. Sein Vater, Samuel ben Kalonymos he-Chassid (1115–1180) und Jehudas Bruder Abraham ben Samuel he-Chassid, „die Weisen von Speyer", lebten und lehrten an der Talmudschule in Speyer, blieben jedoch beide an Bedeutung hinter Jehuda zurück. Ein paar Titel, die er in der rabbinischen Literatur trägt, muss man sich auf der Zunge zergehen lassen: Sein Schüler Elasar von Worms nennt ihn „Vater der Weisheit"; Rabbi Simcha von Speyer bezeichnet ihn als „Licht Israels", weitere Ehrentitel lauten: „Gerechter, auf dem die Welt ruht", „Quelle lebendigen Wassers", „Ehrfurcht vor der Torah".

Samuel he-Chassid, sein Sohn Jehuda he-Hasid und sein Schüler Rabbi Elasar von Worms waren die größten jüdischen Mystiker des Mittelalters in Deutschland. Sie heißen *Chassidej Aschkenas* („die Frommen Deutschlands"), bilden eine eigene Bewegung innerhalb des Judentums und erreichten ihren Höhepunkt in der Epoche von circa 1150 bis 1250. Es war insbesondere Jehuda he-Chassid, der „für das Bewusstsein der Judenheit in Deutschland eine zentrale religiöse Figur" darstellt, wie es der größte Forscher jüdischer Mystik, Gershom Scholem, erkannt hat[15].

Wer sich mit Jehuda befasst, muss sich durch viele Legenden und Erzählkreise des sogenannten „Regensburger Zyklus" im spätmittelalterlichen Maᶜasebuch[16] arbeiten. Die Folklore machte ihn zu einem „Wundertäter", der mit Amuletten und Beschwörungen wirkte. Es ist „ein Nebel der Sage. Was durch diesen Nebel deutlich erkennbar hindurchleuchtet, das ist der Glanz seines Namens, in welchem seine Schüler, die bedeutendsten Männer des 13. Jahrhunderts, sich sonnen".[17]

Jehuda hat unermüdlich gearbeitet, er hatte eine umfangreiche Bibliothek mit mystischen Schriften. Seine ethischen, mystischen und exegetischen Schriften sind sehr umfangreich. Vieles ist verloren oder nur noch in Zitaten erhalten. Einiges findet sich heute in Handschriften der großen Bibliotheken in London, Cambridge, Hamburg, Leiden, Oxford, Moskau und Leningrad.

---

[15] Gershom Scholem: Die jüdische Mystik in ihren Hauptströmungen, Frankfurt a. M. 1980, S. 89 (suhrkamp taschenbuch wissenschaft 330).

[16] Das Maᶜaseh-Buch (erstmals gedruckt 1602) existiert in Hebräisch und Jiddisch, es hat einen eigenen „Regensburger Zyklus" (Exempla Nr. 158–182). Jakob Meitlis: Das Maᶜassebuch. Seine Entstehung und Quellengeschichte, zugleich ein Beitrag zur Einführung in die altjiddische Agada, Berlin 1933. Übersetzung bei Ulf Diederichs: Das Ma'assebuch. Altjiddische Erzählkunst, München 2003.

[17] Moritz Güdemann: Geschichte des Erziehungswesens und der Cultur der abendländischen Juden während des Mittelalters und der Neueren Zeit I, Wien 1884 (ND Amsterdam 1966), S. 153.

Zur ethischen Literatur gehört der „Sefer Chassidim", das „Buch der Frommen"[18]. Das bekannteste Werk Jehudas ist ein sozialkritisches Werk[19] und wird ab dem 15. Jahrhundert als verbindlich für das jüdische Religionsgesetz zitiert. Das Buch der Frommen behandelt die Ideale „Gottesfurcht" bzw. „Liebe zu Gott", Askese und Buße[20], Beten und Synagogenliturgie[21], gibt Lebensregeln für den Umgang mit seiner nichtchassidischen und christlichen Umwelt (Verleumdung, Beschämung). Die Exempla erläutern Probleme mit der christlichen Majorität, Geschäften mit Christen, christlichen Mägde, Kreuzzügen mit Zwangstaufe oder Tod, Martyrium, Tarnkleidung, Konvertiten. Das Buch formuliert Lebensregeln hinsichtlich Frauen, Liebe, Erotik, Heirat[22] und Brautwahl, Kindererziehung, Pflichten gegenüber Eltern, so etwa: „Man darf seine Tochter nicht an einen alten Mann verheiraten, außer wenn sie selber ihn

[18] Der SH wird in mindestens zwei Rezensionen, der Parma- und der Bologna-Rezension, überliefert, die beide mehrere Schriften in sich vereinen und unterschiedlich geordnet wurden (Ivan G. Marcus: The Recensions and Structure of Sefer Hasidim, in: Proceedings of the American Academy for Jewish Research 45 [1978], S. 131–153). Die Bologna-Rezension (Re'uben Margaliot [Hg.]: Sefer Hasidim haš-šalem l[e]-rabbenu Jehudah he-ḥasid, Jerusalem 1984) mit 1178 Kapiteln entstand vor 1300 in Frankreich oder im Rheinland, wurde erstmals 1538 in Bologna gedruckt nach einer Handschrift, die 1299 in Jerusalem geschrieben worden war. Die Bologna-Rezension erfuhr 15 Neudrucke (z. B. Frankfurt, Basel, Sulzbach, Krakau, Lemberg, Zolkiew und Jerusalem). §§ 1–153 ist eine selbständige Schrift aus dem Rheinland, der Teil gehört nicht zum ursprünglichen SH, hat viele französische Kulturwörter. Die Parma-Rezension (Judah Wistinetzky [Hg.]: Das Buch der Frommen nach der Rezension in Cod. De Rossi No. 1133, Frankfurt [2]1924 [Jerusalem 1969]; Facsimile-Edition von Ivan G. Marcus: Sefer Hasidim. Ms. Parma H 3280, Jerusalem 1985 [„Kuntresim". Texts and Studies 66–67]. Teilübersetzung bei Édouard Gourévitch: Jehudah ben Chemuoel le Hassid: Sefer Hassidim. Le guide des hassidim, Paris 1988 [Patrimoines Judaisme]) mit 1999 Kapiteln wurde erstmals 1891 in Berlin publiziert, sie hat den älteren Text (mit deutschen Kulturwörtern). §§ 1–16 sind von Jehudas Vater Samuel he-ḥasid. Unklar ist, ob die 1984 erworbene neue Handschrift (Hs Boesky Family Collection 45, geschrieben im späten 15. Jahrhundert in Italien, enthält weiteres Material, aber viele Exempla der Hs Parma fehlen) im Jewish Theological Seminary of America eine weitere Rezension repräsentiert.
[19] Abraham Cronbach: Social Thinking in the Sefer Hasidim, in: Hebrew Union College Annual 22 (1949), S. 1–147; Haim Soloveitchik: Three Themes in the Sefer Hasidim, in: Association for Jewish Studies, Review 1 (1976), S. 311–357; Ivan G. Marcus: Piety and Society. The Jewish Pietists of Medieval Germany, Leiden 1981 (ÉJM X); Tamar Alexander-Frizer: The Pious Sinner. Ethics and Aesthetics in the Medieval Hasidic Narrative, Tübingen 1991 (Text and Studies in Medieval and Early Modern Judaism 5); Elijahu Tarantul: Das „Buch der Frommen" im Spannungsfeld zwischen der Mündlichkeit und der Schriftlichkeit, in: Aschkenas 15 (2005), S. 1–23.
[20] Marianne Awerbuch: Weltflucht und Lebensverneinung der „Frommen Deutschlands". Ein Beitrag zum Daseinsverständnis der Juden Deutschlands nach den Kreuzzügen, in: Archiv für Kulturgeschichte 60 (1978), S. 53–93.
[21] Joseph Dan: The Emergence of Mystical Prayer, in: Joseph Dan/Frank Talmage (Hg.): Studies in Jewish Mysticism, Cambridge, Mass. 1982, S. 86–120; Ivan G. Marcus: Prayer Gestures in Germany Hasidism, in: Karl Erich Grözinger/Joseph Dan (Hg.): Mysticism, Magic and Kabbalah in Ashkenazi Judaism, Berlin/New York 1995, S. 44–59.
[22] Susanne Borchers: Jüdisches Frauenleben im Mittelalter. Die Texte des Sefer Chasidim, Frankfurt a. M. 1998 (Judentum und Umwelt 68).

wünscht und keinen anderen Mann (mag)".[23] „Die Verpflichtung, vor einer betagten Person aufzustehen, ist auch auf eine alte Frau anzuwenden".[24]

Reichlich finden sich Aussagen zu Aberglauben, Hexenglauben[25], Dämonen, Werwölfen, Vampiren, Todesvorzeichen, Toten, Träumen[26] und Amuletten. Das Buch gibt Auskunft über Ärzte und Medizin[27], formuliert Tierschutzbestimmungen. Es wird verboten, einem Tier größere Lasten aufzuerlegen, als es tragen kann.[28] Die Extremitäten eines Tieres dürfen nicht abgeschnitten werden, denn es wird dadurch gequält und kann die Fliegen nicht mehr wegjagen, dies ist fortgesetzte Tierquälerei.[29] Es spricht auch Themen der Neuzeit an wie Hausbesetzung.[30]

Einige Texte diskutieren Probleme bei Synagogenbau, Tora- und Talmudstudium[31], Tora auch für Mädchen, chassidische Gelehrsamkeit, Leben an der Jeschiwa, Lehrerwahl, Bibliothek, Bücher und Buchausleihe, bemalte Bibeln, Verfasserschaft von Schriften bis zu Bücherverbrennungen. Das Buch erörtert das Verhältnis von Reichen und Armen, Gelehrten und Ungelehrten, Wohltätigkeit, Almosen, Zinswesen und Zinsverbot, Darlehen, Kredithaie, Unterstützung von Studenten, Armenkasse.

Jehudas exegetische Schriften rückten in den letzten Jahren in das Zentrum des Interesses. Sein „Kommentar zur Torah" ist als fortlaufender Text verloren, aber rekonstruierbar aus vielen Zitaten und dem Torakommentar seines Sohnes Mose ben Jehuda Saltman. Jehuda bezweifelte als einer der ersten Exegeten bei drei Stellen der Tora die mosaische Verfasserschaft, denn in Gen 48, 20, Lev 2, 13 und Dtn 2, 8 haben die historischen Bücher der Hebräischen Bibel[32] andere Daten. Er löst diese Diskrepanz nicht mit tieferem, „geistlichen" Sinn oder allegorischen, übertragenen Bedeutungen. Jehuda nimmt klar Zusätze bzw. sekundäre Angleichungen durch die „Männer der großen

---

[23] SHB § 379.

[24] SHB § 578 = SHP § 965.

[25] Andreas Angerstorfer: Hebräische Quellen zum christlichen und jüdischen Hexenglauben in Bayern am Anfang des 13. Jahrhunderts, in: Verhandlungen des Historischen Vereins für Oberpfalz und Regensburg 133 (1993), S. 17–28; Susanne Borchers: Hexen im Sefer Hasidim, in: Henoch 16 (1994), S. 271–293.

[26] Monford Harris: Dreams in Sefer Hasidim, in: Proceedings of the American Academy for Jewish Research 31 (1963), S. 51–80; Susanne Oevermann: Der Traum im Sefer Hasidim (Ms. Parma), in: Henoch 12 (1990), S. 19–51.

[27] J. Shatzmiller: Doctors and Medical Practice in Germany around the Year 1200: The Evidence of Sefer Hasidim. Festschrift Yigael Yadin, Totowa 1983, S. 583–593.

[28] SHB § 666.

[29] SHB § 589.

[30] Andreas Angerstorfer: Die Bedeutung der Mauerfunde im mittelalterlichen Getto am Neupfarrplatz in Regensburg, in: Oberpfalz 83 (1995), S. 257–259, wiederabgedruckt in: Der Landesverband der Israelitischen Kultusgemeinden in Bayern 67 (1995), S. 15f.

[31] Israel Ta-Shma: Talmud Tora as Socio-Religious Problem in Sefer Hasidim (Ivrit), in: Bar-Ilan Yearbook 4/5 (1977), S. 98–113.

[32] Hebräische Bibel meint Tora (Pentateuch), Propheten und Schriften, d. h. im christlichen Sinn die Bücher des Alten Testaments.

Synagoge" an. An einer anderen Stelle rechnet er mit einer theologischen Glosse.

Die Geburtsstunde der Quellenscheidung für den „Pentateuch" liegt jüdischerseits also auch in Regensburg. Solches wagte bis dahin ganz vorsichtig nur ein weiterer jüdischer Gelehrter, Abraham ibn Esra (1089–1164) aus Toledo. Verloren sind Jehudas Kommentare zum Buch Hiob und den Sprüchen Salomos.[33]

Die Schüler Jehuda he-Chassids prägten das deutsche Judentum des 13. Jahrhunderts. Sie gründeten mehrere „chassidische Schulen" oder Kreise, darunter eine bedeutende in Worms.[34] Mit dem Tod Jehudas endete die zentrale Bedeutung Regensburgs unter den jüdischen Gemeinden in Aschkenas, wenngleich auch während des 14. Jahrhunderts die Talmudschule noch über bedeutende Vertreter verfügen sollte.

Die großen Verfolgungswellen des 14. Jahrhunderts (1338 Deggendorf; 1348/49 Pestpogrome) gingen an Regensburg vorüber, die Stadt nahm sogar überlebende Flüchtlinge aus anderen Städten als neue Bürger auf. Noch diente dies dem wirtschaftlichen Profit der Reichsstadt. Die spätmittelalterliche Judenstadt in Regensburg war ein „geschlossenes" Ghetto im Sinn des 16. Jahrhunderts. Das sage ich in bewusstem Kontrast zur Mittelalterverherrlichung manch gegenwärtiger Geschichtsschreibung. Die Judenstadt war innerhalb der Stadt nur über zwei eigene Tore erreichbar: die Judenbrücke und das Judentor. Während der Osterwoche wurde die Judenstadt verrammelt: „Vor alter ist herkommen, das wir euer fürstlich gnaden gassen järlich in der Karwochen zugesperret von mitichen bis auf montag in den Osterfeyren, yedoch ain tor offengelassen, damit die laut ire pfant gelöst und wir unser nodtu(e)rft auch gesu(e)chet haben".[35] Dies hat der Kammerer 1499 verschärft, er ließ in der Karwoche alle Tore wie bisher üblich sperren, nach der Karwoche ordnete er ihre weitere Verschließung an.

Die Abriegelung einer Judenstadt kann ich nicht als Akt der Freiheit verstehen in dem Sinne, die Juden könnten, „wenn sie einmal für sich sein wollten", ihre Judengasse dicht machen. Hier hat jemand vergessen, dass sie von der christlichen Majorität eingenagelt wurden. Solche Deutungen ignorieren die Schärfe des christlichen Antisemitismus.

---

[33] Außer letzterer wäre die Sequenz in Sefer Hasidim Parma §§ 1792 ff.

[34] Zu seinen Schülern zählen: Rabbi Elasar ben Jehuda Rokeach von Worms (ca. 1176–1238). Mit ihm beginnt die eigentliche Kabbala in Deutschland. Rabbi Isaak ben Mose aus Wien (ca. 1200–1270), der Autor des riesigen Gesetzeswerkes Sefer Or sarua. Rabbi Baruch ben Samuel aus Mainz (gest. 1221 in Mainz), der Verfasser des Sefer ha-Chochma („Buch der Weisheit"). Rabbi 'Abraham ben Asriel aus Böhmen, der Autor des Sefer Arugat ha-bossem („Gewürzgarten"), ca. 1234/43, im Druck vier Bände. Rabbi Jehuda ben Kalonymos ben Mose aus Mainz (ca. 1200). Rabbi Jakob von Coucy. Rabbi Mose ben Chisdaj aus Tachau in Böhmen in Worms. Er wird später der Gegner der mystischen Bewegung in Deutschland. Rabbi 'Elieser ben Joel ha-Lewi in Köln. Rabbi Isaak ben Elieser, Autor des Sefer ha-gan („Buch des Gartens"). Rabbi'Elieser ben Isaak aus Böhmen.

[35] R. Strauss, Urkunden und Aktenstücke, Nr. 693 IV (vom 2. 10. 1499).

Im 15. Jahrhundert spürte die Reichsstadt die Folgen des wirtschaftlichen Niedergangs immer stärker. Die Judenfeindschaft wurde in der zweiten Hälfte des Jahrhunderts von mehreren Gruppen angeheizt. Die Vertreibung der Regensburger Juden begann mit der Attacke auf die Talmudschule und ihren Leiter, Rabbi Israel ben Chaim Bruna[36] (circa 1400–circa 1480), der 1446 von seiner Heimatstadt Brünn nach Regensburg übersiedelte, wo er heiratete.[37] Hier wollte er ein Bet Midrasch (Lehrhaus) bzw. eine Jeschiwa (Talmudschule) eröffnen. 1447 leitete er das rabbinische Gericht, das Bet Din von Regensburg. Dies führte zu Konflikten mit der ansässigen Autorität Rabbi Amschel ha-Lewi und seiner Jeschiwa. Es gab jahrelange Auseinandersetzungen, die in Regensburg zu erheblichen Spaltungen führten. Erst nach Amschels Tod normalisierte sich alles wieder und Israel Bruna wurde als Oberhaupt des Bet Din in Regensburg allgemein anerkannt. Warum Israel Bruna 1460 einmal 13 Tage im „Turm" in Regensburg eingekerkert und sein Vermögen beschlagnahmt wurde, bleibt unklar. Erst nach Stellung einer Bürgschaft wurde er entlassen.[38]

1474 zeigte der Konvertit Hans Vayol den Hochbetagten Israel Bruna an, er habe ihm ein siebenjähriges Christenkind abgekauft und geschlachtet. Der Bischof von Regensburg und die Geistlichkeit griffen diese Anschuldigung auf und agitierten gegen die Regensburger Juden, sie forderten die Hinrichtung des Rabbiners. Um ihn vor der Wut des Volkes zu schützen, nahm ihn die Stadt im März 1474 in „Schutzhaft" in den Kerker. Es konnte jedoch kein fehlendes Kind ermittelt werden. Kaiser Friedrich III. war sich mit dem Papst einig in der Einschätzung der Ritualmordvorwürfe als Lügen, er verlangte vom Stadtrat die Freilassung, ein ähnliches Schreiben kam von König Wladislaus II. von Böhmen. Der Stadtrat war damit in die Enge getrieben, er verhängte das Todesurteil über den Denunzianten, der vor seinem Tod gestand, dass Bruna unschuldig sei. Nach einem Monat im Kerker wurde Israel Bruna in Freiheit gesetzt mit der Auflage, Urfehde zu schwören. Beim großen Ritualmordprozess gegen die Regensburger Gemeinde 1476–1480, der im Gefolge der überregional Kreise ziehenden Ritualmordverleumdung von Trient ausartete, war er nicht mehr in Regensburg. Vermutlich ging er nach Prag, wo sein Sohn Menasse wirkte. Sein Grab ist nicht bekannt.

Die im Sog des wirtschaftlichen Untergangs sich befindende Reichsstadt war nicht toleranter als die anderen Städte in Deutschland. Sie fädelte seit 1470 mehrfach die Vertreibung ihrer jüdischen Bewohner ein, der übliche Werkzeugkasten dafür, die Vorwürfe von Hostienfrevel und Ritualmord, kommen im Wechsel zum Einsatz. Vor allem die Bettelorden traten durch gesteigerte Aggression hervor.

---

[36] B. Suler: Rabbinische Geschichtsquellen (Fortsetzung). Responsen des Rabbi Israel Bruna, in: Jahrbuch der Gesellschaft für Geschichte der Juden in der Cechoslovakischen Republik 9 (1938), S. 101–170.
[37] Rga. Nr. 121.
[38] Rga. Nr. 269.

Abb. 7:
Darstellung eines jüdischen Leh-
rers im Kreise seiner Schüler.
Regensburger Handschrift, um
1450.
Quelle: Bayerische Staatsbibliothek
München, Cod.hebr. 107 fol. 3v.

Ab 1512 schützt nur noch Kaiser Maximilian seine Juden, der Herzog in Landshut, der Bischof und die Reichsstadt planen längst den Pogrom, bei dem sich dann der Domprediger Dr. Balthasar Huebmair hervortun wird. Als der Kaiser am 12. Januar 1519 in Wels stirbt, mobilisiert Huebmair auch die Zünfte. Die Stadtratssitzung im Interim ergab den einstimmigen Vertreibungs- beschluss des äußeren und inneren Rates. Widerstand gegen den heraufzie- henden Judenpogrom gibt es, von zwei Personen abgesehen, nicht.

Im Februar 1519 vertrieben fanatische Christen der Reichsstadt die letzten 500 Juden aus der Stadt. Mit ihnen mussten auch 80 Studenten der Talmud- schule gehen. Die letzte Generation der Jeschiwa Regensburg verbirgt sich in der Gruppe der Vertriebenen von 1519: die Rabbiner Nathan, Hirsch, Joschua, Samuel der Alte und Samuel der Junge[39].

---

[39] Strauss (wie Anm. 35), Nr. 1024 (von 1518).

Die Jeschiwa am Neupfarrplatz war eine europäische theologische Fakultät. Das jüdische Regensburg war von etwa 1150/60 bis 1519 – also circa 350 Jahre lang – ein bedeutendes theologisches Zentrum für Europa. Diese Dimensionen haben die christlichen Klöster der Stadt nie erreicht, auch nicht das Reichsstift St. Emmeram. Die Regensburger Talmudschule war für ihre Studien berühmt, an sie erinnert auch der Name „Regensburger" für eine eigene exegetische Methode des *Pilpul* („Pfefferns").

Es gelang nicht, die bedeutenden Bibliotheksbestände zu retten. Was damals vernichtet wurde, beginne ich nach fünfundzwanzig Jahren Arbeit langsam zu verstehen. Die wertvollen Pergamente des 14./15. Jahrhunderts wurden konfisziert, von der Reichsstadt, dem Hochstift und Klöstern als Schutz für ihre Akten und Bücher zum Einbinden benutzt. Offensichtlich reichte das jüdische Beutematerial von 1519 bis zum Dreißigjährigen Krieg. Bis heute lagern diese Stücke in den Archiven der Oberpfalz und bilden somit stumme Zeugnisse des einstmals einzigartigen jüdischen Lebens.

Anhang: Pergamente jüdischer Provenienz in den oberpfälzischen Archiven

1) Bischöfliche Zentralbibliothek Regensburg

Frag. hebr. Nr. 4: Pergament-Doppelblatt (38 Zeilen, zweispaltig)
Talmud Bavli, Traktat Nazir; Mischna Kap. I (fortlaufend), dann Gemara und fol. 20b bis 21a Mitte
Einband von Manuale consistoriale 1531/1541.

Frag. hebr. Nr. 5: Pergament-Doppelblatt (gleiches Exemplar wie Nr. 4)
Talmud Bavli, Traktat Nazir; fol. 6b bis 9b und fol. 15b bis 17b
Einband von Manuale consistoriale 1538.

Frag. hebr. Nr. 6: Pergament-Doppelblatt (gleiches Exemplar wie Nr. 4 und 5)
Talmud Bavli, Traktat Sotah; fol. 11b Mitte bis 12b Mitte; fol. 19a Mitte bis 20b oben
Einband von Manuale consistoriale 1539.

Frag. hebr. Nr. 7: Pergament-Doppelblatt eines Psalmenbuches, zweispaltig
Psalm 74,1–22 (mit Kolumnenresten links und rechts) und Psalm 96,8–100,2
Schriftspiegel: 23 x 20 cm; Kolumnen mit 28 Zeilen
Synagoge Regensburg (vermutlich 14. Jh.)
Einband von Rabular-Rechnung von 1631.

Frag. hebr. Nr. 8: Pergament-Doppelblatt eines Tora-Codex (nicht Rolle!)
Hebr. Text vokalisiert ohne Masorah: Numeri 1,44–2,9–2,28; 7,12–7,29–7,44
Schriftspiegel: 18 x 14,5 cm; Kolumnen (6,7 cm breit) mit 24 Zeilen,
Synagoge Regensburg (vermutlich 14. Jh.)
Bucheinband für Bibliothek des Regensburger Schottenklosters.

Frag. hebr. Nr. 9: Pergament-Einzelblatt eines Machzor zu Ro'š haš-šanah (Liturgie von Neujahr), hebräischer Text vokalisiert von drei Qerobot[40] für den 2. Tag von Neujahr von R. Schimon ben Jizchaq ben Abun (geb. circa 950) in Mainz
Schriftspiegel: 28 x 20 cm; einspaltig beschrieben, große Initiale: 'Ašer (bei Text 2)
Synagoge Regensburg (vermutlich 14./15. Jh.).

Frag. hebr. Nr. 10: Zwei beschnittene Pergament-Doppelblätter (hebr. Kursive) mit vier Kolumnen von Niṣṣachon jašan[41]
S. 1–2: §§ 154, 13–41; § 202 und § 145 (zu Psalm 22); Exegese von Mt 1, 1–16;
       Lk 3,21–23; Joh 1,43ff.; Lk 23,32; Joh 19,18
S. 3–4: §§ 170–173 , Zeile 264–301; §§ 189–190; Zeile 517–549. Mt 11,25–30;
       Mt 8,23–26; Lk 2,22; Lk 9,47b–48
Bucheinband des Regensburger Schottenklosters SWS Ink. 36.

Der Regensburger Text des 15. Jahrhunderts ist der älteste Textzeuge. Er erweist die Hs Hebr. Nr. 53 der Vittorio Emmanuele Library als eigene, frühere Rezension gegenüber dem Stemma des Texttyps Wagenseil (Rezension 2). Frag. Hebr. Nr. 10 Regensburg und Hs Rom haben die gleichen Varianten bei Präpositionen, Partikeln und orthographische Varianten. Sie haben gegenüber dem „Standardtext" (Rezension 2) gemeinsame Zusätze bzw. Sondergut, sind näher am Text des Neuen Testaments. Hs Regensburg argumentiert in einem Sondergut, warum Jesus gar nicht in der Vorhölle gewesen sein könne (Frag. Hebr. Nr. 10, Kol. IV, 19–27).

---

[40] Israel Davidson: Thesaurus of Medieval Hebrew Poetry I, Nr. 8307; II, Nr. 393 und III, Nr. 1654.
[41] David Berger: The Jewish-Christian Debate in the High Middle Ages. A Critical Edition with Introduction, Translation, and Commentary, Philadelphia 1979.

Frag. hebr. Nr. 11: Pergamentblatt eines Tora-Codex mit Targum Onkelos
Hebr. Text Lev 19,17–22 mit Masorah und Targum Onkelos (mit orthographischen Varianten).

Frag. hebr. Nr. 12: Drei Pergamentblätter einer fortlaufenden *Tosafothandschrift*
Tosafot zu Traktat Sanhedrin 73a–73b und 85a–86a (gegenüber A. Steinsalz[42]; TB Sanhedrin S. 322–325; 374–379 sind keine Varianten erkennbar).
Einband: Prozessionarium des Dominikanerinnenkloster Hl. Kreuz Regensburg.

Mit ihr haben an der Regensburger Jeschiwa Generationen von Lehrern und Studenten Zitate für ihre Thesen und Positionen nachgeprüft, um ihre Argumente für die Diskussionen zu belegen oder Gegenpositionen zu erschüttern. Mit Hilfe unserer Handschrift hat vermutlich Rabbi Israel Bruna seine 285 Rechtsgutachten ausgearbeitet, bevor er im März 1474 aus Regensburg vertrieben wurde.

Frag. hebr. Nr. 13: Fragment eines Toracodex mit Targum Onkelos
Hebr. Text mit Masorah Ex 30,23f. und Ex 37 und Targum Onkelos (mit orthographischen Varianten).

2) Fürstlich Thurn- und Taxisches Zentralarchiv Regensburg[43]

Frag. hebr. Nr. 1: Pergament-Einzelblatt eines Machzor,
zum Morgengebet von Ro'š haš-šanah (Liturgie von Neujahr); hebr. Text vokalisiert. Einleitung zu den Kerobot der Tefillah. Zeile 1–8 nicht zuordenbar.
Einbandmaterial für Rabular (Rechnungsbuch) des Bischöflichen Hochstifts Regensburg (Hsch Wörth 411) vom Jahr 1644.

Frag. hebr. Nr. 2: Pergament-Einzelblatt eines Machzor von Jom kippur;
vokalisierter hebräischer Text (geringfügige Varianten): Selichot[44].
Der Bittruf „Unser Gott und Gott unserer Väter. Verzeihe und vergib unsere Sünden an diesem Tag der Versöhnung [...]" bezeugt die Textform des Minhag Frankfurt am Main. Der folgende dreizeilige Zusatz „Wir sind dreisten Angesichts, Du aber barmherzig und gnädig [...]" fehlt wie im Frankfurter Ritus. Der Hymnus „Denn wir sind dein Volk und du (bist) unser Gott" ist umfangreicher und hat variierende Begriffe.
Einbandmaterial für Rabular (Rechnungsbuch) des Bischöflichen Hochstifts Regensburg (Hsch Wörth 413) vom Jahr 1646.

Frag. hebr. Nr. 3: Pergament-Einzelblatt eines Machzor von Jom kippur
(Exemplar wie Frag. hebr. Nr. 2, ein paar Seiten weiter)
vokalisierter hebr. Text (geringfügige Varianten): Selichot.
Einbandmaterial für Rabular (Rechnungsbuch) des Bischöflichen Hochstifts Regensburg (Hsch Wörth 414) vom Jahr 1647.

Erste Fragmente eines Regensburger Machzor. Die Gemeinde hatte im Mittelalter einen eigenen Minhag (Ritus), über den außer ein paar spärlichen Bemerkungen in der rabbinischen Literatur nichts bekannt ist. Im 14./15. Jahrhundert unterschied man die Neginot (Melodien) vom Rhein von denen von Regensburg und Österreich.

---

[42] Adin Steinsaltz (Hg.): Talmud Babli. Masseket Sanhedrin. Kerek šeni, Jerusalem 1975, S. 322–325 und 374–379.
[43] Andreas Angerstorfer: Erste Spuren des mittelalterlichen Synagogenritus, in: Der Landesverband der Israelitischen Kultusgemeinden in Bayern 29 (1987), S. 12–13, mit Vorstellung der genauen Stellen.
[44] Wolf Heidenheim: Gebetbuch für den Versöhnungstag, Basel 1953, S. 131–133 bzw. S. 241–243 bzw. S. 313–315 bzw. S. 352–354.

3) Stadtarchiv Regensburg

Pergament A 1973/40: Beschnittenes Doppelblatt einer Sammlung von Rechtsgutachten von Baruch ben Samuel von Mainz (gest. 25. April 1221)
Schriftspiegel: 42 Zeilen mit 18 cm Länge
Das stark vergilbte Pergament A 1973/40 im Stadtarchiv Regensburg hat vier Kolumnen, die abgeschnitten sind. In der Mitte Stichspuren der Bindung.
Der Text gilt als verloren. Rechtsgutachten zum Lohnhüter (TB Š^{e}bu^{c}ot 44b), Depositeneid, Eid der Richter und Eid der Nichteidfähigen.
Talmudschule Regensburg (Kolophon von Ijar 1401)
Umschlag für das Einnahme- und Ausgabenbuch der Dorothea Grueberin vo thumb-stuff (= Donaustauf) vom Jahr 1525. Diese Frau ist 1491 im Regensburger Bürgerbuch 2, fol. 23 eingetragen.

Baruch ben Samuel war Schüler von Rabbenu Efraim ben Isaak von Regensburg, von Moses ben Salomon ha-Kohen von Mainz, Eliezer ben Samuel von Metz, und R. Jehuda ben Kalonymos von Mainz. Baruch war Mitglied des Bet Din von Mainz und unterzeichnete als Leiter der Rabbinersynode in Mainz im Jahr 1220 die Festlegungen (Takkanot). Er ist der Vater des berühmten Samuel ben Baruch von Bamberg, des Lehrers des Rabbi Meir von Rothenburg.
Baruchs Werk „Sefer ha-ḥokmah" (Buch der Weisheit) ist seit dem 16. Jahrhundert verloren, seine Kommentare zu den Talmudtraktaten Nedarim, Nazir und Bechorot sind nur noch aus Zitaten bekannt.

4) Stadtarchiv Amberg

Frag. hebr. Nr. 1: Pergament-Doppelblatt mit zwei Kolumnen eines Tora-Codex
Hebr. Text Dtn 4,45–47 und 9,29–10,8 und Targum Onkelos (mit Abkürzungen und Pleneschreibungen) mit Vers für Vers-Übersetzung
Schutzblatt an Rechnungsband XVIII, 246 vom Jahr 1620.

Frag. hebr. Nr. 2: Fünf Kolumnen des berühmten Kommentars zur Tora von Raschi
Kommentar zu Lev 12,3–13,8; 19,29–31.33–35; 20,2–3
Amberg, Rechnung III, 109 vom Jahr 1650 (erstellt 1651).

Frag. hebr. Nr. 3: Fünf Kolumnen des berühmten Kommentars zur Tora von Raschi
Kommentar zu Lev 14,6.12–13; 19,4–11 (Exemplar wie Frag, hebr. Nr. 2)
Amberg, Rechnung III, 109 vom Jahr 1650 (erstellt 1651).

5) Stadtarchiv Weiden

Frag. hebr. Nr. 1: Vier Blätter mit zwei Kolumnen des Talmudkommentars von Moše ben Maimon (Maimonides): Mišne Torah, Sefer z^{e}manim (Sefer šliši, h^{e}lakot šabbat), pereq VIII §§ 7–17
Stadtarchiv Weiden Titl. VIII.

„So stellt sich eine Geschichte des Synagogenbaus
als formgeschichtliches Problem nicht als fortlaufend sich entwickelnde
Kette dar, sondern als ein Springen von Insel zu Insel."

Richard Krautheimer: Mittelalterliche Synagogen, 1927.

DIE SYNAGOGENBAUTEN DER OBERPFALZ
VOM MITTELALTER ZUR MODERNE
VERLUSTE – ENTDECKUNGEN – DEUTUNGEN

Von Hans-Christoph Dittscheid

Die Erforschung der Synagogenarchitektur wird derzeit in vielen Ländern mit
großer Energie betrieben. Allgemein durchgesetzt hat sich die Einsicht, dass
die Synagogen von der kunst- und kulturgeschichtlichen Forschung, vor allem
von der Denkmalpflege, viel zu lange vernachlässigt, ja oft nicht einmal wahrgenommen wurden. Es gilt daher, empfindliche Defizite und Lücken aufzu-
arbeiten, Verlorenes zu vergegenwärtigen. Das gilt in erster Linie für Deutschland, wo der nationalsozialistische Rassenwahn zuerst im Bereich der
Architektur wütete. In der Nacht vom 9. zum 10. November 1938 wurden 190
Synagogen geschändet und zerstört, 8000 jüdische Geschäfte verwüstet, über
einhundert Menschen ermordet. Dieser bis dahin in der Geschichte beispiel-
lose terroristische Angriff auf jüdische Kultbauten und profane Einrichtungen
firmierte unter dem euphemistischen Begriff „Reichskristallnacht". Diese
Pogromnacht wurde zum verhängnisvollen Auftakt für die Shoa. Selbst die
Erinnerung an die geschändeten und zerstörten Synagogen sollte damals vernichtet werden. Wenigstens dieser letzten pervertierten Vorstellung des nationalsozialistischen Wahns kann heute noch wirkungsvoll entgegengetreten
werden. Einige Bauten entgingen wenigstens der restlosen Zerstörung und
konnten nach dem Krieg wiederhergestellt werden. Nicht wenige warten bis
heute auf ihre Wiederentdeckung – auch in der Oberpfalz. Sie zu erhalten und
sinnvoll zu nutzen – im Idealfall als Gebetshäuser jüdischer Gemeinden, oder
als Gedenk- und kulturelle Begegnungsstätten – bleibt eine vorrangige Aufgabe. Politik und Denkmalpflege sind dabei, ihr hohes Maß an Verpflichtung
wahrzunehmen. Das späte Einsetzen dieser Erkenntnis brachte es mit sich,
dass nach dem Zweiten Weltkrieg Dutzende historischer Synagogen beden-
kenlos abgerissen oder durch Umbau entstellt wurden.
Jede Synagoge erinnert auf ihre Weise an den durch Titus zerstörten, seit-
her als Glaubenszentrum aller Juden verlorenen Tempel von Jerusalem. Der
Aufgabe der Erinnerung an diesen einen Tempel stellt sich ein Synagogenbau
in je individueller Brechung. Daher ist aus der Warte der Architekturgeschich-
te nach den typologischen und stilistischen Konstanten, möglichen zitathaften

Erinnerungen an den Tempel sowie kunstlandschaftlich geprägten Sonderformen zu fragen. Auch Einweihungsreden, soweit sie überliefert sind, können dabei von besonderer Signifikanz sein. Es ist daher notwendig, den Bestand in überschaubaren kulturgeographischen Zusammenhängen zu sichten. Mehrere deutsche Bundesländer haben ihren Bestand an Synagogen in jüngster Zeit publiziert, zuletzt Bayern.[1] Der folgende Beitrag beschränkt sich auf einige signifikante Beispiele aus der Oberpfalz. Diese Region gehört zwar nicht zu den Schwerpunkten jüdischer Besiedlung, im Unterschied etwa zum nahen Unterfranken. Dennoch hat die Oberpfalz seit dem Mittelalter mehrere herausragende Zeugnisse des Synagogenbaus aufzuweisen.

Die Grundlagen zur wissenschaftlichen Erforschung der jüdischen Kultur in Bayern schuf der aus München stammende Kunsthistoriker Dr. Theodor Harburger (1887–1949) in den Jahren 1926 bis 1932. Sein imponierendes Lebenswerk galt vor allem dem Landjudentum in Franken: den dortigen Synagogen und Grabsteinen ebenso wie den Kult- und Gebrauchsgegenständen. Dieses Material erfasste Harburger im Auftrag des Verbandes der Israelitischen Gemeinden Bayerns. Das Inventar wurde von einer fotographischen Dokumentation, rund 850 Aufnahmen, begleitet. Die Früchte seiner Inventarisationsarbeit durfte Harburger jedoch nicht mehr ernten. Bevor er sie hätte publizieren können, musste er sich und seine Frau 1933 vor dem Zugriff der Nationalsozialisten nach Palästina retten. Harburger hatte sein aus großformatigen Glasnegativplatten und handschriftlichen Karteikarten bestehendes Arbeitsmaterial mit auf die Flucht genommen. Heute wird es in den Central Archives for the History of the Jewish People in Jerusalem verwahrt und ist inzwischen als erstrangige Quellenpublikation für die Allgemeinheit weitgehend erschlossen.[2]

1927 widmete Richard Krautheimer in Marburg den mittelalterlichen Synagogen in Deutschland die erste kunstgeschichtliche Bearbeitung.[3] Sein Buch bedeutet auch heute noch ein unverzichtbares Standardwerk zu diesem Thema. Es sollte rund fünfzig Jahre dauern, bis Synagogen wieder in den Vordergrund der Forschung rückten. Nun waren es die Zerstörungen durch die Nationalsozialisten und den Zweiten Weltkrieg sowie die erhebliche Dezimierung der jüdischen Gemeinden, die über Nacht die jüdische Kultur in eine historische Perspektive entrückt hatten. Dem Forscherdrang stand allerdings die noch jahrzehntelang nachwirkende Tabuisierung durch die Nazi-Ideologie entgegen. Sie hat zudem dafür gesorgt, dass der Denkmalwert der noch er-

---

[1] Barbara Eberhardt/Angela Hager (Hg.): Mehr als Steine… Synagogen-Gedenkband Bayern Band 1, Lindenberg i. Allgäu 2007.
[2] Theodor Harburger: Die Inventarisation jüdischer Kunst- und Kulturdenkmäler in Bayern, herausgegeben von den Central Archives for the History of the Jewish People, Jerusalem und dem Jüdischen Museum Franken in Fürth und Schnaittach, 3 Bde, Fürth 1998. Noch zu leisten ist die schwierige Lektüre der Karteikarten, die, da in hebräischer Schrift, Stenographie und deutscher Sütterlin-Beschriftung, eine besondere Form der Verschlüsselung in sich tragen.
[3] Richard Krautheimer: Mittelalterliche Synagogen, Berlin 1927.

haltenen Synagogen durch die staatlichen und kommunalen Denkmalämter ungewöhnlich lange, bis in die Gegenwart hinein, verkannt wurde. Dafür verantwortlich zu machen ist letztlich das Versagen vieler, insbesondere der deutschen Nachkriegspolitik.

Die Einsicht in die Notwendigkeit, Synagogen zu erforschen, zu erhalten und wiederherzustellen, ist auf breiter Basis erst in Verbindung mit einem Generationswechsel in den achtziger Jahren gereift. Harold Hammer-Schenk widmete 1981 den deutschen Synagogenbauten des 19. und frühen 20. Jahrhunderts die erste grundlegende Untersuchung[4], als Arbeit eines einzelnen eine bewundernswerte Pionierleistung. Zeitgleich mit seinen Untersuchungen erfuhr die Architektur des Historismus in Deutschland eine allgemeine wissenschaftliche Revision. Das stilgeschichtliche Phänomen des islamischen Einflusses im Synagogenbau wurde von Hannelore Künzl in einer Kölner Habilitationsschrift von 1984 untersucht.[5] Eine Ausstellung im Deutschen Architekturmuseum in Frankfurt präsentierte 1988 die „Synagogen in Deutschland" und einen damit verknüpften Gesamtüberblick von der Antike bis zur Moderne. Die Nürnberger Ausstellung über „Geschichte und Kultur der Juden in Bayern" zeigte die Bedeutung einiger Synagogenbauten in Franken auf.

Der heutige Bestand an Synagogen in Deutschland ist nachhaltig von den hohen Verlusten in der Reichspogromnacht 1938 und den anschließenden Kriegsjahren gezeichnet. Angesichts der empfindlich reduzierten Bausubstanz ist die Forschung auf die Methoden der Baugeschichte angewiesen, von der Archäologie bis zur historischen Archivforschung. Letzte Zeitzeugen, die die Synagogen vor der Reichspogromnacht gesehen haben, können noch befragt werden.

Initiativen zur Forschung

Die momentane Forschungssituation wird durch verschiedene, voneinander unabhängig wahrgenommene Initiativen geprägt. Der in Israel lebende Naturwissenschaftler Professor Meier Schwarz, als Kind selbst noch zu den Überlebenden der Shoa in Nürnberg zählend, regte an, die der Reichspogromnacht in Deutschland zum Opfer gefallenen Synagogen zu erfassen und im gleichen Zuge die Schicksale der jüdischen Kultusgemeinden zu untersuchen. Hinter diesem Ansatz steht die grundlegende Erkenntnis, dass im Bau einer Synagoge die Geschichte einer jüdischen Gemeinde konkret wird. Denkmalämter und Universitätsinstitute haben den Impuls in fast allen Bundesländern (vorerst bis auf Hessen[6]) inzwischen aufgegriffen. Erste corpusartige Dokumenta-

---

[4] Harold Hammer-Schenk: Synagogen in Deutschland. Geschichte einer Baugattung im 19. und 20. Jahrhundert, 2 Bde, Hamburg 1981.
[5] Hannelore Künzl: Islamische Stilelemente im Synagogenbau des 19. und frühen 20. Jahrhunderts, Frankfurt a. M. u. a. 1984 (Judentum und Umwelt 9).
[6] Thea Altaras: Synagogen in Hessen. Was geschah seit 1945?, Königstein i. Ts. 1988.

tionen liegen bereits für Nordrhein-Westfalen[7], Rheinland-Pfalz/Saarland[8] und Baden-Württemberg[9] vor. Geographisch und zeitlich weiter reichende Horizonte beschreitet das an der Technischen Universität Braunschweig und an der Hebräischen Universität Jerusalem beheimatete Projekt „Bet Tfila" – „Haus des Gebets".[10] Unter der Leitung von Professor Aliza Cohen-Mushlin (Jerusalem) und Professor Harmen Thies (Braunschweig) verfolgt es bereits seit 1990 das Ziel, alle europäischen Synagogenbauten zu erfassen, einschließlich der nach dem Zweiten Weltkrieg bis heute entstandenen modernen Bauten. Dabei ist von wenigstens 3000 Synagogen auszugehen. Eine wertvolle Hilfe zur Veranschaulichung der Bautypologie leisten dabei dreidimensionale Holzmodelle, die von besonders prägnanten Bauwerken im Maßstab 1 zu 50 gefertigt sind und um weitere Beispiele ergänzt werden. Eine Wanderausstellung umfasst derzeit rund 30 Modelle und sensibilisiert die Öffentlichkeit für die hohe Bedeutung dieser Kultbauten. Ein Forschungsprojekt der TU Darmstadt favorisiert demgegenüber die digitalen Medien, um zerstörte Synagogen zu dokumentieren.[11] In dreidimensionalen Rekonstruktionen erleben die Synagogen eine virtuelle Auferstehung. An der Hochschule für Jüdische Studien in Heidelberg[12] werden Synagogen unter dem Aspekt ihrer Ausstattungen sowie ihrer Rezeptionsgeschichte erforscht.

Synagogen in der Oberpfalz

Für den einstigen Bestand an Synagogen in der Oberpfalz liegt noch keine systematische Erfassung aus kunsthistorischer Sicht vor.[13] Die erste und bislang einzige Übersicht liefert Israel Schwierz.[14] Eine umfassende Dokumentation gehört daher zu den Forschungsdesideraten. Die folgenden Ausführungen beschränken sich auf eine Skizze.

[7] Michael Brocke (Hg.): Feuer an Dein Heiligtum gelegt. Zerstörte Synagogen 1938, Nordrhein-Westfalen, Bochum 1999.
[8] Joachim Glatz/Meier Schwarz (Hg.): Synagogen Rheinland-Pfalz – Saarland, Mainz 2005 (Gedenkbuch der Synagogen in Deutschland 2).
[9] Joachim Hahn/Jürgen Krüger: „Hier ist nichts anderes als Gottes Haus". Synagogen in Baden-Württemberg, 2 Bde, Stuttgart 2007.
[10] Leitung: Prof. Dr. Aliza Cohen-Mushlin (Hebrew University Jerusalem) und Prof. Dr. Harmen Thies (TU Braunschweig). Die Modelle entstanden unter der Leitung von Prof. Thies an der TU Braunschweig.
[11] Synagogen in Deutschland. Eine virtuelle Rekonstruktion, herausgegeben von der Technischen Universität Darmstadt, Fachgebiet CAD in der Architektur, Katalog der Ausstellung Bonn (Buch und CD-Rom), Basel 2004.
[12] Leitung: Prof. Dr. Annette Weber (Universität Heidelberg).
[13] Nach Abschluss des Manuskripts wurde der erste Teilband Bayern vorgelegt, in dem die Synagogen der Oberpfalz eine umfassende Würdigung im Kontext der Gemeindegeschichte erhalten. Im Folgenden wird für die Abbildungen auf diesen reich illustrierten Band (vgl. Anm. 1) verwiesen.
[14] Israel Schwierz: Steinerne Zeugnisse jüdischen Lebens in Bayern, München ²1992.

Abb. 8: Albrecht Altdorfer, Synagoge Regensburg, Vedute des Innenraums nach Osten, 1519.
Quelle: Kunsthistorisches Institut der Universität Regensburg.

Abb. 9: Albrecht Altdorfer, Synagoge Regensburg, Vedute des Innenraums der Vorhalle, 1519.
Quelle: Kunsthistorisches Institut der Universität Regensburg.

Die mittelalterliche Synagoge in Regensburg

Die Regensburger Synagoge des Mittelalters ist 1519 im Zuge des Judenpogroms restlos zerstört worden. Dennoch kann man sich von ihrem Aussehen ein ungewöhnlich exaktes Bild verschaffen. Der Regensburger Maler Albrecht Altdorfer (erstmals erw. 1505–1538), der zugleich auch als Stadtbaumeister wirkte, hielt den Bau kurz vor seiner Zerstörung in zwei Innenansichten fest, die 1519 als Radierungen Verbreitung fanden.

Die eine Vedute[15] (Abb. 8) zeigt den Innenraum als zweischiffige Halle, deren Kreuzrippengewölbe von drei in der Mittelachse stehenden Säulen und damit korrespondierenden, dreifach gebündelten Diensten vor der Wand getragen werden. Der Almemor liegt einige Stufen erhöht im Zentrum des Raums und umschließt die mittlere der drei Säulen. Teile der ihn umgebenden Säulchen mit Knospenkapitellen und Arkaden sind um 1940 gefunden wor-

---

[15] Albrecht Altdorfer: Zeichnungen, Deckfarbenmalerei, Druckgraphik. Katalog der Ausstellung Berlin – Regensburg, bearbeitet von Hans Mielke, Berlin 1988, Kat. Nr. 117. Die beiden Radierungen werden dort als Ausdruck der „Sympathie für die vertriebenen Juden" gedeutet. Allein die nachstehend zitierte lateinische Inschrift spricht entschieden gegen diese Deutung.

den.[16] Vor der Schmalwand steht der Toraschrein, dessen Nische ein Wimperg[17] bekrönt.

Eine zweite Vedute[18] Altdorfers (Abb. 9) überliefert den Blick in die Vorhalle, die dem romanischen Säulenportal der Synagoge vorgelagert ist. Sie schützt somit den Eingang, ist überwölbt und kann unschwer als spätere Hinzufügung erkannt werden. Zwei anhand ihrer Kleidung als Juden gekennzeichnete Männer betreten die Synagoge. Einer von ihnen trägt einen Codex. An der Stirnseite der Vorhalle ist ein Rundfenster mit gotischem Maßwerk in der ungewöhnlichen Form eines Sechspasses eingelassen. Wir wissen nicht, ob es dieses Fenster tatsächlich gab oder eine Erfindung Altdorfers darstellt. In jedem Falle entspricht sein Maßwerk einem sechsstrahligen Stern, der (möglicherweise) aus dem Davidstern herzuleiten ist und im Mittelalter das Siegel der jüdischen Gemeinde in Regensburg darstellte.[19]

Altdorfers lateinische Beschriftung der ersten Innenansicht legitimiert die Zerstörung durch den Pogrom mit der unerhört anmaßenden Behauptung, sie sei auf „das gerechte Urteil Gottes" hin erfolgt.[20] Die ungewöhnlichen Innenansichten entsprechen damit dem judenfeindlichen Regensburger Klima ihrer Entstehungszeit. Altdorfer dokumentiert die Synagoge, um ihren Untergang zu einem notwendigen Baustein der an gleicher Stelle zu errichtenden Marienwallfahrtskirche zu instrumentalisieren. Als Mitglied des Stadtrats hatte er den Untergang der Synagoge mitzuverantworten.

Die Zuverlässigkeit der Altdorferschen Innenraumveduten konnte jüngst überprüft werden, als völlig überraschend die Reste der mittelalterlichen Regensburger Synagoge entdeckt und archäologisch freigelegt wurden. Die von 1995 bis 1997 durchgeführten Ausgrabungen auf dem Neupfarrplatz brachten

---

[16] Historisches Museum Regensburg, Mittelalterabteilung. Vgl. Silvia Codreanu-Windauer/ Stefan Ebeling: Die mittelalterliche Synagoge Regensburgs, in: Susanne Böning-Weis/ Karlheinz Hemmeter/York Langenstein (Hg.): Monumental. Festschrift für Michael Petzet, München 1998, Abb. 15.

[17] D. h. ein mit Krabben besetzter Ziergiebel.

[18] Mielke 1988 (wie Anm. 15), Kat. Nr. 116. Abbildung bei Eberhardt/Hager 2007 (wie Anm. 1), S. 262, rechte Spalte. Titel: „PORTICVS SINAGOGAE IVDAICAE RATISPONEN[SIS] FRACTA 21 DIE FEB. ANN. 1519." Die beiden Personen in jüdischer Tracht erscheinen hier in karikaturhaft überzeichneter Darstellung. In wenigstens zwei Punkten kann Altdorfers vedutenhafte Treue in Zweifel gezogen werden. Im Bogenfeld des Hauptportals ist der runde Wulst im Sinne naturalistischen Astwerks wiedergegeben, wie es erst in der Zeit um 1500 gepflegt wurde, aber in der romanischen und frühgotischen Architektur der Synagoge sicher nicht anzutreffen war. Ebenfalls in Zweifel zu ziehen ist das Maßwerk des Rundfensters zuseiten der Eingangstür der Vorhalle. Es beschreibt einen Sechspass, mithin eine Form, die mit dem Symbol des Davidsterns in Zusammenhang gebracht werden kann. Es könnte sich hier um eine freie Erfindung Altdorfers zur Kennzeichnung des jüdischen Kultbaues handeln.

[19] Vgl. Silvia Codreanu-Windauer/Ole Harck: Ein jüdischer Goldring aus Regensburg, in: Archäologisches Korrespondenzblatt 29 (1999), S. 583–591.

[20] „ANNO D[OMI]NI [M] D XIX IVDAICA RATISPONA SYNAGOGA IVSTO DIE IVDICIO FUNDIT[U]S EST EVERSA."

die Reste der mittelalterlichen Synagoge ans Tageslicht. Deren Standort war bis dahin stets weiter östlich, unter der heutigen Neupfarrkirche, vermutet worden. Die Ausgräber unterscheiden zwei verschiedene mittelalterliche Bauphasen.[21] Als „eigentliche Sensation" gilt dabei die Entdeckung einer romanischen Synagoge. Sie lag bereits an derselben Stelle, am Westrand des Judenviertels, war aber deutlich kürzer und datiert ins späte 11. Jahrhundert. Für die unregelmäßig trapezförmige Form des Grundrisses ist wohl der knapp bemessene Bauplatz verantwortlich zu machen. Da der Bau durch eine flache Holzdecke überdeckt wurde, hatte der unregelmäßige Zuschnitt für die Statik keine nachteiligen Konsequenzen. Mit ihrer Lage an der Hauptstraße und ihrer die umliegenden Gebäude wohl überragenden Höhe beanspruchte die Synagoge einen urbanistisch besonders privilegierten Platz.

Der nach einem Brand notwendig gewordene Bau II der Synagoge, den Altdorfers Veduten überliefern, wird ins frühe 13. Jahrhundert datiert und gehört stilistisch an den Übergang von der Spätromanik zur Frühgotik. Er übernahm einen Großteil der älteren Bausubstanz, damit auch deren unregelmäßigen Grundriss, und wurde an der westlichen Schmalseite um ein Joch verlängert. Durch die Einstellung dreier kräftiger Säulen in der Mittelachse wurde der einst flachgedeckte Saal typologisch in eine zweischiffige gewölbte Halle verwandelt. Die durch die Wölbung erforderlich gewordene Aufstellung der drei Säulen ließ, Altdorfers Ansicht zufolge, die Unregelmäßigkeiten des Grundrisses ästhetisch zurücktreten. Den Säulen entsprachen dreifach gebündelte Dienste, von denen der mittlere den Gurtbogen, die seitlichen die Schildbögen trugen. Die Einbringung der Wölbung machte am Außenbau dessen Verstärkung durch Strebepfeiler notwendig. Die Ausgrabungen haben die hohe Zuverlässigkeit von Altdorfers Veduten weitgehend bestätigt, mit der grundsätzlichen Einschränkung allerdings, dass Altdorfers Radierungen den Befund offensichtlich seitenverkehrt reproduzieren.

Die romanische Regensburger Synagoge erweist sich den bereits bekannten mittelalterlichen Synagogen in Worms, Speyer, Köln und Prag als ebenbürtig. In der Evolution vom romanischen Saal zur gewölbten zweischiffigen Halle der Frühgotik erweist sie sich sogar als selbständiger Schöpfungsbau. Der Verlust der baulichen Substanz wird bis zu einem gewissen Grade durch Altdorfers radierte Veduten aufgewogen – eine für die damalige Zeit beispiellos genaue Dokumentation. Die Prager Altneuschul erweist sich typologisch als von der Regensburger Synagoge abhängig, was deren Rang hinlänglich unter Beweis stellt.

Indirekt kann sogar ein authentisches Schriftzeugnis aus der Bauzeit auf die mittelalterliche Synagoge bezogen werden. R. Jehuda he-Chassid von Regens-

---

[21] Codreanu-Windauer/Ebeling 1998 (wie Anm. 16), S. 449–464; Silvia Codreanu-Windauer, The Medieval Jewish Quarter of Regensburg and its Synagogue: Archeological Research 1995–1997, in: Timothy Insoll (Hg.): Case Studies in Archeology and World Religion. The Proceedings of the Cambridge Conference, Oxford 1999 (BAR international series 755), S. 139–152 (mit ausführlichem Literaturverzeichnis).

burg, der zwischen 1195 bis zu seinem Tod 1217 die Regensburger Talmudschule federführend repräsentierte, äußert sich zur Anordnung der Sitze in
einer Synagoge wie folgt: „Gott, bewährter König, höre Israel, der Herr, unser
Gott, ist ein Herr – vier Namen, entsprechend den vier Seiten der Synagoge,
wo man sitzt und jeder so ausgerichtet ist, als wäre die Shekhinah (das Heiligtum selbst) ihm gegenüber."[22] Man darf davon ausgehen, dass der Autor mit
der auf das Zentrum ausgerichteten Sitzordnung nichts anderes als die Verhältnisse seiner Regensburger Synagoge beschreibt. Dass er sich überhaupt zu
diesem Phänomen äußert, könnte mit der damals geplanten Wiederherstellung der durch Brand zerstörten romanischen Synagoge in Regensburg zusammenhängen. Mit Jehudas Worten besitzen wir also wahrscheinlich das
Unikat einer Detailbeschreibung vom Inneren einer bestimmten mittelalterlichen Synagoge und ihrer theologischen Begründung – ein frühes Beispiel für
Architekturikonologie.

Floß

Die frühgotische Synagoge Regensburgs blieb für fast ein halbes Jahrtausend
der einzige Synagogenbau im Gebiet der heutigen Oberpfalz. Erst nach 1700
wurde wieder Bedarf an Neubauten angemeldet. Das einst zum wittelsbachischen Fürstentum Pfalz-Sulzbach zählende Floß profitierte von der in
der Residenzstadt Sulzbach durch Pfalzgraf Christian August praktizierten religiösen Toleranz.[23] Die seit 1687 nachzuweisende jüdische Gemeinde durfte
1721/22 eine Synagoge errichten. Der über steinernem Sockel in Holz errichtete Bau lag am „Judenberg", westlich und tiefer als die heutige Synagoge.
Der genaue Standpunkt ist allerdings noch nicht entdeckt worden. Im April
1813 war diese Holzsynagoge, zusammen mit einem Großteil des Ortes, einem
verheerenden Brand zum Opfer gefallen.

Mit dem Neubau wurde der Bayreuther Kreisbauinspektor Johann Daniel
Tauber beauftragt, der 1814 seine Planung erstmals vorlegte.[24] Der Neubau
sollte zunächst am Standort des hölzernen Vorgängers begonnen werden,
musste dann jedoch wegen älterer Keller und daraus resultierender statischer
Probleme aufgegeben und am definitiven Standort neu begonnen werden. Am
28. Juni 1815 wurde der „Haupt- und Eckstein" am Sockel des östlichen Poly-
gons gesetzt. Im Oktober 1816 war der Rohbau bereits vollendet. Als Stand-

---

22 Sefer Chassidim, Ed. Bologna, § 808; Ed. Parma § 1685. Hier zit. nach Brigitte Kern-
Ulmer: Rabbinische Responsen zum Synagogenbau, Teil 1: Die Responsentexte, Hildes-
heim/Zürich/New York 1990, S. 11.
23 Vgl. Renate Höpfinger: Die Judengemeinde von Floß 1684–1942, Kallmünz 1993 (Regensburger Historische Forschungen 14).
24 Zum Folgenden vgl. Cornelia Berger-Dittscheid: „Structur und Eleganz" oder liturgische Zweckmäßigkeit? Der Synagogenbau in Floß, in: Johannes Hartmann (Hg.): „Die
Mitten im Winter grünende Pfalz". 350 Jahre Wittelsbacher Fürstentum Pfalz-Sulzbach,
Sulzbach 2006, S. 199–206.

ort war die seit 1814 neu angelegte Judengasse auf dem „Judenberg", der höchste Punkt des gesamten Ortsteils, vorgesehen worden. Architekt Tauber hatte mit dem Achteck einen architektonischen Typus in Vorschlag gebracht, der dem protestantischen Kirchenbau nahe steht. George Bährs und Johann Christian Fehres barocke Weinbergskirche in Loschwitz bei Dresden[25] (Abb. 10) von 1705 bis 1708 dürfte unmittelbar vorbildgebend gewesen sein. In ihrer hangparallelen, erhöhten Lage bringt sie das langgestreckte Oktogon landschaftsbeherrschend zur Wirkung. Unmittelbar vergleichbar ist auch die hufeisenförmige Emporenanlage. Aus Sparsamkeit hatte demgegenüber die israelitische Gemeinde Floß ein schlichtes Rechteck bevorzugt, musste sich aber dem Willen des gestrengen Landrichters Freiherr von Lichtenstern aus Neustadt an der Waldnaab, der den königlichen Bauherrn vertrat, beugen. Taubers Entwürfe sind in zwei farbig lavierten Grund- und Aufrissen[26], die wahrscheinlich Plankopien des beteiligten Maurermeisters darstellen, überliefert. Tauber plante einen Bau in Form eines langgestreckten, nach Osten orientierten Achtecks. Der Haupteingang nimmt die Mittelachse der nach Süden und zur Talseite weisenden dreiachsigen Schaufassade ein und ist durch eine Freitreppe, einen gering vortretenden Risalit und einen diesen übergreifenden Segmentgiebel ausgezeichnet (Abb. 11). Der Eingang der Frauen liegt genau gegenüber in der Mitte der nach Norden weisenden hangseitigen Fassade. Eine Treppe führt von der Straße auf die Frauenempore. Die innere Struktur mit der horizontalen Teilung durch die Empore ist am Außenbau durch die zwei Reihen von Fenstern ablesbar, schlichte, fast quadratische Fenster unten, Rundbogenfenster oben. Die Betonung der acht Kanten in Gestalt von Lisenen steht in noch barock empfundener Tradition.

Noch während der Bauausführung wünschte die Flosser Gemeinde und ihr Rabbiner Moses Wittelshöfer, von diesem von der Geometrie und rationalen Ästhetik diktierten Plan in einem wesentlichen Punkt abzugehen und daneben auch liturgische Aspekte verstärkt gelten zu lassen. Sie forderte einen auf Taubers Entwürfen „Pallisch" genannten Vorbau vor dem Eingang der Männer, der in Erinnerung an den Salomonischen Tempel in Jerusalem und seinen „Ehara" genannten Vorhof angebracht werden sollte: einen Ort des Gebets, der Sammlung und rituellen Reinigung. Die beiden Entwurfszeichnungen berücksichtigen eine solche Vorhalle, reagieren also auf den Wunsch der Gemeinde. Schon die mittelalterliche Regensburger Synagoge hatte einen dem Haupteingang zugeordneten Vorbau aufzuweisen. In der rabbinischen

---

[25] Vgl. Eberhard Münzner: Die Kirche zu Dresden-Loschwitz, Regensburg 1994.
[26] Grund- und Aufriss der Synagoge in Floß, bezeichnet „Plan Nro: III über die jüdische Synagoge zu Floß." Staatsarchiv Amberg, Landgericht ä.O. Neustadt 406. Vgl. Berger-Dittscheid 2006 (wie Anm. 24), S. 203, Anm. 49, Kat. Nrn. 434a, b (B. Feraudi). Abbildung bei Eberhardt/Hager 2007 (wie Anm. 1), S. 246, linke Spalte.

Abb. 10:
Loschwitz bei Dresden, Wein-
bergkirche, um 1705–1708.
Quelle: Kunsthistorisches Institut der
Universität Regensburg.

Abb. 11:
Synagoge Floß, Entwurf des
Grundrisses mit „Pallisch" und
der Hauptfront nach Süden,
wohl Kopie nach Johann Daniel
Tauber, um 1816.
Quelle: Staatsarchiv Amberg.

Literatur heißt dieser Vorraum „Polis".[27] Dieser Begriff kommt vielleicht vom Lateinischen „palas". Joel Sirkasch, ein polnischer Rabbiner des 17. Jahrhunderts, bezieht den Begriff aus dem jerusalemitischen Talmud. Dieser lehrt, eine Synagoge benötige nicht eine, sondern zwei Türen hintereinander, um den Übergang von der profanen Außenwelt zur sakralen Sphäre der Synagoge zu gewährleisten. In polnischen Synagogen pflegten solche Vorräume ausreichend groß angelegt zu werden, um darin Tallit und Tefillin für das Morgengebet anlegen zu können. Aus seiner Rede zur Einweihung geht hervor, dass auch Moses Wittelshöfer bestrebt war, sich an den Vorschriften des Talmuds zu orientieren.

Ein Pallisch vor der Hauptfassade im Süden der Flosser Synagoge war aus ästhetischen Gründen keineswegs in Betracht gekommen. Deshalb sollte der Eingang für Männer an die nach Westen weisende Polygonseite an die Stelle einer Fensterachse verlegt werden, um dort mit einem solchen Vorbau weniger zu stören. Den ersten, durch die Gemeinde improvisiert aufgerichteten „Pallisch" hatte Landrichter Lichtenstern umgehend wieder eigenmächtig entfernen lassen. Es kam zu einem heftigen Streit, in dem sich die behördlich verordnete Ästhetik und die liturgischen Wünsche der Gemeinde zunächst unversöhnlich gegenüberstanden. Er wurde zu einem Prüfstein für die mit dem Judenedikt von 1813 zugesicherte Glaubensfreiheit. Erst das königliche Generalkommissariat in Bayreuth gab den Wünschen Wittelshöfers und der Gemeinde nach, mahnte den Landrichter ab und belegte ihn sogar mit einer empfindlichen Geldstrafe.[28]

Ein weiterer aus der Bauzeit überlieferter Grundriss[29] gilt der liturgischen Ausstattung. Die 65 Gebetsstühle der Männer sind an sieben der acht Polygonseiten unmittelbar vor den Außenwänden aufgestellt; nur die nach Osten weisende Seite bleibt für den Toraschrein frei. Da der Plan eine durchgehende Bestuhlung im Westen vorsieht und keinen Eingang, muss er aus der Zeit vor der Pallisch-Diskussion stammen, wie das Datum 1816 bestätigt. In der zentralisierenden Stellung der Sitze kommt ein schon von R. Jehuda he-Chassid

---

[27] Die folgenden Ausführungen folgen z. T. wörtlich Mordechai Doerfer: Die Scheunensynagoge in Bechhofen – Beispiel traditionellen Synagogenbaus in Deutschland: Vortrag gehalten am 27. 10. 2005 in Ansbach, Vortragsmanuskript, S. 10.

[28] Vgl. Höpfinger 1993 (wie Anm. 23), S. 226.

[29] Grundriss der Synagoge in Floß, bez. „Plan IV.", signiert unten rechts: „Johannes Norckauer 1816", 398 x 492 mm: Staatsarchiv Amberg, Landgericht ä. O. Neustadt 406. Der Grundriss konzentriert sich auf die hölzerne Innenarchitektur. Der Zeichner, der aus Floß stammende Schreinermeister Johann Norgauer, hatte wohl die Vorgaben des Architekten Tauber zu berücksichtigen, die hier in einer Werkzeichnung umgesetzt werden. Die Gebetsstühle der Männer laufen an sieben der acht Polygonwände entlang. Dem Gestühl sind schräge Pulte zum Auflegen der Gebetbücher vorangestellt. Im Zentrum des Raums steht der Almemor, dessen ungewöhnliche ovale Form von acht Säulchen umstanden wird. Die Form dürfte einem ins Oval gestreckten Monopteros geglichen haben. Vgl. Berger-Dittscheid 2006 (wie Anm. 24), Anm. 18, Kat. Nr. 434c. Abbildung Bei Eberhardt/Hager 2007 (wie Anm. 1), S. 246, rechte Spalte.

um 1200 formuliertes Ideal des Synagogenbaus zur Anwendung. Den Sitzen der Gebetsstühle sind die Pulte mit Schränken zur Aufnahme der Gebet-bücher vorangestellt. Die zwölf Säulen, die die Frauenempore tragen, grenzen zugleich die Sitzplätze der Männer gegenüber der von Sitzplätzen völlig frei-gehaltenen Binnenfläche ab. Die geometrische Mitte des Raums, den Schnitt-punkt der orthogonalen Achsen, besetzt umso wirkungsvoller beherrschend der Almemor in Form eines Ovals. Seine Längsachse fällt mit derjenigen des Oktogons zusammen.

Den Rang des Almemors unterstrichen acht Säulchen, die wohl eine Kup-pel trugen. Mit dieser zentralen Stellung des von einem ovalen Monopteros überwölbten Almemor und der auf ihn ausgerichteten Stellung wurden Vor-stellungen der orthodoxen aschkenasischen Liturgie exemplarisch eingelöst. So bot sich der rund um den Almemor liegende Freiraum etwa für das Feiern des Laubhüttenfestes und seine Umzüge besonders an.[30]

Die von zwölf Säulen toskanischer Ordnung getragenen Emporen tragen ihrerseits in Superposition gleichartige, deutlich kleinere und schlankere Säu-len, deren Gebälk ein über Holzlatten aus Lehm geformtes Muldengewölbe trägt, das den Binnenraum zwischen den Emporen überspannt. Die Säulen und Emporen verstärken den zentralisierenden Raumeindruck nachhaltig.

Nach rund zweijähriger, an Aufregungen reicher Bauzeit weihte Rabbiner Wittelshöfer die Synagoge am 22. August 1817 ein. Mit 12 000 Gulden waren die Kosten mehr als doppelt so hoch wie anfangs geplant. Der Bau wurde des-halb allgemein als kostspielig empfunden.

Ein 1818 in Sulzbach gedrucktes Exemplar der Einweihungsrede hat sich in New York erhalten. Wittelshöfer ging darin auf den Begriff Synagoge und sei-ne Bedeutung ein. Er erkannte eine „Gleichstellung der israelitischen Bethäu-ser oder sogenannter Synagogen mit den ehemals erbauten jerusalemischen Tempeln – wenn auch gleich nicht der Form, doch wenigstens dem Namen, Sinn und Begriffe nach."[31] Bei der Einweihung war Landrichter von Lich-tenstern als Vertreter der Regierung und höchstrangiger Besucher zugegen. Zurückblickend auf die Entstehung der Synagoge bilanzierte der Rabbiner: „Es wurde dabei, vom Anfang bis zur Beendigung des Baues, von dem von der Königlichen Bauinspection hiezu gegebenen und von einer Königlichen Regierung höchstgnädigst ratificirten Plan auch nicht im mindesten abgewi-chen."[32] Der Rabbiner bewies mit solchen Worten Souveränität. Vergessen waren in diesem Augenblick die im Streit um den „Pallisch" gipfelnden Diffe-renzen mit dem Landrichter. Entstanden war eine Synagoge, deren Gestalt,

[30] Vgl. S. Ph. De Vries: Jüdische Riten und Symbole, Wiesbaden ⁴1986, S. 93–96.
[31] Rede am Tage der Einweihung der neuerbauten Synagoge bei der jüdischen Gemeinde zu Floß am 22sten August 1817 gehalten von Rabbi Moses ben Rabbi Abraham, dasigem Rabbiner, Sulzbach 1818 (Exemplar im Leo Baeck Institute, New York), S. 14. Vgl. Berger-Dittscheid 2006 (wie Anm. 24), S. 204, Anm. 51.
[32] Rede am Tage der Einweihung 1818 (wie Anm. 31), S. 6.

ungeachtet der Analogien zum Kirchenbau, mit derjenigen der Reformsynagogen ihrer Zeit viele Gemeinsamkeiten aufwies. Dies belegt etwa ein Vergleich mit der Synagoge im niedersächsischen Seesen.[33] Für den oberpfälzer Raum war mit Floß das Modell eines Synagogenbaus entstanden.

Als wie „fortschrittlich" die Zentrierung von Gestühl und Almemor gewertet werden kann, beweist der Idealentwurf einer Synagoge, den Felix Feuchtwanger 1905 publizierte.[34] In diesem raren architekturtheoretischen Beitrag zum Synagogenbau beschreibt er ein regelmäßiges, vom Davidstern herzuleitendes Sechseck. Die Bankreihen folgen dem Polygon und setzen es bis in die nächste Umgebung des Almemor fort.

In Floß war diese exemplarische Gestalt allerdings nur von kurzer Gültigkeit. Bereits 1867 erfuhr das Innere der Synagoge grundlegende Veränderungen. Damals wurde der ursprüngliche ovale Almemor zerstört, der diesen ablösende neue in seiner Position nach Osten verschoben und der Binnenraum bestuhlt. Damit gingen prägende Eigenschaften der Flosser Synagoge bereits im 19. Jahrhundert verloren.

In der Reichspogromnacht von 1938 wurde das liturgische Inventar der Flosser Synagoge zerstört: Der typologisch einem barocken Hochaltar gleichende Toraschrein, der Almemor, der „Pallisch" und das Gestühl. Weitgehend erhalten blieben jedoch der Bau selbst, einschließlich der Emporen und des Dachstuhls, der das flache Muldengewölbe überfängt. Nach dem Krieg schien der Untergang des Gebäudes bereits besiegelt zu sein, als es nach verschiedenen profanen Nutzungen zuletzt als Müllkippe diente und der gänzliche Verlust drohte. 1975 wurde der Zustand als ruinös bezeichnet.[35] Dank des Engagements des Flosser Bürgermeisters Fred Lehner, des Neustädter Landrats Christian Kreuzer sowie des Verantwortlichen des Landesverbands der Israelitischen Kultusgemeinden, Stefan Schwarz, gelang in den Jahren 1972 bis 1980 die mustergültige Wiederherstellung der Synagoge. In den Jahren von 2000 bis 2005 wurde unter Bürgermeister Günter Stich eine umfassende zweite Sanierung durchgeführt. Während der Toraschrein das nachbarocke, 1938 zerstörte Original imitiert, stellt der oktogonale Almemor eine völlige Neuschöpfung dar, deren Polygon die Gestalt der Architektur nachzeichnet. Bei der jüngsten Sanierung konnte die originale Farbfassung weitgehend wiederhergestellt werden. Die auf Granitsockeln stehenden Holzsäulen sind marmoriert, das Muldengewölbe blau gefasst und mit goldenen Sternen besetzt. Das an der Decke vorgestellte Himmelsgewölbe wird von weißen

---

[33] Vgl. Ulrich Knufinke: Seesen Jacobstempel (Synagoge der Jacobsonschule), in: Harmen Thies/Alizah Cohen-Mushlin (Hg.): Synagogenarchitektur in Deutschland vom Barock zum „Neuen Bauen", Braunschweig 2002, S. 59–61.

[34] Felix Feuchtwanger: Die Bildenden Künste im jüdischen Kultus, in: Ost und West 1903, Heft 5 (Mai 1903), Sp. 335–348, bes. Sp. 337–338. Vgl. Hammer-Schenk 1981 (wie Anm. 4), S. 449.

[35] „Heute ist sie eine baufällige Ruine." Zit. nach Peter Kraus: Der Judenberg in Floß, in: Oberpfälzer Heimat XIX (1975), S. 63–74, hier S. 73.

Stuckgurten gestützt, welche die Säulenachsen in Querrichtung miteinander verbinden. In der durch die Farbfassung erzeugten Fiktion des steinernen, aus dem Granit gleichsam aufwachsenden Gebäudes und seines ätherischen „Überbaus" ist das Bildkonzept der Synagoge noch ganz barocken Vorstellungen von Transitorik verpflichtet. Dieses Bildkonzept stellt eine weitere Analogie zum Kirchenbau des Barock dar. Unverwechselbar jüdisch ist jedoch die Beschränkung auf abstrakte Symbole, so dass, wie schon bei der Wahl des Bautypus, von einer kulturgeschichtlich signifikanten Überschneidung gesprochen werden kann.

Im Vergleich zum ursprünglichen Bestand verzichtet die heutige bauliche Erscheinung auf einige einst wesentliche Elemente des ursprünglichen Bestandes. Damit wird der an Katastrophen reichen Geschichte Tribut gezollt. An der nach Süden weisenden Hauptfassade fehlt die Außentreppe,[36] ebenso mit dem „Pallisch" jene Vorhalle, deren nachträgliche Anfügung die Gemeinde, nicht zuletzt auch als Zeichen ihrer Emanzipation, durchgesetzt hatte. Der Pallisch wurde durch Mitglieder der SA in der Pogromnacht 1938 zerstört. Seine Reste, „Granitbrocken", waren noch 1957 sichtbar[37], sind aber inzwischen beseitigt. Es fehlt außerdem die ursprüngliche zentrierte Bestuhlung.

Nach dem Verlust der jüdischen Gemeinde in Floß wird die Synagoge heute von der jüdischen Gemeinde in Weiden zeitweilig als Kultraum benutzt. Sie dient überwiegend für kulturelle Veranstaltungen. Für die Zukunft ist die Einrichtung eines Museums zur jüdischen Geschichte des Ortes geplant. Damit könnte der außerordentlichen Bedeutung von Floß für die jüdische Geschichte der Oberpfalz entsprochen werden.

Diese findet nicht zuletzt in der konsequenten Einbindung der Synagoge in ihr ursprüngliches städtebauliches Umfeld ihren Ausdruck. Der „Judenberg" bildete einst ein Ghetto, dessen Höhepunkt, wie im Talmud gefordert, die Synagoge als höchstes aller Gebäude markiert. Die mehr als vierzig Wohnhäuser stammen überwiegend aus der Zeit nach dem Brand von 1813. Der damals ausgelöste Wiederaufbau ermöglichte eine homogene urbanistische Gestaltung. Die Häuser sind fast ausschließlich als zweigeschossige, traufständige Reihenhäuser angelegt und säumen die in hangparalleler Richtung verlaufenden Straßen. An den schlichten Fassaden liegen die Fenster in den Geschossen streng axial übereinander. Ihre rechteckigen oder rundbogigen Gewände aus Granit gleichen denen der Synagoge. Die Wohnbebauung des „Judenbergs" und der Bau der Synagoge sind im gleichen Zuge geplant worden. Der Bau der Synagoge springt mit seiner Nordfassade vor die Bauflucht der Häuser und unterstreicht mit der Achteckform sowie dem wuchtigen Dach seine Ausnahmestellung gegenüber allen übrigen Gebäuden. Als Solitär bildet die Synagoge außerdem einen selbstbewussten Antipoden zur mittelalterlichen Pfarrkirche auf der anderen Seite des Floßbachtals.

[36] Vgl. Abb. bei Grotte 1915 (wie Anm. 45).
[37] Kraus 1975 (wie Anm. 35).

In der Einheitlichkeit und Unversehrtheit seiner baulichen Erscheinung stellt der „Judenberg" ein singuläres städtebauliches Ensemble aus der Zeit des Judenedikts dar. Auf den Landrichter Lichtenstern und seinen Architekten Johann Daniel Tauber dürfte das Bebauungskonzept des „Judenbergs" zurückgehen. In den um 1841 verfassten „Fassionsprotokollen" des Marktes Floß wird bei den meisten Häusern des „Judenbergs" vermerkt, sie seien „mandatmäßig" erbaut worden.[38] Eine solche Formulierung lässt auf die Existenz einer Bauordnung schließen. Die nahezu originale Überlieferung des „Judenbergs" und seiner Bebauung rechtfertigen es, von einem Ensemble von europäischem Rang zu sprechen. Es sollte in dieser Form unbedingt erhalten und gepflegt werden.

Die Synagoge in Sulzbach

In der einstigen wittelsbachischen Residenzstadt Sulzbach (heute Sulzbach-Rosenberg) existierte seit 1687 eine in einem Privathaus untergebrachte Synagoge. Ausschlaggebend dafür war die von dem Wittelsbacher Pfalzgrafen Christian August (1622–1708) praktizierte religiöse Toleranz, die für ihre Zeit Maßstäbe setzte.[39] Seit 1740 – dem Jahr 500 nach der kleinen Zeitrechnung – existierte ein eigenständiger, von dem Hoffaktor Jakob Josef gestifteter selbstständiger Synagogenbau. Dessen Aussehen war bislang nur der summarischen Vogelschau der Sulzbacher Stadtansicht von Johann Leonhard Friedrich Aichinger (um 1775)[40] zu entnehmen. Zusammen mit einem Großteil der Stadt war diese erste Synagoge 1822 einem Brand zum Opfer gefallen. Schon kurz nach der Brandkatastrophe hatte die Gemeinde von der königlichen Regierung die Zusage erwirkt, das Dach wiederherstellen zu dürfen.

Diesem ersten Schritt folgten seit 1823 Planungen für einen Neubau durch den Sulzbacher Baumeister Johann Michael Rhein. Da die Außenwände offensichtlich überdauert hatten, schlug Rhein zunächst vor, die barocke Synagoge möglichst detailgetreu wiederherzustellen.[41] Er fertigte nacheinander drei

---

[38] Grundsteuer Kataster wie auch Grund-Saal- und Lagerbuch [...] in der Steuergemeinde Floß, Band 1, (datiert um 1841), Staatsarchiv Amberg, Kataster Weiden 134: „Ortschaft Judenberg". Verzeichnet sind dort 42½ Nummern, die hausähnlichen Anwesen entsprechen.
[39] Volker Wappmann: Durchbruch zur Toleranz. Die Religionspolitik des Pfalzgrafen Christian August von Sulzbach, Neustadt a.d. Aisch 1995.
[40] Johann Leonhard Friedrich Aichinger: Vogelschau-Plan von Sulzbach, um 1775, 940 x 870 mm, Papier auf Karton aufgezogen, braune Feder, braun-grau laviert, Stadtarchiv Sulzbach-Rosenberg, Inv. Nr. Ka 1. Der Plan zeigt deutlich den Synagogenbau mit drei hohen Rundbogenfenstern an der Südseite und einem hohen Walmdach, dessen First parallel zur Straßenfront verläuft. Im Winkel vor der Westfront steht in nächster Nähe ein Wohnhaus, vielleicht das Haus des Rabbiners, Lehrers oder Sängers. An dieser Stelle verläuft heute die nach dem Stadtbrand von 1822 angelegte Straße.
[41] Andreas Angerstorfer: Die Synagogenneubauten 1721/22 in Floß und 1737/40 in Sulzbach im Kontext der Judenpolitik der Pfalzgrafen von Sulzbach, in: Hartmann 2006 (wie Anm. 24), S. 184, Kat. Nr. 429a.

verschiedene Projekte, die einer Rekonstruktion des Vorgängerbaus gleich-
kommen.[42] Dank ihrer kann eine erstmalige Vorstellung von der Gestalt der
barocken Synagoge gewonnen werden. Der querorientierte Bau war gegen
die Stadtmauer gebaut und wies eine aufwändig durch sechs kolossale Pilaster
in toskanischer Ordnung gegliederte, symmetrische Fassade mit übergie-
beltem Mittelrisalit für den Eingang der Männer auf. Im Inneren gab es eine
Frauenempore, die sich an der nördlichen Flanke entlang zog und dort auch
ihren eigenen Eingang aufwies.

Die Planung des Neubaus unterlag der strengen behördlichen Kontrolle
durch die Regierung des Regenkreises in Regensburg. Diese schrieb vor, die
Fassade der Synagoge mit der Flucht der neu angelegten Erschließungsstraße
in Einklang zu bringen. Zwei der Projekte erfüllen diese Forderung, indem sie
jeweils eine neu aufgerichtete Fassade vorsehen. Trotz deren Neubau sollte
die Gliederung der barocken Synagoge mit Mittelrisalit, zwei Fensterachsen
und sechs Pilastern nahezu kopiengleich übernommen werden. Lediglich die
Ordnung wechselte von der toskanischen zur nah verwandten dorischen, wie
man an den Triglyphen des Gebälks ersehen kann. Die Fassade der Synagoge
war für das Zeitalter des Barock ungewöhnlich aufwändig; Pilaster, Gebälk
und Giebel rückten den Bau in die Tradition eines klassisch-antiken Tempels.
Diesen Anspruch bestätigt auch die Benennung „Juden-Tempel", die Baumeister Rhein für seine Entwürfe durchgehend verwandte. An der monumen-
talen Wirkung der Pilasterfassade sollte beim Wiederaufbau der barocken
Synagoge festgehalten werden, auch nachdem feststand, dass die Fassade
substantiell völlig neu aufgeführt werden sollte, um der neuen Bauflucht zu
entsprechen. Der ästhetische Anspruch der Fassade steht in eigentümlichem
Kontrast zum Standort, der innerhalb des Sulzbacher Stadtareals durch seine
abschüssige Lage eher ungünstig erschien. Um der geforderten Orientierung
der Synagoge nach Osten entsprechen zu können, lag die Fassadenachse
parallel zur steil abfallenden Achse des Geländes. Dieser zusätzliche Nachteil
wird übrigens auf keinem der gezeichneten Frontaufrisse Rheins auch nur an-
satzweise berücksichtigt.

Erst 1825 kam Rhein von solchen Rekonstruktionsvorstellungen ab und
entwickelte erste durchgreifende Neubaukonzepte für denselben Standort.[43]
Für diesen Wechsel dürfte die behördliche Intervention verantwortlich gewesen sein. Statt der bis dahin vorgesehenen Wiederherstellung der barocken
Synagoge und ihrer tempelähnlichen Pilasterfront sollte sich stilistisch nun
eine biedermeierlich-klassizistische Ausrichtung durchsetzen. Folgte die barocke Synagoge dem aufklärerischen Leitbild des untergegangenen Jerusalemer
Tempels, so folgten die revidierten Neufassungen dem unprätentiösen Leit-

---

[42] Vgl. Hans-Christoph Dittscheid: Vom „Juden-Tempel" zur „Schul". Die Synagoge in
Sulzbach, in: Hartmann 2006 (wie Anm. 24), S. 186–198, Kat. Nr. 429 (Benedicta Feraudi).
Abbildung bei Eberhardt/Hager 2007 (wie Anm. 1), S. 292.
[43] Ebd., S. 293.

Abb. 12: Synagoge Sulzbach, historische
Ansicht des Außenbaus um 1920.
Quelle: Stadtarchiv Sulzbach-Rosenberg.

Abb. 13: Synagoge Sulzbach, Innenansicht
von der Frauenempore nach Nordost, um
1920.
Quelle: Stadtarchiv Sulzbach-Rosenberg.

bild der „Schul", deren Äußeres der angrenzenden Wohnbebauung ange-
glichen ist. In der zweigeschossigen Fassade mit dem zentralen, übergiebelten
Risalit (Abb. 12) liegt wohl auch eine Orientierung an der zehn Jahre älteren
Synagoge von Floß vor.

Im Unterschied zur barocken Synagoge war, wahrscheinlich auf Betreiben
der Regensburger Behörde, nun auch für den Innenraum eine konsequent
symmetrische Anlage gefordert worden. Die Frauenempore umzog den Saal
jetzt hufeisenförmig an drei Seiten. Sie sollte durch Okuli belichtet werden;
das Erdgeschoss durch Rundbogenfenster, in je fünf Achsen. Vom Vorgänger-
bau wurde nur noch der übergiebelte Risalit mit dem Eingang der Männer als
Motivanregung übernommen.

Der Haupteingang führte zunächst in eine enge, links und rechts durch Nischen erweiterte Vorhalle. Diese erweist sich als Parallele zum „Pallisch" der
Flosser Synagoge, ist im Unterschied zu diesem jedoch auf die Wandstärke
reduziert. In jedem Falle besitzt auch er zwei Türen, so dass profane Außenwelt und sakrale Innenwelt auch in diesem Falle, wie im Talmud gefordert,
konsequent voneinander geschieden bleiben. Weitere charakteristische Eigenschaften legen eine Vorbildlichkeit von Floß nahe, wie die Querorientierung
des Grundrisses oder die zentrale Position des Almemor. Das schlichte Rechteck des Grundrisses entspricht jener Gestaltung, die von der Gemeinde in

Floß, nicht jedoch vom gestrengen Landrichter gewünscht worden war. Mit 2322 Gulden[44] kostete die Sulzbacher Synagoge etwa nur ein Viertel derjenigen in Floß.

1826 wurde die Synagoge errichtet und bereits am 31. August 1827 eingeweiht. Bei der feierlichen Einweihung wurde Psalm 30 zitiert, den David bei der Weihe des neuen Tempels zu Jerusalem gebetet hatte. Dabei wurde auf die Analogie des Sulzbacher Wiederaufbaus zum Wiederaufbau des Tempels in Jerusalem abgehoben.

Bis 1934 blieb die Sulzbacher Synagoge wohl erhalten. Der Bauforscher Alfred Grotte hatte sie unter die schönsten Synagogenbauten Bayerns, ja Deutschlands gerechnet.[45] Die atmosphärisch dichten Aufnahmen des Äußeren und Inneren der Synagoge (Abb. 12, 13) dürften auf Theodor Harburger zurückgehen. Seine Forschungen in Sulzbach glichen einem letzten Besuch vor dem Untergang.[46] Nachdem durch die Nationalsozialisten auch die letzte jüdische Familie aus Sulzbach vertrieben war, erfolgte 1934 die Umwandlung der Synagoge in das Sulzbacher Heimatmuseum. Nur deshalb überstand der Bau die Reichspogromnacht unbeschadet. Seine substantielle Zerstörung setzte erst nach dem Zweiten Weltkrieg ein. 1951 wurde die Synagoge verkauft und in ein privates Wohnhaus umgewandelt (Abb. 14). Nicht die dafür eigentlich zuständige staatliche Denkmalpflege in Bayern, sondern die Leitung der Maximilianshütte in Sulzbach-Rosenberg unternahm den Versuch, diesen Verkauf zu verhindern mit dem Hinweis, er könne dem Bau nur schaden – vergebens. Durch Abschlagen zerstört wurden die Gewände der Fenster und Portale, das Gurtgesims in den Formen eines klassizistischen Zinnenmäanders und der Dreiecksgiebel. Zerstört wurden durch Vermauern auch die Okuli, und zuletzt der Bau mit Rauhputz überzogen. Darunter ist auch der Chuppastein, den Grotte[47] noch gezeichnet hatte, verborgen. Ein Balkon, neu eingebrochene Rechteckfenster und eine Garage entstellen den Bau auf der Südseite bis zur Unkenntlichkeit.

Trotz solcher Barbarei blieb ein Großteil der Bausubstanz bis heute erhalten. Dazu gehört die auf sechs toskanischen Holzsäulen ruhende Frauenempore, die jedoch durch ein Zwischengeschoss auf gleicher Höhe entstellt wurde. Auch ein monumentaler Inschriftstein im Inneren unter der Empore ist am ursprünglichen Ort verblieben. Er fasst in hebräischer Sprache die wechselvolle, bewegende Baugeschichte der Sulzbacher Synagoge zusammen:

„Ein einziger Mann von den Honoratioren der Gemeinde Jakob sein Name, ‚zum Ansehen und Ruhm‘, und seine Ehefrau Gitel, ‚zum staunenswerten Tun‘ haben von ihrem Geld das Gebetshaus gebaut im Jahr 500 [= 1740] nach der kleinen Zeitrechnung.

---

[44] Staatsarchiv Amberg: Landgericht ä.O. Sulzbach 1072, Aktenstück Nr. 16.
[45] Alfred Grotte: Deutsche, böhmische und polnische Synagogentypen, Berlin 1915, S. 96–98.
[46] Harburger 1998 (wie Anm. 2), Bd. 3, S. 710–718.
[47] Grotte 1915 (wie Anm. 45).

Abb. 14:
Synagoge Sulzbach, heutiger Zustand (2006), Ansicht von Südwest.
Quelle: Foto Hans-Christoph Dittscheid.

Nur durch unsere Sünden am 21. Siwan 582 [= Montag, 10. Juni 1822] wurde beinahe die Hälfte der Stadt vernichtet und unser Heiligtum, das geringe, verbrannte.
Damals haben wir unser Vertrauen auf den Ewigen gesetzt und die Edlen unseres Volkes wurden zu unserer Hilfe und wir haben das Haus unseres Heiligen eingeweiht am Vorabend des heiligen Schabbat, dem 8. Elul 587 [= Freitag, 31. August 1827] nach der kleinen Zeitrechnung."

Ein späterer Zusatz vermerkt zum Schluss, dass Herr Elijah Arnstein aus Australien diese Tafel erneuert hat.[48]

Dieser Stein ist ein Beleg für die enge Verknüpfung zwischen dem Bau der Synagoge und seinen frommen Stiftern. Als „Stein, der aus der Mauer schreit" (Hab 2, 11)[49] verstanden, bedeutet er einen Appell, die Geschichte dieses lange verwahrlosten Gebetshauses im konstruktiven Sinne weiterzuschreiben. Die Rettung des Synagogengebäudes erscheint in der Tat als ein Gebot der Stunde. Da keine jüdische Gemeinde in Sulzbach mehr existiert, bietet sich wie in Floß eine museale Nutzung erneut an: Hier könnte Sulzbach als drittgrößter europäischer Druck- und Verlagsort jüdischer Literatur vom 17. bis

---

[48] Angerstorfer 2006 (wie Anm. 41), Kat. Nr. 430 mit dem Zitat in hebräischer Sprache.
[49] Vgl. Andreas Angerstorfer: „Denn der Stein wird aus der Mauer schreien..." (Hab 2. 11). Jüdische Spolien aus Regensburg in antisemitischer Funktion, in: Das Münster 60. Heft 1 (2007). S. 23–30.

19. Jahrhundert entsprechend gewürdigt werden. In die Exponate einzuschließen wäre das auf Hebräisch und Deutsch gedruckte Programm des Festes der Einweihung am 31. August 1827. Wird es nach dem Brand von 1822 und der Shoa eine zweite „Renaissance" der Sulzbacher Synagoge geben?

Die Synagoge in Weiden

Stellvertretend für das ausgehende 19. Jahrhundert steht die Synagoge in Weiden[50]. Sie entstand in der damals neu angelegten Ringstraße 17. In nur fünf Monaten Bauzeit wurde der Plan des Weidener Architekten Peter Weiß im Jahr 1889 ausgeführt. Zur Förderung des Vorhabens war ein örtlicher Synagogenverein gegründet worden.

Typologisch stellt die Weidener Synagoge einen Sonderfall dar. Sie steht nicht frei, sondern ist als zweigeschossiges Reihenhaus in eine Häuserzeile eingebunden. Damit erfährt der Haus-Charakter der Synagoge eine besondere Hervorhebung.

Im Kellergeschoss wohnte der Hausmeister; das Hochparterre nahm Schule und Lehrerwohnung auf. Die Fläche des Obergeschosses blieb, abgesehen von der Treppe und einem angrenzenden Raum, der Synagoge vorbehalten. Drei gotisch anmutende Spitzbogenfenster ließen an der nach Osten weisenden Straßenfassade bereits äußerlich einen Kultbau, allerdings nicht selbstverständlich eine Synagoge erahnen. Neugotische Synagogen blieben im 19. Jahrhundert in Deutschland eine Seltenheit, da die Neugotik überwiegend für Kirchenbauten zur Anwendung kam. Es wurde deshalb vorgeschlagen, die wenigen im neugotischen Stil erbauten Synagogen als Ausdruck eines ausgeprägten jüdischen Selbstbewusstseins zu verstehen.[51]

In Weiden standen Toraschrein und Almemor unmittelbar nebeneinander und entsprachen somit reformierten Vorstellungen. Dazu gehörte auch, dass Männer- und Frauenbereich lediglich durch ein Gitter voneinander getrennt waren. Die Einweihung wurde am 20. September 1889 durch Rabbiner Israel Wittelshöfer aus Floß vorgenommen. Bereits im Jahr 1905 wurden erhebliche bauliche Mängel beklagt. Die Fläche des Synagogensaals wurde daraufhin um die des angrenzenden Raums erweitert, um mehr Menschen aufnehmen zu können. Zur Verbesserung der Sicherheit wurde an der Hoffront eine Außentreppe angelegt.

Das Jahr 1938 brachte auch in Weiden das gewaltsam erzwungene Ende des Gemeindelebens. Die Synagoge wurde durch die Nationalsozialisten in der Pogromnacht geschändet, blieb aber aufgrund ihrer Einbindung in die Umgebung substantiell erhalten und wurde anschließend als Warenlager miss-

---

[50] Eine Übersicht der Oberpfälzischen Synagogen umfasst die Orte Amberg, Cham, Floß, Neumarkt, Regensburg, Schwandorf, Sulzbach-Rosenberg, Sulzbürg und Weiden. Vgl. Eberhardt/Hager 2007 (wie Anm. 1), S. 229–319.
[51] Vgl. Hammer-Schenk 1981 (wie Anm. 4), S. 2.

braucht. Dies führte im Obergeschoss zum Verlust der Spitzbogenfenster, die zu Fenstern mit geradem Sturz „neutralisiert" wurden. Diese Fensterform blieb auch erhalten, nachdem der Bau 1948 wieder der Funktion als jüdisches Gemeindezentrum und Synagoge zugeführt werden konnte. Damals erfuhr der Synagogensaal eine aufwändige Ausmalung mit dem Motiv eines zweifachen Zodiakus. Der Zodiakus (Tierkreis) begegnet bereits in den Synagogenbauten des 3. Jahrhunderts. Während dieses kosmologische Symbol in den Synagogen der Spätantike als Muster in den Boden eingelegt ist, etwa in Beth Alpha (6. Jahrhundert), hat es der aus Bedzin (bei Kattowitz) stammende Maler Julian Pfeiffer (geb. 1913), der als Holocaustüberlebender nach dem Krieg nach Weiden kam, zur Bemalung der Decke gewählt. Die Wände zeigen demgegenüber, ebenfalls von Pfeiffers Hand, phantasievoll gemalte Ausblicke in Landschaften, die an Palästina erinnern und friesartig aneinander gereiht sind. Als Zäsuren zwischen den Szenen dient das Motiv einer klassischen Säule mit ionischem Kapitell. Damit stehen Zitate des Tempels und des Heiligen Landes sowie eine durchaus ungewöhnliche Darstellung der messianischen Zeit durch menschliche Figuren dauerhaft vor den Augen der Gemeinde – Bilder der Sehnsucht, wie sie sich mit jeder Synagoge verbinden.

Die neue Synagoge in Regensburg von 1911/1912

Der Überblick kehrt an den Ausgangspunkt Regensburg zurück. Nach dem Pogrom von 1519 dauerte die erste Einrichtung einer Synagoge in einem dortigen Privathaus bis 1733. Der Freie Reichstag hatte für Juden in Regensburg eine gewisse Liberalisierung mit sich gebracht.

1841 war in der Unteren Bachgasse in einem der Geschlechtertürme eine neugotische Synagoge eingerichtet worden[52], die 1907 baufällig geworden war. Wiederum musste ein privates Provisorium eingerichtet werden, diesmal in der großbürgerlichen Villa Weinschenk.

Für den Neubau einer Synagoge hatte die Gemeinde das Grundstück an der Ecke Schäffnerstraße/Lutzengasse erworben. Im Jahr 1908 führte man einen Gestaltungswettbewerb durch, den der bekannte Wiener Architekt Wilhelm Stiassny, ein Fachmann für Synagogenbauten, für sich entschieden hatte. Sein Projekt ist nicht überliefert, wohl aber die Reaktion, die es auslöste. Der Regensburger Stadtbaumeister Schmetzer erstellte ein Gutachten, wonach er Stiassnys Projekt für ausführbar hielt. Dagegen monierte die in letzter Instanz maßgebliche Baubehörde in München, die von Stiassny vorgesehenen Formen im Stil der Neurenaissance passten nicht zum Regensburger, vom Mittelalter geprägten Stadtbild. Schließlich entschied man sich für die Regensburger Architektengemeinschaft Joseph Koch und Franz Spiegel.

---

[52] Hierzu und zum Folgenden vgl. Andreas Angerstorfer/Cornelia Berger-Dittscheid/Hans-Christoph Dittscheid: Verlorene Tempel. Synagogen in Regensburg von 1788 bis 1938, in: Denkmalpflege in Regensburg 10, Regensburg 2006, S. 112–141, hier S. 118–131.

Koch hatte 1898 für den Kaufmann Weinstrauch jene Villa ausgeführt, in der
später ein Raum als provisorische Synagoge genutzt wurde. Der erste Entwurf
von Koch und Spiegel, datiert Juli 1910, sah ein Gemeindehaus mit Betsaal
und eine daran anschließende, wahrscheinlich kreisrunde Synagoge mit Kup-
pel vor. Typologisch hatte Koch damit das Leitmotiv eines Rundtempels in
der Nachfolge des römischen Pantheon beschworen. Im Ausführungsprojekt
wandelte sich der Grundriss zu einem Längsoval. Um 1910 waren in Deutschland mehrere Synagogen in zentralisierender Rundform entstanden, so in
Offenbach, Mainz und Frankfurt.[53] Koch und Spiegel, die in Regensburg zum
ersten und einzigen Male eine Synagoge zu entwerfen hatten, bewiesen mit
ihrer Lösung, dass sie sich mit dieser Bauaufgabe gründlich und überaus ge-
wissenhaft auseinander gesetzt hatten. So soll Koch zum Studium geeigneter
Vorbilder eigens nach Berlin gereist sein.[54] Die von Koch und Spiegel ausgeführte Synagoge beeindruckte durch die außerordentliche Konsequenz ihrer
Struktur. Den Mittelpunkt des Ovalbaus beschrieb der Almemor, der ebenso
wie der große Kronleuchter wiederum ein Oval darstellte. Mit dem ovalen Almemor wurde die singuläre Form des ursprünglichen Almemor der Synagoge
in Floß[55] in Erinnerung gerufen. Tatsächlich könnte Koch diese Synagoge und
ihre Planung gekannt haben: Kurz vor Inangriffnahme der Regensburger
Synagoge hatte er um 1910 in Floß die katholische Kirche erbaut. Bei seinem
intensiven Studium von Synagogen könnte er das damals wohl noch in Floß
gesammelte Planmaterial mit Norgauers Grundriss (Abb. 11) und anderen,
inzwischen verlorenen Plänen gesichtet haben.

Die zentrale Position des Almemor dürfte insbesondere den orthodoxen
Vorstellungen des damaligen Regensburger Rabbiners Seligmann Meyer entsprochen haben. Kurz zuvor hatte dieser für den Neubau der Straubinger
Synagoge eine zentrale Stellung des Almemor noch vergeblich gewünscht –
erst mit der eigenen Synagoge in Regensburg ließ sie sich endlich realisieren.
Ein großes Rundfenster mit Maßwerk in Form eines Davidsterns setzte die
jüdische Symbolsprache monumental um. Inmitten der Glasmalerei dieses
nach Osten weisenden Fensters war in hebräischen Buchstaben die Jahreszahl
für 1912, das Jahr der Vollendung, eingeschrieben, ebenso auf einem Vorhang
des Toraschreins (Abb. 15).[56]

Während der Planung der Regensburger Synagoge durchlief das Projekt
eine für diese Zeit charakteristische stilistische Wandlung. Die Vorprojekte
waren noch stark vom Neubarock und der Neurenaissance, also historisierend,
geprägt. Dagegen tendierte der ausgeführte Bau in seinem Äußeren zu

[53] Vgl. Hammer-Schenk 1981 (wie Anm. 4), Abb. 409 (Frankfurt), 445 und 446 (Mainz),
447 (Offenbach). Von diesen Bauten ist nur der Offenbacher, wenn auch nur in profa-
nierter Gestalt, heute noch erhalten.
[54] Freundliche Mitteilung von Frau Julie Koch, der Enkelin des Architekten.
[55] Vgl. Berger-Dittscheid 2006 (wie Anm. 24), S. 201, Kat. Nr. 434c.
[56] Vgl. Angerstorfer/Berger-Dittscheid/Dittscheid 2006 (wie Anm. 52), S. 126.

Abb. 15:
Synagoge Regensburg, Innenansicht nach der Vollendung 1912.
Quelle: Nachlass J. Koch.

ungleich abstrakteren, modernen Formen im Stil der Neuen Sachlichkeit. So wandelten sich etwa die anfänglich vorgesehenen ionischen Kapitelle der dreijochigen Vorhalle an der nach Osten gelegenen Fassade in der Schäffnergasse zu schlichten kubischen Würfeln, die den Säulenschäften aufgelegt wurden und nun als Kämpfer für die Arkadenbögen interpretiert werden konnten. An dieser Fassade bewies Koch sein ungewöhnliches Talent. Mit der Zweiturmfront unterwarf er sich der Tradition des Synagogenbaues, wobei die beiden Türme vielleicht an Jachin und Boas, die beiden Säulen des Salomonischen Tempels in Jerusalem, erinnern sollten. Andererseits konnte er den nach dem Talmud auf dieser Seite sogar geforderten Haupteingang nur andeuten, da er zugleich die obligatorische Aufstellung des Toraschreins im Osten zu berücksichtigen hatte. Daher verlegte er auf diese Seite den Eingang der Frauen, die über die Treppen beider Türme zu der ovalen Empore gelangen konnten. Die stilistische Metamorphose des Projekts hin zu einer latenten Moderne ging einher mit der Verwendung zeitgemäßer Technik und Materialien. So waren die Säulen, die Frauenempore und die Decke des unterkellerten Gebäudes in

Beton ausgeführt. Die Innenarchitektur blieb dagegen der historisierenden, neobarocken Haltung verpflichtet.

In der Reichspogromnacht von 1938 wurde die Regensburger Synagoge von Mitgliedern der Gestapo in Brand gesteckt. Der filigrane, in einem Straubinger Eisenwerk gegossene Dachstuhl, der das polygonal gebrochene zeltartige Dach trug, schmolz in der Hitze und sank in die Ruine der in Backstein aufgeführten Wände. Am folgenden Tag vermerkte der Regensburger Oberbürgermeister Schottenheim in den Bauakten mit Rotstift, dass ein – theoretisch durchaus möglich gewesener – Wiederaufbau keineswegs in Frage komme. Vielmehr befahl er den Abbruch der Ruine und bürdete der damit doppelt gestraften jüdischen Gemeinde sogar noch die Kosten dafür auf.

Nach Kriegsende war 1946 kurzfristig in Erwägung gezogen worden, die Synagoge in der untergegangenen Form des Ovalbaues wiedererstehen zu lassen. Nachdem 1969 am einstigen Standort ein moderner Gemeindesaal erbaut wurde, kann Kochs Synagoge nur noch im virtuellen Medium vergegenwärtigt werden.[57] Der Film lässt nachvollziehen, dass Regensburg mit Kochs Synagoge ein außerordentliches Zeugnis für den Übergang zwischen Historismus und Moderne verloren hat.

Zwei Seiten einer Medaille: Dani Karavans Relief „Misrach" (2005 vollendet) und das „Document" in Regensburg

Archäologische Grabungen hatten 1995 bis 1997 völlig unerwartet auf die Anfänge des Synagogenbaus geführt, die Spuren der beiden sukzessiven mittelalterlichen Synagogen in Regensburg.[58] Auf Einladung der jüdischen Gemeinde Regensburgs zeichnete der Bildhauer Dani Karavan über diesen Resten die Mauerzüge, Säulen und Wanddienste des Hauptraums der einstigen Synagoge in weißem Beton nach.[59] Auf wesentliche Details, wie etwa die charakteristische Vorhalle, wurde ebenso verzichtet wie auf die archäologische Treue in den Baudetails. Dem minimalistischen Zug der Anlage folgend, wurden die mittelalterlichen Spuren absichtlich nur ungefähr und sehr summarisch getroffen. Noch dazu ist der Grundriss gegenüber dem ursprünglichen leicht versetzt. Die an Stelle der einstigen Säulen aufgestellten Zylinder sind im Durchmesser extrem reduziert und die Halbzylinder an Stelle der dreifach gebündelten Dienste zu den runden Trommeln in Korrespondenz gesetzt: Die zylindrischen Formen fungieren nun als Rückenlehnen der zu Sitzsteinen vergröberten Säulenbasen. Eine Schwelle markiert die einstige Baunaht zwischen der etwa quadratischen romanischen Synagoge und ihrer gotischen Erweite-

[57] Thekla Schulz-Brize (Hg.): 3 D-Visualsierung der untergegangenen Regensburger Synagoge, erstellt an der FH Regensburg, 2007.
[58] Vgl. Codreanu-Windauer/Ebeling 1998 (wie Anm. 16), S. 449–464.
[59] Abbildung bei Eberhardt/Hager 2007 (wie Anm. 1), S. 279.

rung nach Westen. Ein stufenartiges Podest lässt den einstigen Almemor als liturgisches Zentrum erahnen. Das hebräische Wort „Misrach" (für „Osten"), der östlichen Schmalwand des Reliefs stempelartig als „verlorenes" Negativ eingeprägt, ruft den Standort des Toraschreins und die damit verbundene obligatorische Orientierung der untergegangenen Synagoge nach Jerusalem in Erinnerung.

Die Materialfrage wurde ausgiebig diskutiert. Alternativ war zunächst eine Aufmauerung in weißen Kalkquadern erwogen worden. Das zuletzt gewählte Material, porenreiner weißer Beton, soll nach der Vorstellung Karavans an die Bauweise der Moderne, mithin Zukünftiges, erinnern. Motivische Bezüge zu den Synagogenbauten des Mittelalters und die abstrakte Verfremdung der einstigen Architektur in die Gattung des Reliefs halten sich in etwa die Waage. Ähnlich schillernd ist auch die Terminologie. Karavan vermeidet bewusst den Begriff „Denkmal" und möchte die Anlage schlicht auf die Funktion eines Ortes der Begegnung reduziert wissen. Angesichts der hohen Bedeutung des Areals als ehemaliges geistliches Zentrum des jüdischen Regensburg und Erinnerung an Regensburgs dunkelste Phase seiner Stadtgeschichte – das Pogrom von 1519 – erscheint eine solche Tilgung des Denkmalbegriffs allerdings kaum akzeptabel. Die historischen Spuren und die damit unweigerlich verknüpften Assoziationen lassen sich nicht „deckeln". Aus der Analogie zur einstigen Synagoge und der unterkühlten minimalistischen Gestaltung bezieht Karavans Relief einen unverwechselbaren Spannungsreichtum, der nicht durch Vorschriften geschmälert werden sollte. Die nachträglich dezent angebrachten Erklärungstafeln zur Bedeutung des „Misrach"-Reliefs bestätigen den Bedarf nach historischer Erläuterung.

Die aus dem „Misrach"-Relief scheinbar verbannte historische Dimension begegnet dem Besucher ersatzweise im nahegelegenen unterirdischen „Document". Es umfasst die ergrabenen Kellerräume eines zerstörten Wohnhauses inmitten des einstigen Ghettos, unter den Granitplatten der modernen Pflasterung des Neupfarrplatzes. Ein ruinierter Torbogen mit einem Scheitelstein, der scheinbar kurz vor dem Sturz nach unten begriffen ist, wird in seiner Fragilität zur bleibenden symbolischen Erinnerung an das Pogrom von 1519 und die endgültige Zerstörung des Judenviertels.[60] Nicht weniger suggestiv wirken die den Keller durchschneidenden Betonwände eines Bunkers, dessen Bau 1940 an dieser Stelle nahtlos an die Ruinen des Pogroms von 1519 anschloss. Kurioserweise hatte ausgerechnet dieser Bunkerbau während des Zweiten Weltkriegs die qualitätvollsten Fundstücke der einstigen Synagoge zutage gefördert, darunter eine vollständig erhaltene Säule des Almemor mit frühgotischem Knospenkapitell.[61]

---

[60] Vgl. Herbert E. Brekle: Das Regensburger Ghetto. Foto-Impressionen der Ausgrabung, Regensburg 1997.
[61] Vgl. Codreanu-Windauer/Ebeling 1998 (wie Anm. 16), Abb. 15.

„Document" und „Misrach" können somit als komplementäre Teile einer auseinander gerissenen Einheit verstanden werden. Im „Document" begegnet die unter das Pflaster des Platzes verbannte, oberirdisch unsichtbar gemachte Geschichte des jüdischen Regensburg. In diesem archäologischen Teil des einstigen Ghettos werden die authentischen Wurzeln der jüdischen Geschichte Regensburgs und ihre Vernichtung durch Pogrom und Bunkerbau unmittelbar anschaulich. Verglichen mit solch bedrückenden Erfahrungen in der „Unterwelt" des Neupfarrplatzes, animiert das Relief von Karavans oberirdischer „Misrach" zur phantasievollen dreidimensionalen Ergänzung einer zwischen Vergangenheit und Zukunft oszillierenden Synagoge.

Ungeahnte Performance-Qualitäten offenbarte Karavans Relief ein einziges Mal: im Augenblick seiner Freilegung durch Regensburger Schulkinder am 13. Juli 2006. Der Akt dieser Enthüllung glich der Aufdeckung der „aus der Wand schreienden Steine"[62], die sich der Vernichtung und dem gänzlichen Vergessen standhaft widersetzen.

Die archäologischen Spuren der mittelalterlichen Synagogen und das sie nachzeichnende „Misrach"-Relief beschreiben den historischen Bogen, der von der ersten Blüte der jüdischen Gemeinde in Regensburg bis zu deren Erinnerung in den rudimentären Formen eines öffentlichen Denkmals der Moderne reicht. Denkmalcharakter und Memoria lassen sich an solch hochsensiblem Ort – im Unterschied zur Empfehlung des Künstlers – nun einmal nicht verbieten.

Dieser knappe Überblick über die Synagogen in der Oberpfalz überrascht durch die hohe Qualität und die außerordentliche typologische Vielfalt des Gebauten: In der Tat lässt sich Richard Krautheimers für das Mittelalter geprägtes Bild vom „Springen von Insel zu Insel" auch auf die Neuzeit anwenden.

Die Oberpfälzer Synagogen bedürfen weiterer Entdeckung und Förderung. In der 1799 erbauten Synagoge von Sulzbürg, dem ersten Wirkungsort von Rabbiner Magnus Weinberg, ist die Fläche des einstigen Kultraums heute von einer Garage verdrängt worden.[63] Günstiger stehen die Vorzeichen für die derzeit funktionslose und entstellte Sulzbacher Synagoge: Bürgermeister und Stadtrat von Sulzbach-Rosenberg haben sich bereits einmütig für die Rettung dieses architektonischen Kleinods ausgesprochen.[64] In diesem hehren Ziel werden sie auch von der Präsidentin des Zentralrats der Juden in Deutschland nachhaltig unterstützt.[65]

---

[62] Vgl. Angerstorfer 2007 (wie Anm. 49).
[63] Eberhardt/Hager 2007 (wie Anm. 1), S. 300–308.
[64] Für wertvolle Hinweise und Ergänzungen danke ich Dr. Martin Angerer, Dr. Andreas Angerstorfer und Cornelia Berger-Dittscheid.
[65] Auf Einladung von Bürgermeister Gerd Geismann fand am 31. Januar 2008 eine Veranstaltung im Rathaus von Sulzbach-Rosenberg statt, in der über die Geschichte der Sulzbacher Synagoge und ihre kulturelle Nutzung informiert und beraten wurde. Die Präsidentin des Zentralrats, Frau Charlotte Knobloch, hat durch ihre persönliche Anteilnahme und ihr Engagement dieser Veranstaltung besonderes Gewicht verliehen.

SULZBACH – EINE DER BEDEUTENDSTEN HEBRÄISCHEN DRUCKEREIEN EUROPAS

Von Ittai J. Tamari

„Keine zweite hebräische gleichzeitige Offizin hat sich vielleicht in deutschen Ländern einen derartig festgegründeten Ruf und Ruhm bei den Volksmassen erobert, wie die Sulzbacher Druckereien. Ihre Popularität war von etwa 1730–1830 unerschütterlich; in ununterbrochener Reihenfolge lösten sich die gleichen Werke der Laienliteratur: Gebetbücher für alle Zeiten und viele Riten, Talmud, Mischnah, Pentateuche, jüdisch-deutsche Frauenlektüre, religiöse Erbauungsbücher, Propheten und Hagiographen, z.T. in zahllosen, oft nicht mehr zu überschauenden, Auflagen einander ab."

Mit diesen Worten eröffnet Dr. Magnus Menachem Weinberg, damals Distriktsrabbiner in Sulzbürg (Oberpfalz), seine Monographie über „Die hebräischen Druckereien in Sulzbach (1669–1851)", die 1904 in Frankfurt erschien.[1]

1923[2] und 1930[3] folgten diesem detaillierten Werk zwei Fortsetzungen und Verbesserungen, die mithilfe anderer bibliographisch gesinnter und gelehrter Rabbiner in Deutschland unsere Kenntnisse über diesen für den jüdischen Druck berühmten Ort vervollständigen. An diesen Fortsetzungen waren etwa Aron Freimann, der Bibliothekar der Hebraica-Abteilung der Universitätsbibliothek Frankfurt am Main, und Joseph Prys aus München beteiligt. Letzterer besaß eine große Sammlung Sulzbacher Drucke, die sich heute in der Bayerischen Staatsbibliothek München befindet. Eine kurze, zusammenfassende Übersicht über die Geschichte dieses Druckorts bietet der zuletzt erschienene Beitrag von Michael Schneeberger.[4]

In diesen Werken werden uns die historischen Umstände vor Augen geführt, die Christian August Herzog von Pfalz-Sulzbach veranlassten, Juden in dem unscheinbaren Ort leben zu lassen und einigen wenigen von ihnen das Druckerprivileg zu erteilen.[5] Genauso dürfen wir die insgesamt 701 aufgeführten Titelnamen durchblättern, die bis heute noch nicht nach Ausgabe, Auflage, Seitenumfang, Thematik und Bestandorten erfasst sind.[6] Die zuvor

---

[1] Im Commissionsverlag von A. I. Hoffmann, Frankfurt a.M. 1904.
[2] Jahrbuch der Jüdisch-literarischen Gesellschaft 15, S.125–155.
[3] Jahrbuch der Jüdisch-literarischen Gesellschaft 21, S.319–370.
[4] Michael Schneeberger: Jüdische Landgemeinden in Bayern (14) Im Schatten des Buchdrucks – die Geschichte der Sulzbacher Juden, in: Jüdisches Leben in Bayern 100 (2006), S.23–31.
[5] 1927 veröffentlichte Weinberg eine längere Abhandlung über die Juden in Sulzbach. Vgl. Magnus Weinberg: Geschichte der Juden in der Oberpfalz. V. Herzogtum Sulzbach (Sulzbach und Floss), München 1927 (Schriften der Historischen Kommission des Verbandes der Bayerischen Israelitischen Gemeinden II), S.5–71. Siehe auch den Beitrag zu Rabbiner Weinberg von Aubrey Pomerance in diesem Band.
[6] In seinem Thesaurus of the Hebrew Book, Jerusalem 1993–1995, führt Yeshayahu Vinograd unter dem Druckort Sulzbach 715 Titel auf. Wenn man die beiden Listen vergleicht, wird klar, dass beide unvollständig sind.

erwähnten zwei deutschen Bibliotheken besitzen heute die exemplarreichsten Bestände dieses Druckortes.

Eine weitere Erwähnung des jüdischen Druckorts Sulzbach findet man beim Nationaldichter Israels, Chaïm Nachman Bialik (1873 in Radi/Ukraine geboren – 1934 in Wien gestorben). Ch. N. Bialik war jahrelang selber Verleger und bemühte sich, Schätze der jüdischen Literatur zusammenzutragen und sie in neuer, ansprechender Form für die jüngeren Generationen herauszugeben. In einigen seiner Aufsätze über das hebräische Buch und in manchen neuen hebräischen Veröffentlichungen Anfang des 20. Jahrhunderts pflegte er auf die Gegenständlichkeit hebräisch-schriftlicher Texte zurückzugreifen, die er seit seiner frühen Jugend fieberhaft gelesen und mit all seinen Sinnen aufgenommen hatte. Begeistert beschrieb er die Farbe des Papiers, den Duft der gedruckten Seiten, die Form und Qualität der Druckbuchstaben in den Heften, Büchern und Zeitschriften, die er verschlang. In seinem auf Hebräisch verfassten Aufsatz über die zwei wichtigsten hebräisch-schriftlichen Zeitungen der Haskalah[7] beschreibt er den Druckort Sulzbach, den er als junger Leser über seine Druckerzeugnisse kennengelernt hatte:

„Jedes Buch, das ich in meine Hände bekam – die Farbgebung seines Papiers prägte sich zuallererst in meinem Gehirn ein, ich konnte danach nicht mehr das Buch selbst und seine Farbe auseinanderhalten. Das Buch und seine Farbe vereinigten sich in meinen Augen ‚zu einem Fleische'. Weit mehr, die Prägung der Farbe übertrug sich auch auf den gesamten Druckort.

Żytomir, zum Beispiel, zeichnete ich mir als eine Stadt, die eine einzige Ebene war. Da strahlte die Sonne immer, ihre Einwohner waren immer feierlich bekleidet, allesamt in guter Stimmung und nett zueinander, heiter und fröhlich. Ganz anders Slawita: Es liegt immer im Nebel. Ist von Regen und trüben Tagen geplagt, ihre Straßen sind von Spurrillen durchzogen und ihre Gosse mit Schlammwasser überfüllt. Alle ihre Einwohner erscheinen Grimassen schneidend und seelenverbittert, von schlechten Zähnen und Darmreiz heimgesucht. Welch ein Kontrast zu Sulzbach! Die Stadt Sulzbach – von Weiden umgeben, wo Herden von Klein- und Großvieh grasen. Fast könnte ich das Bimmeln der Glocken an den Hälsen des Viehs und sein Kauen beim Abgrasen vernehmen…

Und wisst Ihr warum? Das Papier der Żytomir-Drucke war weiß, hell und glatt und die Buchstaben strahlten in schwarz darauf, im Gegensatz zu Slawita – trüb, rau und von wässerigem Gekritzel durchzogen. Das Papier aus Sulzbach war abgenutzt, zerfleddert und brachte dünnen, weichen Flaum hervor, wie Gras. In diesem Flaum versteckten sich grobe und dünne Buchstaben, von bräunlichem Aussehen, des Alters wegen…

Später, als ich schon erwachsen war, ist mir klar geworden, daß mein ‚instinktives Vorstellungsvermögen' die Realität ein wenig verzog. Żytomir, zum Beispiel, ist zwar eine saubere Stadt, deren Einwohner aber weder freundlich noch guter Stimmung sind. Slawita – von Kiefernwäldern umringt und von Schwindsuchtgeplagten frequentiert. Und Sulzbach stellt, wie es scheint, gutes Bier und fette Schweine her."[8]

Diese Perspektive eines jungen, tagträumenden Dichters sowie die Auflistung der meisten Druckerträge dieser Stadt erwecken Neugierde: Wie ist es dazu

---

[7] „HaMeliz, haZefirah weZewa haNejar" [„Die Zeitschrift ‚der Fürsprecher', ‚die Epoche' und die Farbe des Papiers"], wahrscheinlich um 1912 geschrieben, in: Ch. N. Bailik: *Diwrei sifrut* [„Literaturstücke"], Tel Aviv 1965, S. 193–199.

[8] Ebd., S. 194.

gekommen, dass sich diese Stadt als einer der wichtigsten jüdischen Druckorte etablierte und ferner: Wie kann man die Erzeugnisse dieses Druckortes definieren?

Der Wittelsbacher Pfalzgraf Herzog Christian August (1622–1708), der im Jahr 1641 zum Herzog von Pfalz-Sulzbach ernannt wurde, war ein toleranter Herrscher, der am Ende des Dreißigjährigen Krieges Sulzbach zum geistigen Zentrum machte. Er interessierte sich für Mystik und christliche Kabbala. 1656 konvertierte der Protestant in Würzburg zum Katholizismus, ließ jedoch die Einwohner seines Fürstentums in ihrem Glauben bleiben, ohne, wie es üblich war, auch sie zu seiner neuen Konfession zu zwingen. Im Jahr 1666 erlaubte er Juden in Sulzbach die Ansiedlung. 1664 erteilte er dem Calvinisten Abraham Lichtenthaler, 1669 dem aus Prag stammenden Setzer Isaak Kohen ben Jehuda (Judels) das Privileg, jüdische Bücher in Sulzbach zu drucken.[9] Zusammen mit weiteren Mitarbeitern aus Prag gaben sie zwei Bücher heraus, die sie bei Lichtenthaler drucken ließen. Das zweite Buch Judels gilt als verschollen. Im Jahr 1931 berichtet der Münchener Rabbiner Dr. Joseph Prys von zwei weiteren Drucken aus dieser Zeit.[10]

1684 versuchte Moses ben Uri Schraga Bloch eine hebräische Druckerei in Sulzbach zu eröffnen. Der fleißige Händler Moses Bloch war einer der Gründer der Sulzbacher jüdischen Gemeinde. In seinem Haus traf man sich zum Gebet, da es bis 1687 keine Synagoge in Sulzbach gab und man daher auf private Räumlichkeiten angewiesen war. Das erste Buch aus seiner Druckerei war das grundlegende Buch der Kabbala, der Sohar (hebräisch: Schimmern, Glanz), herausgegeben im Jahr 1684. Außer Herzog Christian August waren an dieser Ausgabe, die achte seit der ersten Drucklegung in Mantua im Jahr 1558, auch seine beiden Wegbegleiter in die mystische Lehre beteiligt. Franciscus Mercurius van Helmont (1614–1699) und Christian Knorr von Rosenroth (1636–1689) haben diese schöne Folioausgabe mit Einführungen in Latein begleitet und finanziell unterstützt. Über dreißig Drucke erschienen in Blochs bescheidener Druckerei, die von seiner großen Ambition zeugen. Weinberg stellt fest: „Kein späterer Sulzbacher Drucker gab daher so viele Bücher aus der Presse, die sich an ein religiös oder wissenschaftlich mehr oder weniger gelehrtes Publikum wenden, wie er."[11] Nach seinem Tod im Jahr 1694 wurde die Druckerei von seinen zwei älteren Söhnen, Feistl und Moses, bis in das Jahr 1699 weitergeführt.

---

[9] Manfred Finke: Sulzbach im 17. Jahrhundert. Zur Kulturgeschichte einer süddeutschen Residenz, Regensburg 1998, S. 242. Darin konstatiert er, Lichtenthaler wäre Calvinist. Weinbergs Fehlannahme, er sei Protestant, ist in der Folge von anderen übernommen worden.
[10] Es sind zwei Gebetbücher, die als Pflichtexemplare in die Bibliothek des Herzogs geliefert wurden und später ihren Weg in die Bayerische Staatsbibliothek fanden. Vgl. Die ersten Sulzbacher hebräischen Drucke (1669–70), in: Mitteilungen der Soncino-Gesellschaft 7–10 (März 1931), S. 26–33.
[11] Magnus Weinberg: Die hebräischen Druckereien in Sulzbach, Frankfurt a. M. 1904, S. 19.

Das dritte Glied der Sulzbacher Drucker, Aharon ben Uri Lipmann Fränkel, verlegte Bücher bereits aus der noch bestehenden Druckerei des Moses
Bloch. Aharon Fränkel stammte aus einer Rabbiner- und Gelehrtenfamilie
aus Wien, die es nach der Vertreibung aus der Hauptstadt 1673 nach Sulzbach
verschlagen hatte. Die kinder- und verwandtenreiche Familie Aharon Fränkels war auch vermögend. Dies erleichterte es ihm, die bescheidene Druckerei
des verstorbenen Bloch aufzustocken und ihre Erzeugnisse inhaltlich und
typographisch aufzubessern. So ist er der einzige Sulzbacher Drucker, der
Exemplare auf Pergament und kostbarem Papier drucken ließ. In Fürth hielt
er außerdem ein Bücherlager aufrecht, das bis zum Jahr 1800 als Versand- und
Vertriebszentrale diente.

Der jüngste Sohn Aharon Fränkels, Salman Meschullam, übernahm nach
dem Ableben seines Vaters 1720 die Geschäftsführung. Unter seiner Leitung
trat Sulzbach in die erfolgsreichste Ära seiner Druckgeschichte ein. Vor allem
waren es seine jährlich gedruckten Kalender, in Buch- und Wandformaten, die
ihm Ruhm und Anerkennung einbrachten. Sein Verlag expandierte, er baute
für seine sieben Druckmaschinen ein stolzes Gebäude, das noch heute in Sulzbach steht. Darüber hinaus besaß er eine eigene Schriftgießerei und ver-
brauchte nach eigenen Angaben jährlich 33 Ballen Papier (circa 16 500 Druck-
bögen) zur Herstellung seiner Bücher. Die jüdischen Drucker wurden von der
Sulzbacher Regierung verpflichtet, das benötigte Papier aus der nahegelegenen Papiermühle in Sigras zu kaufen. Die Erzeugnisse dieser Papiermühle
wurden von Salman Meschullam oft kritisiert. So kann man auch die bescheidene Qualität der Sulzbacher Drucke erklären. Salman Meschullam gelang es,
zwei komplette Talmudausgaben in Sulzbach zu drucken, und er bescherte damit dem Druckort Sulzbach eine glanzvolle Zeit. Nach ihm trübte sich die
Szene des Druckortes schnell.

Die Söhne Salman Meschullams, Aharon und Naftali, traten 1764 als Kom-
pagnons dessen Nachfolge in der Geschäftsführung an. 1772 gingen die Brüder getrennte Wege. Aharon behielt die Druckerei und Naftali, der weniger
Begabung für Handel und Geschäftsführung besaß, wandte sich stattdessen
dem Kantorenberuf außerhalb Sulzbachs zu. Dreißig Jahre später kehrte der
alte Naftali, verarmt und hilfesuchend, nach Sulzbach zurück und bat um Aufnahme. Sein Wunsch wurde von den Kindern seines älteren Bruders erfüllt.
Bis 1785 führte Aharon Fränkel die Druckerei allein. 1786 trat sein ältester
Sohn Säkel als Kompagnon in den Betrieb ein. Ab 1795 führte Säkel ben
Aharon, der Gebildeteste unter den Sulzbacher Druckern, die Druckerei bis
1819 allein. In Ausführung des Bayerischen Edikts von 1813 nahmen alle
Söhne des Aharon Fränkels den Familiennamen Arnstein an.

Das letzte Kapitel der jüdischen Druckereien in Sulzbach bildet die Firma
S. Arnstein und Söhne, die von 1819 bis 1851 bestand. In diese Handelsfirma
traten beide Söhne des Säkel, Elias und Salomon, zusammen mit ihrem Vater
ein. Auch die Auflösung der Firma 1835 hatte die Druckerei nicht beeinträch-
tigt, sie lief noch bis 1851 weiter. Sogar der Großbrand, der 1822 Sulzbach

größtenteils zerstörte, hatte keine nennenswerten Folgen für die Aktivität der Druckerei. Obwohl sämtliche Geschäftsbücher und Unterlagen dem Feuer zum Opfer fielen, wurde schon bald wieder neu gesetzt und gedruckt. Zwei weitere Vorkommnisse wurden der Druckerei dennoch zum Verhängnis: Das um 1800 von Österreich erlassene Einfuhrverbot für alle im Ausland gedruckten hebräischen Bücher und die Entwicklung neuer Handelszentren und -wege, durch die Sulzbach an den Rand gedrängt wurde, ließen das Interesse an Sulzbacher Drucken immer weiter sinken.

Die hohe Anzahl der erschienenen Bücher innerhalb von fast zwei Jahrhunderten Tätigkeit ist beeindruckend. Im Vergleich zu anderen herausragenden Druckstätten, wie etwa Amsterdam (mit insgesamt 2860 Titeln), Venedig (2246), Prag (1584) oder der jüngste Druckort in dieser Reihe – Wilna (1196), steht das winzige Sulzbach stolz als fünftgrößter jüdischer Druckort in der Geschichte des jüdischen Buches da. Ragten die großen Druckstätten durch die Vielfalt der erschienenen Themen heraus, die ausgeprägte typographische Qualität, die bahnbrechenden Ausgaben, wie etwa Talmud- oder Bibelkommentar-Ausgaben, so fehlte all dies meist gänzlich in den Sulzbacher Drucken. Zwischen den Zeilen der Monographien kann der Leser erahnen, dass die Druckqualität nicht immer vom Feinsten war, die Druckfehler gehäuft vorkamen und der Begleitapparat meistens spärlich ausgestattet war. Die Sulzbacher Drucke waren eben erschwingliche Massenprodukte für Betende, Weniggebildete und für Familien, die sich eine großformatige Hagaddah (die Liturgie des Pessachabends) leisten wollten.

Diese Hagaddot ähnelten den viel teureren Prager Ausgaben. Auch praktische Handbücher, wie z. B. die Schabbatregeln, die Vorschriften zum Schächten oder Kalender für den umherreisenden jüdischen Händler – all dies war eine nüchterne Strategie der Sulzbacher Drucker, möglichst viele Abnehmer zu erreichen.

Beeindruckend ist der Versuch der Sulzbacher Drucker, den Talmud herauszugeben. Die ersten Sulzbacher, die es versuchten, waren die Erben des verstorbenen Moses Bloch, dem Drucker der 1684 erschienenen Sohar-Ausgabe. Die Witwe und ihre Söhne brachten innerhalb des Jahres 1694 insgesamt acht Traktate heraus: Bawa Mezi'a, Bawa Kama, Beiza, Chagiga, Ketubot, Makot, Rosch Haschana und Massechet Purim, wobei letzteres eine schräge Farce war, die zur gelehrten Belustigung am Purimfest diente. Danach folgten im Jahre 1699 zwei weitere Traktate vom Drucker Aharon ben Uri Lipmann. Im Jahre 1755 erschien das Traktat Berachot, verlegt von Meschullam Salman ben Aharon Fränkel, der in den folgenden Jahren versuchte, den Talmud vollständig herauszugeben. Wie es bereits Weinberg und Schneeberger dargestellt haben, war dies mit vielen Hindernissen verbunden, denn um diese Zeit versuchte die Amsterdamer Druckerfamilie Props eine eigene Talmudausgabe zu verlegen. Mithilfe von Rabbinern beider Seiten – der Sulzbacher Drucker und der Familie Props – entstand in den Jahren nach 1763 ein Verlegerkampf, der von gepfefferten Schmäh- und Erklärungsschriften begleitet war. Zusammenfassend ist festzustellen, dass die Sulzbacher Ausgabe, unbeeindruckt von dem Versuch der Amsterdamer Verleger, eine wesentlich bescheidenere Ausgabe ist. Die Props-Ausgabe zeichnet sich durch Beiwerk und mehrere Kommentare aus, ist typographisch anschaulicher und von der Papierqualität und vom Druck her wertvoller. Diese Unterschiede wurden während der verbalen Auseinandersetzungen nicht erwähnt. Es ging allein um das Recht, den Sulzbacher Talmud weiter herausgeben zu dürfen und sich wirtschaftlich durchzusetzen.

Im 19. Jahrhundert rächte es sich, dass in Sulzbach der Absatz und die wirtschaftliche Effizienz der Druckbetriebe mehr im Vordergrund standen als die inhaltliche Qualität der Druckerzeugnisse: Der wirtschaftlich abgelegene Standort Sulzbach und schließlich die Wiener Importverbote waren für die dort ansässigen Drucker, Setzer, Buchbinder und weiterer Mitarbeiter nicht länger zu verkraften. Der letzte Druck aus Sulzbach, ein Gebetbuch aus dem Jahre 1851, schließt die fast 200-jährige Geschichte eines außerordentlichen Druckortes ab, der aus politisch-wirtschaftlichen Gründen entstanden ist, die ihn letztendlich zum Stillstand zwangen.

Die drei erwähnten größten Zentren des jüdischen Buchdrucks, Amsterdam, Venedig und Prag machten sich nicht nur wegen der hohen inhaltlichen Qualität ihrer Druckerzeugnisse und der neuen genau ausgearbeiteten Kommentare zu Bibel- und Talmud-Ausgaben einen Namen; genauso war es die typographische Spitzenqualität, die man in den anderen, bescheideneren Druckorten nachzuahmen versuchte und bis heute als höchste Leistung erachtet. Die Koordinierung von Inhalt und Form kann nur ein Unternehmen, das über genügend Mittel verfügt, leisten. In der jüdischen Druckwelt waren es nur wenige, die dies über einen längeren Zeitraum geschafft haben. Die meisten Drucker jüdischer Drucksachen arbeiteten auf niedrigerem Niveau, wie es in Sulzbach der Fall war. Vier Beispiele aus der Blütezeit der Sulzbacher Drucke veranschaulichen diese Situation.

1. Zwi Hirsch ben Aharon Schmu'el Kaidanower: Sefer Kaw ha-Jaschar (hebräisch: Maß bzw. Linie der Aufrichtigkeit), Sulzbach: Säkel Arnstein 1799. 108 Seiten.

Nach vier Auflagen in Frankfurt am Main, weiteren 28 Auflagen, darunter drei bei anderen Sulzbacher Druckern, erschien das Buch 1799 als 29. Auflage bei Säkel (Isaak) ben Aharon Arnstein in Sulzbach.[12] Bis heute sind von diesem Buch über 100 Auflagen gedruckt worden. Thema dieses „Bestseller"-Sittenbuches ist die quälende Situation der Juden nach dem Verfall des

---

[12] Dennoch werden auf der Titelseite nur angeblich drei vorherige Auflagen erwähnt: die erste in Amsterdam, die zweite in Frankfurt am Main, die dritte in Frankfurt an der Oder. Es soll in Sulzbach zum vierten Mal erschienen sein.

Sabbatianischen Messianismus und der jüngsten Verfolgungen der Juden in Ost- und Westeuropa, vor allem die schrecklichen Chmelnyzkyj-Pogrome (1648–1649) in Polen und der Ukraine. In einer malerischen Sprache werden die Qualen der sündigen Seelen in der Hölle beschrieben und mit fabelhaften Wundergeschichten ausgemalt. Das Buch ist, wie andere dieser Gattung, nach den jüdischen Wochenabschnitten gegliedert. Das letzte Kapitel widmet sich der Erlösung und dem Aufstieg des Volkes Israel am Ende der Tage. Der verwendete Name im Titel (Abb. 16), wie üblich bei hebräischen Büchertiteln, verbirgt mehrere Andeutungen. Zum einen ist er eine Anspielung auf die Zahl der Kapitel des Buches – 102 – die den hebräischen Buchstaben kof bet[13] entspricht, zum anderen bedeutet dies auf Hebräisch Maß. Tauscht man den letzten Buchstaben aus, also bet zu waw, ohne jedoch den Klang des zweibuchstäbigen Wortes zu verändern, ergibt sich eine neue Bedeutung: Linie, die die Bedeutung der gepriesenen Mäßigkeit stärkt. Dieses „Maß" gleicht dem nächsten hebräischen Wort haJaschar (hebräisch: gerade, aufrecht, redlich), denn auch hier ergeben die vier zusammengezählten Buchstaben den Wert 102. Der hebräische Vorname des Autors ist Zwi (deutsch: Hirsch). Die drei Buchstaben des Namens zadeh bet jod ergeben wieder 102. Das Wort haJaschar kann man anagrammisch wieder als Hirsch neu zusammensetzen. So gesehen ergibt sich hier ein gelungener Titel, dessen Mehrdeutigkeit dem Kenner der hebräischen Sprache und Schrift einen gedanklichen Genuss bereitet. Diese Andeutungen waren Schabbtai Zwi-Anhängern auch in späteren Generationen von großer Bedeutung und galten als Erkennungszeichen für Eingeweihte. Obwohl dieses Buch dadurch gebrandmarkt war, wurde es weiter gedruckt und in breiteren Leserkreisen verbreitet.

Parallel zu Bedeutung und Inhalt nimmt jeder Leser die typographische Ausstattung des Buches wahr. Das Buch wurde häufig in zwei Sprachen gedruckt, in Gelehrten-Hebräisch und Jiddisch. Damit konnte man mindestens zwei Leserkreise erreichen: diejenigen, die des Gelehrten-Hebräisch mächtig waren (in der Regel Männer, die ihr Leben dem Studium gewidmet hatten) sowie diejenigen Mitglieder der Familie, nämlich Frauen, junge Kinder oder überhaupt Menschen, die keine Jeschiwah (Talmud-Schule), besuchten und den jiddischen Teil lasen. In unserem Fall (Abb. 17) sind beide Sprachen hierarchisch vorhanden: Das Hebräische oben, auf zwei Kolumnen verteilt und in sephardischer Quadratschrift gesetzt und das Jiddische unten platziert, in der besonderen Form des Waibertaitsch. Das sind die speziellen halbkursiven Jiddisch-Lettern, mit der man bis Ende des 19. Jahrhunderts jiddische Texte gesetzt und gedruckt hat.

Die Seiten sind perfekt gesetzt. Die Setzer verstanden es, auf jeder Seite das Hebräische und die Übertragung ins Jiddische (mit biblischen Zitaten in der Originalsprache zwischen Klammern eingebettet) genau zu verteilen. Die

---

[13] Hebräische Buchstaben werden auch als Zahlen verwendet.

Ränder des Buches sind besonders eng. Die Lektüre muss sehr aufmerksam erfolgen, da es u. a. keine Absätze gibt und der Text in der Tat die gesamte Seitenfläche ausfüllt. Nur winzige Punkte setzen Grenzen zwischen den Sätzen. Die Titelseite, in manchen Büchern damals die einzige Gelegenheit, sich typographisch und nicht nur buchstäblich auszudrücken, kommt hier sehr kurz und äußerst bescheiden vor. Im Vergleich zu anderen Ausgaben dieses „Bestsellers" aus Amsterdam stellt sich schnell heraus, dass es sich hier um eine sehr kompakte Ausgabe handelt, die gekonnt gesetzt und vorbereitet war, jedoch – inklusive des mäßigen Papiers – sehr sparsam produziert wurde.

2. Sefer haMagid miNewi'im Rischonim (hebräisch: Buch des Predigers über die Ersten Propheten), Sulzbach: Meschullam Salman ben Aharon Fränkel 1737. 242 Seiten.

Die Bücher Josua und Könige sind in Hebräisch mit Vokalzeichen sowie einem Raschi-Kommentar gesetzt. An den inneren Rändern erscheint die Erwähnung der Bibelverse im Talmud; diese Konkordanz wird toldot Aharon (hebräisch: die Genealogie Aharons) genannt. Auf der unteren Seitenhälfte steht die Übertragung ins Jiddische. Zu sehen ist die Verwendung von sephardischen Quadratlettern, Raschi-Lettern und Waibertaitsch- bzw. Jiddischlettern.

Dieses Buch gehört der Gattung der Erbauungsliteratur für Weniggebildete an (Abb. 18). Der traditionelle Originaltext mit dem obligatorischen Kommentar wird immer nach oben gesetzt. Die untere Seite läuft auf der ganzen Satzspiegelbreite, mit leeren Stellen zwischen jedem Vers. Auf der ersten rechten Seite sind vier haskamot, Freigabeschriften, sogenannte Approbationen der Rabbiner aus Sulzbach, Eisenstadt, Ansbach, Schnaittach und Fürth, abgedruckt. Diese Billigungen sollten als Privileg für zwölf Jahre dafür sorgen, dass kein Konkurrent sich anmaße, das Buch neu zu drucken.

Auf der Titelseite (Abb. 19) dieses kleinformatigen Buches ist einer der bekanntesten Holzschnitte dieser ursprünglich aus Wien stammenden Druckerdynastie Fränkel zu sehen. Der Drucker des Buches, Meschullam Salman Fränkel, ist der Sohn des Gründers Aharon ben Uri Lippmann Fränkel. Der Name Salman Madpis (hebräisch: Drucker) steht in der Kartusche in der Mitte des unteren Teils. Zu sehen sind die umrankten Buchstaben S und A, für Salman Sohn des Aharon. Der Holzschnitt stellt zentrale Szenen aus dem Leben der Erzväter dar, wie den Traum Ja'akobs, die Gabe der Tora am Berg Sinai, sowie die Gestalten des Abraham und Isaak, rechts und links der Hauptsäulen. Der Holzschnitt ist bereits abgenutzt. Er wurde jedoch weiter verwendet, bis er kaum noch erkennbar war, wie beispielsweise letztmalig bei den Druckerzeugnissen aus den Jahren 1793–1794.

An der typographischen Umsetzung erkennt man das hohe Können der Setzer. Besonders deutlich zeigt sich dieses Können an der Seite der Approbationen, wo vier verschiedene Billigungen auf einer Seite nebeneinander eng platziert sind. Trotz unterschiedlicher Kolumnenbreite und des kleinen Schriftgrades bleibt die gesamte Seite gut lesbar. Auf Textseiten, auf denen mehrere Schriftschnitte, -stile und -größen vorkommen, kann man sich leicht orientieren und Zusammenhänge zwischen den Textteilen finden. Die Seitenränder sind hier breiter als in dem ersten Beispiel. Weniger lesefreundlich sind einzig die schwer abgenutzten Lettern und das mäßig gelbe Papier, das zum schnellen Zerlesen der Auflagen beitrug. Es wurde jedoch in großen Stückzahlen gedruckt, so dass die Preise niedrig gehalten werden konnten. Mehrere Exemplare dieser Massenprodukte haben bis heute überlebt.

3. [Ja'akov ben Jizchak miJanow:] Chamischah chumschei torah [...] ze'eina u're'eina benot Zion [...] (hebräisch: [Jakob Sohn des Isaak aus Janow:] Fünf Bücher Moses [...] kommt heraus und schaut, Töchter Zions [...]), Sulzbach: die Partner Aharon und sein Sohn Säkel 1796. 266 Seiten. Mit Holzschnitten.

Hier handelt es sich um eines der am meisten verbreiteten Bücher in Jiddisch aus dem Ende des 16. Jahrhunderts. Rabbi Ja'akov ben Jizchak miJanow war ein Wanderprediger, der über die Geschehnisse in der Bibel auf Jiddisch gesprochen hat. Seine zusammengefassten Predigten sind mit jüdischen postbiblischen Texten wie Legenden, Hagiographien und Auslegungen des Rabbi Bechai ben Ascher versehen. Weder philosophische noch kabbalistische Gedanken kommen in diesem Buch vor. Zuerst erschien diese Erzählsammlung ohne Illustrationen, dann 1692 in Sulzbach mit Holzschnitten ausgestattet und im Folioformat gedruckt. Auch in dieser Ausgabe erscheinen Holzschnitte aus christlichen Quellen.[14]

Unser Beispiel ist ein recht zerlesenes Exemplar (Abb. 20), das die Zeiten überdauert hat. Es zeigt, wie oft und gerne diese Texte gelesen wurden. Der Besitzer „aus Rüdesheim in der Nähe von Heidelberg" schrieb auf Hebräisch in aschkenasischer Schnellschrift am 3. Februar 1807 eine Entschuldigung, dass er seinen Namen auf den Buchdeckel schrieb, denn das Buch war ihm offensichtlich sehr teuer; er wollte es nicht verlieren.

Der Text zeigt wieder ein kompaktes Satzbild des Setzens (Abb. 21) ohne Absätze oder typographische Veränderungen der Buchschrift: Textschrift und Bildlegenden sind gleichgesetzt, ohne Trennung voneinander. Die Seitenränder sind sehr schmal. Die verwendete Jiddischletter ist dagegen eine neugegossene und daher klar gedruckte Schrift, die dem Leser ein leichtes und klares Schriftbild bietet.

[14] Vgl. Milly Heyd: Illustrations in Early Editions of the Tsene-U'rene: Jewish Adaptations of Christian Sources, in: Journal of Jewish Art 10 (1984), S. 64–86.

4. Seder haKinot leTisch'ah be'Aw (hebräisch: Die Reihenfolge der Klagegebete für den Fasttag des neunten Aw), Sulzbach: S. Arnstein und Söhne 1829. 180 Seiten.

Das Gebetbuch für den Fasttag zum 9. Aw, mit zusätzlichem Abend- und Morgengebet und der liturgischen Dichtung zu diesem Anlass, ist mit einem Kurzkommentar auf Hebräisch sowie jiddischer Übersetzung ausgestattet.

Nach Erfindung des Buchdrucks entwickelten sich bestimmte Gebetbücher zu jedem religiösen Anlass. So ist zu diesem Fasttag, der an die Zerstörung der beiden Jerusalemer Tempel erinnern soll, ein spezielles Gebetbuch entwickelt worden, in dem jede Gemeinde nach ihrer eigenen Liturgie betete. So begleiteten solche praktisch-handlichen Gebetbücher den Betenden durch den Gesamtverlauf der Liturgie. Die Schlichtheit des Büchleins steht in auffallendem Kontrast zu den anderen Erzeugnissen dieser Druckerei aus früheren Jahren. Es wirkt professionell, der Satzspiegel, der beinahe randlos gedruckt ist, fast modern.

Weiter auffallend ist die Information auf der Titelseite auf Deutsch (Abb. 22) als letztes Erscheinungsbild der Druckerei, die sich dem Zeitgeist anpasste. In weniger als zwei Jahrzehnten sollte sie ihre Arbeit einstellen. Die Seitenausstattung (Abb. 23) ist, trotz schmaler Ränder, optimal beschaffen: großer, klarer Gebetstext, damit sich die fastende Person leicht zurecht finden konnte, darunter kurze Erklärungen zur recht komplizierten Sprache der Liturgie des Fasttaggebetes. Unter dem Trennstrich folgt die Übersetzung ins Jiddische. Obwohl auf der Seite fünf verschiedene Schrifttypen verwendet werden, wirkt die gesamte Doppelseite einladend und ruhig. Wie in fast allen Fällen sind die einzigen Schwachstellen die schmalen Ränder und das mäßige Papier.

Da die Druck- und Materialqualität der jüdischen Titel aus Sulzbach öfter mäßig blieb, sind diese Drucke heute, trotz der damaligen hohen Stückzahlen, selten in Bibliotheken zu finden. Gerade Bücher für den alltäglichen Gebrauch, wie Gebetbücher, Kalender oder in Jiddisch verfasste religiöse Lektüre, sind am wenigsten erhalten.

In anderen jüdischen Druckorten wie Amsterdam oder Venedig etablierten sich zusätzlich zu den inhaltlichen auch formale Merkmale, so dass man unschwer sagen konnte, ob dieses oder jenes Buch in Venedig gedruckt worden ist. So könnte man abschließend sagen, dass Fragen der Äußerlichkeit nicht im Vordergrund der Überlegungen Sulzbacher Drucker standen. Es entstand kein eigener Sulzbacher Stil. Die Bücher wurden sehr professionell, jedoch zweckgebunden produziert, die verschiedenen typographischen Komponenten stimmten nicht immer überein. Je näher wir dem Ende der Sulzbacher Druckerära kommen, desto schlichter wurden die Drucke, was sich vielleicht durch den Einfluss der durch ihre Schlichtheit und Genauigkeit immer beliebter werdenden Rödelheimer Drucke erklären lässt.

Ein weiterer Punkt ist das schnelle Verschwinden der aschkenasischen Drucklettern aus dem aschkenasischen Druckort Sulzbach. War Prag einer der Hauptbenutzer dieser typischen Lettern, so wechselten die Drucker, sobald sie von Prag nach Sulzbach kamen, auf den in Amsterdam herrschenden Stil, die sephardische, eher Amsterdamer Quadratletter, die in kurzer Zeit in ganz Europa Verwendung fand. Die einzige Ausnahme des aschkenasischen Stils bildete die Jiddisch-Letter, die auch bis Ende des 19. Jahrhunderts überall für jiddische Drucke verwendet wurde.

Sulzbach wurde damit zum ersten bedeutsamen Druckort, in dem versucht wurde, sich gegenüber den großen Druckstätten zu emanzipieren. Damit ermutigte er andere und sogar noch kleinere im Osten des Kontinents gelegene Druckorte, neue, attributlose Aufmachung durchzusetzen. Im Gegensatz zu den bekannten Drucken aus Amsterdam, Prag oder Venedig entstand in Sulzbach eine neue Art von Drucken, die frei blieb von Lokalkolorit und Stilauflagen und zudem erschwinglich war – was ihr ein langes, auflagenreiches Leben sicherte.

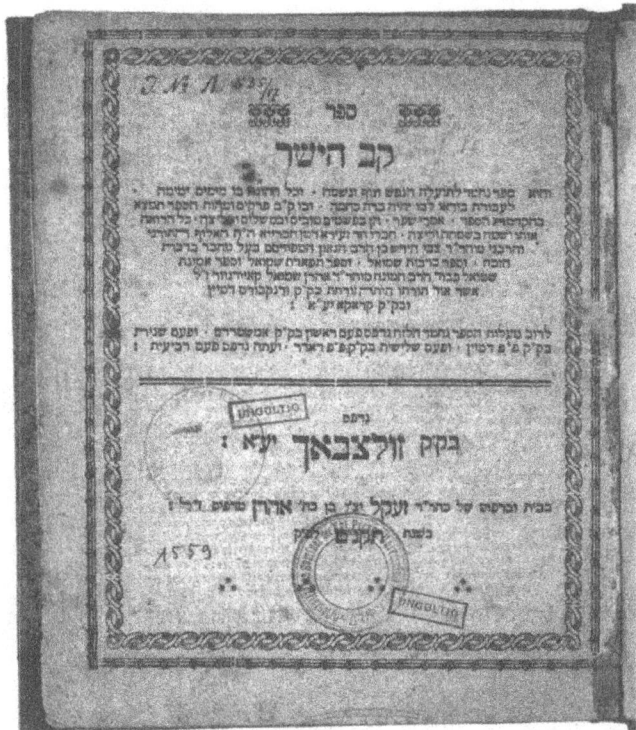

Abb. 16: Titelseite des Sefer Kaw haJaschar. Sulzbach: Säkel Arnstein 1799. Unter der Titelzeile erscheint ein gereimter Lobtext über das Buch, mit kurzen bio-bibliographischen Angaben über den Autor des Buches, seine anderen Werke und Ämter, sowie die früheren Ausgaben des Buches. Die Zierleisten sind aus kleinen Stempeln zusammengesetzt; sogar während der Blütezeit der Druckerei verfügte sie über ein bescheidenes Arsenal typographischen Materials, wie zum Beispiel Zierlinien.
Quelle: Universitäts- und Landesbibliothek Münster.

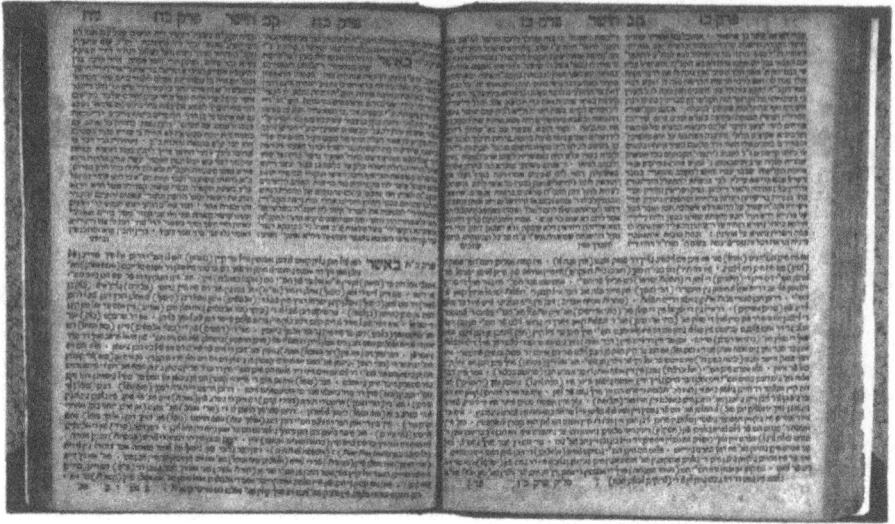

Abb. 17: Doppelseite aus dem Buch Sefer Kaw haJaschar. Der Haupttext ist auf Gelehrten-Hebräisch mit Einschiebungen auf Aramäisch. Darunter die Übersetzung in Jiddisch-Letter gesetzt. Trotz Verwendung von zwei verschiedenen Schriftschnitten, sehr engen Texträndern und braunem Papier wirkt die Doppelseite gleichmäßig und leserlich.
Quelle: Universitäts- und Landesbibliothek Münster.

Abb. 18:
Titelseite des Buches Sefer ha-Magid miNewi'im Rischonim. Sulzbach: Meschullam Salman ben Aharon Fränkel 1737. Holzschnitt und in der Mitte das übliche Lob des Buches, sinngemäß: ein Kleinformat mit schönem Papier und mit schwarzer Druckfarbe und neuen Lettern, so eine Ausgabe hätte es bisher nicht gegeben.
Quelle: Jüdische Bibliothek des Fachbereichs Evangelische Theologie, Johannes Gutenberg-Universität Mainz

Abb. 19: Eine Doppelseite des Buches Sefer haMagid miNewi'im Rischonim. Eine Herausforderung für die Setzkunst, eine typische Aufmachung einer Seite eines jüdischen Buches.
Quelle: Jüdische Bibliothek des Fachbereichs Evangelische Theologie, Johannes Gutenberg-Universität Mainz.

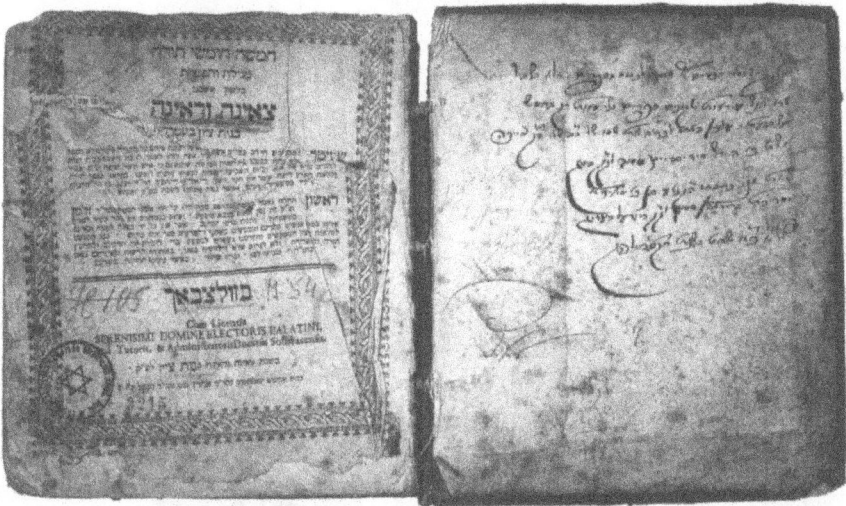

Abb. 20: Ein schwer zerlesenes Buch. Titelseite des Buches Chamischah chumschei torah [...] ze'eina u're'eina benot Zion [...] mit Besitzeintrag auf der Deckelinnenseite, in aschkenasischer runder Handschrift des 19. Jahrhunderts geschrieben. Die Titelseite des Buches, auf dünnem, hellbraunem Papier gedruckt, ist mehrfach zerrissen. Die späteren Bibliothekare markierten mit farbigem Stift Titel, Druckort und Druckjahr, um sich leichter in den Textmengen orientieren zu können. Zu sehen ist unten auch der lateinische Zensur-Vermerk, der vom Sulzbacher Gemeindeverwalter stammt.
Quelle: Jüdische Bibliothek des Fachbereichs Evangelische Theologie, Johannes Gutenberg-Universität Mainz.

Abb. 21: Eine Doppelseite aus dem Buch Chamischah chumschei torah [...] ze'eina u're'eina
benot Zion [...]. Die beiden Holzschnitte sind abgenutzt, zeigen jedoch noch die meisten Bild-
teile. Trotz des kleines Formats, der schmalen Seiten- und Spaltenränder und des Verzichts auf
jegliche typographische Ausschmückung, wirkt hier die Kombination von Schrift und Bild gelungen.
Quelle: Jüdische Bibliothek des Fachbereichs Evangelische Theologie, Johannes Gutenberg-Universität Mainz.

ס ד ר

רינת תשעה באב

עס 3647

תפלת ערבית. ושחרית וקרובץ.

וכל הדינים השייכים לתשעה באב.

מדויק היטיב ומסודר יפה

מבואר ומתורגם אשכנזית.

וואלצבאך

שנת תקפ"ט לפ"ק.

S u l z b a c h,

gedruckt und verlegt in der privilegirten Buchdruckerei
von S. Arnstein und Söhne 1829.

Abb. 22: Titelseite des Buches Seder haKinot leTisch'ah be'Aw. Sulzbach: S. Arnstein und Söhne 1829. Trotz abgenutzten typographischen Materials und mäßigem Papier eine schlichte, klare, fast moderne Darstellung.
Quelle: Jüdische Bibliothek des Fachbereichs Evangelische Theologie, Johannes Gutenberg-Universität Mainz.

Ittai J. Tamari

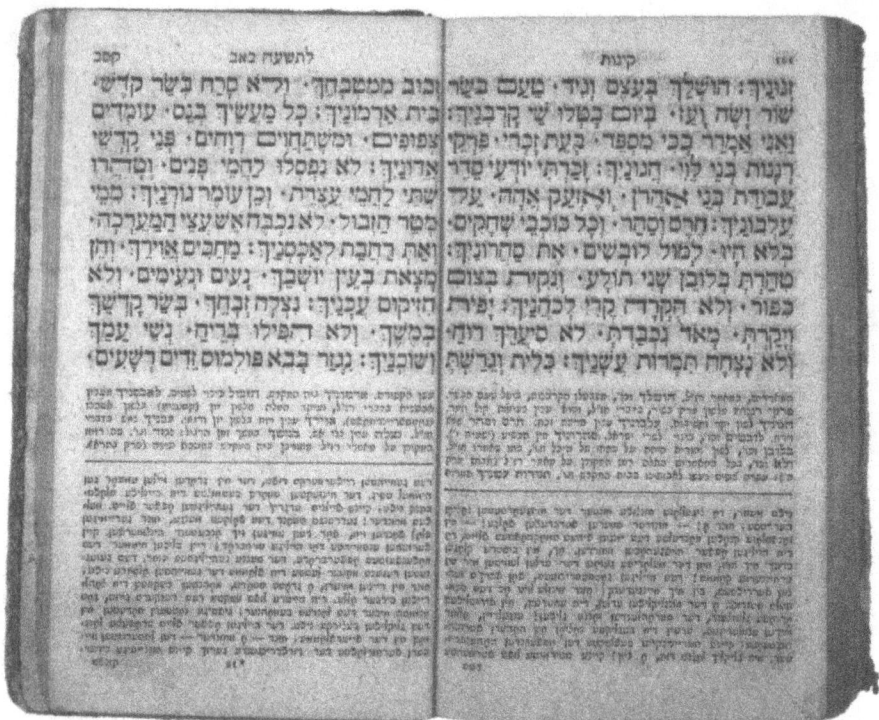

Abb. 23: Eine Doppelseite aus dem Buch Seder haKinot leTisch'ah be'Aw. Ein sehr gut lesbarer Gebetstext.

Quelle: Jüdische Bibliothek des Fachbereichs Evangelische Theologie, Johannes Gutenberg-Universität Mainz.

KABBALA IN SULZBACH
ZU KNORR VON ROSENROTHS PROJEKT DER
KABBALA DENUDATA

Von Andreas B. Kilcher

Die Etablierung der christlichen Kabbala

In der Geographie der Kabbala, der jüdischen Mystik des Mittelalters, taucht der Ortsname Sulzbach – wenig verwunderlich – nicht auf. Die europäische Landkarte der Kabbala ist in ihrer Entstehung im Mittelalter um Südfrankreich und Nordspanien zentriert: Die Regionen der Provence und Gerona gelten als ihre ersten Zentren im 12. Jahrhundert.[1] Fast gleichzeitig, um 1200, entsteht sodann auch in Deutschland, genauer in der rheinischen Gegend um Speyer, Worms und Mainz, eine mystische Frömmigkeitsbewegung im Judentum, die sogenannten *Chassidei Aschkenas*, der deutsche Chassidismus; ihre Protagonisten (Samuel ha-Chassid, Jehuda ha-Chassid und Elasar ben Jehuda) entstammen der aus Italien stammenden Familie der Kalonymiden. In Italien wiederum erwachsen in größerem Umfang erst nach der Vertreibung der Juden aus Spanien 1492 wichtige Zentren der Kabbala, nachdem sich einzelne Kabbalisten wie Abraham Abulafia im 12. Jahrhundert schon zwischen Spanien und Italien (dieser vor allem in Messina auf Sizilien) bewegten.

Im Italien der Renaissance nun war es aber, vorwiegend in Florenz, wo sich die sogenannte christliche Kabbala etablierte.[2] Diese von ihren Begründern als *scientia cabalistica* oder *ars cabalistica* genannte neue Disziplin kann in ihren Anfängen als eine mystische und zugleich magische Lehre zwischen Judentum und Christentum einerseits, zwischen symbolischer Theologie und esoterischer Praxis andererseits verstanden werden. In Florenz erneuerte nicht nur Marsilius Ficino (1433-1499) eine neue platonische Akademie und konstruierte mit dem „Corpus hermeticum" eine uranfängliche esoterische Tradition. Hier wirkte auch Giovanni Pico della Mirandola (1463-1494), der sich gemeinsam mit jüdischen Gelehrten und dem Konvertiten Flavius Mithridates als einer der ersten Humanisten am Ende des 15. Jahrhunderts systematisch daran machte, die hebräische Literatur der Kabbala, soweit sie ihm zugänglich war, in den lateinischen Kulturraum des Humanismus zu transferieren und aus einer christlichen Perspektive umzudeuten. 1486 veröffentlichte er seine „Conclusiones", 900 Thesen zu philosophischen, theologischen und hermetischen Fragen – darunter auch eine größere Zahl von „kabbalistischen Thesen" –, zu deren Diskussion er Europas Gelehrte in Rom versammeln

---

[1] Vgl. Gershom Scholem: Ursprung und Anfänge der Kabbala, Berlin 1962.
[2] Vgl. François Secret: Les kabbalistes chrétiens de la Renaissance, Mailand ²1984.

wollte. Italien wurde in der Renaissance zum ersten und wichtigsten Ort dieser neuen Disziplin der christlichen Kabbala. Hier wirkten etwa der jüdische Arzt und Philosoph Leone Ebreo (circa 1460–1525) in Neapel, der in seinen „Dialoghi d'amore" (1525) an Ficino und Pico anschloss; der zum Christentum konvertierte Professor der Medizin in Pavia Paulus Ricius (1480–1541), der kabbalistische Literatur übersetzte und christlich umdeutete; der Franziskaner Petrus Galatinus (circa 1460–1540), der Verfasser von „De arcanis catholicae veritatis" (1518) und der humanistische Kardinal Egidius da Viterbo (1469–1532) in Rom, der bei dem jüdischen Grammatiker Elijah Levita (1469–1549) Hebräisch studierte und kabbalistische Literatur übersetzte, um nur einige Namen zu nennen.

Nach Italien etablierte sich die neue christliche Kabbala seit dem frühen 16. Jahrhundert bald auch in Frankreich, wohin übrigens auch Pico zeitweise als Verfolgter des Papstes geflohen war. Der wohl wichtigste Name der Frühzeit der christlichen Kabbala ist hier Guillaume Postel (1510–1581), der zwar zunächst ab 1539 in Paris Professor war, jedoch auch an zahlreichen anderen Orten tätig war (Venedig, Basel, Rom), bevor er ab 1563 in einem Kloster in Paris lebte. In Paris, später zeitweise in Antwerpen, wirkte auch Postels Schüler, der aus der Normandie stammende katholische Orientalist Guy Le Fèvre de la Boderie (1541–1598), in Dôle und Lyon wiederum Agrippa von Nettesheim (1486–1535). Auch und gerade an Agrippa zeigt sich die europäische Geographie der Kabbala in der Frühen Neuzeit, denn während Agrippa zwar im ersten Jahrzehnt des 16. Jahrhunderts in Paris und in Dôle wirkte, war er bei Köln geboren und schrieb dort wiederum, auch in Kontakt mit dem Abt des Sponheimer Benediktinerklosters Johannes Trithemius, um 1510 sein wichtigstes Werk, das der Kabbala eine zentrale Stellung gab: „De occulta philosophia" (gedruckt 1533). Deutschland nun spielt in dieser europäischen Geographie der Kabbala zunächst vor allem durch Agrippas Lehrer eine große Rolle: den Pforzheimer Humanisten Johannes Reuchlin (1455–1522). Reuchlin studierte in Paris und Basel und reiste bereits 1482 nach Italien (Rom und Florenz), wo er nicht nur über die Ausrichtung der Universität Tübingen verhandelte, sondern auch Pico kennen lernte. Seine beiden wichtigsten Werke, „De verbo mirifico" (1494) und „De arte cabalistica" (1517), wurden die eigentlichen Grundlagenwerke der christlichen Kabbala in Europa.

Ob man hier wirklich von deutschen Zentren der christlichen Kabbala sprechen kann, ist allerdings fraglich. Dennoch lässt sich sagen, dass mit Reuchlin das Gebiet des heutigen Baden-Württemberg bzw. der deutsche (und eidgenössische) Südwesten mit seinen humanistisch orientierten Universitäten zwischen Tübingen, Basel, Zürich und Heidelberg zu einem ersten deutschen Wirkungsraum der christlichen Kabbala wurde. Mit Reuchlins Schüler Agrippa von Nettesheim wiederum, der 1509 in Dôle Vorlesungen über dessen „De verbo mirifico" abhielt, wurde nach 1510 auch der Raum Köln zu einem gewissen Umfeld, wobei Agrippa seinerseits zwischen Köln/Mainz, Frankreich und auch Antwerpen changierte.

Bei der Etablierung der christlichen Kabbala spielte insbesondere in Deutschland die Konfessionsfrage eine beträchtliche Rolle: Die neue lutherische Theologie jedenfalls stand der Kabbala eher skeptisch gegenüber, wie auch der Humanist Reuchlin (ähnlich wie Le Fèvre de la Boderie) selbst die lutherische Reform ablehnte, während er allerdings zugleich (ähnlich wie Agrippa) mit der katholischen Kirche in Konflikt geriet. Symptomatisch dafür ist der Gelehrtenstreit mit dem Inquisitor Jakob van Hoogstraten, den Kölner Dominikanern und dem konvertierten Juden Johannes Pfefferkorn, an dem sich neben zahlreichen namhaften Humanisten auch Agrippa auf Reuchlins Seite beteiligte. Im Umkreis von Reuchlin finden sich allerdings auch lutherisch ausgerichtete christliche Hebraisten und Kabbalisten wie der in Tübingen, Basel und Zürich wirkende Conrad Pellican (1478-1556) oder dessen Schüler Sebastian Münster (1489-1552), der ebenfalls im Raum zwischen Basel und Tübingen wirkte, bevor er noch als Franziskaner 1524 in Heidelberg Professor für Hebräisch wurde, um dann 1529 nach Basel zu gehen und zum Protestantismus zu konvertieren.

Der Südwesten Deutschlands und seine humanistischen Universitäten bleiben auch im 17. Jahrhundert zentral für die christliche Hebraistik und Kabbalistik. In Basel etwa lehrte der Hebraist Johannes Buxtorf (1564-1629), der unter anderem auch den Nachlass von Postel verwaltete.[3] Neue Wirkungsfelder kamen hinzu: zunächst durch das Interesse der Jesuiten an der Kabbala (zwar war bereits Postel 1544 Novize bei den Jesuiten, wurde aber vom Orden ausgeschlossen).[4] Der wichtigste Name ist hier zweifellos der Universalgelehrte Athanasius Kircher (1602-1680). Allerdings war Kircher weniger in Deutschland ansässig, wo er u. a. in Würzburg als Professor für Ethik, Mathematik sowie Hebräisch und Syrisch unterrichtete, sondern vielmehr in Frankreich (Avignon) und zuletzt vor allem in Italien (Rom), wo er seit 1633 an dem von Ignatius von Loyola gegründeten Collegium Romanum lehrte und wo auch – mit dem „Oedipis Aegyptiacus" (1652-1654) – sein wichtigstes Werk zur Kabbala entstand.

Christian Knorr von Rosenroth

Vor diesem Hintergrund wird es als eine Novität erscheinen, wenn nun nach circa 1666 Sulzbach in der bayerischen Oberpfalz unversehens auf der Landkarte der christlichen Kabbala eine große Bedeutung gewann, als sich dort

---

[3] Nach Johannes Oporinus, Postels Verleger in Basel, und dessen Neffen Theodor Zwinger kam die Basler Familie Buxtorf in den Besitz von Postels Nachlass, zu dem auch die unpublizierten Soharübersetzungen gehörten. Vgl. François Secret: Le Zôhar chez les kabbalistes chrétiens de la Renaissance, Paris 1958, S. 52f.
[4] Ders.: Les jésuites et le kabbalisme chrétien, in: Bibliothèque d'humanisme et renaissance 20 (1958), S. 542-555.

Christian Knorr von Rosenroth (1636–1689) gemeinsam mit Franciscus
Mercurius van Helmont (1618–1699) und dem Pfalzgrafen Christian August
(1622–1708) an das Studium, die Übersetzung und Edition der Literatur der
Kabbala machte. Der in Alchemie, Kabbala und Medizin forschende Quäker
– und Sohn des paracelsischen Arztes Johann Baptista van Helmont (1579–
1644), dessen „Artzney-Kunst" Knorr 1683 übersetzte – Mercurius van Helmont wurde Knorrs engster Mitarbeiter und Freund.[5] Der Pfalzgraf Christian
August wiederum wurde sein Auftraggeber und Mentor.[6] Ohne Zweifel avan-
cierte das kleine Sulzbach – zwar ohne Universität, aber doch mit dem Hof –
in der zweiten Hälfte des 17. Jahrhunderts zum wichtigsten Zentrum der
christlichen Kabbala nicht nur in Deutschland, das das Interesse von Gelehrten wie Gottfried Wilhelm Leibniz (1646–1716) auf sich zog und weit über
Deutschland hinaus wirkte. Von Bedeutung waren zunächst Helmonts Kontakte etwa nach Holland und England, namentlich zu dem Neuplatoniker und
Philosophen Henry More (1614–1687) sowie zur Gelehrten Ann Finch Con-
way (1631–1679) und dem Quäkerkreis, zu dem sie gehörte. Diese große Auf-
merksamkeit verdankte sich eindeutig dem Sulzbacher Kabbala-Projekt, und
damit zunächst der Initiative des Pfalzgrafen und seines Mitarbeiters van
Helmont, Knorr von Rosenroth nach Sulzbach zu holen. Zudem etablierte
sich Sulzbach zu dieser Zeit auch als ein Zentrum des hebräischen Buchdrucks; nur jüdischen Druckern konnte es möglich werden, so umfassende
Drucke wie die im Umfeld des Sulzbacher Kabbala-Projekts getätigten zu realisieren.[7]

So wichtig Helmont und Christian August also auch waren, bleibt doch die
entscheidende Figur der Sulzbacher Kabbala Christian Knorr von Rosenroth.
Wir müssen also fragen, wer Knorr von Rosenroth war und wie er zu seinem
großen Kabbala-Projekt kam. Knorr studierte von 1655 bis 1660 an der Universität Leipzig Theologie, Philosophie, Medizin sowie klassische und moderne Sprachen. Entscheidend war eine Bildungsreise in die Niederlande, Frankreich und England zwischen 1663 und 1666. Zunächst schrieb er sich an der
Universität Leiden als Student der Theologie ein, später war er in Amsterdam,
danach in England. Diese für das Sulzbacher Projekt grundlegende Reise
brachte Knorr vor allem in Amsterdam mit der Kabbala in Berührung; dabei

---

[5] Vgl. Allison Coudert: The Impact of the Kabbalah in the 17th Century. The Life and
Thought of Francis Mercury van Helmont (1614–1698), Leiden 1999.
[6] Vgl. Christian Knorr von Rosenroth. Dichter und Gelehrter am Sulzbacher Musenhof.
Festschrift zur 300. Wiederkehr des Todestages, herausgegeben vom Literaturarchiv und
der Stadt Sulzbach-Rosenberg, Sulzbach-Rosenberg 1989; Kurt Salecker: Christian Knorr
von Rosenroth (1636–1689), Leipzig 1931; Manfred Finke/Erna Handschur: Christian
Knorrs von Rosenroth Lebenslauf aus dem Jahre 1718, in: Morgen-Glantz. Zeitschrift der
Christian Knorr von Rosenroth-Gesellschaft 1 (1991), S. 36.
[7] Vgl. Magnus Weinberg: Die hebräischen Druckereien in Sulzbach, in: Jahrbuch der Jüdisch-Literarischen Gesellschaft 1 (1903), S. 19–202.

wird deutlich, dass die Kabbala in Sulzbach einen entscheidenden Anfang in Amsterdam hat.[8]

Es kann angenommen werden, dass Knorr in Amsterdam mit zahlreichen jüdischen und christlichen Kennern der Kabbala, u. a. mit den Marranen Thomas de Pinedo (1614–1679) und Isaac de Rocamora (1601–1684)[9] sowie mit dem Fuldaer und späteren Amsterdamer Oberrabbiner Meir Stern (gestorben 1679), kabbalistische Texte studierte. Dabei nun begann er eben jene Manuskripte und Drucke zu sammeln, die er später in seinem großen Sulzbacher Werk, dem Kernstück der Sulzbacher Kabbala, nämlich der „Kabbala Denudata" (2 Bände in 4 Teilen, 1677–1684), publizierte: auf der einen Seite Texte aus dem Korpus des Buches „Sohar", des wichtigsten, um 1300 entstandenen kabbalistischen Bibelkommentars, auf der anderen Seite dessen Auslegung in der sogenannten lurianischen Kabbala.[10] Amsterdam war in der Tat ein wichtiger ‚Informations-Umschlagplatz' und Druckort der Literatur dieser späteren Form der Kabbala, die im 16. Jahrhundert in Palästina entstand und als deren wichtigste Lehrer Isaak Luria (1534–1572) und sein Schüler Chaiim Vital (1542–1620) galten. In Amsterdam selbst waren nicht wenige Vertreter der lurianischen Kabbala präsent bzw. wurden dort ihre Bücher gedruckt. Beides gilt für den aus Florenz stammenden, ursprünglich spanischen Converso Abraham Cohen Herrera (circa 1562–1635), dessen Werke „Puerta del cielo" und „Casa de la divinidad" zwischen 1620 und 1632 in Amsterdam entstanden und dort zwanzig Jahre nach Herreras Tod, also 1655, von Isaak Aboab da Fonseca mit Kürzungen unter den Titeln „Beth Elohim" und „Scha'ar Haschamajim" ins Hebräische übersetzt und bei Immanuel Beneviste gedruckt wurden. Kein anderer als Knorr von Rosenroth edierte diese Texte daraufhin in der „Kabbala Denudata" in lateinischer Übersetzung.[11] Ähnliches gilt für Naftali Bacharachs bald verbreitete, wenn auch nicht unumstrittene, stark an Israel Saruqs „Limmudei Azilut" (gedruckt 1897) angelehnte Darstellung des lurianischen Systems in seinem Werk „Emek ha-Melech" („Tal des Königs"), das erstmals 1648 in Amsterdam gedruckt und in Teilen in das Sulzbacher Kompendium von Knorr aufgenommen wurde.[12]

---

[8] Vgl. Guillaume van Gemert: Christian Knorr von Rosenroth in Amsterdam. Die Kabbala Denudata und der niederländische Kontext, in: Andreas Kilcher unter Mitarbeit von Philipp Theisohn (Hg.): Die Kabbala Denudata. Text und Kontext. Akten der 15. Tagung der Christian Knorr von Rosenroth-Gesellschaft, Bern u. a. 2006 (Morgen-Glantz. Zeitschrift der Knorr von Rosenroth-Gesellschaft 16 [2006]), S. 111–134.

[9] Vgl. Cecil Roth: A History of the Marranos, New York 1992.

[10] Vgl. dazu Coudert 1999 (wie Anm. 5), S. 100ff.; Finke/Handschur 1991 (wie Anm. 6). S. 36.

[11] Vgl. Alexander Altmann: Lurianic Kabbala in a Platonic Key: Abraham Cohen Herreras Puerta del cielo, in: HUCA 53 (1982), S. 317–355; Gerold Necker: Geister, Engel und Dämonen: Abraham Cohen Herreras Seelenlehre in der Kabbala Denudata, in: Kilcher 2006 (wie Anm. 8), S. 203–220.

[12] Vgl. dazu Philipp Theisohn: Zur Rezeption des Sefer Emeq ha-Melech, in: Kilcher 2006 (wie Anm. 8), S. 221–241.

Amsterdam war jedoch nicht nur ein Zentrum der lurianischen Kabbala. Es war zugleich auch ein wichtiges Informationszentrum des Sabbatianismus, also jener großen messianischen Bewegung an der Schwelle zur jüdischen Moderne, die ganz Europa von der Türkei bis Holland erfasste und die bekanntlich auf der lurianischen Kabbala aufbaute. Die ersten Briefe mit der Nachricht über den Messias Sabbatai Zwi (1626–1676) aus dem Orient trafen im Herbst 1665 in Amsterdam ein und die außerordentliche Neuigkeit verbreitete sich schnell von hier aus weiter, und zwar nicht nur in jüdischen, sondern auch in christlichen Kreisen. „Schon bald erschienen in Holland die ersten Flugschriften über die Bewegung, und Juden wie Christen schrieben Briefe an alle und jeden", so charakterisiert Gershom Scholem die sabbatianische Nachrichtenübermittlung in Amsterdam.[13] Ein Vermittler der Nachrichtenkette war u. a. der Amsterdamer Oberrabiner Isaak Aboab, der wie angesprochen die beiden für Knorr wichtig gewordenen Werke des in Amsterdam gestorbenen Herrera veröffentlichte. In Amsterdam erschien 1666 aber auch eine sabbatianische Neuedition des „Emek ha-Melech" von Naphtali Bacharach.[14]

Schon dies macht deutlich, dass das in Amsterdam aufgekommene Interesse an der lurianischen Kabbala bei Knorr auch durch die messianische Bewegung des Sabbatianismus vermittelt war. Dass Knorr seit Herbst 1665 mit dem Sabbatianismus in Berührung kam, bestätigt nicht zuletzt der Umstand, dass die sabbatianische Bewegung in den christlich-millenaristischen Kreisen Amsterdams enthusiastisch aufgenommen wurde.[15] Knorr selbst stand wohl in Kontakt mit dem Chiliasten Petrus Serrarius (1600–1669), dem wichtigsten christlichen Sabbatianer, der die Nachricht des neuen Messias in Holland und England verbreitete.[16] Serrarius, über die Bewegung schon seit September 1665 informiert und in der Verbreitung der Nachricht äußerst aktiv, wurde der führende christliche Sabbatianist. Seine entsprechenden Briefe nach England wurden 1665 und 1666 in London publiziert, etwa unter den Titeln „The Restauration of the Jewes", „The Jewes Message to their Brethern in Holland" und „Several New Letters Concearning the Jews".[17] Zu den Lesern dieser Briefe in London gehörten u.a. Henry Oldenburg, Henry Jessey und John

[13] Vgl. Gershom Scholem: Sabbatai Zwi. Der mystische Messias, Frankfurt a.M. 1992, S.583–607, hier S.585.
[14] Vgl. ebd., S.592.
[15] Vgl. dazu Richard Popkin: Jewish Messianism and Christian Milleniarism, in: P. Zagorin (Hg.): Culture and Politics, Berkeley 1980; Ders.: Christian Jews and Jewish Christians in the 17th Century, in: Ders. (Hg.): Jewish Christians and Christian Jews, Dordrecht 1994, S.57–72.
[16] Die These von Blekastad, dass Knorr sogar einige Monate bei Serrarius wohnte, „um die echte jüdische Kabbala zu erlernen", ist allerdings nicht belegbar. Vgl. Milada Blekastad: Comenius. Versuch eines Umrisses von Leben, Werk und Schicksal des Jan Amos Comenius, Oslo 1969, S.639. Zur Kritik vgl. Ernestine van der Wall: De mystieke chiliast Petrus Serrarius (1600–1669) en zijn wereld, Leiden 1987, S.289, 709.
[17] Vgl. ebd., S.89; M. McKeon: Sabbatai Sevi in England, in: AJS Review 2 (1977), S.131–169. Vgl. auch Scholem 1992 (wie Anm.13), S.381–383; Popkin 1994 (wie Anm.15), S.68.

Durie, aber auch der Quäker-Kreis um George Fox, dessen Anhänger sich ihrerseits als „innere Juden" verstanden und um 1666 im Sabbatianismus eine verwandte Bewegung sahen.[18] Zu Serrarius' Bekanntenkreis gehörten aber auch – schon seit 1660 – Helmont und Christian August.[19] Die Erwartung dieses christlichen Sabbatianismus belegt ein Brief über eine Rede, die Jean de Labadie, angeregt von Serrarius, 1666 in Amsterdam gehalten hatte: „Selbst wenn es keine anderen Zeichen für das Urteil über Babylon [dies der Name der römisch-katholischen Kirche in jenen Kreisen] und die Erlösung Israels gäbe als das Feuer der Spaltungen und die Verwirrung unter Christen auf der einen Seite und der Bußfeier bei den Juden auf der anderen Seite – dann sollte dies genügen, uns aufzurütteln."[20]

Die besondere Karriere der Kabbala in Sulzbach wäre also ohne den Bezugsort Amsterdam bzw. konkreter: ohne Knorrs niederländische Bildungsreise nicht denkbar gewesen. Wahrscheinlich schon in Amsterdam traf Knorr auch mit Franciscus Mercurius van Helmont zusammen. Helmont war es nicht nur, der Knorr 1667 an Christian August nach Sulzbach vermittelte. Er wurde in der Folge auch der wichtigste Mitarbeiter am Sulzbacher Kabbala-Projekt, als dessen letzten Teil er die „Adumbratio kabbalae christianae" (1684) verfasste. Das gemeinsame Interesse an der Kabbala setzten Knorr und Helmont bereits unmittelbar nach der Ankunft im Sulzbach um, und zwar in dem aus den hebräischen Buchstaben entwickelten Versuch einer universalen Taubstummensprache mit dem Titel „Kurtzer Entwurff des Eigentlichen Natur-Alphabets der Heiligen Sprache: Nach dessen Anleitung man auch Taubgebohrene verstehend und redend machen kann". Das kleine Buch erscheint im Jahr 1667 in deutscher und lateinischer Sprache in Sulzbach, gedruckt durch Abraham Lichtenthaler, der auch zehn Jahre später den ersten Band der „Kabbala Denudata" drucken wird; Knorr verfasste zu dem Natur-Alphabet die Einleitung.

Von 1667 bis zu seinem Tod 1689 blieb Knorr im Dienst des Pfalzgrafen Christian August. Neben dem großen Kabbala-Projekt, das gleich noch etwas genauer zu charakterisieren ist, wirkte er in dieser Zeit auch als Autor zahlreicher naturphilosophischer und theologischer Abhandlungen (u. a. die „Erklärung über die Gesichter der Offenbarung S. Johannis", 1670) und Übersetzungen (u. a. Boethius' „De consolatione philosophiae", 1667, Johann Babtista della Portas „Magia Naturalis", 1680 und Thomas Browns „Pseudodoxia epidemica", 1680). Von Sulzbach aus tritt Knorr, wie Helmont, auch in Kontakt mit zahlreichen bedeutenden Gelehrten Europas, in Deutschland etwa mit

---

[18] Scholem 1992 (wie Anm. 13), S. 608f. Vgl. Coudert 1999 (wie Anm. 5), S. 177–270.
[19] Vgl. ebd., S. 43f.
[20] Zit. bei Scholem 1992 (wie Anm. 13), S. 607. Diese Position formulierte Labadie in seiner Schrift „Jugement charitable et juste sur l'état présente du Juifs" (1667). Vgl. dazu Wilhelm Goeters: Die Vorbereitung des Pietismus in der reformierten Kirche der Niederlande bis zur Labadistischen Krisis 1670, Leipzig 1911.

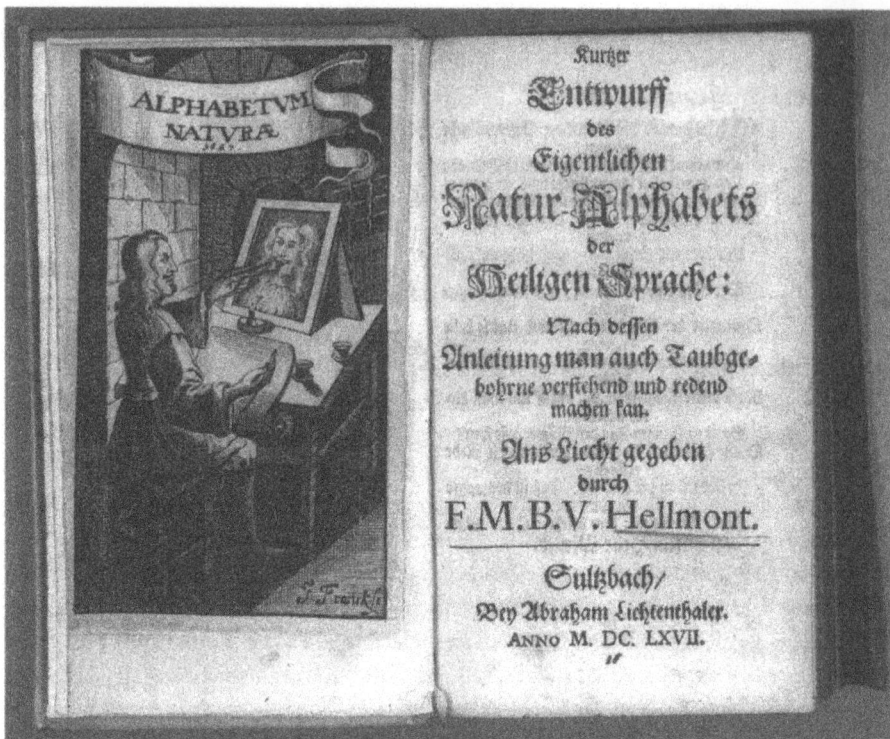

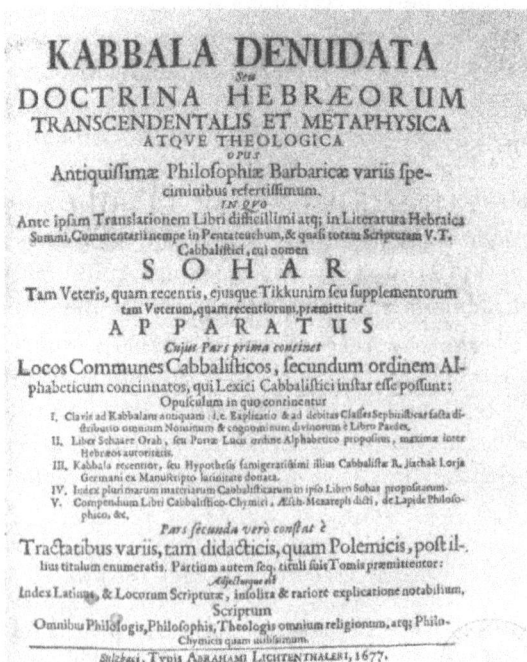

ALPHABETVM
NATVRA

Kurtzer
Entwurff
des
Eigentlichen
Natur-Alphabets
der
Heiligen Sprache:
Nach dessen
Anleitung man auch Taubge-
bohrne verstehend und redend
machen kan.

Aus Liecht gegeben
durch
F.M.B.V. Hellmont.

Sulzbach/
Bey Abraham Lichtenthaler.
Anno M. DC. LXVII.

KABBALA DENUDATA
Seu
DOCTRINA HEBRÆORUM
TRANSCENDENTALIS ET METAPHYSICA
ATQVE THEOLOGICA
OPUS
Antiquissimæ Philosophiæ Barbaricæ variis spe-
ciminibus refertissimum.
IN QVO
Ante ipsam Translationem Libri difficillimi atq; in Literatura Hebraica
Summi, Commentarii nempe in Pentateuchum, & quasi totam Scripturam V.T.
Cabbalistici, cui nomen
SOHAR
Tam Veteris, quam recentis, ejusque Tikkunim seu supplementorum
tam Veterum, quam recentiorum, præmittitur
APPARATUS
Cujus Pars prima continet
Locos Communes Cabbalisticos, secundum ordinem Al-
phabeticum concinnatos, qui Lexici Cabbalistici instar esse possunt:
Opusculum in quo continentur
I. Clavis ad Kabbalam antiquam i.e. Explicatio &ad debitas Classes Sephiroticas facta di-
stributio omnium Nominum & cognominum divinorum è Libro Pardes.
II. Liber Schaare Orah, seu Portæ Lucis ordine Alphabetico propositio, maxime inter
Hebræos autoritatis.
III. Kabbala recentior, seu Hypothesis famigeratissimi illius Cabbalistæ R. Jischak Lorja
Germani ex Manuscripto latinitate donata.
IV. Index plurimarum materiarum Cabbalisticarum in ipso Libro Sohar propositarum.
V. Compendium Libri Cabbalistico-Chymici, Æsch-Mezareph dicti, de Lapide Philoso-
phico, &c.
Pars secunda vero constat è
Tractatibus variis, tam didacticis, quam Polemicis, post il-
lius titulum enumeratis. Partium autem seq. tituli suis Tomis præmittentur:
Appellatque est
Index Latinus, & Locorum Scripturæ, insolita & rariore explicatione notabilium,
Scriptum
Omnibus Philologis, Philosophis, Theologis omnium religionum, atq; Philo-
Chymicis quam utilissimum.
Sulzbaci, Typis ABRAHAMI LICHTENTHALERI, 1677.

Abb. 24:
Titelkupfer und Titelblatt zu
Mercurius van Helmont: Kurtzer
Entwurff des Eigentlichen Natur-
Alphabets der heiligen Sprache,
Sulzbach 1667.

Quelle: Instituut Collectie Nederland/
Bibliotheca Philosophica Hermetica,
Amsterdam.

Abb. 25:
Titelblatt zu Band I der Kabbala
Denudata, Sulzbach 1677.

Quelle: Knorr von Rosenroth-Gesellschaft, Sulzbach-Rosenberg.

dem Orientalisten Johann Christoph Wagenseil (1633–1705), den er möglicherweise noch in Amsterdam kennengelernt hatte, als dieser dort seine Sammlung von Hebraica aufbaute[21]. Später lehrte Wagenseil in unmittelbarer Nähe zum Sulzbacher Hof an der Universität Altdorf bei Nürnberg. Hier lehrten vor ihm die christlichen Hebraisten Daniel Schwentner und Theodor Hackspan, bevor Wagenseil 1674 den Lehrstuhl für hebräische Sprache und Literatur übernahm. Er war allerdings weniger an der Kabbala interessiert, sondern vielmehr am rabbinischen Judentum, an Mischna und Talmud, sowie als erster christlicher Gelehrter an der jiddischen Literatur. Dennoch beschäftigte er mit Beer Perlhefter auch einen Anhänger des Sabbatianismus.[22] Von Sulzbach aus korrespondierte Knorr mit Wagenseil.[23] Des weiteren war Knorr auch mit Leibniz in Kontakt[24] und in England u.a. mit Henry More sowie dem Hebraisten John Lightfoot (1602–1675) und dem Quäker Georges Keith (circa 1639–1716).

Das Sulzbacher Kabbala-Projekt

Spätestens an dieser Stelle stellt sich die Frage nach dem philologischen, philosophischen und theologischen Profil des Sulzbacher Kabbala-Projekts und der „Kabbala Denudata". Worin dieser auf rund 3000 Seiten und in mehreren Bänden ausgebreitete Entwurf besteht, lässt sich nicht leicht qualifizieren. Schon eine historisch-philologische Bestandsaufnahme der „Kabbala Denudata" erweist sich als ein aufwändiges Unternehmen.[25] Tatsächlich ist die „Kabbala Denudata" nicht einfach der Titel eines Buches, sondern vielmehr der Name einer ganzen Bibliothek kabbalistischer Literatur, die so unterschiedliche Textsorten enthält wie ein Lexikon kabbalistischer Grundbegriffe[26], Übersetzungen aus der älteren wie jüngeren Literatur der hebräischen

[21] Vgl. Hartmut Bobzin: Der Altdorfer Gelehrte J. C. Wagenseil und seine Bibliothek, in: Peter Schäfer/Irina Wandrey (Hg.): Reuchlin und seine Erben, Ostfildern 2005, S. 77–95; Peter Blastenbrei: Johann Christoph Wagenseil und seine Stellung zum Judentum, Erlangen 2004. Wagenseil vermachte seine umfangreiche Bibliothek der Universität Altdorf und der Ratsbibliothek der Stadt Leipzig, von wo aus sie 1818 in die Erlanger Universitätsbibliothek überführt wurde. Erst vor kurzem gelang es, die Bibliothek von Wagenseil anhand des entdeckten Verkaufskatalogs nahezu vollständig zu rekonstruieren. Seine Büchersammlung besteht aus rund 300 Bänden, von denen etwa 150 hebräische Titel sind, weitere 55 Bände von christlichen Hebraisten.
[22] Vgl. Andreas Kilcher: Christlicher Advokat des jüdischen Buches. Johann Christoph Wagenseil im Spiegel seiner Bibliothek, in: Morgen-Glantz. Zeitschrift der Knorr von Rosenroth Gesellschaft 19 (2009) [erscheint 2009].
[23] Die Briefe befinden sich in der Herzog-August-Bibliothek in Wolfenbüttel, Cod-Guelf, 30.4., Auftrags-Nummer 5519.
[24] Vgl. Allison Coudert: Leibniz and the Kabbalah, Dorderecht 1995.
[25] Vgl. Andreas Kilcher: Synopse zu Knorr von Rosenroths Kabbala denudata, in: Morgen-Glantz. Zeitschrift der Knorr von Rosenroth-Gesellschaft 10 (2000), S. 201–220.
[26] Vgl. ders.: Lexikographische Konstruktion der Kabbala. Die Loci communes cabba-

Kabbala, Dokumente einer zeitgenössischen Debatte über diese Literatur aus
christlich-theologischer Sicht und, eigentlicher Kernpunkt des Projekts, die
Übersetzung einzelner Passagen, schließlich die Edition des gesamten hebräischen Textes jenes kabbalistischen Buches, das Knorr folgendermaßen betitelte: „Collectanea de dictis et gestis R. Schimeon filii Jochai [...] Opus quod
Corpus Cabbale dici potest" – mit anderen Worten: das „Sefer ha-Sohar". Die
„Kabbala Denudata" ist damit, so lässt sich zunächst in buchtechnischer Hinsicht sagen, eine Bibliothek, deren Architektonik um dieses eine Buch zentriert ist und deren Ziel in der Restitution – und konkret zuletzt im Druck –
dieses einen Buches liegt: des „Sefer ha-Sohar", „Buch des Glanzes".[27]
    Nicht nur mit der Erschließung der lurianischen Kabbala und ihrer Litera-
tur, sondern auch, und darüber vermittelt, mit dieser emphatischen Fokussie-
rung auf den „Sohar" konstituiert die „Kabbala Denudata" ein neues Paradig-
ma christlicher Kabbala. Zwar waren die Sulzbacher Kabbalisten nicht die
ersten, die im „Sohar" das zentrale Dokument aus apostolischer Zeit vermu-
teten, indem sie es dem tannanitischen Lehrer Rabbi Shimon bar Jochai zu-
schrieben und in seiner Lehre, insbesondere der Theorie der „Sefiroth", eine
jüdische Urform zentraler christlicher Theologumena wie der Trinitätslehre
sahen. Dennoch war die philologische Kenntnis des „Sohar" in der Literatur
der christlichen Kabbala bis zur „Kabbala Denudata" auf ein kleines Korpus
verstreuter Zitate, die inhaltliche Kenntnis auf einige Begriffe beschränkt, die
aus dritten Quellen stammen, etwa aus Menachem Recanatis Tora-Kommen-
tar oder aus Gikatillas „Scha'are Ora" – so bei Pico, Galatinus oder Giulio
Camillos mnemotechnischem „Theatro".[28] Neben diesen selektiven und indi-
rekten Kenntnissen des „Sohar" gibt es in der Renaissance nur zwei etwas
umfangreichere „Sohar"-Projekte, deren zweites für dasjenige von Knorr eine
gewisse Bedeutung hatte: Egidio da Viterbos Sammlung und Übersetzung
einzelner Fragmente des „Sohar" sowie Guillaume Postels – allerdings unveröffentlicht gebliebene – Übersetzungen des „Sohar": 1553 die Übersetzung
des ersten Teils (den „Sohar"-Kommentar zur Genesis), 1563 die umfangreiche Übersetzung auch des soharischen Exodus-Kommentars.[29]
    Trotz dieser Ausgangslage bei Postel gelangte das Wissen über das Buch
„Sohar" zum großen Teil über andere, jüngere Kanäle zu Knorr.[30] Entschei-

listici der Kabbala Denudata, in: Morgen-Glantz. Zeitschrift der Knorr von Rosenroth
Gesellschaft 7 (1997), S.67–125.
[27] Vgl. dazu und zum Folgenden Ders.: Kabbalistische Buchmetaphysik. Knorrs Bibliothek und die Bedeutung des Sohar, in: Wilhelm Schmidt-Biggemann (Hg.): Christliche
Kabbala, Sigmaringen 2003 (Pforzheimer Reuchlin-Schriften 8), S.211–223.
[28] Vgl. Ders.: Ars memorativa und Ars cabalistica. Die Kabbala in der Mnemonik der
Frühen Neuzeit, in: Jörg Jochen Berns/Wolfgang Neuber (Hg.): Seelenmaschinen. Gat-
tungstraditionen, Funktionen und Leistungsgrenzen der Mnemotechniken vom späten
Mittelalter bis zum Beginn der Moderne, Wien 2000, S.199–248.
[29] Secret 1964 (wie Anm.3), S.51ff.
[30] Knorr standen Postels unveröffentlicht gebliebene Sohar-Übersetzungen wohl nicht
zur Verfügung, wie auch Postels „Candelabrum", obwohl gedruckt, ein höchst seltenes

dend dafür ist, dass die philologischen und überlieferungstechnischen Bedingungen zur Kenntnis des „Sohar" für Knorr, hundert Jahre nach Postel, grundlegend verändert waren. Der eigentliche Grund dafür nämlich, dass der „Sohar" in der christlichen Kabbala lange nur in Bruchstücken bekannt war und deshalb eine vergleichsweise marginale Rolle spielte, ist der Umstand, dass der „Sohar" auch innerhalb der hebräischen Kabbala bis Mitte des 16. Jahrhunderts in keiner kanonischen Form vorlag und deshalb auch hier nur selektiv rezipiert wurde. Zwar trat mit jenen Manuskripten, die um 1300 in Kastilien unter dem Titel „Sefer ha-Sohar" in Umlauf gebracht wurden, das Profil eines in enigmatischer Sprache geschriebenen, esoterischen, uralten, verlorenen und nun wiedergefundenen Buches auf den Plan, das dazu prädisponiert war, mythisiert zu werden.[31] Die Kanonisierung und Sakralisierung des „Sohar" war allerdings das Ergebnis eines längeren Interpretationsprozesses, auf den zwei Faktoren einen entscheidenden Einfluss hatten: erstens die Vertreibung der Juden aus Spanien 1492, zweitens der Druck des „Sohar" Mitte des 16. Jahrhunderts. Zum zentralen Medium kabbalistischer Nachrichtenübermittlung wurde der „Sohar" tatsächlich erst in der von den geschichtstheologischen Kategorien des Exils und der Erlösung geprägten palästinensischen Kabbala des 16. Jahrhunderts: bei Moses Cordovero (1522–1570), bei Isaak Luria (1534–1572), bei Chaiim Vital (1543–1620). Zum kanonischen Text wiederum wurde er erst mit den Drucken in Mantua 1558 durch einen jüdischen und in Cremona 1559–1560 durch einen christlichen Drucker.

Diese beiden Parameter, die zentrale Funktion des „Sohar" in der Kabbala Cordoveros und Lurias sowie der etwa gleichzeitig erfolgte Druck des „Sohar", waren auch für die christliche Kabbala in Sulzbach konstitutiv. Zur vollen Präsenz gelangte der „Sohar" in nichtjüdischen Kreisen deshalb nicht schon mit dem Druck allein, sondern erst in dem Moment, als auch die Literatur der lurianischen Kabbala rezipiert werden konnte. Erste Anzeichen dafür finden sich bei dem genannten Basler Hebraisten Johannes Buxtorf, genauer in seiner „Bibliotheca rabbinica" (1613), einer kommentierten Bibliographie hebräischer Literatur, und in dem erst von Buxtorfs Sohn vollendeten „Lexicon Chaldaicum Talmudicum et Rabbinicum" (1639); es sind dies beides Texte, die Knorr in der „Kabbala Denudata" wiederholt zitierte.[32]

Buch war. Im Übrigen wurden Postels Schriften im 17. Jahrhundert kaum neugedruckt; in dem auch für Knorr wichtigen Druckort Amsterdam erschien einzig Postels „Absconditorum a Constitutione Mundi Clavis" (1646). Für die Postel-Rezeption sind allerdings auch seine zahlreichen Schüler in Frankreich und in der Schweiz (Basel) wichtig. Zu Postels französischen Schülern vgl. Secret 1984 (wie Anm. 2), S. 187ff.

[31] Vgl. Boaz Huss: Sefer ha-Zohar as a Canonical, Sacred and Holy Text: Changing Perspectives of the Book of Splendor between the Thirteenth and Eighteenth Centuries, in: The Journal of Jewish Thought and Philosophy 7 (1998), S. 257–307, hier S. 272.

[32] So in den einleitenden Teilen der beiden Bände; „De abbreviaturis hebraicis" zitiert Knorr z. B. in der Einleitung zum ersten Band der „Kabbala denudata" (Praefatio editoris ad lectorem), das „Lexicon Chaldaicum" in der Einleitung zum zweiten Band (Praefatio ad lectorem, z. B. S. 31).

Obwohl sich in Buxtorfs Schriften jene Nachrichtenkanäle erstmals bün-
deln, die für Knorr wichtig werden – Postels „Sohar"-Projekt, der gedruckte
„Sohar", Texte der palästinensischen Kabbala –, ist die informative Basis der
„Kabbala Denudata" um 1670 nochmals entscheidend verändert. Denn die
Literatur der lurianischen Kabbala, innerhalb der der „Sohar" nicht nur kano-
nisiert, sondern auch sakralisiert wurde, war insbesondere für nicht-jüdische
Leser erst um die Mitte des 17. Jahrhunderts verfügbar. Lurias wichtigster
Schüler Chaiim Vital verhinderte die Verbreitung der lurianischen Kabbala
geradezu systematisch, indem er jede handschriftliche Kopie untersagte.[33]
Auch nach seinem Tod 1620, bis ins 18. Jahrhundert, kursierten die Schriften
Lurias und Vitals fast ausschließlich in Manuskripten.[34] Anders war dies jedoch im Fall der Schriften des selbsterklärten Luria-Schülers Israel Saruq und
seiner Nachfolger Abraham Cohen Herrera und Naphtali Bacharach, die, wie
angesprochen, um 1650 in Amsterdam gedruckt wurden.

Die „Kabbala Denudata" nun ist zunächst wesentlich eine Bibliothek luria-
nischer Literatur; es ist präzise diese Literatur, die Knorr in Drucken und in
Handschriften vorlag und die in der „Kabbala Denudata" übersetzt, kommen-
tiert und zitiert wird: 1) Schriften von Lurias Lehrer Moses Cordovero, insbesondere das „Pardes Rimmonim" sowie zwei Kurzfassungen desselben, die
Knorr im Druck vorlagen. 2) Schriften von Luria ebenso wie Vitals „Ez
Chaiim", die wichtigste und kanonische Darstellung der lurianischen Kabbala,
daraus insbesondere das „Sefer Druschim";[35] diese Texte lagen Knorr in
Handschriften vor.[36] 3) Systematisierungen der lurianischen Kabbala wie
Bacharachs „Emek ha-Melech" und die philosophisch-neuplatonische Umfor-
mulierung der lurianischen Kabbala mit Herreras „Scha'ar ha-Schamaiim",
die Knorr wiederum im Druck vorlagen.[37]

Die soharische Buchmetaphysik der lurianischen Kabbala wurde darüber
hinaus, ausgerechnet in dem Jahrzehnt vor dem Erscheinen der „Kabbala Denudata", vor allem in den Jahren 1665 und 1666, in einer messianischen Zuspitzung überboten, die – so meine These – für das Verständnis der „Kabbala Denudata" von entscheidender Bedeutung ist: die angesprochene sabbatianische
Bewegung. Anhaltspunkt dafür ist schon der Umstand, dass sowohl der mut-
maßliche Messias Sabbatai Zwi wie auch sein Prophet und Apologet Nathan
von Gaza ihr mystisch-messianisches Wissen, abgesehen von einigen luria-

---

[33] Vgl. dazu Gershom Scholem: Die jüdische Mystik in ihren Hauptströmungen, Frankfurt a. M. 1980, S. 281 ff.

[34] Chaiim Vitals wichtigste Schrift etwa, der „Ez Chaiim", wurde erst 1784 gedruckt.

[35] Ein Teil des späteren „Ez Chaiim", den Benjmin ha-Levi und Elisha Vestali 1620 in einer Kompilation von Handschriften von Chaiim Vital integrierten. Knorr edierte den Text
und Kommentare in: Kabbala denudata I, Teil 2.

[36] Vgl. dazu die ausführliche Inhaltsangabe des „Ez Chaiim" in: Kabbala denudata II,
Praefatio ad lectorem, S. 10–17.

[37] Vgl. dazu Kilcher 2000 (wie Anm. 25).

nischen Schriften, ganz auf den „Sohar" gründeten.[38] Was sie im „Sohar" entzifferten, war nunmehr – als anagogischer Subtext – eine messianische Theologie. Der „Sohar" galt ihnen als verschlüsseltes Dokument messianischen Wissens.

Die Bedeutung der sabbatianischen Bewegung für die „Kabbala Denudata" wird zudem auch durch den Umstand nahegelegt, dass der Sabbatianismus auch in christlichen Kreisen mit großem Interesse verfolgt wurde. Dies trifft nicht nur für Gelehrte wie Wagenseil zu, der ja um 1666 in Amsterdam weilte und dort einen Teil seiner hebräischen Bibliothek bei Juden kaufte, die anlässlich der messianischen Bewegung ihren Besitz auflösten, um nach Palästina auszuwandern.[39] Vor allem auch in jenen kirchenkritischen, postreformatorischen und meist auch millenaristisch-chiliastischen Kreisen, die Kolakowski als „Chrétiens sans église"[40] bezeichnete und die sich gerade im liberalen Amsterdam versammelten, wurde die messianische Bewegung unter den Juden teilweise geradezu enthusiastisch aufgenommen. Das Projekt der „Kabbala Denudata" ist also sowohl vor dem Hintergrund der lurianischen Kabbala, als auch vor demjenigen der davon ausgehenden sabbatianischen Bewegung im Judentum und der philosemitischen, christlich-millenaristischen Bewegungen zu verstehen.

Wenn bislang vor allem die Zwischenstellung zwischen der jüdischen und der christlichen Religion zusammen mit einer postreformatorischen Theologie als die entscheidenden Voraussetzungen von Knorrs Kabbala-Projekt angenommen wurden,[41] dann war die zentrale Stellung des „Sohar", auch in messianischer Hinsicht, noch nicht erklärt. Vor dem Hintergrund der lurianischen und sabbatianischen Kabbala aber wird Knorrs emphatisches Profil des „Sohar" sehr wohl verständlich. In der „Kabbala Denudata" nämlich erscheint der „Sohar" als jene primordiale, apostolische, urchristliche Utopie eines zugleich jüdischen und christlichen Wissens, das Knorr und seine Freunde auch in messianischer Absicht wiederherstellen wollten. Der zweite Band der „Kabbala Denudata" ist programmatisch überschrieben mit „Liber Sohar restitutus". Der volle Titel lautet: „Wiederhergestellter Sohar; [...] ein Werk für alle Erforscher des ursprünglichen Alters und der erhabensten Lehrsätze des hebräischen Volkes, ebenso der hebräischen und chaldäischen Sprache, in jener schönen Ausdrucksweise, derer man sich zur Zeit Christi und der Apostel befleißigte [...]." Die messianische Dimension des Begriffs der *restitutio* macht Knorr in seinem „Lexikon cabbalisticum" deutlich, wenn er ihn

---

[38] Vgl. Scholem 1980 (wie Anm. 33), S. 320, 323.

[39] Vgl. ebd., S. 605.

[40] Leszek Kołakowski: Chrétiens sans église: La conscience réligieuse et le lien confessionel au XVIIᵉ siècle, Paris 1969.

[41] Vgl. Coudert 1999 (wie Anm. 5), S. 110: „These two mentalities, the ‚Marrano' and the post-Reformation, radical Christian meet in the thought of the Sulzbach Kabbalists. [...] it was their experience with Conversos that put a special stamp on their thought, convincing them that the real difference between Christians and Jews was minimal and easily overcome by acceptance of their Christianized version of the Kabbalah."

als Übersetzung der zentralen messianischen Kategorie der *Idrot* des „Sohar"
und der lurianischen Kabbala erklärt. Knorr übersetzt *Tikkun*, dem er einen langen Artikel widmet, mit „restitutio, restauratio, redintegratio".[42] Damit hat der
Begriff der *restitutio* zwei Ebenen: Zum einen bedeutet er die philologische
Wiederherstellung des „Sohar" als materialer Nachrichtenträger eines uralten
Wissens.[43] Die Restitution des physischen Korpus erlaubt zweitens die „restitutio doctrinae"[44], die Übermittlung oder „Enthüllung" der Kabbala als der
„transzendentalen, metaphysischen und theologischen Lehre der Hebräer". Das
eigentliche Anliegen der „Kabbala Denudata" ist damit, so heißt es im Unter-
titel, die „Übersetzung des schwierigsten und in der hebräischen Literatur bedeutendsten Buches, nämlich des Kommentars zum Pentateuch und gleichsam
zur ganzen Schrift des Alten kabbalistischen Testaments mit Namen SOHAR".

Dieses Vorhaben setzen die beiden Bände der „Kabbala Denudata" auf unterschiedliche Weise um. Der erste Band ist – etwa mit dem Lexikon kabbalistischer Grundbegriffe, den „Loci communes cabbalistici" – als Bereitlegung
von Hilfsmitteln und Materialien zum Verständnis des „Sohar" konzipiert, als
„apparatus in libri sohar", während der zweite Band als eigentliche *restitutio*
des Sohar gedacht ist, konkret durch die Edition und Übersetzung dreier
Soharteile (*Idra Suta*, *Idra Rabba* und *Sifra Dizeniuta*), die das Kernstück der
„Kabbala Denudata" bilden. Diese Edition steht darüber hinaus in Verbindung
mit dem zeitgleichen Sulzbacher Druck des gesamten „Sohar", den Knorr,
Helmont und der Pfalzgraf Christian August gemeinsam mit dem Drucker
Moses Bloch und dem Korrektor Moses Hausner durchführten.[45] Mit letzterem und seinem Sohn Joseph Hausner pflegten Knorr und seine Freunde in
Sulzbach den „Sohar" zu studieren.[46] Es ist diese Edition der eigentliche Ziel-
punkt des Kabbala-Projekts. Gerade an ihm wird die doppelte Arbeit der *restitutio* als philologische und als metaphysisch-messianische Arbeit deutlich. Es
ist dies die Zuspitzung der kabbalistischen Nachrichtenpraxis im potentiell
messianischen Begriff der *restitutio*: Überlieferung nicht als kontinuierliche
Kommunikationskette, sondern als Reparation eines Bruchs. Der Begriff der

[42] Kabbala Denudata I, 1, S.732. Vgl. dazu Andreas Kilcher: Tikkun, in: Joachim Ritter/
Karlfried Gründer (Hg.): Historisches Wörterbuch der Philosophie 10, Basel 1999, Sp.
1221-1223.
[43] Nicht zufällig listet Knorr in seinem wichtigen Vorwort zum zweiten Band die einzelnen
Texte der soharischen Bibliothek auf. Vgl. Kabbala Denudata II, S.8f. In buchtechnischer
Hinsicht kann man geradezu von einer analogischen Form der „Kabbala Denudata" im
Vergleich zum „Sohar" sprechen: Beides sind bibliothekartige Kompilationen von Texten.
[44] Vgl. Kabbala Denudata II, Praefatio ad Lectorem, S.7.
[45] Vgl. Magnus Weinberg: Die hebräischen Druckereien in Sulzbach, in: Jahrbuch der
Jüdisch-Literarischen Gesellschaft 1 (1903), S.33f., 120f.; Knorr von Rosenroth 1989 (wie
Anm.6), S.60.
[46] Vgl. dazu Finke/Handschur 1991 (wie Anm.6), S.45: „Knorr pflegte die Schriften der
Kabbala in Sulzbach unter Anleitung des R[abbi] Moses Hausner und seines Sohnes
R[abbi] Josef zu lesen, polnische Juden, welche [auch] der Durchlauchtigste Herzog gele-
gentlich zur genaueren Erforschung solcher Texte heranzog."

restitutio folgt damit deutlich dem „Sohar"-Profil der lurianischen und auch der sabbatianischen Kabbala. Wenn Knorr von der „Nützlichkeit der Übersetzung des Buches Sohar" spricht (*de utilitate versionis libri Sohar*), dann mit diesem geschichtstheologisch-messianischen Potential vor Augen.

Knorr hat dies in den programmatischen Texten der „Kabbala Denudata" – insbesondere in Briefen an Henry More und in der Vorrede zum zweiten Band – explizit formuliert.[47] Hier wird das Profil des „Sohar" als christianisierte Form der lurianisch-sabbatianischen Kabbala verdeutlicht. Dass der weitere Horizont dafür die theologisch-politische Lage nach dem Dreißigjährigen Krieg ist, wurde wiederholt bemerkt.[48] Tatsächlich war Christian August, der 1649 unmittelbar nach dem Ende des Krieges das Amt in Sulzbach übernommen hatte, sehr um konfessionelle Toleranz sowohl unter christlichen Gruppierungen wie auch zwischen Christen und Juden bemüht. Dass sich der 1655 zum Katholizismus konvertierte philosemitische Pfalzgraf Christian August dafür zunächst den zu den Quäkern tendierenden Katholiken Mercurius van Helmont und vermittelt über diesen 1666 auch den lutherischen Hebraisten Knorr von Rosenroth an seinen Hof holte und zum Geheimen Rat und Kanzleidirektor machte, folgte also einem Plan. Das „Sohar"-Projekt realisiert dies: Gegen konfessionelle Differenzen erwies sich der „Sohar" als mythischer Ur- und Gründungstext, der die Juden und die christlichen Konfessionen gleichermaßen verbindet, den jüdischen Kabbalisten immer schon bekannt, „von den Christen" aber, so beklagt Knorr, „bis heute fast gänzlich ignoriert".[49] Als Dokument aus ‚juden-christlicher' Zeit, und damit als *prisca theologia*, soll die *restitutio* des „Sohar" alle konfessionellen Differenzen überwinden und die Harmonie der Religionen begründen. Dies ist die theologisch-politische und durchaus auch eschatologische Erwartung, die die Sulzbacher Kabbalisten an den „Sohar" stellten. Eine Passage aus einem Brief Knorrs an Henry More kann dies deutlich machen:

„Weil ich vermutete, dass eine derart große Spaltung der christlichen Religionen aus keiner anderen Ursache rührt, als aus der großen Unterschiedlichkeit philosophischer Begriffe und metaphysischer Prinzipien unter Christen [...], wurde mir sogleich klar, dass ich nach derselben alten Philosophie suchen muss, die zur Zeit Christi und der Apostel blühte und die aus den Quellen der heiligen Orakel zu blühen schien. Als ich dabei war, diese alte Lehre über Gott und andere spirituelle und theologische Fragen zu untersuchen, fiel mir jenes uralte Buch der Juden in die Hände, das Sohar genannt wird, das Buch des Glanzes. Obwohl ich das Alter dieses Werks wegen seiner modernen Einteilung in Kapitel in Frage

[47] Vgl. Christian Knorr von Rosenroth: Vorrede an den Leser. Übersetzung von Erna Handschur, Anmerkungen von Rosmarie Zeller, in: Kilcher 2006 (wie Anm. 8), S. 17–54.
[48] Vgl. etwa Coudert 1999 (wie Anm. 5), S. 108f. Guillaume van Gemert: Endzeitdenken und Chiliasmus in den Niederlanden zu Knorrs Zeiten und die Beziehungen zu Deutschland, in: Morgen-Glantz. Zeitschrift der Knorr von Rosenroth-Gesellschaft 10 (2000), S. 156–179; Herbert Narbuntowitcz: Reformorthodoxe, spiritualistische, chiliastische und utopische Entwürfe einer menschlichen Gemeinschaft als Reaktion auf den Dreißigjährigen Krieg, Diss. Freiburg 1994.
[49] Kabbala Denudata II, Praefatio ad lectorem, S. 7.

Abb. 26: Titelkupfer zu Band I der Kabbala Denudata, Sulzbach 1677.
Quelle: Knorr von Rosenroth-Gesellschaft, Sulzbach-Rosenberg.

stelle, wurde mir klar, dass die Kapitel selber und die Lehren, die eher als Fragmente aufgefaßt werden müssen, alt genug sind und offensichtlich die ältesten Lehren und Hypothesen enthalten."[50]

Die Kabbala, im Buch „Sohar" fragmentarisch überliefert, erscheint Knorr als der Weg, „die geteilten Kirchen in christliche Einheit zu bringen".[51] Dies ist die theologisch-politische Mission des „Sohar"-Projekts, an der die Gelehrten ebenso wie der Politiker Christian August höchstes Interesse hatten.[52] In der Edition, Übersetzung und Kommentierung des „Sohar", das sie zum täglichen Ritual erhoben, sahen Knorr, Helmont und Christian August die

[50] Kabbala Denudata I, Excerpta ex Epistola quadam Compilatoris, S. 3.
[51] Ebd., Amico Responso, S. 75.
[52] Vgl. Coudert 1999 (wie Anm. 5), S. 108 ff.

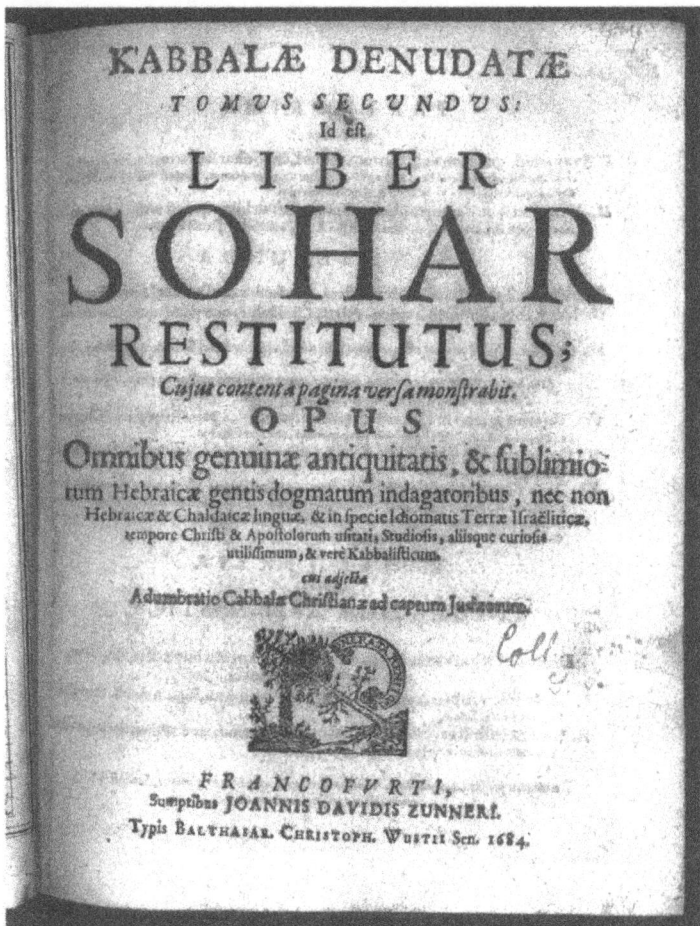

Abb. 27: Titelblatt zu Band II der Kabbala Denudata. Frankfurt 1684.
Quelle: Bibliotheca Philosophica Hermetica. Amsterdam.

Aufgabe, die metaphysische Ordnung der Welt zu restituieren. Die Restitution des Buches „Sohar" im 17. Jahrhundert wurde auf diese Weise in Konstel-
lation mit der apostolischen Zeit des „Sohar" gebracht. jene Zeit, als die
christliche Religion noch einheitlich und mit der jüdischen verbunden war.
Das Sulzbacher Kabbala-Projekt führt damit den messianischen Auftrag des
„Sohar" fort, indem es dieses Buch als Gründungsurkunde einer primordialen
Harmonie der Konfessionen wieder verfügbar macht und ihm neue Geltung
verschafft.

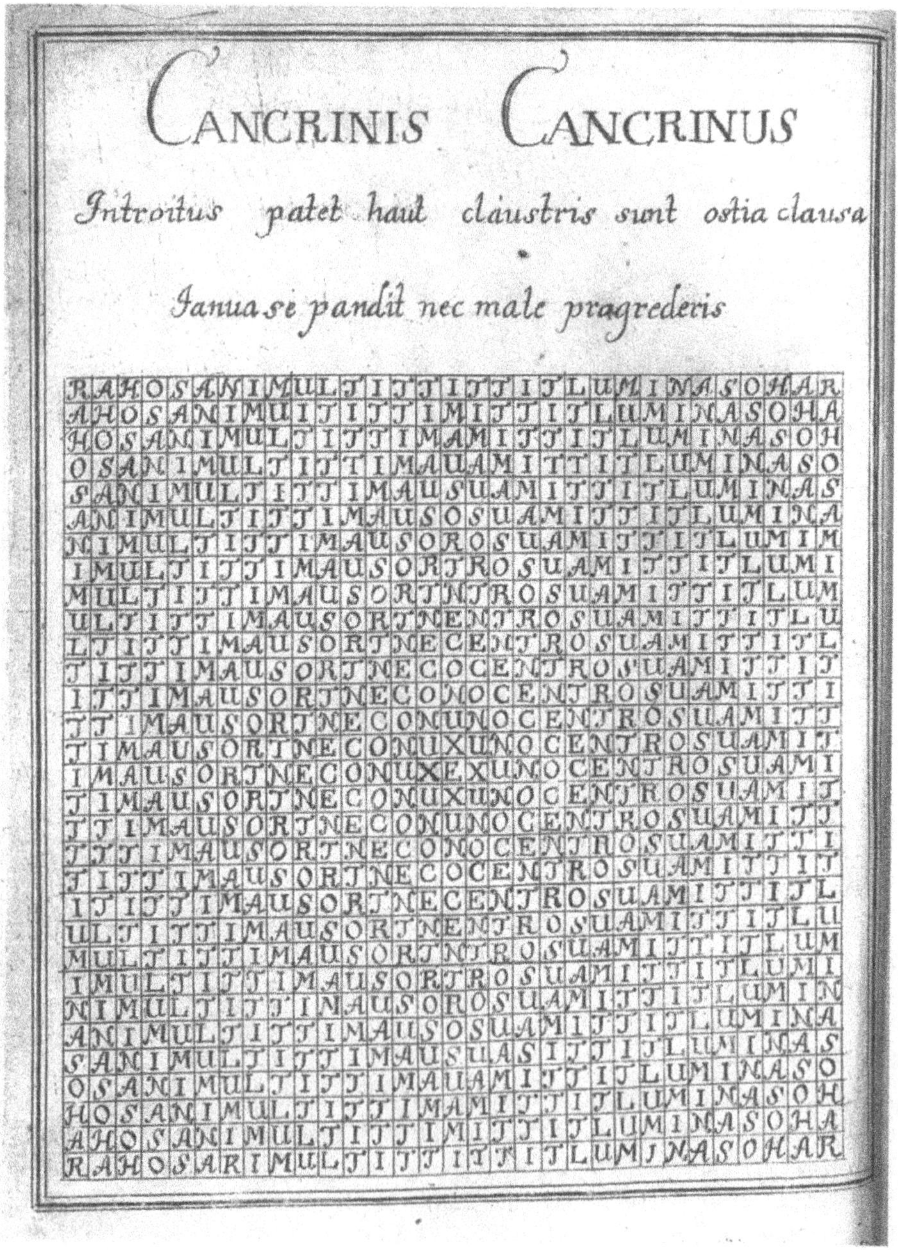

Andreas B. Kilcher

Abb. 28: Titelkupfer zu Band II der Kabbala Denudata, Frankfurt 1684.
Quelle: Bibliotheca Philosophica Hermetica, Amsterdam.

DIE JÜDISCHE GEMEINDE VON FLOSS[1]

Von Renate Höpfinger

Wilhelm Volkert zum 80. Geburtstag

Von der jüdischen Gemeinde Floß zeugen heute nur noch das weithin sichtbare Bauensemble „Judenberg", der über 300 Jahre alte jüdische Friedhof an der Straße nach Flossenbürg mit seinen 400 Grabsteinen und das neu restaurierte klassizistische Synagogengebäude. Juden oder gar eine jüdische Gemeinde gibt es in Floß seit der gewaltsamen Deportation der letzten jüdischen Bewohner im Jahr 1942 nicht mehr.

Dass hier, auf oberpfälzischem Boden, inmitten des ziemlich judenfeindlichen Bayern, in einer von größeren Städten und wirtschaftlich potenten Gebieten doch relativ weit abgelegenen Gegend überhaupt eine jüdische Gemeinde entstehen und sich entwickeln konnte, hängt v. a. mit der territorialen Situation dieses Landstrichs im 17. Jahrhundert zusammen.

Die territoriale Situation im 17. und 18. Jahrhundert

Die Oberpfalz war im Dreißigjährigen Krieg aus dem Besitz der Kurpfalz an das Herzogtum Bayern gelangt, zu dem es seit 1648 endgültig gehörte. Eingeschlossen waren jedoch die Territorien anderer Reichsfürsten. So waren Teile der Oberpfalz, die Ämter Vohenstrauß, Sulzbach, Hilpoltstein, Weiden, Floß, Lengenfeld, Schwandorf und Regenstauf, bei der Gründung des wittelsbachischen Fürstentums Junge Pfalz in Neuburg an der Donau 1505 diesem Territorium zugeschlagen worden. In der Folge wurde bei Erbfällen dieses Fürstentum Pfalz-Neuburg immer wieder aufgeteilt, mit den einzelnen Teilen jüngere Prinzen ausgestattet, ohne dass diese die volle Landeshoheit über die ihnen zugewiesenen Gebiete erhielten.

Die Neuaufteilung des Herzogtums nach dem Tod Herzog Philipp Ludwigs 1614 an dessen drei Söhne brachte die Gründung des Herzogtums Pfalz-Sulzbach, das Herzog August (1614–1632) mit den Ämtern Sulzbach, Floß (mit dem Gericht Vohenstrauß) und einer Hälfte des Gemeinschaftsamtes Parkstein-Weiden erhielt. Jedoch stand auch er weiterhin unter der Oberhoheit seines älteren Bruders Herzog Wolfgang Wilhelm von Neuburg. Erst der Neuburger Hauptvergleich 1656 brachte dem neuen Fürstentum die Anerkennung

---

[1] Überarbeitetes Manuskript eines Vortrages vom 17. September 2006 in der Synagoge in Floß.

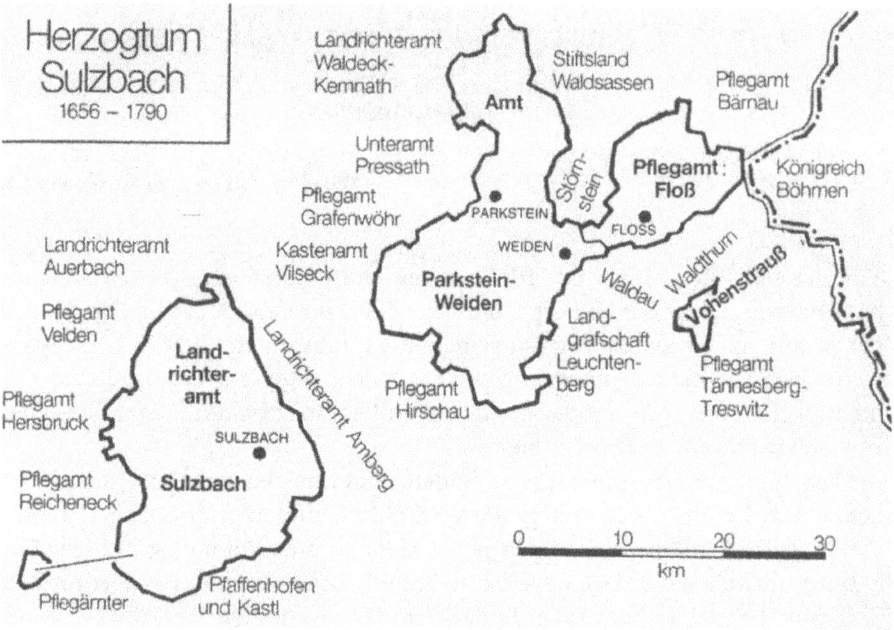

Abb. 29: Karte des Herzogtums Pfalz-Sulzbach.
Quelle: Christian Knorr von Rosenroth. Dichter und Gelehrter am Sulzbacher Musenhof. Festschrift zur 300. Wiederkehr des Todestages, herausgegeben von dem Literaturarchiv und der Stadt Sulzbach-Rosenberg, Sulzbach-Rosenberg 1989, S. 27.

als selbstständiges landesfürstliches, reichsunmittelbares Territorium, wenn auch ohne Sitz und Stimme auf dem Reichstag.[2]

Das Herzogtum Pfalz-Sulzbach umfasste mit den Ämtern Sulzbach, Floß und einer Hälfte des Gemeinschaftsamtes Parkstein-Weiden Gebiete, die räumlich voneinander getrennt waren. Herzog August bestimmte Sulzbach zum Sitz seiner Residenz und zur „Hauptstadt" seines neuen Herzogtums.

1733 erbte der unmündige Karl Theodor (geb. 1724), der bis 1741 unter der Vormundschaft von Kurfürst Karl Philipp von der Pfalz stand und als dessen Nachfolger erzogen wurde, das Herzogtum Pfalz-Sulzbach. Schon 1742 fielen ihm als Erbe auch Pfalz-Neuburg und die Kurpfalz zu. Er regierte Sulzbach und Neuburg von Mannheim aus als Nebenländer. 1777 trat der Erbfall im Kurfürstentum Bayern ein, das ebenfalls an Karl Theodor fiel. Die wittelsbachischen Territorien wurden jedoch ungeachtet des gemeinsamen Landesherrn nicht zu einer territorialen Einheit verschmolzen, sondern behielten ihre jeweiligen Staatsformen, Regierungen und Behörden bis zur Begründung des modernen Bayern.

---

[2] Wilhelm Volkert: Pfälzische Zersplitterung, in: Handbuch der bayerischen Geschichte 3/III: Geschichte der Oberpfalz und des bayerischen Reichskreises bis zum Ausgang des 18. Jahrhunderts, begründet von Max Spindler, neu herausgegeben von Andreas Kraus, München ³1995, S. 135–141.

Zur Situation der Juden in der Oberpfalz

Juden und jüdische Niederlassungen sind im Oberpfälzer Raum seit dem Mittelalter urkundlich nachgewiesen. Eine der ältesten und bedeutendsten mittelalterlichen Judengemeinden des deutschen Sprachraums bestand vom 10. Jahrhundert bis zur Ausweisung 1519 in der Reichsstadt Regensburg. Aber auch in den kleineren Wirtschafts- und Verkehrszentren der pfalzgräflichen Territorien, wie Amberg, Cham und Neumarkt, hatten sich wohl von Regensburg und Nürnberg aus seit dem 12. und 13. Jahrhundert Juden angesiedelt. Pogrome und die Aufkündigung des Judenschutzes trafen sie mehrfach hart. Nach den Reichsstädten Nürnberg (1499) und Regensburg (1519) verwies Bayern 1551 alle Juden des Landes.

Auch die pfälzischen Kurfürsten verfolgten den Grundsatz, in ihren Territorien grundsätzlich keine jüdischen Niederlassungen zu dulden. Jedoch wurden für einzelne Juden immer wieder Ausnahmen gemacht, bis Kurfürst Ottheinrich 1556 die in verschiedenen kurpfälzischen Orten bestehenden jüdischen Niederlassungen verbot und Juden den Aufenthalt in der Kurpfalz, der Oberpfalz und Pfalz-Neuburg untersagte. Als 1648 die Oberpfalz endgültig an Bayern fiel, gab es dort keine Juden mehr.[3]

Die Juden auf dem Gebiet der Landgrafschaft Leuchtenberg – einzelne Juden siedelten in Pfreimd, Pleystein und Hals – hatten mit dem Übergang des Territoriums an Bayern 1613/14 das Niederlassungsrecht verloren. Lediglich in den außerbayerischen Enklaven, den reichsunmittelbaren Herrschaften der Lobkowitz in Neustadt-Störnstein, der Grafen von Wolfstein in Sulzbürg und der Herrschaft Rothenberg wurden noch Juden geduldet. Praktisch wurden im 16. und 17. Jahrhundert alle Juden aus Bayern vertrieben und ihnen wiederholt verboten, dort ein Gewerbe, Handwerk oder Handel zu treiben. Bei Reisen durch das Land brauchten sie einen Geleitbrief, der von einem Mautner oder Zöllner auszustellen war, und sie durften sich an keinem Ort länger als eine Nacht aufhalten. Als die Herrschaft Rothenberg im 17. Jahrhundert an Bayern fiel, ließ Kurbayern die Judengemeinden in Schnaittach, Ottensoos und Hüttenbach bestehen, ebenso die Judengemeinde in Sulzbürg, das 1740 zu Kurbayern kam.[4]

In der Umgebung von Floß und Sulzbach sind Juden seit dem 14. Jahrhundert urkundlich nachgewiesen. Sie lebten in Weiden, Neustadt an der Waldnaab, Pleystein, Eschenbach und Pfreimd, in Luhe und Leuchtenberg, vielleicht auch in Vohenstrauß.[5] Die häufigeren Nennungen von Juden und

[3] Vgl. dazu die Gebietsartikel „Kuroberpfalz, das Kurpräzipuum" und „Kurpfalz", in: Germania Judaica III/3, herausgegeben von Arye Maimon/Mordechai Breuer/Yacov Guggenheim, Tübingen 2003, S. 1913–1919 und S. 1919–1935.
[4] Wilhelm Volkert: Staat und Kirche, in: Handbuch der bayerischen Geschichte (wie Anm. 2), S. 160–162.
[5] Germania Judaica III/2, Frankfurt a. M. 1995, S. 1544f.

jüdischen Ansiedlungen in der Region seit dem 16. Jahrhundert sind wohl als
eine Folge der Judenaustreibungen aus den bayerischen Städten und Territorien zu deuten. Vermutlich handelte es sich dabei um Zufluchtsstätten und
sporadische Niederlassungen vertriebener Juden. Im 17. Jahrhundert lebten
nur noch in dem von Fürst Lobkowitz regierten Neustadt an der Waldnaab
Juden. Diese jüdische Niederlassung vom Anfang des 16. Jahrhunderts war bis
zur Mitte des Jahrhunderts zu einer bedeutenden Gemeinde mit einer eigenen
Jeschiwa (Talmudschule) angewachsen, die bekannte jüdische Gelehrte an-
zog. 1567 erreichte die Gemeinde mit 20 Familien ihren Höchststand. 1684
wurde auch diese Gemeinde ein Opfer der Vertreibung, als Fürst Ferdinand
August beschloss, sich seiner Juden zu entledigen.[6] Vier der insgesamt neun
vertriebenen jüdischen Familien fanden Aufnahme im nur wenige Kilometer
entfernten Markt Floß des Fürsten Christian August von Pfalz-Sulzbach.

Die Gründung der Flosser Judengemeinde – die rechtliche Situation[7]

In der zweiten Hälfte des 17. Jahrhunderts entstanden auf Pfalz-Sulz-
bachischem Gebiet zwei neue jüdische Gemeinden. Herzog Christian August
(1632–1708), der sich persönlich stark für theologische und theosophische Fragen interessierte und sich intensiv mit der jüdischen Mystik der Kabbala und
der hebräischen Sprache befasste, war von weitaus größerer religiöser Toleranz und judenfreundlicher eingestellt als die meisten seiner Standesgenossen.
Er erteilte 1666 einigen aus Wien geflohenen Juden Niederlassungsrechte für
seine Residenzstadt Sulzbach und errichtete 1669 eine hebräische Druckerei,
die im 18. Jahrhundert in ganz Europa Berühmtheit erlangte.

    1684 gewährte er auch den vier vertriebenen jüdischen Familien aus Neu-
stadt an der Waldnaab, die um ihre Ansiedlung in Floß nachsuchten, Zuflucht
und erlaubte ihnen gegen die Bezahlung eines jährlichen Schutzgeldes die
Ansässigmachung. Ein Jahr später, 1685, stellte er ihnen einen Schutzbrief
aus, der ihre rechtliche Situation definierte und ihre Ansiedlung garantierte.
Der Schutzbrief legte ihnen v. a. im wirtschaftlichen Bereich eine Reihe von Beschränkungen und Pflichten auf, die fast ausschließlich den Handel mit lokalen
Produkten betrafen. Er enthielt keinerlei Bestimmungen oder gar Restriktio-
nen zur Religionsausübung oder zur Organisation des jüdischen Gemeindelebens. Abgesehen von den wenigen, 1685 im Schutzbrief ausgesprochenen
wirtschaftlichen Beschränkungen, mischten sich die landesherrlichen Behör-

---

[6] Michael Brenner: Vertrieben, isoliert und verfolgt – Geschichte der Juden im Landkreis
Neustadt, in: Landkreis Neustadt an der Waldnaab, 1993, S. 203–216.
[7] Der folgende Überblick über die Geschichte der Juden in Floß beruht auf: Renate Höpfinger: Die Judengemeinde von Floß 1684–1942. Die Geschichte einer jüdischen Landgemeinde in Bayern, Kallmünz 1993 (Regensburger Historische Forschungen 14).

den von sich aus nicht in die jüdischen Belange ein. Obrigkeitliche Eingriffe und Reglementierungen erfolgten nur anlässlich von Beschwerden oder Streitigkeiten oder wenn die Juden selbst Gesuche an die Regierung stellten. Der Anstoß, sich mit den jüdischen Angelegenheiten in Floß zu beschäftigen, kam für die Regierung stets von außen, aus eigenem Antrieb tat sie es nicht.

Die tolerante Haltung der Beamten änderte sich erst gegen Ende des 18. Jahrhunderts, als sie sich die Forderungen der Aufklärung nach der „sittlichen Verbesserung" der Juden mit dem Ziel der schrittweisen bürgerlichen Gleichstellung und Angleichung an die christlichen Untertanen zu eigen machten. Da die bisherige jüdische Lebensweise, vor allem die wirtschaftliche Tätigkeit, die mit dem Schacherhandel gleichgesetzt wurde, aber auch Religion, Sprache und Sitten der Juden als „schädlich", anstößig und verbesserungsbedürftig galten, hielt man staatlicherseits eine tiefgreifende Umerziehung der Juden für unabdingbar. Die weitreichenden Eingriffe in das jüdische Leben, die bis zur völligen Bevormundung reichen konnten, wurden als notwendige Reformschritte auf dem Weg zur Assimilierung der Juden angesehen, während die Flosser Juden sie schmerzlich als Willkür und Schikane empfanden.

Die gravierendsten Eingriffe in das Leben der Flosser Juden wie aller bayerischen Juden brachte 1813 das bayerische Judenedikt mit seinem bis 1861 gültigen Matrikelparagraphen. Da die angestrebte Emanzipation der Juden nur schrittweise, erst nach erfolgreicher Bewährung, gewährt werden sollte, beseitigte das Judenedikt von 1813 zwar die jüdischen Privilegien (Gerichtsbarkeit), erlegte den Juden auch die gleichen Pflichten wie den Christen auf (Militärpflicht), machte ihnen sogar einige Zugeständnisse (Staatsbürgerschaft, Öffnung der zünftischen Gewerbe und öffentlichen Schulen), war aber weit davon entfernt, ihnen die gleichen Rechte wie den christlichen Untertanen einzuräumen. Besonders gravierend wirkten sich die Bestimmunen des Matrikelparagraphen aus. Sie erlaubten jüdische Niederlassungen nur an Orten, wo bereits Juden ansässig waren, und sie machten Heirat und Ansässigmachung von einer freien Matrikel abhängig. Auf diese Weise sollte das weitere jüdische Bevölkerungswachstum begrenzt oder besser noch reduziert werden.

Die Bevölkerungsentwicklung auf dem „Judenberg"

Die beiden Neustädter Brüderpaare Enoch Meier und Hirsch Meier sowie Eisig Feifas und Nathan Feifas mit ihren Familien wurden die Gründer der Flosser Gemeinde. Sie wohnten zunächst sehr beengt in Mietwohnungen im Markt, erwarben aber schon 1687 am Ortsrand den Harrerschen Acker vom Kloster Waldsassen und errichteten die ersten Häuser. Die sich in den folgenden Jahren ansiedelnden Juden bauten ihre Häuser ausnahmslos am Rande des Marktes auf dem „Judenberg", auf dem so eine eigenständige jüdische

Siedlung entstand. Die Zahl der Juden in Floß wuchs stetig an, da jede Familie versuchte, nicht nur den eigenen Schutzbrief an eines der Kinder weiterzuvererben, sondern auch danach trachtete, für weitere Kinder einen neuen Schutzbrief zu erwirken und ihnen damit die Niederlassung und Heirat zu ermöglichen. Zuwanderer aus Böhmen trugen ebenfalls zum Bevölkerungswachstum bei. 1780, knapp 100 Jahre nach Gründung der Gemeinde, umfasste die jüdische Gemeinde Floß 40 Familien mit 152 Personen.

In die Matrikel der Flosser Judengemeinde wurden 1813 insgesamt 64 Familien eingetragen. Diese Zahl bildete künftig die Höchstgrenze. Heiraten und eine Familie gründen durfte nur noch ein Kind, wenn die Eltern eine Matrikel aufgaben.

Um 1845 erreichte die Flosser Gemeinde mit etwa 450 Einwohnern ihren Höchststand, was einem Anteil von 20% der Gesamtbevölkerung des Marktes entsprach. In den vierziger Jahren des 19. Jahrhunderts verließen viele junge Juden ihre bayerische Heimat, die ihnen aufgrund der restriktiven Beschränkungen des Matrikelgesetzes keine Zukunftsperspektiven bot. Sie wanderten hauptsächlich in die USA aus. Bis 1850 emigrierten mindestens 20% der Flosser Juden, überwiegend junge Leute. Einige Flosser Juden trugen dort wesentlich zum Aufbau des Landes bei und gelangten im „Goldenen Westen" zu Reichtum und Ansehen. Joseph Schwarz, 1804 in Floß geboren, wanderte 1833 nach Palästina aus, wo er sich als „erster moderner Geograph des Landes Israel" der geologischen und geographischen Erforschung des Heiligen Landes widmete.

Die Aufhebung des Matrikelparagraphen 1861 und die Gewährung der Niederlassungs- und Berufsfreiheit 1868/69 brachte den bayerischen Juden die Freizügigkeit, und viele Flosser Juden wanderten nun in die größeren, wirtschaftlich aufstrebenden Städte ab, so dass die Flosser Gemeinde rasch dahinschmolz. Nicht wenige ließen sich im naheliegenden aufstrebenden Weiden nieder und bildeten dort eine Filiale der Flosser Kultusgemeinde. Zu Beginn des 20. Jahrhunderts besuchten fast alle Kinder der wenigen verbliebenen Juden weiterführende Schulen. 1921 musste die jüdische Schule wegen Schülermangels geschlossen werden, und seit 1928 konnte die Gemeinde keinen Minjan, die für den Gottesdienst notwendige Zahl von zehn männlichen Gemeindemitgliedern, mehr bilden. Das natürliche Ende der jüdischen Gemeinde war vorhersehbar, hätten nicht die Nationalsozialisten vorher die Gemeinde gewaltsam ausgelöscht.

Wirtschaftliche Tätigkeit

Im 18. Jahrhundert waren die Juden in allen deutschen Territorien bedrückenden Verordnungen und Sonderregelungen unterworfen, die ihre berufliche Erwerbstätigkeit massiv beschränkten. Sie begrenzten den Lebenserwerb auf den Handel; die Betätigung in der Landwirtschaft oder im Handwerk war verboten. Die Flosser Juden waren alle ausnahmslos als Hausierhändler im in- und ausländischen Handel mit Landesprodukten tätig. Sie handelten vor allem mit landwirtschaftlichen Produkten, mit Textilwaren, Wolle, Tuch, Leder und sogenannten Kramereiartikeln, verschmähten jedoch auch kein anderes gewinnbringendes Geschäft. Größere Bedeutung hatte dabei der Handel nach Böhmen, wohin auch vielfältige verwandtschaftliche Beziehungen bestanden. Auch in der näheren und weiteren Umgebung unterhielten die Flosser Juden rege geschäftliche Beziehungen. Sie kauften z. B. Wolle auf und exportierten sie in das Gebiet um Vilseck, Bayreuth oder nach Sachsen. Leider erfahren wir meist nur aufgrund von Klagen von diesen Geschäften. So wandten sich die Zünfte in zahlreichen Klagen gegen bestimmte Geschäftspraktiken wie die jüdischen Warenniederlagen: Die jüdischen Hausierhändler deponierten ihre Waren, die sie nicht ständig mit sich herumtragen konnten, in Gasthäusern oder Privathäusern größerer Ortschaften. Für die christlichen Zünfte bedeutete dies natürlich unliebsame Konkurrenz.

Erhebliche Handelsbeschränkungen und Schikanen erwuchsen aus den judenfeindlichen Gesetzen Bayerns, die den Flosser Juden den Zutritt zum lebenswichtigen Handelsgebiet der Oberpfalz zu verwehren versuchten. Das angrenzende Herzogtum Bayern beschnitt die Handelsfreiheit der Juden erheblich, verbot sie zeitweise in der Stadt Amberg völlig oder erlaubte sie nur an einem Tag der Woche, meist am Freitag, den die Juden wegen des Sabbatbeginns nur beschränkt nutzen konnten. In dem wirtschaftlich schwachen Raum, der durch die besonderen territorialen Verhältnisse zudem räumlich sehr begrenzt war, entstand bald großer Konkurrenzdruck innerhalb der jüdischen Gemeinde wie auch zu den christlichen Zünften, was schnell zu Spannungen im Verhältnis zur Marktgemeinde führte. Die scharfe gegenseitige Konkurrenz verhinderte eine Verbesserung der wirtschaftlichen Lage der überwiegend armen Juden, an das Aufkommen eines Wohlstandes war nicht zu denken. Daran änderte auch die bis 1784 praktizierte Zuweisung von Handelsdistrikten durch die Regierung an die einzelnen Juden nichts. Schon 1719 hatte sich die Sulzbacher Regierung in einem in der jüdischen Geschichte sehr seltenen Akt zur Aufteilung der Gegend in Handelsdistrikte entschlossen. Mit der Zuweisung der Distrikte, die auch vererbt, verkauft, verpfändet, vertauscht oder abgeteilt werden konnten, an jeweils nur einen einzigen Juden sollte wenigstens der Konkurrenzdruck zwischen den Juden dieser einen Gemeinde gemildert und die ständigen Querelen vermieden werden. Mißernten, Kriege und Wirtschaftskrisen verschlechterten die allgemeine wirtschaftliche Lage. Die christlichen Zünfte in Floß und Umgebung suchten den Grund für ihre Misere beim Hausierhandel der Flosser Juden, die sie in zahllosen Beschwerden und Eingaben an die Regierung anklagten, als „Wucherer" beschimpften und ihre Handelstätigkeit als „schädlichen Schacherhandel" diffamierten. Obwohl sie für die Versorgung der bäuerlichen Bevölkerung und die ländliche Wirtschaft eine wichtige Funktion erfüllten, gab die Sulzbacher Regierung den Beschwerden im Laufe der Zeit immer mehr nach, verhängte

Handelsbeschränkungen und -verbote und beschnitt so zunehmend die wirtschaftliche Existenzgrundlage der Juden.

Die Bekämpfung des jüdischen Hausierhandels und die Versuche, die Juden in anderen Berufen unterzubringen, prägten in der ersten Hälfte des 19. Jahrhunderts die staatliche Judenpolitik. Diese Anstrengungen zur Berufsumschichtung wurden in Floß sehr zwiespältig von dem Neustädter Landrichter Karl Freiherr von Lichtenstern verfochten. Einerseits zwang er viele junge Juden zur Erlernung eines ordentlichen Handwerks, indem er davon die Genehmigung zur Ansässigmachung und Heirat abhängig machte, andererseits unterlief er selbst diese Bemühungen, weil er sich den Standpunkt der Marktgemeinde zu eigen machte, die, abgesehen von ihren antijüdischen Vorurteilen, die jüdische Konkurrenz in Landwirtschaft und Handwerk wegen der grundsätzlich als bedrohlich empfundenen „Überbesetzung der Gewerbe" fürchtete.

Viele junge Flosser Juden erlernten nun ein Handwerk, mit allen Konsequenzen wie Wanderschaft und Erwerbung des Meisterrechts. Den meisten jedoch bot auch diese Ausbildung aufgrund des wirtschaftlichen Niedergangs des Handwerks und der rigorosen Matrikelbestimmungen keine Zukunftsperspektive in der Heimat; als Ausweg blieb ihnen nur die Auswanderung. Von denen, die die Ansässigmachung auf ein Gewerbe erreichten, kehrten einige bald wieder in den Handel zurück.

Eine Tätigkeit in der Landwirtschaft wurde erst seit 1813 möglich, als ihnen der Erwerb oder die Pacht von landwirtschaftlichen Grundstücken erlaubt wurde. Aber auch hier stießen sie auf Vorurteile und die Ablehnung der christlichen Konkurrenten, so dass die Flosser Juden nur wenige kleine Grundstücke zur Selbstversorgung mit Kartoffeln erwarben. Einige wenige Juden erlernten die Landwirtschaft, aber nur der 40-jährige Hirsch Löw Bloch ließ sich 1823 als Landwirt in Roggenstein (Landgericht Vohenstrauß) nieder, wo er ein 1/16 Gütel, neun Tagwerk Felder und sechs Tagwerk Wiesen erwarb. Vermutlich setzte er daneben aber auch den bis dahin ausgeübten Hopfen- und Pechhandel fort.

Durch die massenhafte Auswanderung vieler Juden nach Amerika entspannte sich auch die wirtschaftliche Konkurrenz unter den Flosser Juden zusehends. Mit der Abwanderung weiterer Juden in die städtischen Wirtschaftszentren reduzierte sich die jüdische Gemeinde immer mehr. Den in Floß verbliebenen Juden gelang im Bereich des Handels nun ein beachtlicher sozialer Aufstieg. Waren die jüdischen Geschäfte auf dem Judenberg zunächst unter dem Zwang, offene Läden zu führen, eröffnet worden, wandten sich allmählich immer mehr vom Schacher- und Hausierhandel ab und entwickelten sich zum bürgerlichen Kaufmann. Einige Flosser Juden stiegen über den Glashandel in die Glasfabrikation ein und konnten bedeutende Unternehmen aufbauen. Bis auf die Familie Steinhardt kehrten jedoch auch diese Floß den Rücken.

Zu Beginn des 20. Jahrhunderts gab es nur noch wenige, überwiegend jedoch florierende Geschäfte jüdischer Besitzer in Floß. Nach dem Ersten Weltkrieg ging eines dieser Geschäfte aufgrund der Unerfahrenheit und mangelnden kaufmännischen Kenntnisse seines jugendlichen Besitzers bankrott. Auch die Firma der Familie Steinhardt musste zu Beginn der 30er Jahre Konkurs anmelden. Im Dritten Reich besaßen noch drei jüdische Familien Läden in Floß, von denen einer wegen seiner hohen Umsätze „arisiert" wurde. Die beiden anderen Läden mussten schließen. Die verbliebenen Juden konnten sich mit Hilfsdiensten und den Resten ihres Vermögens bis zu ihrer Deportation über Wasser halten.

Das Verhältnis zur Marktgemeinde

Das Verhältnis der Flosser Juden zur Marktgemeinde, ihrer direkten christlichen Umgebung, wurde schon mehrfach angesprochen. In den Quellen haben sich fast ausnahmslos die Konflikte, kaum die friedlichen, konfliktfreien Beziehungen niedergeschlagen. Die jüdische Siedlung auf dem Flosser Judenberg unterstand ausschließlich der Jurisdiktion der Pfalz-Sulzbachischen Regierungsbehörde in Sulzbach. Sie war vom Markt völlig getrennt, so dass die Flosser Juden nicht nur eine eigenständige religiöse Gemeinde, sondern auch eine politisch autonome Gemeinde bildeten, die durch eigene Gemeindeorgane, Vorsteher und Deputierte, repräsentiert und verwaltet wurde. Bis auf die gemeinsame Polizei mussten auch alle Einrichtungen und Dienstleistungen wie Armenpflege, Nachtwächter und Feuerwehr getrennt unterhalten werden. Die Kontakte zur christlichen Umwelt waren lange Zeit wohl ausschließlich auf den Bereich der Wirtschaft beschränkt oder wurden hauptsächlich dadurch geprägt. Erhebliche Teile der christlichen Gemeinde, allen voran das Handwerk und die Zünfte, sahen in den Juden nur die wirtschaftlichen Konkurrenten, durch die sie sich, besonders in Zeiten wirtschaftlicher Krisen, existenziell bedroht glaubten. Aus Angst und geprägt von den traditionellen Vorurteilen bekämpfte die Marktgemeinde in zahllosen Eingaben und Beschwerden die als „wucherisch" etikettierten Handelsgeschäfte der Juden ebenso wie die im 19. Jahrhundert unternommenen Versuche der Juden, in der Landwirtschaft, im Handwerk und den Gewerben unterzukommen.

Gesellschaftliche und soziale Gemeinsamkeiten gab es bis zur zweiten Hälfte des 19. Jahrhunderts wohl kaum, weigerte die Marktgemeinde sich doch strikt, die Juden in die politische Gemeinde des Marktes aufzunehmen. Als 1819 die bayerische Regierung die Selbstverwaltung aufhob und die jüdische Gemeinde dem Markt einverleibte, begrüßten die Flosser Juden dies lebhaft. Die Marktgemeinde, die bis dahin jedes Mal vehement verhindert hatte, dass sich Juden im Markt selbst niederlassen konnten, verweigerte strikt die „Eingemeindung" und Aufnahme der Juden. Die unnachgiebige Haltung des Marktes zwang die bayerische Regierung schließlich zum Einlenken. Sie musste 1824 die Verschmelzung der politischen Gemeinden wieder aufheben, so dass sich in Floß der Sonderfall der einzigen politischen jüdischen Gemeinde in Bayern bildete. Die Flosser Juden empfanden dies schmerzlich als Zurück-

Abb. 30: Die Flosser Synagoge. Linolschnitt von David Ludwig Bloch 1934.
Quelle: VG Bild-Kunst, Bonn 2008.

setzung und kämpften lange vergeblich um ihre Eingemeindung, die erst 1870
zustande kam.

Zu einer merklichen Entspannung in allen Bereichen kam es erst in der
zweiten Hälfte des 19. Jahrhunderts, als die Zahl der jüdischen Einwohner in
Floß rapide sank und die wirtschaftliche Situation der verbliebenen Juden sich
zusehends verbesserte. Nun war die Marktgemeinde bereit, die Juden als
Gemeindemitglieder aufzunehmen, zumal sich einige aufgrund ihres wirtschaftlichen Erfolges sehr hohes Ansehen erwarben und schließlich zu den
Honoratioren des Marktes zählten. Man fand sich nun auch auf gesellschaft-
lichem Gebiet zusammen, war gemeinsam in Vereinen aktiv, spielte im Wirts-
haus zusammen Karten usw. 1893 wurde Rabbiner Israel Wittelshöfer von der
Marktgemeinde aus Dankbarkeit für seine über 50-jährige segensreiche Tätigkeit für die jüdische und die politische Gemeinde zum ersten Ehrenbürger
von Floß ernannt. Trotz aller sozialen Akzeptanz und gegenseitiger Tolerie-
rung bestand aufgrund der unterschiedlichen Religion, des bis dahin erreichten wirtschaftlichen Erfolgs und Wohlstands und des daraus resultierenden
unterschiedlichen Lebensstils, der seinen sichtbarsten Ausdruck in der Haltung zur Bildung fand – fast alle jüdischen Kinder besuchten weiterführende
Schulen –, doch auch weiterhin eine gewisse Distanz. So kam es nie zu einer
christlich-jüdischen Ehe in Floß.

Religiöses Leben

Schon die ersten Juden, die sich in Floß niederließen, sorgten für die notwendigen kultischen Einrichtungen, um die religiösen Vorschriften zu erfüllen. Sie hatten eine Torarolle aus Neustadt mitgebracht und hielten ihre Gottesdienste zunächst in ihren Wohnhäusern ab. Sie errichteten ein rituelles Bad und erwarben einen Begräbnisplatz. Nach ritueller Vorschrift wurde der jüdische Friedhof um 1692 weitab vom Wohngebiet des Judenbergs an der Flossenbürger Straße angelegt, mehrmals erweitert und mit einer Mauer umgeben. Es sind heute etwa 400 Grabsteine erhalten, deren Inschriften seit der Mitte des 19. Jahrhunderts zweisprachig, neben Hebräisch auch in Deutsch, verfasst wurden. Im April 1945 wurden in einem Gemeinschaftsgrab 33 jüdische Häftlinge des nahegelegenen Konzentrationslagers Flossenbürg bestattet und auf ihrem Grab ein Gedenkstein errichtet. Die letzte jüdische Beerdigung fand 1946 statt.

Die Flosser Gemeinde, die sehr isoliert lag – die nächste jüdische Gemeinde befand sich in dem acht Wegstunden entfernten Sulzbach –, wurde zunächst vom Sulzbacher Rabbiner mitbetreut. Seit 1737 beschäftigte die Gemeinde dann eigene Rabbiner. Obwohl diese meistens mit der Gemeinde im Streit lagen, gab es immer wieder Bewerber aus angesehen Rabbinerfamilien um dieses Amt. Trotz großer wirtschaftlicher Probleme stellte die Gemeinde neben dem Rabbiner auch Religionslehrer, Vorsinger, Schächter und Gemeindediener an. Die Kultusgemeinde scheute keine finanziellen Opfer, um für den Unterhalt und das notwendige Personal zur Aufrechterhaltung des Kultus und des religiösen Lebens zu sorgen, was ihr unter schwierigen Bedingungen bis 1937 auch gelang.

Die Synagoge von Floß

Die heute noch vorhandene Synagoge, mitten auf dem Flosser Judenberg gelegen, war ein zentraler Ort der früheren Flosser Judengemeinde. Bereits 1719 bis 1722 hatte die Kultusgemeinde für 233 Gulden eine hölzerne Synagoge errichtet, die später wegen des wachsenden Platzbedarfs durch einen Anbau erweitert wurde. In der Nacht vom 26. auf den 27. April 1813, als zwei Drittel des Marktes durch eine Brandkatastrophe eingeäschert wurden, fiel auch die alte Holzsynagoge den Flammen zum Opfer. Die jüdische Gemeinde entschloss sich schnell zum Neubau einer Synagoge, deren Grundstein am 23. März 1815 gelegt wurde. Nach zweijähriger Bauzeit fand am 17. August 1817 die feierliche Einweihung in Anwesenheit der weltlichen und geistlichen Repräsentanten und unter großer Anteilnahme der gesamten Flosser Bevölkerung statt. Das künstlerisch anspruchsvolle Gebäude im klassizistischen Stil hatte die enorme Summe von 12000 Gulden verschlungen, die allein die Flosser Juden aufzubringen hatten. Den achteckigen Grundriss und die aufwän-

Abb. 31: Die Synagoge in Floß, Innenaufnahme vor der Restaurierung 1970.
Quelle: Fred Lehner, Floß.

Abb. 32: Innenaufnahme der Synagoge anlässlich der 250-Jahrfeier der Israelitischen Kultusgemeinde Floß 1934. Die Personen auf dem Bild, das als Postkarte verschickt wurde, von links: Max Wetzler, Ruth Krailsheimer, Lehrer Moritz Moses, Adolf Eisemann.
Quelle: Privatbesitz Lydia Abel, Nürnberg.

digen Gestaltungsideen hatte der Neustädter Landrichter Freiherr von Lichtenstern zunächst gegen den Willen der Flosser Judengemeinde durchgesetzt, die einfacher weil billiger bauen wollte.[8]

In der Pogromnacht am 9. November 1938 wandten sich die Nazihorden der Synagoge besonders gründlich, plündernd und demolierend, zu. Wertvolle Kunstgegenstände wurden entwendet, der Toraschrein aus dem Gebetshaus gerissen und die Bestuhlung zerschlagen. Die Fenster wurden zertrümmert, so dass nur noch die Außenmauern stehen blieben und die Synagoge eher einer Ruine glich.

Bis Kriegsende stand das Gebäude völlig leer. Nach 1945 bemühte sich der Markt Floß, der in der Synagoge eine Schule etablieren wollte, um den Ankauf des Gebäudes. Als die Verhandlungen sich mehrere Jahre ergebnislos hinzogen, verlor der Markt das Interesse und das Gebäude ging schließlich 1953 in Privathand über. In den folgenden Jahrzehnten diente es als Schuhmacherwerkstatt, Abstellraum, Trockenraum für Wäsche und Lagerplatz für Brennmaterial, Sperrgut, Schutt und Unrat. Immer wieder wurden die Türen aufgebrochen und die Fenster zerstört. Als schließlich 1964 der Landesverband der Israelitischen Kultusgemeinden in Bayern die frühere Synagoge zurückkaufte, war das Gebäude eine baufällige Ruine.

Nach langwierigen Beratungen zwischen der Marktgemeinde, dem Landesverband, dem Landratsamt Neustadt und dem Bayerischen Landesamt für Denkmalpflege über eine künftige Nutzung oder den Abriss der Synagoge fasste man 1971 den Beschluss zu ihrer Restaurierung. Als Grundlage der Innenrenovierung diente das 1934 anlässlich der 250-Jahrfeier gemachte Foto, das der gebürtige Flosser Jude David Ludwig Bloch aus New York zur Verfügung stellte.

Am 9. November 1980, 42 Jahre nach ihrer Zerstörung, konnte die Flosser Synagoge wieder eingeweiht werden. Ihre Betreuung übernahm die Israelitische Kultusgemeinde im benachbarten Weiden.

„Muttergemeinde" Floß

Die Juden, die sich seit Beginn der 1870er Jahre allmählich in Weiden niederließen, gehörten bis zur Gründung einer eigenen Kultusgemeinde 1896 als Filiale der Flosser Judengemeinde an und wurden vom Flosser Rabbiner mitbetreut. Schon 1851 hatte er die Betreuung der Kultusgemeinde in Sulzbach, 1872 auch die von Amberg mit übernommen. Gegen Ende des 19. Jahrhun-

---

[8] Zur Beschreibung der Ausstattung der Synagoge und ihrer kunstgeschichtlichen Einordnung siehe Cornelia Berger-Dittscheid: „Structur und Eleganz" oder liturgische Zweckmäßigkeit? Der Synagogenbau in Floß, in: Johannes Hartmann (Hg.): „Die Mitten im Winter grünende Pfaltz". 350 Jahre Wittelsbacher Fürstentum Pfalz-Sulzbach. Sulzbach-Rosenberg 2006, S. 199–206.

Abb. 33: Aufnahme von umgestürzten Grabsteinen auf dem jüdischen Friedhof in Floß,
vermutlich nach einer Schändung 1937.
Quelle: Marktgemeinde Floß.

derts umfasste sein Seelsorgebereich auch eine Reihe von einzelnen jüdischen
Familien, die sich in den Nachbarorten Cham, Erbendorf, Tirschenreuth,
Mitterteich, Waldsassen, Waidhaus, Kemnath, Windischeschenbach, Teunz,
Schönsee und Frankenreuth niedergelassen hatten und der Flosser Kultusgemeinde als auswärtige Mitglieder angehörten. 1902 bestand die Flosser Kultusgemeinde aus insgesamt 39 männlichen Mitgliedern, davon zehn in Floß ansässigen und 29 auswärtigen.

1896 starb der letzte Flosser Rabbiner Israel Wittelshöfer. Er hatte in seiner
Gemeinde 56 Jahre lang gewirkt. Die Betreuung der Flosser Kultusgemeinde
übernahm bis zu ihrem Ende zunächst der Rabbiner von Bayreuth, dann der
Rabbiner von Regensburg.

Das Ende der Gemeinde

Antisemitische Äußerungen und Friedhofsschändungen trafen die Juden in
Floß schon während der Weimarer Zeit. Seit 1923 fanden die Nationalsozialisten in Floß besonders engagierte Vertreter. So stammte Richard Baer,
der letzte Kommandant des Vernichtungslagers Auschwitz 1944, aus Floß. Bereits unmittelbar nach der Machtergreifung 1933 steigerten sich die Feind-
seligkeiten gegen die Juden in Floß. Ein friedliches Zusammenleben wurde

Abb. 34: Ernst Ansbacher auf dem Weidener Bahnhof. Das Foto stammt aus einer Bilderserie zum Abtransport der zur Deportation vorgesehenen Weidener Juden nach Regensburg am 3. April 1942. Mit diesem Transport wurde auch das Flosser Ehepaar Ernst und Pauline Ansbacher nach Piaski bei Lublin verschleppt.
Quelle: Stadtarchiv Weiden.

durch Boykottaufrufe, Einschüchterung von Kunden und Steine werfenden, von den Lehrern aufgehetzten Schulkindern massiv gestört. Die wenigen, noch verbliebenen nichtjüdischen Freunde wurden nachhaltig eingeschüchtert.

1934, angesichts der schweren Zeitumstände, bewies die zusammengeschrumpfte Kultusgemeinde großen Mut und Durchhaltewillen, als sie das 250-jährige Jubiläum der jüdischen Gemeinde Floß feierte. In seiner Ansprache sagte der damalige Gemeindevorsitzende Adolf Eisemann:

„Es ist vielleicht jetzt nicht die Zeit, ein Jubiläum zu feiern, wo die Zustände unserer Tage Tausende unserer Brüder zwingen, das Land zu verlassen, das ihre Heimat ist, und die, welche bleiben, leben in Furcht und Not. Aber es ist ein Weg von 250 Jahren, den unsere Gemeinde in Floß seit ihrer Gründung im Jahr 1684 auf diesem kleinen Berg gegangen ist. Es war ein langer Weg, der durchtränkt ist von Tränen und Leid, aber mit dem unbeugsamen Willen durchzuhalten im Glauben unserer Väter."

Der von Goebbels inszenierte Pogrom in der Schreckensnacht des 9. November 1938 verschonte auch die zu diesem Zeitpunkt in Floß anwesenden zehn Juden nicht. Die Familien Ansbacher, Eisemann, Steinhardt und Wilmersdörfer wurden brutal aus ihren Betten geholt, misshandelt, ins Gefängnis gesperrt und zwei Männer ins Konzentrationslager Dachau gebracht. In der Zeit nach dem Pogrom lebten die Flosser Juden in Angst, Schrecken und Not und suchten verzweifelt nach einer Auswanderungsmöglichkeit. Nur wenige Nachbarn wagten, für die Juden einzutreten und ihnen, meist im Verborgenen, zu helfen.

Das gewaltsame Ende der traditionsreichen Flosser Judengemeinde war am 2. April 1942 gekommen, als die beiden letzten jüdischen Ehepaare deportiert und verschleppt wurden.

Zwischen 1933 und 1942 lebten insgesamt 27 Juden in Floß, von denen 15 auswandern konnten, zwei verstarben in Floß, sechs verzogen in andere Orte und vier wurden deportiert und ermordet. Ein Teil der Ausgewanderten und fünf der sechs Verzogenen waren auch an ihrem neuen Wohnort nicht sicher. Sie wurden von den Nazis eingeholt und kamen auf grausame Weise ums Leben. Von den Flosser Juden, die das Dritte Reich durch Auswanderung überlebt hatten, kehrte keiner nach Floß zurück.

Jüdische DP-Gemeinde nach 1945

Nach Kriegsende lebten für wenige Jahre noch einmal Juden in Floß, die jedoch in keiner Kontinuität zur früheren Gemeinde standen. Sie waren den Vernichtungs- und Konzentrationslagern entronnen und warteten als „Displaced Persons" in Floß auf eine Auswanderungsmöglichkeit in die USA oder nach Palästina. Die etwa 90 Juden, die sich von 1945 bis 1948/49 in Floß aufhielten, bildeten eine Kultusgemeinde, richteten sich im Wohnhaus eines der deportierten jüdischen Ehepaare einen Betsaal ein und gründeten auf einem beschlagnahmten Bauernhof einen Kibbuz, um sich notwendige landwirtschaftliche Kenntnisse anzueignen und auf ihre Auswanderung nach Palästina vorzubereiten. Nur ein einziger von diesen Juden ließ sich in Floß nieder und gründete eine Familie. 1956 verließ auch er den Markt und zog nach München.

Nachkommen von Flosser Juden leben heute in zahlreichen Ländern über die ganze Welt verstreut. Besonders hervorzuheben ist das Schicksal des gehörlosen Malers David Ludwig Bloch (1910–2002), der 1940 nach Shanghai und von dort 1949 in die USA emigrierte, wo er bis zu seiner Pensionierung als Porzellanmaler arbeitete. Seine Shanghaier Holzschnitte und seine Bilder zum Holocaust wurden in mehreren Ausstellungen in Deutschland gezeigt.

In Floß selbst gibt es heute nur noch die eindrucksvollen „steinernen Zeugen", die an die traditionsreiche jüdische Gemeinde erinnern.

Abb. 35: „DP NOBODY – ANYWHERE". Der Holzschnitt David Ludwig Blochs zeigt seine persönliche Situation 1947 in Shanghai, als viele Emigranten aufgrund der politischen Situation und schwierigen Lebensumstände meist vergeblich versuchten, die Stadt wieder zu verlassen.
Quelle: VG Bild-Kunst, Bonn 2008.

DIE GESCHICHTE DER JÜDISCHEN GEMEINDE WEIDEN BIS ZUR MITTE DES 20. JAHRHUNDERTS[1]

Von Sebastian Schott

Seit der ersten Nennung eines Juden in Weiden im Jahr 1359 liefern für das Mittelalter nur wenige archivalische Quellen gesicherte Hinweise zur Anwesenheit von Juden in der nördlichen Oberpfalz. Ein Versuch der Regierung von Pfalz-Neuburg, während des Dreißigjährigen Krieges eine kleine jüdische Gemeinschaft in Weiden anzusiedeln, scheiterte bereits nach wenigen Jahren am hartnäckigen Widerstand der christlichen Einwohner. Auch jüdische Hausierhändler aus dem nahen Floß hatten während des 18. und in der ersten Hälfte des 19. Jahrhunderts stets gegen das Konkurrenzdenken der zünftisch gebundenen Weidener Handwerks- und Kaufleute anzukämpfen.[2] Angesichts dieser Widerstände ist es in der Neuzeit erst in der zweiten Hälfte des 19. Jahrhunderts zu einer festen Ansiedlung von jüdischen Bürgerinnen und Bürgern in der Stadt gekommen.

Rechtlich ermöglicht haben die jüdische Zuwanderung die Reformbestrebungen in der bayerischen Judenpolitik, insbesondere die Aufhebung des Matrikelparagraphen des Edikts von 1813 im Jahr 1861 und die damit verbundene Garantie der Freizügigkeit und Niederlassungsfreiheit auch für jüdische Bürger in Bayern. Fast genauso wichtig wie diese Maßnahme war für die jüdische Gemeinde in Weiden die Gleichstellung von Juden und Nichtjuden bei der Einwanderung nach Bayern im Jahr 1868. Hat dies doch die Voraussetzungen für die Ansiedlung und die Niederlassung jüdischer Familien aus dem nahen Böhmen geschaffen.[3]

Für die Anziehungskraft und Attraktivität der Stadt, auf welche der Zuzug einer größeren Zahl von jüdischen Bürgerinnen und Bürgern zurückgeführt werden kann, sorgte der Anschluss an das Eisenbahnnetz im Jahr 1863 und die sich daraufhin verstärkt in Weiden niederlassenden Gewerbe und Industrien. Dies brachte nicht nur eine Aufwertung des Handelsplatzes Weiden durch die neue Verkehrsanbindung und einen Nachfrageschub für den Han-

---

[1] Umfassend zu diesem Thema: Sebastian Schott: „Weiden a mechtige kehille". Eine jüdische Gemeinde in der Oberpfalz vom Mittelalter bis zur Mitte des 20. Jahrhunderts, Pressath 1999.
[2] Vgl. Stadtarchiv Weiden, AII Nrn. 2565, 2569, 2572, 2577.
[3] Vgl. Karl Weber: Neue Gesetz- und Verordnungen-Sammlung für das Königreich Bayern mit Einschluß der Reichsgesetzgebung. Enthaltend die auf dem Gebiete der Verfassung und Verwaltung geltenden oder die Interessen des Staatsbürgers betreffenden Gesetze und sonstigen Bestimmungen 5, Nördlingen 1885, S. 281; 6, Nördlingen 1838, S. 17f.; 7, Nördlingen 1887, S. 240.

del, in dem die Mehrheit von Weidens neuen jüdischen Einwohnern tätig
waren. Von ebenso großer Bedeutung erwies sich, dass angesichts der neuen
Zukunftschancen unter den ortsansässigen Bürgern an die Stelle der Angst
vor der vermeintlichen oder tatsächlichen jüdischen Konkurrenz, die sich
noch wenige Jahre zuvor massiv geäußert hatte, die Hoffnung auf wirtschaftlichen Gewinn, auf eine prosperierende ökonomische Entwicklung mit und
durch jüdische Geschäftsleute getreten war.[4]

In ganz überwiegendem Maße entstammte die erste Generation jüdischer
Bürger in Weiden der – nur wenige Kilometer entfernt gelegenen und sich seit
der Erklärung der Freizügigkeit für Juden in Bayern stark im Niedergang be-
findenden – Gemeinde Floß[5] und dem der Stadt gegenüberliegenden böhmischen Grenzgebiet mit seinen jüdischen Landgemeinden. Bis 1933 hatte
sich auch eine größere Zahl von Juden mit Herkunftsorten in Unter- und Mit-
telfranken in Weiden niedergelassen. Zuwanderer aus Osteuropa spielten hingegen in der Kultusgemeinde dieser oberpfälzischen Mittel- und Provinzstadt
nie eine bedeutende Rolle.[6]

Die jüdische Gemeinde Weiden und ihre Mitglieder bis 1933

Als wichtigstes Zeichen für die zunehmende Etablierung und das starke Anwachsen der jüdischen Einwohner kann die Gründung eines Synagogenvereins im Jahr 1889 ausgemacht werden. Er schuf für die seit 1863 dem Rabbinat
und der Kultusgemeinde Floß zugehörigen Juden in Weiden nach über 25 Jahren ihrer Ansiedlung in der Stadt eine eigene, nach außen erkennbare und
rechtlich abgesicherte Organisationsform und gab insbesondere durch den
Synagogen- bzw. Bethausbau der Bedeutung und der Präsenz der in Weiden
lebenden Juden sichtbaren Ausdruck.[7]

Mit der 1895 erfolgten Gründung einer selbstständigen Kultusgemeinde
trugen dann sowohl der Großteil der Weidener Juden als auch die Regierung
der Oberpfalz und Regensburg dem starken Anwachsen der jüdischen
Einwohnerschaft seit 1862 Rechnung.[8] Die Kultusgemeinde unterhielt eine
„israelitische Volksschule"; in ihr wurde seit 1886 zunächst als Privatschule, ab
1902 als Anstalt mit öffentlichem Charakter, Elementar- und Religionsunterricht erteilt.

---

[4] Vgl. Stadtarchiv Weiden, A II Nr. 2494.
[5] Zur Geschichte der jüdischen Gemeinde Floß vgl. insbesondere Renate Höpfinger: Die
Judengemeinde von Floß 1684–1942. Die Geschichte einer jüdischen Landgemeinde in
Bayern, Kallmünz 1993 (Regensburger Historische Forschungen 14).
[6] Vgl. Stadtarchiv Weiden, Einwohnermeldekartei.
[7] Vgl. Amtsgericht Weiden/Registergericht, Vereinsregister Bd. 1, S. 5, und Stadtbauamt
Weiden/Registratur, Bauakt Ringstr. 17.
[8] Vgl. Stadtarchiv Weiden, A III Nr. 121.

Abb. 36: Israelitische Volkshauptschule Weiden mit Oberlehrer Emanuel Strauß 1931.
Quelle: Privatbesitz Michael Brenner.

Die jüdische Gemeinde verfügte seit 1901 auch über einen eigenen Friedhof und unterhielt eine Vielzahl von Institutionen und Vereinigungen. Neben
sozialen Einrichtungen bestand insbesondere eine Ortsgruppe des „Centralvereins deutscher Staatsbürger jüdischen Glaubens". Hingegen scheint der
Zionismus vor 1933 so gut wie keine Anhänger unter den jüdischen Einwohnern der Stadt gefunden zu haben.[9]
Auch nach 1895 gehörte die jüdische Gemeinde Weidens bis zum Tod des
Rabbiners Israel Wittelshöfer dem Rabbinat Floß an, schloss sich 1896 dem
Rabbinat Bayreuth an und wurde 1911 von der Regierung der Oberpfalz dem
Distriktsrabbinat Regensburg zugewiesen. Obwohl es in der Frage der Wahl
eines Nachfolgers für den 1925 verstorbenen Regensburger Rabbiner Dr. Se-
ligmann Meyer zu großen Spannungen zwischen den Kultusgemeinden Wei-
den und Regensburg kam, verblieb Weiden auch weiterhin im Verband des
Distriktsrabbinats Regensburg und erklärte 1931 auch seine Mitgliedschaft in
dem erweiterten Rabbinatsbezirk Oberpfalz und Niederbayern mit Sitz in
Regensburg.[10]
Da sich die Anwesenheit der zuständigen Rabbiner in der Regel auf ein bis
zwei Besuche pro Jahr beschränkte, unterstand die eigentliche Leitung der

---

[9] Zu Aktivitäten und Organisationen der Kultusgemeinde seit ihrer Gründung 1895 vgl.
insbesondere Schott 1999 (wie Anm. 1), S. 77–97.
[10] Vgl. Central Archives for the History of the Jewish People (Jerusalem). A/116.

religiösen Belange und die Seelsorge in der jüdischen Gemeinde den Lehrern der Volks- und Religionsschule, die, von wenigen Unterbrechungen abgesehen, spätestens seit der Gründung des Synagogenvereins im Jahr 1889 im Nebenberuf den Dienst als Kantor, Vorbeter und Schächter – letzteres schon seit 1886 – versehen haben. Zwischen 1901 und 1933 oblag der Kultusgemeinde auch die Aufrechterhaltung einer größeren Zahl von Jahrzeitstiftungen ihrer Mitglieder.[11]

Die berufliche Struktur von Weidens jüdischen Bürgern unterschied sich wesentlich von der der übrigen Stadtbewohner. Betätigten sich erstere doch in ihrer übergroßen Zahl als selbstständige Kaufleute, wobei wiederum der Handel im Textilbereich – Herren- und Damenkonfektion, Tuch-, Schnitt- und Kurzwaren – klar dominierte. Auch andere, für jüdische Geschäftsleute typische Erwerbssektoren, wie der Handel mit Eisen- und Metallwaren, Tabak und Zigaretten, Wein, Leder und Schuhen, Häuten und Fellen, Holz und Kohlen, lassen sich nachweisen.

Stark waren jüdische Vieh- und Pferdehändler in Weiden vertreten. Gerade auch in dieser Berufsgruppe zeigt sich die starke Differenzierung unter den jüdischen Bürgern. Mit den Inhabern der Firma Leopold Engelmann befanden sich unter den Viehhändlern die wohlhabendsten, weit über die Grenzen Bayerns hinaus bekannten jüdischen Geschäftsleute Weidens. Doch finden sich in dieser Berufsgruppe auch die am wenigsten Vermögenden unter den selbstständigen jüdischen Bürgern. In Einzelfällen haben Viehhändler ihre Tätigkeit auch mit dem Betrieb einer kleinen Metzgerei verbunden, was insbesondere für die Versorgung der jüdischen Einwohner mit koscheren Fleisch- und Wurstwaren eine gewisse Rolle gespielt hat.

Neben den selbstständigen Geschäftsleuten und Fabrikanten lässt sich mit Ausnahme eines Arztes – Dr. Berthold Rebitzer – und wiederholt für kürzere Zeit ansässigen Juristen erst in der Zeit der Weimarer Republik die Herausbildung einer größeren Zahl von Akademikern feststellen. Von diesen ließ sich allerdings kaum einer nach seiner Qualifikation in der Kleinstadt Weiden auf Dauer nieder. Trotz dieser Entwicklung und einem gleichzeitigen Rückgang der im Handel tätigen Weidener Juden von 1894/95 bis 1933 von 87% auf 74%, ist eine wirklich entscheidende Veränderung in der beruflichen Struktur der Mitglieder der Kultusgemeinde Weiden bis zur NS-Machtergreifung nicht erkennbar. Während all der Jahre, in denen Juden in Weiden lebten, blieb der Handel mit Abstand ihr wichtigster Erwerbszweig, und zwar noch ausgeprägter, als dies für die berufliche Gliederung der Juden in Bayern nachweisbar ist.

Nicht nur in der starken Festlegung auf den kaufmännischen und auf den Handelsbereich, auch im Verhältnis zwischen Selbstständigen und Angestellten unterschied sich das Bild der jüdischen Einwohner von dem der städ-

---

11 Vgl. Stadtarchiv Weiden, A III Nr. 266, und Central Archives for the History of the Jewish People (Jerusalem), O/8/17.

Abb. 37: Viehschau der Firma Leopold Engelmann in den 1920er Jahren.
Quelle: Stadtarchiv Weiden.

tischen Gesamtbevölkerung. Letztere war seit dem Eisenbahnanschluss von 1863 ganz wesentlich durch den Zuzug einer Industriearbeiterschaft geprägt. Diese lässt sich jedoch unter den jüdischen Einwohnern vor 1933 überhaupt nicht feststellen.[12]

In der Alters- und Familienstruktur war die vorwiegend aus Angehörigen des Mittelstandes bestehende Kultusgemeinde Weiden durch ein überdurchschnittliches Anwachsen der Zahl der über 60 Jahre alten Menschen und einen überdurchschnittlich starken Geburtenrückgang bei einem gleichzeitigen überproportionalen Anteil der Kleinfamilien und Alleinstehenden, im Vergleich zur städtischen Gesamtbevölkerung, geprägt. Damit nahmen die jüdischen Einwohner eine Entwicklung vorweg, die mit der zunehmenden Verbürgerlichung auf die gesamte städtische Bevölkerung übergriff.[13]

Mit der Wahl zweier jüdischer Bürger in das Gremium der Gemeindebevollmächtigten im Jahr 1914, mehr als 50 Jahre, nachdem sich erstmals ein Angehöriger der jüdischen Religion in Weiden niedergelassen hatte, schien die

[12] Zur Berufsstruktur von Weidens jüdischen Einwohnern vgl. Schott 1999 (wie Anm. 1), S. 109–142.
[13] Vgl. hierzu ebd., S. 136–138.

Integration dieser Minderheit in die Stadtgemeinde ihren positiven Abschluss gefunden zu haben. Insgesamt lässt sich dennoch auch zu diesem Zeitpunkt eine aktive politische Betätigung einer größeren Zahl von Juden nicht feststellen. Wesentlich mehr Engagement zeigten die Mitglieder der Kultusgemeinde hinsichtlich des beruflichen und gesellschaftlichen, sportlichen und geselligen städtischen Vereinslebens. Und auch in der Sozialfürsorge beschränkten sie sich nicht auf die innerjüdische Wohlfahrt und deren Einrichtungen.[14]

Wollten in einer nichtjüdisch geprägten Umwelt die jüdischen Bürgerinnen und Bürger Konflikte mit den übrigen Einwohnern der Stadt nach Möglichkeit vermeiden, konnten sie nicht umhin, Zugeständnisse zu machen und Rücksichten auf christliche Feiertage und die Lebensgewohnheiten der Mehrheit zu nehmen. Insbesondere jüdische Geschäftsleute hatten kaum eine andere Möglichkeit, als ihre Öffnungszeiten denen der nichtjüdischen Mitbewerber und den Bedürfnissen und Wünschen der christlichen Kundschaft anzupassen.[15] Weder derartige Bemühungen, noch der opferreiche und blutige Einsatz als Soldaten während des Ersten Weltkriegs konnten jedoch verhindern, dass auch in Weiden der Antisemitismus, dessen Anhänger sich bereits 1893 in einer eigenen Vereinigung organisiert hatten, nach der militärischen Niederlage von neuem und heftiger denn je über die jüdische Einwohnerschaft hereinbrach. Zunächst als Ortsgruppe des Deutschvölkischen Schutz- und Trutzbundes, danach in der NSDAP und im Völkischen Block, bereiteten die, bis 1933 allerdings nie über den Minderheitenstatus hinausgekommenen, Judenfeinde durch Propaganda und Verleumdungen, durch Friedhofsschändungen, die Belästigung und Beleidigung jüdischer Menschen vor, was nach 1933 in der Vernichtung des europäischen Judentums seine Vollendung finden sollte.[16]

Die jüdische Gemeinde in der Zeit des Nationalsozialismus

In Weiden, wie in der gesamten Oberpfalz, konnte die NSDAP nicht aus eigener Kraft in freien Wahlen, sondern nur durch den vorausgegangenen Wechsel auf Reichs- und Landesebene und mit entsprechender zeitlicher Verzögerung zur Macht gelangen. Dennoch vermochten die Nationalsozialisten, deren Ortsgruppenleiter Hans Harbauer am 29. August 1933 zum ersten Bürgermeister „gewählt" wurde, im Gefolge der sogenannten „Machtergreifung" auch hier eine stark wachsende Anhängerschaft hinter sich zu bringen.[17]

14 Vgl. z.B. Stadtarchiv Weiden, A II Nrn. 2354, 3691, A III Nrn. 720, 728.
15 Vgl. Schott 1999 (wie Anm.1), S.147–148.
16 Zum Antisemitismus in Weiden vor 1933 vgl. Staatsarchiv Amberg, R.d.O. K.d.I. Abgabe 1949 Nr.9194/2 und Schott 1999 (wie Anm.1), S.162–170.
17 Zur NS-„Machtergreifung" in Weiden siehe Karl Bayer/Bernhard M. Baron: Weiden – 1933. Eine Stadt wird braun. Sonderdruck der Oberpfälzer Nachrichten, Weiden 1993.

Abb. 38:
Boykottag im April 1933: SA-
Mann vor dem Textilgeschäft
Raphael Nussbaum, Oberer
Markt.
Quelle: Stadtarchiv Weiden.

Abb. 38:
Boykottag im April 1933: SA-Mann vor dem Textilgeschäft Raphael Nussbaum, Oberer Markt.
Quelle: Stadtarchiv Weiden.

Nachdem bereits die ersten Tage des Jahres 1933 mit Ausschreitungen von Anhängern der NSDAP begonnen hatten, sollten vor allem diejenigen Mitglieder der Israelitischen Kultusgemeinde Weiden das wahre Ausmaß der nationalsozialistischen Gewaltbereitschaft erfahren, welche sich auch politisch in den Reihen der demokratischen Parteien engagiert hatten. Mehrere Angehörige der jüdischen Gemeinde wurden noch im Verlauf der ersten Monate der NS-Herrschaft in das Konzentrationslager Dachau verschleppt, wo sie zum Teil mehrere Jahre unter dem Sadismus der NS-Wachmannschaften zu leiden hatten.[18] Doch auch alle übrigen jüdischen Einwohner Weidens erfuhren spätestens mit dem reichsweit organisierten Boykott jüdischer Firmen am 1. April 1933, was es bedeutete, in einem nationalsozialistisch beherrschten Deutschland zu leben. In gleicher Weise lässt sich für die folgenden Jahre der

---

[18] Zu den Misshandlungen der jüdischen Häftlinge aus Weiden in Dachau vgl. den Bericht von Fritz Ecker: Die Hölle Dachau, in: Konzentrationslager. Ein Appell an das Gewissen der Welt. Ein Buch der Greuel. Die Opfer klagen an, Karlsbad 1934, S. 13–53.

Ablauf der nationalsozialistischen Judenpolitik am Beispiel der Israelitischen
Kultusgemeinde Weiden und ihrer Mitglieder dokumentieren.

Auch auf die innere Struktur und das innere Leben der jüdischen Gemeinde konnte die Rigorosität des NS-Antisemitismus nicht ohne Auswirkungen
bleiben. Dabei lässt sich feststellen, dass die nationalsozialistische Machtübernahme schon sehr bald zu Bestrebungen innerhalb der jüdischen Gemeinschaft Deutschlands führte, der wachsenden äußeren Bedrohung mit einer
strafferen und handlungsfähigeren Organisationsstruktur zu begegnen. Dies
führte noch im Herbst 1933 zur Gründung der „Reichsvertretung der deutschen Juden", einer alle jüdischen Landesverbände und großen politischen
Vereinigungen umfassenden Organisation, der mit ihrer Konstituierung auch
die Weidener Kultusgemeinde angehörte.[19]

Neben derartigen freiwilligen Zusammenschlüssen forderte gleichfalls die
nationalsozialistische Gleichschaltungs- und Überwachungspolitik eine zunehmende Zentralisierung und Hierarchisierung der jüdischen Verbände und
Einrichtungen. Auch der Verband Bayerischer Israelitischer Gemeinden, die
jüdische Landesvertretung, welcher die Kultusgemeinde Weiden angehörte,
reagierte auf die wachsende nationalsozialistische Bedrohung im März 1937
durch die Verabschiedung einer neuen Verfassung, was eine starke Einschränkung der selbstständigen Vertretung der Klein- und Mittelgemeinden auf den
Tagungen des Verbandes zur Folge hatte.[20]

Durch die Auswirkungen der NS-Judenpolitik nahmen soziale und Wohl-
fahrtsaufgaben schon bald nach 1933 einen immer größeren Raum unter den
Aktivitäten der jüdischen Einrichtungen, auch der Weidener Gemeinde, ein.
Die umfassendste, finanziell wichtigste und organisatorisch bedeutungsvollste
Arbeit leistete hierbei die Jüdische Winterhilfe. Mit zunehmender Fortdauer
der nationalsozialistischen Herrschaft kam unter den sozialen Aktivitäten der
Kultusgemeinde jedoch auch der Beratung und Hilfe für Auswanderer eine
immer größere Bedeutung zu. In finanzieller Hinsicht bedeutete die Zunahme
des sozialen Engagements, bei gleichzeitiger Abnahme der Gemeindemitglieder sowie einer erheblichen Verschlechterung der ökonomischen Verhältnisse der jüdischen Gewerbetreibenden, eine bedeutende Mehrbelastung für
das Haushaltsbudget der Kultusgemeinde Weiden wie auch für die einzelnen
Steuerpflichtigen. Zusätzlich erschwert wurde die Finanzverfassung der deutschen Kultusgemeinden durch das „Gesetz über die Rechtsverhältnisse der
jüdischen Kultusvereinigungen" vom 28. März 1938. Diese Bestimmung entzog den jüdischen Gemeinden den Status von Körperschaften des öffentlichen
Rechts und ließ sie, wie bereits in den Jahren der Monarchie, lediglich als Pri-
vatkirchengesellschaften fortbestehen.[21]

---

[19] Vgl. Central Archives for the History of the Jewish People (Jerusalem), O/8/4, O/8/7.
[20] Vgl. Central Archives for the History of the Jewish People (Jerusalem), O/8/8.
[21] Vgl. hierzu Central Archives for the History of the Jewish People (Jerusalem), O/8/4,
O/8/7, sowie Esriel Hildesheimer: Judenpolitik während des NS-Regimes. Die Selbstver-

Neben dem sozialen Engagement standen die innergemeindlichen Aktivitäten der Kultusgemeinde bzw. ihrer angeschlossenen Vereinigungen und Verbände im Zeichen der Jugendarbeit. Seit der NS-Machtergreifung gewann aus naheliegenden Gründen der Zionismus an Einfluss. Spätestens seit 1933 bestand eine Ortsgruppe Weiden des „Bundes deutsch-jüdischer Jugend", an deren Stelle jedoch im November 1935 der „Zionistische Jugendbund Habonim, Ortsgruppe Weiden" trat.[22]

Wie in ganz Deutschland brachte der Pogrom vom 9./10. November 1938 einen tiefen Einschnitt in das Leben der Israelitischen Kultusgemeinde Weiden und ihrer Mitglieder. Im gesamten Reichsgebiet nach ähnlichen Vorgaben ablaufend, scheint die Hauptleitung der Ausschreitungen bei dem örtlichen Kreisleiter Bacherl gelegen zu haben. Hingegen hatte Oberbürgermeister Hans Harbauer, der mit Bacherl über die Durchführung der Gewaltaktion in Streit geriet, den Oberbefehl über die Beamten der Stadtpolizei inne. Während Harbauer nach Erhalt entsprechender Befehle durch seine vorgesetzte Dienststelle in Regensburg die Verhaftung (sogenannte Schutzhaft) der männlichen Juden Weidens durch seine Polizeikräfte anordnete, ließ der von der Gauleitung Bayreuth instruierte Gauleiter am Abend des 9. November ab etwa 23.00 Uhr die alarmierten Angehörigen des Weidener SA-Sturmes zu den Geschäften und Wohnungen der jüdischen Bürgerinnen und Bürger ausrücken. Die überraschten und wehrlosen Opfer wurden von den überaus gewaltbereiten Schlägertrupps zum Teil schwerst misshandelt, zur Polizeiwache im Rathaus oder zum Teil direkt in das Landgerichtsgefängnis der Stadt verschleppt und vor allem die in der Innenstadt gelegenen Wohnungen Weidener Juden verwüstet. Das jüdische Gemeindehaus in der Ringstraße, das durch Angehörige der SS im Inneren stark zerstört wurde, wurde nur deshalb nicht – wie so viele andere Synagogen in jener Nacht – angezündet, weil Bürgermeister Harbauer bei einem Brand auch die Nachbarhäuser gefährdet sah.

Während die auf die Polizeiwache geflüchteten bzw. dorthin verbrachten Frauen und Kinder am Morgen des 10. November wieder in ihre demolierten Häuser und Wohnungen zurückkehren durften, wurden insgesamt 23 jüdische Männer, soweit dies nicht bereits in der Nacht geschehen war, in das Landgerichtsgefängnis als „Schutzhäftlinge" eingeliefert. Von hier führte der Weg der Gefangenen noch im Laufe des Tages über Regensburg in das Konzentrationslager Dachau, wo bereits am 15. November 1938 der 64-jährige Kaufmann Hermann Fuld von einem SS-Schergen ermordet wurde. Trotz der hohen Opferzahl in den Konzentrationslagern hatte der Novemberpogrom noch nicht die Vernichtung, sondern die allgemeine Einschüchterung der deutschen Juden und ihre Pression zur Auswanderung zum Ziel. Der weitaus größte Teil, auch der Weidener Juden, kam nach ein- bis dreimonatiger Haft wieder frei.

waltung der deutschen Juden im Dritten Reich, in: Tribüne. Zeitschrift zum Verständnis des Judentums 27, Heft 105 (1988), S. 150.

[22] Vgl. Stadtarchiv Weiden, A III Nr. 1890.

Der Großteil der nichtjüdischen Bevölkerung scheint auch in Weiden die Exzesse des 9./10. November schweigend, bedrückt und ohnmächtig zur Kenntnis genommen zu haben, so dass der Regierungspräsident in Regensburg gerade drei Monate nach den Ereignissen über seinen Bezirk berichten konnte, die Bevölkerung sei zur Ruhe gekommen und habe sich mit den Geschehnissen abgefunden.[23]

Spätestens seit dem Boykottag vom 1. April 1933 führten die Nationalsozialisten einen wirtschaftlichen Kampf gegen die jüdische Bevölkerung Deutschlands. Vor allem in der ersten Jahreshälfte 1938 begannen sich in Weiden die Geschäftsaufgaben jüdischer Firmen zu häufen. Doch die NS-Reichsregierung nutzte den Pogrom, um die Enteignung und Vernichtung der wirtschaftlichen Existenz der Juden zu einem brutalen Abschluss zu bringen. In Weiden erfolgte die Aufteilung der noch zur „Entjudung" und „Arisierung" anstehenden Immobilien und Grundstücke im Wesentlichen während einer Besprechung am 19. Januar 1939, zu der sich Vertreter der Gauleitung Bayreuth, der Industrie- und Handelskammer Regensburg sowie der Kreisleiter und der Oberbürgermeister der Stadt eingefunden hatten.[24] Die zumeist kaum den Einheitswert übersteigenden „Kaufpreise" wurden auf Sperrkonten eingezahlt, so dass an die entrechteten Juden nur Kleinstbeträge nach vorheriger behördlicher Genehmigung zur Auszahlung gelangten. So um ihren letzten Besitz sowie ihre Ersparnisse gebracht und nahezu mittellos, konnte es für die noch in Weiden lebenden Juden nur noch darum gehen, ein Visum zur Emigration zu erhalten. Schritt doch vor allem im Gefolge des Novemberpogroms die Entrechtung der jüdischen Minderheit mit großer Geschwindigkeit voran, wurde ihr Ausschluss von allen kulturellen, sozialen, öffentlichen und privaten Einrichtungen vorangetrieben.

Von einem geregelten Gemeindeleben konnte seit dem 10. November 1938 nicht mehr die Rede sein. Ein Nachfolger für den im Juni 1939 emigrierten ersten Vorstand der Kultusgemeinde wurde nicht mehr gewählt. Mit der Auswanderung von Lehrer Emanuel Strauss während des gleichen Monats verlor die jüdische Gemeinde zudem ihren einzigen Gemeindebeamten und Kantor.[25] An die Stelle der Reichsvertretung trat bald nach dem Pogrom die „Reichsvereinigung der Juden in Deutschland", unter deren Dach die Weidener Kultusgemeinde ihre Selbstständigkeit als autonome jüdische Gemeinschaft zur Gänze verlor. Die letzten noch in der Stadt gemeldeten 16 Juden – einem Mitglied der Kultusgemeinde gelang es, unterzutauchen und so die NS-Herrschaft zu überleben – mussten von Mai 1939 bis zu ihrer Deporta-

---

[23] Zu den Ereignissen des Novemberpogroms 1938 in Weiden vgl. insbesondere Johannes Laschinger: Judenpogrome in Weiden und Amberg 1938, in: Verhandlungen des Historischen Vereins für Oberpfalz und Regensburg 128 (1988), S. 185-227; Schott 1999 (wie Anm. 1), S. 221-244.
[24] Vgl. Staatsarchiv Amberg, R.d.O. Abgabe 1949 ff. Arisierungsverträge Weiden Nr. 16328.
[25] Vgl. Stadtarchiv Weiden, Einwohnermeldekartei.

tion 1942 schwere körperliche Hilfsarbeiten in dem sogenannten „Stadtgut Merklmooslohe" verrichten. Nach Kriegsbeginn 1939 erfolgte ihre Zusammenlegung in zwei Häusern, darunter das eigens zu diesem Zweck umgebaute Leichenhaus der Israelitischen Kultusgemeinde.[26]

Der größte Teil der etwa 170 noch 1933 in Weiden lebenden Jüdinnen und Juden hatte jedoch bis zum Beginn des Zweiten Weltkrieges die Auswanderung aus Deutschland in die Wege geleitet. Dabei konnte sich der weitaus größte Teil erst in den letzten neun Monaten vor dem deutschen Überfall auf Polen zu diesem Schritt durchringen; das heißt zu einem Zeitpunkt, als infolge der nationalsozialistischen Enteignungspolitik die Emigration, so sie überhaupt noch gelang, nahezu mittellos erfolgen musste. In den ersten Jahren der NS-Herrschaft hatten Palästina und – in der Hoffnung auf ein baldiges Ende der NS-Herrschaft – das nahe böhmische Grenzgebiet zu den bevorzugten Fluchtpunkten gezählt. Hingegen häuften sich seit 1938/39 „exotische" Territorien, wie Kenia, unter den Zielgebieten. Doch auch Großbritannien konnte sich in buchstäblich letzter Minute noch dazu durchringen, einer größeren Zahl deutscher, darunter auch Weidener Juden, Schutz zu gewähren.[27] Während sich die nach Übersee geflüchteten Männer, Frauen und Kinder dem deutschen Zugriff weitgehend entzogen hatten, fiel ein großer Teil der in Europa, namentlich in der Tschechoslowakei verbliebenen Flüchtlinge mit Beginn der deutschen Expansion wieder in den Machtbereich der Nationalsozialisten zurück. Selbst für diejenigen Mitglieder der Kultusgemeinde, welche der unmittelbaren Todesgefahr entronnen waren, bedeutete die Emigration einen kaum zu überschätzenden Bruch ihres Lebens. Sie waren zumeist auf einen derartigen Schritt weder physisch noch psychisch in ausreichendem Maße vorbereitet und verfügten nicht über die entsprechenden finanziellen Mittel, um an ihre gesellschaftliche und berufliche Stellung vor der NS-Herrschaft anknüpfen zu können. Den Emigranten nach Palästina begegnete zudem der Vorwurf, sich zur Einwanderung in einen zukünftigen jüdischen Staat nicht aus freien Stücken entschieden zu haben. Vielmehr sei ihr Zionismus nur als Reaktion auf eine Ausnahmesituation, auf den Antisemitismus in Deutschland, zu verstehen.[28]

Die nach Kriegsbeginn in Weiden verbliebenen jüdischen Männer, Frauen und Jugendlichen fielen hingegen der systematischen Ermordung der Juden, dem konsequenten Endpunkt der nationalsozialistischen Judenpolitik, zum Opfer. Ein erster Deportationstransport aus dem Staatspolizeibezirk Regens-

[26] Vgl. Stadtbauamt Weiden/Registratur, Bauakt Sperlingstr. 7 (Teil 2).
[27] Vgl. hierzu allgemein Hanns Günther Reissner: Die jüdischen Auswanderer, in: Franz Böhm/Walter Dirks (Hg.): Judentum. Schicksal, Wesen und Gegenwart II, Wiesbaden 1965, S. 781–806; zu den Auswanderungszielen Weidener Juden siehe Stadtarchiv Weiden, Einwohnermeldekartei.
[28] Vgl. Fritz Schatten: Deutsche Juden in Israel: „Niemals richtig gewürdigt", in: Deutsche Juden – Juden in Deutschland, herausgegeben von der Bundeszentrale für politische Bildung, Bonn 1992, S. 129–133.

Abb. 39: Abtransport der zur Deportation vorgesehenen Weidener Juden nach Regensburg am 3. April 1942. Das Foto zeigt die jüdische Familie Hausmann.
Quelle: Stadtarchiv Weiden.

burg umfasste am 4. April 1942 circa 200 Personen – etwa zwei Drittel der
noch in Niederbayern und der Oberpfalz wohnenden Jüdinnen und Juden –,
darunter neun der zu diesem Zeitpunkt in Weiden registrierten jüdischen Einwohner.

Zielort des Zuges war Trawniki im Distrikt Lublin. Alle Angehörigen dieses
Deportationsschubes aus der jüdischen Gemeinde Weiden wurden Opfer der
deutschen Tötungs- und Vernichtungsmaschinerie in den Ghettos, Konzentra-
tions- und Vernichtungslagern.[29] Auch die drei letzten jüdischen Bürgerinnen
und Bürger in Weiden, welche am 27. Mai 1942 zunächst nach Regensburg
„umgesiedelt" und dann am 23. September dieses Jahres nach Theresienstadt
verschleppt wurden, überlebten die unmenschlichen Bedingungen in diesem
Ghetto nicht. Insgesamt fielen von den Mitgliedern der kleinen, vor 1933 nicht
einmal 200 Seelen zählenden jüdischen Gemeinde Weiden mindestens 44 namentlich bekannte Männer, Frauen und Kinder in Konzentrations-, Arbeits-
und Vernichtungslagern der NS-Judenpolitik zum Opfer oder setzten angesichts des drohenden Todes ihrem Leben selbst ein Ende.[30] Nur eine mit

---

[29] Zum Deportationstransport vom 4. 4. 1942 vgl. Staatsarchiv Amberg, Staatsanwaltschaft
Regensburg Nr. 170, Bd. II.
[30] Vgl. hierzu Schott 1999 (wie Anm. 1), S. 337–346.

einem nichtjüdischen Mann verheiratete jüdische Frau überlebte die NS-Zeit versteckt in Weiden sowie anderen Orten. Zwei weitere ehemalige Weidener Juden kehrten nach 1945 in ihre Heimatstadt zurück. Die große Mehrzahl der Nachkriegsgemeinde bestand nun aus osteuropäischen Holocaust-Überlebenden.

Die jüdische Displaced Persons-Gemeinde Weiden 1945 bis 1950

Mit der nationalsozialistischen Endlösung hatte auch in Weiden das jüdische Leben kein Ende gefunden. Zwar hatte nur eine (mit einem nichtjüdischen Mann verheiratete) jüdische Frau in Weiden überlebt, zwei weitere ehemalige Weidener Juden kehrten später zurück. Doch bereits wenige Wochen nach Kriegsende setzte eine erneute Zuwanderung jüdischer Flüchtlinge aus Osteuropa ein. Tatsächlich sollte um 1946/47 eine jüdische Gemeinschaft in einer Größe in Weiden bestehen, wie es sie niemals zuvor in der Geschichte der Stadt gegeben hatte. Bei den Mitgliedern dieser sogenannten Displaced Persons-Gemeinde handelte es sich zunächst um Überlebende der nationalsozialistischen Konzentrations- und Vernichtungslager. Das Konzentrationslager Flossenbürg lag nur wenige Kilometer von Weiden entfernt, und vor allem während der sogenannten Todesmärsche von Flossenbürg nach Dachau wurde eine größere Zahl jüdischer Häftlinge in der mittleren und nördlichen Oberpfalz durch alliierte Soldaten befreit. Diese suchten nach ersten Wochen der Pflege und Erholung zumeist größere Orte der näheren Umgebung – vor allem Regensburg und Weiden – auf, wo sie begannen, sich stärker zu organisieren. Auf diese ersten Überlebenden des Holocaust folgte in der zweiten Jahreshälfte 1945, vor allem jedoch ab 1946, die Zuwanderung jüdischer Männer und Frauen, welche dem kommunistischen Machtbereich entfliehen wollten. Für Weiden, eine der ersten größeren Städte im Grenzgebiet zur Tschechoslowakei auf dem Boden der US-Zone, bedeutete dies einen Anstieg der in der Stadt lebenden Juden (von einer untergetauchten Frau im April 1945) auf 468 Männer, Frauen und Kinder bereits im Dezember dieses Jahres. Ein Jahr später waren es 643 jüdische Displaced Persons, die sich in der Stadt aufhielten. Auch in den kommenden Jahren – bis zur Gründung des Staates Israel – blieb diese Zahl auf einem ähnlich hohen Niveau.

Unterstützt durch jüdische Hilfsorganisationen und die rabbinische Körperschaft des Zentralkomitees der befreiten Juden scheint von der zweiten Jahreshälfte 1945 bis 1948 zumindest ein jüdischer Seelsorger stets in Weiden tätig gewesen zu sein. Und auch weitere Gemeindeangestellte im kultischen Bereich, wie ein Synagogendiener und ein Mohel, lassen sich in den erhaltenen Unterlagen des Lokalkomitees feststellen. Allerdings musste die jüdische Gemeinschaft bis 1948 mit der Einrichtung eines provisorischen Betsaales für ihre religiösen Feiern vorlieb nehmen. Erst im Herbst dieses Jahres und nur dank der Unterstützung der JRSO gelang es der DP-Gemeinde, den früheren Betsaal der vernichteten deutsch-jüdischen Kultusgemeinde in der Ringstraße in ihren Besitz zu nehmen. Zudem verfügte die jüdische Gemeinschaft der Stadt bereits seit März 1946 über ein Ritualbad im Keller einer Volksschule. Auch konnten die Displaced Persons den unter Verwaltung der JRSO stehenden jüdischen Friedhof in Weiden für Bestattungen verwendenden.[31] Es gab eine jüdische Schule, einen Sportverein „Makkabi" und eine ärztliche Ambulanz.

Nicht zuletzt einsetzender wirtschaftlicher Erfolg verführte manche Displaced Persons, ihre Auswanderungspläne immer weiter hinauszuzögern. Dennoch führten die Gründung des Staates Israel, die Novellierung der US-Einwanderungsgesetze 1948 und die damit bestehende Möglichkeit einer verstärkten Einwanderung in diese beiden Länder bereits nach wenigen Jahren zum Niedergang des vielfältigen – und von der deutschen Bevölkerung kaum wahrgenommenen – Lebens der jüdischen DP-Gemeinde Weiden.[32]

---

[31] Vgl. Stadtarchiv Weiden, A IV Nr. 26.
[32] Zur Aus- und Abwanderung der jüdischen Displaced Persons aus Weiden vgl. Schott 1999 (wie Anm. 1), S. 438–442.

DIE NEUZEITLICHEN JUDENGEMEINDEN IN AMBERG[1]

Von Dieter Dörner

Die Anfänge bis zur Gründung der Kultusgemeinde 1894

Kurz vor der Gleichstellung der Juden mit den Nichtjuden im Königreich
Bayern 1861 wandte sich die Stadt Amberg an die Regierung mit der Bitte,
hier eine Niederlassung der Königlichen Filialbank in Nürnberg zu gründen.
Der erste Versuch scheiterte, „weil wirklich kein Bedürfnis für ein solches Institut besteht. Übrigens befaßt sich mit den Bankgeschäften, welche die Sulzbacher Juden abwickeln, bestimmt keine Großbank."[2] Man brauchte die Juden, doch man wollte sie nicht. Trotz Gleichstellung erhielt erst 1863 ein Jude
Wohnrecht in Amberg. Die Stadt bot vor allem durch die hier angesiedelten
Industriebetriebe Potential für Handelsaktivitäten aller Art.

Die Zahl der Juden und der jüdischen Geschäfte wuchs. Verfolgt man das
Geschehen in den nächsten Jahrzehnten anhand von Archivalien und Zei-
tungsberichten, waren Juden ein integrierter und akzeptierter Teil der Bevölkerung. Jüdische und nichtjüdische Geschäftsleute konkurrierten miteinander,
waren sich jedoch in der Abwehr unliebsamer auswärtiger Händler, meist zur
Zeit des mehrmals jährlich stattfindenden Jahrmarktes (Dult), einig. Lediglich die Zeitungsanzeigen mit der Bekanntmachung auf die während hoher
Feiertage geschlossenen Geschäfte waren ein deutlicher Hinweis auf jüdisches
Leben. Angefangen vom Credit-Verein über die Brandversicherungsanstalt,
die Freiwillige Feuerwehr bis hin zu den Kanarienzüchtern gab es, bis hinein
in die Vorstandschaft, kaum einen Verein ohne jüdische Mitglieder. Sie beteiligten sich an den Spendenaufrufen zu Gunsten der Armen, ebenso an den
Sammlungen für die 1870 im Kriege stehenden Truppen. Politisches Engagement, meist für die freien und liberalen Wahlgruppierungen, wurde öffentlich
gezeigt. Auf den Jahrmärkten vertriebene antisemitische Literatur zog die
Stadt ein, die durchwegs auswärtigen Händler erhielten Marktverbot. Ja selbst
bei kriminellen Handlungen trat die jüdische Herkunft nicht in Erscheinung.
So z. B. im Fall des jüdischen Bankiers Mandelbaum, dem 64 Vergehen des
Betruges, der Unterschlagung und Wechselfälschung nachgewiesen werden

---

[1] Die Ausführungen beruhen auf den zwei Büchern des Autors, die unter dem Titel „Juden in Amberg – Juden in Bayern" das Geschehen bis 1942 und unter dem Titel „Juden in
Amberg – Niedergang und Neuanfang" die Ereignisse von 1933 bis 1942 und von 1945 bis
1950 schildern. Beide Bücher verzeichnen detailliert die Quellennachweise zu den geschilderten Vorgängen.
[2] Otto Schmidt: 125 Jahre Volksbank Amberg, S. 32.

konnten. Eine Woche lang berichteten die Zeitungen ausführlich über den Prozess, lediglich aus dem Nebensatz „[er] wurde von seinen Glaubensgenossen, die oft genug vor seinen bedenklichen Geschäftspraktiken warnten, schon lange gemieden und es ist keinem derselben in den Sinn gekommen, für ihn irgendwie einzutreten"[3] konnte auf seine Religionszugehörigkeit geschlossen werden.

So harmonisch rückblickend das Miteinander zwischen Juden und Nichtjuden erscheinen mag, die Juden untereinander spalteten sich in zwei unversöhnliche Gruppierungen: die „orthodoxen" und die „liberalen", den Reformern zugewandten Gemeindemitglieder. Der Niedergang der orthodoxen Landgemeinde im benachbarten Sulzbach lief einher mit dem Wachstum der Amberger Gemeinschaft. Alle Amberger Juden waren bestrebt, den religiösen Bedürfnissen in einem hierauf unvorbereiteten Umfeld nachzukommen. Man schloss sich der Kultusgemeinde in Sulzbach an, die seit 1849 zum Rabbinat Floß gehörte. Mit der Einrichtung eines Betlokales und der Beschäftigung eines Religionslehrers ab dem Jahr 1881 werden die Differenzen der Amberger Juden untereinander aktenkundig. Die inzwischen gegründete israelitische Vereinigung hatte 81 Mitglieder.

Jakob Weinschenk, Vertreter der orthodoxen Minderheit, schrieb an die Regierung, dass die Gründung der Privatgesellschaft ohne polizeiliche Genehmigung erfolgt sei. Mit freiwilligen Beiträgen werde ein junger Mann finanziert, der das (israelitische) Lehrerseminar in Würzburg absolviert habe. Dieser Lehrer halte Gottesdienste und Religionsunterricht und unterliege keinerlei Kontrolle. Das Wissen der Schüler um die Religion sei mangelhaft, sein Auftreten gegenüber den Schülerinnen und Schülern nicht tragbar. Bemängelt wurde weiterhin das Umfeld des Betlokales im Haus eines nichtjüdischen Häutehändlers. Wegen der durch die Häuteverarbeitung im (Unterrichts-)Lokal herrschenden Gerüche bestünden gesundheitliche Bedenken. Außerdem sei der Raum zu klein. Weinschenk bat die Regierung, Abhilfe zu schaffen. Was war geschehen?

Aus nicht nachvollziehbaren Gründen hatten die Glaubensgenossen das bisherige Betlokal bei Jakob Weinschenk 1889 gekündigt und sich bei dem Nichtjuden Hartmann eingemietet. Der Streit eskalierte nach „Ausschreitungen" des Lehrers gegenüber drei Schülerinnen und Schülern, u. a. Weinschenks Tochter. Während Weinschenk aus dem „Privatunternehmen meiner Religionsgenossen" austrat und seine Tochter in Sulzbach in Religion unterweisen ließ, meinte ein anderer zur Züchtigung seines Sohnes vernommener Vater, dass diese wegen Ungehorsams zu Recht erfolgt sei. Die Regierung verlangte von Rabbiner Wittelshöfer aus Floß und von der Stadt Amberg eine Stellungnahme zu den Zuständen im Betlokal und zur Qualifizierung des Lehrers. Rabbiner Israel Wittelshöfer stellte fest, dass diese Einrichtungen der

[3] Amberger Tagblatt vom 5. 10. 1900.

Befriedigung des religiösen Gefühls der israelitischen Gemeinde zu Amberg diene und die Opferbereitschaft zu bewundern sei, mit welcher diese freiwillige Vereinigung gegründet wurde. „Wenn nun jemand diesem Verdienste einen Flecken ankleben will, so dürfte er eher eine Störung als eine Verbesserung erzielen wollen."[4]

Die Israelitische Kultusgemeinde und ihre Synagoge

Im Mai 1892 wurde der Vorstand der seit über 20 Jahren bestehenden israelitischen Vereinigung mit der Frage der Einrichtung einer eigenen Kultusgemeinde und der Aufgabe des derzeit praktizierten Gottesdienstes durch den Stadtmagistrat konfrontiert. In Amberg lebten damals 17 jüdische Männer – das entsprach hochgerechnet etwa 75 bis 80 jüdischen Einwohnern – zehn von ihnen sprachen sich für die Gründung der Gemeinde aus. Den damaligen Gepflogenheiten entsprechend war seitens des Gesetzgebers eine „Minimalausstattung" gefordert. So bestätigte Rabbiner Wittelshöfer der israelitischen Vereinigung, dass in Amberg die notwendige Anzahl an Gesetzesrollen vorhanden sei. Auch bestünden städtische Badeanstalten, die den religiösen Vorschriften entsprechen und als Ritualbäder benutzt werden könnten. Die israelitische Kultusgemeinde Sulzbach gestattete der künftigen Amberger Gemeinde, den Friedhof in Sulzbach mit zu benutzen. Der humanistisch gebildete Religionslehrer war gleichzeitig Vorsänger und Schächter.

Die Gegner der Gemeindegründung wurden zur Anhörung vor den Stadtmagistrat geladen. Die Vertreter der orthodoxen Richtung, die zu den Bestsituierten gehörten, argumentierten mit finanzieller Überforderung. Nachdem sie damit offenbar kein Gehör fanden, stellten sie die ihres Erachtens nicht vorhandene Minimalausstattung in den Vordergrund. Hauptangriffspunkte waren die fehlende Mikwe, die mangelnde Trennung von Männern und Frauen im Betlokal, Orgelspiel und Chorgesang und der Unterrichtsraum des Lehrers, der abgetrennt durch eine spanische Wand gleichzeitig als dessen Schlafzimmer diente. Regierung, Stadt und Rabbinat setzten sich über diese Einwände hinweg. Lediglich die Lagerung von Häuten im Bereich des Betlokales wurde untersagt und die Trennung von Betlokal und Schlafzimmer durch eine feste Wand angeordnet. Statuten wurden erarbeitet und genehmigt, am 4. November 1894 fanden die ersten Vorstandswahlen statt, ein Huldigungstelegramm an S. K. H. den Prinzregenten wurde versandt. Doch kehrte auch künftig zwischen den rivalisierenden Gruppen innerhalb der Gemeinde keine Ruhe ein. Scheidende und neu gewählte Vorstände tauschten Aktenmaterial über viele Jahre nur über die politische Gemeinde aus, es wurde versucht, Wahlen zu torpedieren und für ungültig zu erklären.

---

[4] Stadtarchiv Amberg, Zugang II, Nr. 376.

Neuen Zwist, diesmal mit der Regierung, brachte 1896 der Tod von Rabbiner Israel Wittelshöfer. Offensichtlich hielt die junge Amberger Gemeinde die als Nachfolger zur Verfügung stehenden Oberpfälzer Rabbiner Dr. Seligmann Meyer und Dr. Magnus Weinberg neuen Ideen gegenüber für zu wenig aufgeschlossen. Deshalb schloss man sich kurzfristig dem Bayreuther Rabbinat an, besann sich auf Drängen der Regierung jedoch bald auf Magnus Weinberg als Nachfolger.

Noch 1892 wurde der Bau einer Synagoge in die Wege geleitet. Mit einer Anschubfinanzierung durch Baronin Clara von Hirsch auf Gereuth konnten 1892 zwei Anwesen am jetzigen Synagogenstandort gekauft und zur Synagoge mit drei Wohnungen ausgebaut werden. Nach reformiertem Ritus eingerichtet, befand sich die Bima, wie auch in Straubing, unmittelbar vor dem Toraschrein. Dies und ein Harmonium führten zur Weigerung von Rabbiner Weinberg, die Synagoge zu betreten, so dass die Weihe der Synagoge 1896 durch Rabbiner Dr. Adolf Eckstein aus Bamberg erfolgte. Zumindest in Bezug auf das Harmonium hat vermutlich bald ein Umdenken in der Gemeinde eingesetzt, denn ein Jahr später erneuerte die Gemeinde den Vertrag mit Weinberg, der nun wieder die Gottesdienste gestaltete.

Die Bestattung der Toten – bereits im 19. Jahrhundert existierte je eine Begräbnisbruder- und -schwesternschaft – erfolgte gegen jährliches Entgelt auf dem Friedhof im benachbarten Sulzbach. Nicht zuletzt wegen der immerwährenden Differenzen über die „Schlüsselgewalt" wurde nach jahrelanger Grundstückssuche 1929 ein eigener Friedhof geweiht, auf dem jedoch erst einige Jahre später die erste Beisetzung stattfand.

Die wenigen Juden aus Schnaittenbach, Nabburg, Schwandorf, Vilseck und Burglengenfeld wurden in die Amberger Gemeinde, die zu den finanzschwachen Gemeinden Bayerns zählte, eingegliedert. Die von den auswärtigen Juden zu zahlende Kirchensteuer bildete bald einen neuen Streitpunkt: Da gegenüber den hier ansässigen Juden weniger Leistungen in Anspruch genommen wurden, versuchte man eine Ermäßigung durchzusetzen.

Ab 1908 war Leopold Godlewsky, Vorbeter, Kantor und Schächter, die Seele der Gemeinde. In den Archivalien wird er als „orthodox" bezeichnet, aber es sei erlaubt, zumindest ein „gemäßigt" voranzusetzen. Beliebt bei Juden und Nichtjuden, umsorgte er seine Gemeinde bis zu seiner Deportation im Frühjahr 1942. Bei den Honoratioren der Stadt wie an den Stammtischen war er gern gesehener Gast. Viele Jahre war Gänsemast das häufigste an- und abgemeldete Gewerbe in Stadt- und Landkreis. Godlwesky, stets mit dem Fahrrad von Hof zu Hof unterwegs, schächtete die Gänse, die Bauersfrauen rupften sie, Godlewsky stempelte sie als „koscher", und die Frauen verpackten und verschickten sie nach Berlin, Frankfurt usw. Die Nationalsozialisten warfen Godlewsky in den zwanziger Jahren vor, er habe durch seine Geschäftspraktiken die Preiserhöhungen bei den hier vermarkteten Gänsen zu vertreten.

Erster Weltkrieg und Weimarer Republik

Amberger Juden dienten im Ersten Weltkrieg und wurden ausgezeichnet. Zahlreiche auswärtige Juden waren in den Amberger Kasernen stationiert. Im benachbarten Truppenübungsplatz Grafenwöhr übernahmen Rabbiner die Betreuung internierter Kriegsgefangener. Juden engagierten sich bei Sammlungen und Spendenaufrufen für die Soldaten an der Front, jüdische Frauen betätigten sich bei der Versorgung Kriegsverwundeter.

Ende 1922 glaubte das bis dahin liberale Amberger Tagblatt, unter einem neuen Schriftleiter vom aufkeimenden Nationalsozialismus profitieren zu können. Angesehene jüdische Mitbürger wurden diffamiert, sehr bald blieben die Anzeigen der jüdischen Geschäfte aus. Viele Amberger Bürger hatten kein Verständnis für diese Art von Berichterstattung, so dass die Auflage sank. Erst ein wiederholter Wechsel in der Schriftleitung und damit eine veränderte Berichterstattung führten ab 1925 zu einer Verbesserung der Situation beim Amberger Tagblatt.

Im November 1922 war in Amberg von Ludwig Stüdlein[5] mit einem Gleichgesinnten die erste Ortsgruppe der NSDAP in der Oberpfalz gegründet worden. In Amberg wurde Stüdlein zum „Märtyrer": Im August 1923 fanden zeitgleich eine „Schlageter-Feier" der NSDAP und eine Gesangsprobe in der Synagoge statt. Auf Stüdlein, der sich auf dem Weg von der Versammlung zu einer Gaststätte befand, wurde in der Nachbarschaft der Synagoge ein Handgranatenattentat verübt. Stüdlein lag unverletzt, aber scheinbar bewusstlos neben dem Explosionskörper. Bei seiner Vernehmung versuchte er, die Amberger Juden als Täter hinzustellen. Fünf Mitglieder der jüdischen Gemeinde wurden verhaftet, aber schnell wieder freigelassen. Die Ermittlungen ergaben, dass Stüdlein die Granate vermutlich selbst gezündet hatte, um die „jüdischen Kommunisten" für einen Mordanschlag verantwortlich machen zu können.

Immer wieder wurden Gerüchte über das unsoziale Verhalten der Amberger Juden gestreut und widerlegt. Versuche, die jüdischen Geschäftsleute als Ausbeuter zu diffamieren, führten stets zu Vergleichen mit nichtjüdischen Konkurrenten, die im Regelfall in der Presse ausgetragen wurden[6]. Erste Schilder „Kauft nicht bei Juden" tauchten im Stadtbild auf, Versammlungen der Nationalsozialisten endeten meist tumultartig. Der leidenschaftliche Nationalsozialist und wegen sexueller Übergriffe aus dem Kirchendienst ausgeschlossene Pfarrer Münchmeyer aus Borkum sprach wiederholt bei Versammlungen und wurde, wie auch in anderen Städten, wegen seiner Hetztiraden

---

[5] Stüdlein war zuvor in seiner Heimatstadt Traunstein als Führer der Unabhängigen Sozialdemokratischen Partei und der Kommunistischen Partei in Erscheinung getreten. Nicht anerkannt, wandte er sich der „rechten" Seite zu. Die Traunsteiner Behörden bezeichneten ihn als „politischen Abenteurer, dem politische Überzeugung, Volkswohl und Vaterland Nebensache, sein eigene Person Hauptsache ist" (Hannelore Fleißer: Amberg 1034–1984; Amberg in der Weimarer Republik und im Dritten Reich, S. 325).

[6] So z. B. im Amberger Tagblatt vom 6. 11. 1923 und vom 26. 5. 1924.

angezeigt und verurteilt. Ein Stadtrat gründete einen „Judenschutzbund", jüdische Mitbürger bekamen städtische Ehrenämter übertragen. Der Geschäftsmann Ernst Bloch wurde zum 1. Vorstand des Fußballclubs gewählt, was zu
einer Beitrittswelle von Nationalsozialisten und der dadurch ermöglichten
Abwahl Blochs führte. Der Schriftleiter des „Stürmer" hielt sporadisch
„Sprechstunden" in Amberg ab, und auch Adolf Hitler hatte Anfang 1928 seinen Auftritt; der Abgang erfolgte fluchtartig, sein Besuch blieb damit „einma-
lig". Ein Würzburger Jude, Siegfried Hirsch, eröffnete Ende 1931 das erste
Warenhaus, der preiswerten Lebensmittel wegen zur Freude der Arbeiter und
Bauern.

1933 bis 1938

Die Wahlerfolge der NSDAP in Amberg blieben mit 28,2% der Stimmen hinter denen der Oberpfalz (34%) und Bayerns (42,6%) zurück. Die überwiegend
katholische und meist sehr religiös eingestellte Bevölkerung hörte auf die
Kirche. Von einem Priester ist bekannt, dass er 1934 gegen die Nationalsozialisten – allerdings auch gegen die Juden – predigte. Von einem weiteren werden verschlüsselte projüdische Botschaften von der Kanzel berichtet. Gemeinsam mit dem nichtjüdischen Gewerkschaftssekretär wurden bereits im März
1933 drei jüdische Sympathisanten der Sozialdemokraten aus Amberg im neu
errichteten Konzentrationslager Dachau inhaftiert. Während am 1. April 1933
die Entlassung des einzigen jüdischen Beamten in Amberg von der Öffentlichkeit kaum zur Kenntnis genommen wurde, ist der sogenannte Warenhaus-
boykott vom gleichen Tag ein noch heute häufig erwähntes Ereignis. Ausge-
löst durch die Boykottmaßnahmen prügelten sich im Kaufhaus Erwege
Arbeiter mit Amberger Bürgern, die vor allem die Interessen des hiesigen
Einzelhandels vertraten. Dabei gingen Verkaufstische zu Bruch, die SA schau-
te unbeteiligt zu. Erwege wurde auf Weisung der Regierung geschlossen, durfte aber acht Tage später unter der Auflage wieder eröffnen, Lebensmittel aus
dem Sortiment zu nehmen.[7] Beim Boykott am 1. April 1933 und in den Jahren
bis zur Deportation gab es keine weiteren Beschädigungen und Plünderungen
jüdischer Geschäfte und Wohnungen. Vor den übrigen jüdischen Geschäften
sorgten SA-Posten für Aufsehen, als sie alle Beamten und deren Ehefrauen
beim Betreten von Erwege fotografierten und in den Stürmerkästen als „Ju-
denfreunde" diffamierten.

Handwerkern verbot die Stadt bei Aufträgen der öffentlichen Hand, Juden
als Lieferanten zu beauftragen. Die ersten Geschäfte gingen in nichtjüdischen
Besitz über. In zwei Fällen zogen sich die Käufer eine Rüge der Partei zu, da
sie den Fauxpas begangen hatten, mit dem Namen des jüdischen Vorbesitzers

---

[7] Der jüdische Besitzer verkaufte das Warenhaus drei Jahre später an den seit Eröffnung
mitverantwortlichen nichtjüdischen Geschäftsführer.

Abb. 40: Das Kaufhaus Erwege am Boykotttag 1. April 1933 – davor patrouillierende SA-Mitglieder.
Quelle: Stadtarchiv Amberg.

zu werben. Umgekehrt warb das Filialgeschäft Springmann, der Besitzer war der später wegen „Rassenschande" zum Tode verurteilte Leo Katzenberger aus Nürnberg, unbeanstandet mit „deutscher Ware". Enttäuscht äußerten sich die Bauern über das Ausbleiben jüdischer Viehhändler auf den Viehmärkten, denn diese zahlten gut und vor allem sofort, und das zählte. Trotz des Boykotts stiegen die Umsätze und Gewinne der führenden jüdischen Geschäfte in Amberg von 1933 bis 1937 so stark, dass sogar der Regierungspräsident darüber Klage führte.

Während der Vorbeter und Lehrer Leopold Godlewsky noch zu seinem 25-jährigen Jubiläum 1933 als „geachteter Bürger der Stadt" in der Presse geehrt wurde, verließ 1934 der letzte jüdische Schüler die Oberrealschule. Anfang 1934 hatte ein besonders „rassebewusster" Lehrer damit begonnen, die Köpfe der Schüler zu fotografieren, zu vermessen, in alle germanischen Schattierungen einzuteilen und in der Schule auszuhängen. Der letzte jüdische Schüler mied diesen entwürdigenden Prozess und blieb von da an dem Unterricht fern. An die frei gehaltene Stelle am schwarzen Brett kam eine Karikatur aus dem „Stürmer"[8]. Im Gegensatz hierzu war im Humanistischen Gymnasium der letzte jüdische Schüler noch bis zu seinem Abitur 1937 geduldet und nach seinen Worten „voll in das Klassenleben integriert".

---

[8] Ein Mitschüler, der spätere Schriftsteller Eugen Oker, hat diesen Vorgang in seinem Buch „Und ich der Fahnenträger". Eine wahre Satire. München 1980, beschrieben.

Spätestens 1935 war „Nichtariern" die Mitgliedschaft in den Vereinen in Amberg verboten. Mit dem Verbot, kulturelle Veranstaltungen außer denen in der Synagoge zu besuchen, wurde auch denjenigen Juden, die sich bisher vom Gemeindeleben ferngehalten hatten, ihre jüdische Abstammung bewusst: „Erst Hitler hat sie zu Juden gemacht". Die Not schweißte die teils zerstrittenen, teils gleichgültigen Gemeindemitglieder nun zusammen. Den ersten Tafeln „Juden sind hier unerwünscht" im Schwimmbad und auf den Sportplätzen schenkte man keine oder nur wenig Beachtung. Während es in Nachbarstädten bereits 1934 den Juden verboten war, das Schwimmbad und andere öffentliche Einrichtungen zu betreten, nutzten die Amberger Juden noch 1937 das Hockermühlbad und den TV-Sportplatz unbeanstandet, obwohl zumindest vorübergehend am Schwimmbad eine Verbotstafel angebracht war.

In der Synagoge, in Fragen des Kultus nun meist von der Regensburger Gemeinde betreut, fanden wiederholt unter Polizeiaufsicht Vorträge über die Auswanderung nach Palästina statt. Das 1935 beschlossene Gesetz „zum Schutze des deutschen Blutes und der deutschen Ehre" verursachte, wie auch in anderen Orten, dahingehend Aufregung, dass alles weibliche nichtjüdische Personal unter 45 Jahren bis Ende 1935 entlassen bzw. durch älteres ersetzt werden musste. Amberg war durch dieses Gesetz noch dadurch betroffen, dass Personen, die dagegen verstoßen hatten, im hiesigen Zuchthaus ihre Strafe absitzen mussten. Den bekanntesten unter ihnen, Dr. Rudolf Kaufmann – sein Leidensweg wurde unter dem Titel „Königskinder" publiziert – entließ man 1939 versehentlich, bestand doch bereits die Order, alle Juden nach abgebüßter Strafe in Konzentrationslager zu überstellen. Dem Vorbeter Leopold Godlewsky gestattete die Gefängnisverwaltung eine sehr eingeschränkte Betreuung der jüdischen Gefangenen. Nachdem Rabbiner Magnus Weinberg in Ruhestand getreten und im Januar 1936 von Regensburg nach Würzburg gezogen war, war Godlewsky nun allein für die religiösen Bedürfnisse der noch etwa 60 in Amberg wohnenden Juden zuständig.

Der Olympischen Spiele wegen wollten sich die Nationalsozialisten 1936 „weltoffen" zeigen. Gemessen an den Ereignissen der Vorjahre wurde es auch in Bezug auf den Antisemitismus etwas ruhiger. Dies sollte auch 1937 noch so bleiben. Wegen mehrdeutiger Predigten gerieten dafür katholische Geistliche in die Schusslinie der Nationalsozialisten. Das Jahr 1938 begann mit der Ausstellung „Blut und Rasse" im Rathaussaal. Die Verdrängung der Juden aus den wenigen noch verbliebenen Geschäften schritt voran. Kunden wurden als „Volksverräter" gebrandmarkt, ein Beamter gar mit fünf Wochen Gefängnis bedacht. Im Gegensatz zu vielen anderen Städten setzte jedoch kein Bieterwettbewerb um jüdisches Eigentum ein. Weiterhin existierende Geschäfte übernahmen Mitarbeiter.

Die Pogromnacht 1938

Der „Zorn des Volkes" war in Amberg generalstabsmäßig geplant und weitgehend ohne Beteiligung der Zivilbevölkerung ausgeführt worden. Bereits am
Abend des 8. November wurden die SA-Angehörigen in erhöhte Alarmbe-
reitschaft gesetzt. Im Zusammenhang mit dem Tod des Gesandtschaftsrates
Ernst vom Rath fand am 9. November 1938 ein Treffen der „Alten Kämpfer"
unter der Leitung des Kreisleiters Kolb statt. Wenige Stunden später, kurz
nach Mitternacht, trafen sich die höheren Führer der Partei und deren Gliede-
rungen. Gegen drei Uhr morgens versuchten Ortsgruppen- und Blockleiter
vergebens, die Fenstergitter der Synagoge mit einer Blechschere zu zerschnei-
den. Etwa zeitgleich ließ der Kreisleiter die SA-Mitglieder alarmieren und
uniformiert zum Brigadehaus beordern. Gleichzeitig befahl er die gesamte
Polizei in die Wache, wo sie jedoch erst nach etwa 1½ Stunden von einem „Tu-
mult in der Synagoge" erfuhr. Gegen 3.30 Uhr zogen etwa 30 Angehörige des
Pioniersturmes in SA-Uniformen, ausgerüstet mit Pickeln aus dem Geräte-
lager, zur Synagoge. Der Hausmeister wurde geweckt und gezwungen, die
Synagoge aufzusperren. Ein Sprengmeister, Angehöriger der SA, wurde beauftragt, Sprengstoff zu holen und die Synagoge zu sprengen. Mit dem Hinweis auf die Folgen und mit der Bemerkung, „daß dies Vorgehen brutal und
unmenschlich sei", lehnte er ab. Auf weiteres Drängen hin gab er vor, den
Sprengstoff nicht zu finden[9]. Ein weiterer Sprengmeister, wiederum mit der
Sprengung beauftragt, entzog sich unter Hinweis auf die nicht realisierbaren
Sicherheitsmaßnahmen ebenfalls der Anordnung. Ein Abbrennen kam wegen
der engen Bebauung, aber auch wegen der nicht beabsichtigten Alarmierung
der Feuerwehrangehörigen nicht in Frage. Zwangsläufig „beschränkten" sich
nun die SA-Männer auf die Zerstörung des Mobiliars. Die Gebetbänke und
die Bretter des Fußbodens wurden dabei weitgehend für häusliche Kellerein-
richtungen zurückgehalten, der Rest, bestehend aus Gebetbüchern, Gebets-
mänteln, Torarollen usw., vor der Synagoge unter Gesang nationalsozialistischer
Lieder verbrannt. Ein Leuchter und eine Torarolle wurden zur benachbarten
Feuerwache geschafft – über deren Verbleib ist nichts bekannt.

Ein SA-Mann begab sich zu dem mit ihm befreundeten Lehrer Godlewsky,
der mit seiner Frau und zwei Töchtern über der Synagoge wohnte, und verhinderte Übergriffe. Kurz vor sechs Uhr übernahm die Polizei den Schutz.
Bereits um fünf Uhr hatte man, ob Polizei oder SA oder beide ist unklar, alle
Juden aus den Betten geholt und in der Polizeiwache im Rathaus in „Schutzhaft" genommen. Ernst Bloch, Kriegsteilnehmer, soll seine Offiziersuniform
aus dem Ersten Weltkrieg angezogen haben. Die Frau des Synagogenhaus-
meisters hatte die Juden auf Weisung der Polizei mit Lebensmitteln zu versorgen. Die weitere Vorgehensweise entsprach hier der in anderen Städten: Neun
der noch in Amberg lebenden Juden kamen nach Dachau, der letzte wurde

---

[9] Staatsarchiv Amberg, Staatsanwaltschaft Amberg 1475 (Synagogenprozeß 1947).

Abb. 41:
Die Synagoge in Amberg heute.
Quelle: Privatbesitz Dieter Dörner.

kurz vor Weihnachten entlassen, zumindest einer kam mit größeren Verletzungen zurück.

Von den unmittelbaren Nachbarn abgesehen, waren Schulkinder auf dem Weg zur Schule die ersten Zivilisten, die vom Geschehen Kenntnis nahmen und denen bei zu großer Neugierde seitens der SA-Leute mit Strafe gedroht wurde. Mehrere Zeugen bestätigten, dass zumindest ein SA-Mann mit einem umgehängten Gebetsmantel um das bis etwa 11 Uhr brennende Feuer tanzte. Mit Berechtigungsscheinen von der Nationalsozialistischen Volkswohlfahrt versehen, holten meist ältere Leute die zurückgehaltenen Bänke. Eine Aktion, die umgehend von der Stadtkämmerei eingestellt wurde. Ein Oberscharführer, von Beruf Oberstaatsanwalt, soll sofort den Generalstaatsanwalt in Nürnberg unterrichtet und gesagt haben, dass er gegen Kreisleiter Kolb ein Verfahren einleiten werde. Der Generalstaatsanwalt war bereits informiert, erkundigte sich, ob Menschen misshandelt oder getötet oder Läden geplündert worden seien, und untersagte ihm weitere Schritte. Der Davidstern über dem Portal der Synagoge wurde abgeschlagen. Am gleichen Tag sicherte man die zerschlagenen Fenster mit Brettern – die Synagoge diente bis Kriegsende als Lebensmittellager. Der Kreisleiter äußerte seine Enttäuschung über die aus seiner Sicht misslungene vollständige Zerstörung der Synagoge, einer der beiden Sprengmeister wurde u. a. wegen seiner mangelnden Einsatzbereitschaft aus der Partei ausgeschlossen. An die wenigen noch existierenden jüdischen Geschäfte plakatierten SA-Männer antijüdische Parolen, Beschädigungen oder gar Plünderungen fanden hier nicht statt. SA-Posten, vor jüdischen Geschäften platziert, sollten die Käufer abhalten. Vor allem Frauen von ehemaligen SPD-Mitgliedern gingen demonstrativ einkaufen. Die Frau des ehemaligen Gewerkschaftssekretärs berichtete ihren Kindern in Amerika über die Vorgänge in Amberg. Der Brief wurde abgefangen, die Frau zu einem Jahr Gefängnis ohne Bewährung verurteilt.

Am 11. November erfolgte die Berichterstattung über das Geschehen in Amberg nach Streicher-Manier. Im Lagebericht der Gendarmeriestation Amberg an das Bezirksamt Amberg ist zu lesen: „Die spontanen Vergeltungsaktionen gegen die Juden wurden von der Bevölkerung mit Ruhe und innerer Freude hingenommen."[10] Die Aussagen unbeteiligter Gendarmeriestationen spiegeln sich im Bericht des Regierungspräsidenten wider:

„Die jüdische Mordtat an dem deutschen Gesandtschaftsrat in Paris löste in allen Kreisen der Bevölkerung helle Empörung aus; allgemein wurde ein Einschreiten der Reichsregierung erwartet. Die gegen das Judentum gerichteten gesetzlichen Maßnahmen fanden deshalb vollstes Verständnis. Umso weniger Verständnis brachte der Großteil der Bevölkerung für die Art der Durchführung der spontanen Aktionen gegen die Juden auf; sie wurde vielmehr bis weit in die Parteikreise hinein verurteilt. In der Zerstörung von Schaufenstern, von Ladeninhalten und Wohnungseinrichtungen sah man eine unnötige Vernichtung von Werten, die letzten Endes dem deutschen Volksvermögen verloren gingen, und die in krassem Gegensatz stehe zu den Zielen des Vierjahresplanes, insbesondere auch zu den gerade jetzt durchgeführten Altmaterialsammlungen. Auch die Befürchtung wurde laut, daß bei den Massen auf solche Weise der Trieb zum Zerstören wieder geweckt werden könnte. Außerdem ließen die Vorkommnisse unnötiger Weise in Stadt und Land Mitleid mit den Juden aufkommen."[11]

1939 bis 1942

Der Regierungspräsident berichtete im Februar 1939:

„Die Auswanderungsabsichten der Juden stoßen nach dem Bericht der Staatspolizeistelle auf größere Schwierigkeiten als vorauszusehen war. Mehr und mehr zeigt sich, daß die Einwanderungsmöglichkeiten in fremde Länder doch recht beschränkt sind; auch nehmen die Verhandlungen mit den Finanz- und Devisenstellen viel Zeit in Anspruch. [...] In Straubing wurde ein Studienrat a.D. in Schutzhaft genommen, der am Sylvesterabend eine im gleichen Haus wohnende jüdische Familie eingeladen hatte. [...] Die Frau eines Arztes in Amberg, die vor mehreren Jahren aus der jüdischen Religionsgemeinschaft ausgetreten war, ohne sich taufen zu lassen, hat sich mit Gas vergiftet. [...] Die Arisierung der jüdischen Geschäfte ist zum größten Teil abgeschlossen. [...]".

---

[10] Staatsarchiv Amberg, Bez.-Amt Amberg 1042.
[11] Staatsarchiv Amberg, Kleinbildfilm 7, Halbmonatsbericht des Regierungspräsidenten vom 8.12.1938.

Bei der Frau des Amberger Arztes handelte es sich um Anna Hörauf. Ihrem
Mann hatte die NSDAP gedroht, seine Praxis zu schließen, wenn er sich nicht
scheiden lasse.

Das Synagogengebäude und zwei weitere Häuser erklärten die Nationalsozialisten im Juli 1939 für die 16 noch in Amberg wohnenden Juden zu „Judenhäusern". Der nichtjüdische Hausmeister mit seiner Familie musste aus dem
Synagogengebäude ausziehen. Nichtjuden, auch Parteimitglieder, wurden für
Hilfeleistungen gegenüber benachbarten oder befreundeten Juden denunziert, die Schikanen verstärkten sich. Mit der Aufführung der diffamierenden
Filme „Jud Süß" und „Der ewige Jude", die der Kreisleiter mit „Festanspra-
chen" einleitete, sollte die Bevölkerung auf die Notwendigkeit der bevorste-
henden Maßnahmen gegen die Juden eingestimmt werden. Wenigstens blieben die noch hier lebenden Juden vom Arbeitseinsatz verschont. Obwohl sie
sich im Gegensatz zu den Juden in den Großstädten an keine reglementierten
Einkaufszeiten halten mussten, sah man sie, wenn überhaupt, meist nur noch
in den Nebenstraßen. Selbst dort versuchten einige, ihren Judenstern zu ver-
stecken.

Dass auch Teile der Bevölkerung die Juden unterstützten und nicht alles
Geschehen widerspruchslos hinnahmen, beweist die von einem Zeitzeugen
geschilderte „Beraubung" von Leopold Godlewsky: Der Knecht einer
Kohlenhandlung brachte bei Dunkelheit in seinem Rucksack durch den hin-
teren Eingang regelmäßig Holz und Kohle in das Synagogengebäude. Kurz
vor der Deportation wollte sich Godlewsky erkenntlich zeigen und dem In-
haber der Kohlenhandlung einen Kühlschrank schenken. Als dieser abgeholt
wurde, beschimpften die Nachbarn in Unkenntnis vorangegangenen Gesche-
hens den Kohlenhändler und seinen Knecht, weil sie Godlewsky „beraub-
ten".

Am 2. April 1942 begannen die Deportationen in Amberg. Sechs Personen,
alle im „Judenhaus" in der Salzgasse wohnend, deportierten die Nazis in das
jüdische Altersheim in der Schäffnerstraße in Regensburg, eines der beiden
dortigen „Judenhäuser", und von dort, zusammen mit Regensburger Leidensgenossen, weiter in das Arbeitslager Piaski bei Lublin, wo nach einem Augen-
zeugenbericht eine Amberger Jüdin Straßenbauarbeiten verrichten musste.
Das Ghetto Piaski wurde im Februar/März 1943 liquidiert. Die noch lebenden
Juden kamen in die Vernichtungslager. Am 22. Mai folgten zwei alleinstehen-
de Frauen und am 23. September Benno und Sallie Isner mit dem Deportationsziel „Altersheim Theresienstadt", ebenfalls über die Schäffnerstraße in
Regensburg. Wegen der amerikanischen Staatsangehörigkeit der Ehefrau hatte man die Deportation der Familie Isner hinausgezögert. Klara Lorsch, die
überlebt hatte und nach Amberg zurückkehrte, berichtete 1947 der Staatsanwaltschaft:

„Am Karfreitag 1942 mußten sich die Familien Godlevski, Zechermann, Ascher und ein
Herr Kirschbaum beim Rathaus einfinden. Die Familie Godlevski bestand damals aus
dem Ehepaar Godlevski und der Tochter Ilse. Die Tochter Ruth war bereits nach Paläs-

tina ausgewandert. Die genannten Familien wurden mittels Lastautos nach Regensburg gebracht. Von da kamen sie dann nach Polen. Ich weiß das, weil ich dann noch zweimal Post von Zechermanns erhalten habe, wobei sie jammervoll nach Brot schrieben. Anfang Mai 1942 kam ich dann selbst mit verschiedenen jüdischen Familien aus Amberg nach Regensburg, wo noch weitere Leidensgenossen zu uns stießen. Wir waren 148, als wir im September 1942 nach Theresienstadt verbracht wurden. Von diesen 148 sind nach Kriegsende 3 lebend zurückgekommen."

Sicher irrte sich Frau Lorsch nicht, als sie den Viehhändler Jakob Kirschbaum in das Geschehen mit einbezog. Doch gibt seine Person Rätsel auf, da er sich nach glaubwürdigem Zeitzeugenbericht noch im August 1942 in Amberg aufhielt. Angeblich soll er hier verstorben sein.

In Hof wurde der für Theresienstadt bestimmte Zug mit einem Zug aus Würzburg zusammengeführt. Darin befand sich der bis 1936 für die Amberger Gemeinde zuständige Rabbiner Dr. Magnus Weinberg mit Gattin, die ebenfalls nach Theresienstadt deportiert wurden und beide dort umkamen. Zu Beginn des Jahres 1943 lebte in Amberg noch eine Jüdin, ehemals mit einem Nichtjuden verheiratet. Sie war mit ihrer Tochter erst 1940 von Bad Tölz zugezogen und starb im Mai 1943 im Alter von 67 Jahren.

Das Mobiliar, Wäsche und Geschirr der deportierten Juden wurde im Auftrag des Finanzamtes an Privatpersonen verkauft, Bettwäsche und Betten erhielt das Krankenhaus, Schränke und Putzmaterialien übernahm das Finanzamt selbst. Der Verkauf erfolgte in der Synagoge, den Erlös, nach unterschiedlichen Zeugenaussagen zwischen 9000 und 15000 RM, vereinnahmte das Finanzamt. Auch das Krankenhaus und das Finanzamt mussten die übernommenen Gegenstände bezahlen. Kunstgegenstände durften nicht veräußert werden – über deren Verbleib ist nichts bekannt.

Offiziell galt Amberg nun als „judenfrei", soweit dieser Begriff auf „Volljuden" im nationalsozialistischen Sprachgebrauch bezogen werden konnte. Im Monatsbericht des Regierungspräsidenten für den abgelaufenen Monat März 1944 wurden 31 noch im Regierungsbezirk lebende, meist in Mischehe verheiratete Juden erwähnt. Ein „Halbjude", unehelicher Sohn eines Amberger Juden, wurde 1942 seiner Abstammung wegen aus der Wehrmacht entlassen und konnte bis Kriegsende in seinem Beruf nicht mehr Fuß fassen. Ein weiterer „Mischling 1. Klasse", ein Arzt, wurde im Herbst 1944 wegen „staatsabträglicher defätistischer Äußerungen" angezeigt und im Februar 1945 vor einem Kriegsgericht in Schwandorf in Abwesenheit zum Tode verurteilt. Der mit ihm befreundete Amtsarzt Dr. Weiß hatte ihm zu hohem Fieber „verholfen". Die mit seiner Verhaftung beauftragten SS-Angehörigen verabschiedeten sich mit den Worten „Der verreckt sowieso". Die defätistische Äußerung bestand in der einem Patienten gegenüber gemachten Aussage über den voraussichtlich verlorenen Krieg. Im März 1945 nahm sich der Monatsbericht des Regierungspräsidenten letztmalig der Juden an: „13 Juden und Jüdinnen [aus der Oberpfalz, D. D.] wurden zum Arbeitseinsatz nach Theresienstadt gebracht".

Von 83 zu Beginn der nationalsozialistischen Herrschaft in Amberg wohnenden Juden sind 30 ausgewandert, zehn verstarben eines natürlichen Todes, von weiteren zehn ist das Schicksal unbekannt, drei begingen Selbstmord, 22 wurden, z. T. über Zwischenstationen in anderen Orten, nach dem Osten deportiert, acht nach Theresienstadt. Nur eine nach Theresienstadt deportierte Frau kehrte nach Kriegsende nach Amberg zurück und lebte hier in ärmlichsten Verhältnissen bis zu ihrem Lebensende 1953.

„Keiner wollte es gewesen sein"

Im Juli 1945 veröffentlichte das Amberger Amtsblatt einen Aufruf zur Rückgabe von Gegenständen aus der Synagoge:

> „Bei der Vernichtung der Inneneinrichtung der Synagoge im Jahr 1937 oder 1938 wurden verschiedene Inneneinrichtungsgegenstände, wie z. B. Gegenstände mit kulturhistorischem Wert oder solche aus Edelmetallen, von der Bevölkerung weggenommen und zu Hause aufbewahrt, um sie der weiteren Vernichtung zu entziehen. Die Bevölkerung wird aufgefordert, diese Gegenstände bis 5. August 1945 [...] abzugeben. Eine Bestrafung erfolgt nicht."

Diese Veröffentlichung ist deutliches Zeugnis für den damaligen Wunsch, Geschehenes zu verdrängen. „Bei der Vernichtung im Jahre 1937 oder 1938" – als ob nach so einem einschneidenden Ereignis das exakte Datum des Pogroms in Vergessenheit geraten wäre. Die Reaktion auf die Veröffentlichung war entsprechend: Außer einigen rituellen Gegenständen, die Leopold Godlewsky bereits vor dem Pogrom dem Museum zur Aufbewahrung anvertraut hatte, wurde von dem aus der Synagoge geraubten Inventar nichts zurückgegeben. Den Tätern fehlte das Unrechtsbewusstsein, wie ein Vorfall Mitte der 50er Jahre dokumentiert. Ein Handwerker, der sich vor der Zerstörung sehr häufig in der Synagoge aufgehalten hatte, musste in die Wohnung der Witwe eines ehemaligen Amberger Naziführers: „Die Frau, die mich sehr gut kannte, hatte nicht mit mir gerechnet. Als ich ihre Wohnung betreten hatte, wurden wir beide blass und erstarrten – wir standen auf dem Teppich, der sich bis zum Novemberpogrom in der Synagoge befunden hatte. Dann bat sie mich eindringlich mein Wissen für mich zu behalten."[12]

Mitte 1947 standen im sogenannten „Synagogenprozess" die am Pogrom Beteiligten vor Gericht. Bemerkenswert ist, dass es in Amberg im Gegensatz zu den meisten anderen Städten bis zur Deportation der Juden keinen Fall von Sachbeschädigung, Plünderung oder Verwüstungen von jüdischen Wohnungen und Geschäften oder Körperverletzung gegeben hat. Von mindestens 30 SA-Leuten, ein repräsentativer Querschnitt durch die Bevölkerung, vom Hilfsarbeiter bis zum Oberstaatsanwalt, waren noch 18 Täter greifbar, die anderen überwiegend gestorben oder im Krieg gefallen. Vier Personen wurden freigesprochen, die übrigen erhielten Gefängnisstrafen zwischen drei Monaten und vier Jahren. Der Kreisleiter, Hauptschuldiger beim Pogrom, war bei Kriegsende bei seinem Vorhaben, Amberg zu verteidigen, von den Amerika-

---

[12] Zeitzeugenaussage des Sohns des ehemaligen Hausmeisters der Synagoge.

nern erschossen worden. Nachkriegsrabbiner Natan Zanger äußerte sich anlässlich des Synagogenprozesses zur Schändung der Synagoge: „Aus eigener Beobachtung kann ich berichten, daß, wenn ich das erste Mal die Synagoge gesehen habe, ich keine Synagoge sondern einen Stall vorgefunden habe, ohne Fenster, Türen, Fußboden etc. ... Im übrigen vertrete ich die Ansicht, daß es nicht so interessant ist, welche Einrichtungsgegenstände zerstört wurden, der Hauptfrevel liegt in der Entweihung und Entwürdigung der Synagoge als Gotteshaus in einen Schweinestall."

Neuanfang

Im Norden der Oberpfalz waren es die Todesmärsche von Buchenwald nach Flossenbürg, in der mittleren Oberpfalz die von Flossenbürg nach Dachau, bei denen die ersten Juden unter Todesgefahr die Freiheit erlangten. Zwischen dem 16. und dem 20. April 1945 wurden über 20 000 KZ-Häftlinge von Flossenbürg in Richtung Dachau in Marsch gesetzt. Teils mit der Bahn, meist zu Fuß, abseits der Hauptverkehrsstraßen, die einerseits für die Wehrmacht freigehalten werden mussten und womit andererseits vermieden werden sollte, dass zu viele Bürger mit den „Jammergestalten" konfrontiert werden. Nur ein Transport mit 2800 Häftlingen erreichte sein Ziel, die anderen lösten sich unterwegs auf, so einer bei Luftangriffen im Raum Schwandorf/Schwarzenfeld. Es ist zu vermuten, dass die ersten Juden im Nachkriegs-Amberg Überlebende dieser Todesmärsche waren. Von insgesamt 500 zwischen 1945 und 1950 hier registrierten Juden, in der Spitze etwa 270 bis 300 zeitgleich, befanden sich zuvor nachweislich 55 in Flossenbürg. Im Juli 1945 ist der erste hier lebende Jude urkundlich belegt, sicher befanden sich jedoch schon unmittelbar nach Kriegsende Juden in Amberg.

Die Stadt, fast ohne Kriegsschäden, mit drei Kasernen, mehreren Lazaretten, ihren Schulen und einem leergeräumten Kloster, war prädestiniert zur Aufnahme von Displaced Persons und Flüchtlingen. Hinzu kamen das Krankenhaus, die zu einem TBC-Sanatorium umfunktionierte Oberrealschule und eine Villa für Geschlechtskranke. So lebten hier Ende 1946 neben 26 000 Einheimischen 12 000 Evakuierte und Flüchtlinge, 6650 DPs in Lagern und 942 DPs in Wohnungen. In den Wohnungen waren auch die in Amberg befindlichen Juden untergebracht. Ein jüdisches DP-Lager existierte in Amberg nicht, allerdings wurde ein solches im benachbarten Vilseck 1946 und 1947 eingerichtet, als die Nachkriegspogrome in Polen bis zu 1700 Juden nach Vilseck brachten. Das Lager befand sich auf dem Areal des heutigen Truppenübungsplatzes Grafenwöhr (Südlager Vilseck), das 1947 die amerikanische Besatzungsarmee beanspruchte, was zu einer Verlegung der Internierten in das unterfränkische Giebelstadt führte. Die Kontakte zu Amberg beschränkten sich auf medizinische Behandlungen, vor allem Entbindungen, im Krankenhaus und auf Bestattungen auf dem jüdischen Friedhof.

Die während der Naziherrschaft in das Eigentum der Stadt übergegangene Synagoge und der Friedhof wurden sofort nach Kriegsende wieder in jüdischen Besitz übereignet. Wegen der relativ gut erhaltenen Bausubstanz konnte die Synagoge am 19. August 1945 als erste in Bayern wieder in Betrieb genommen werden. Die Weihe erfolgte vier Wochen später. Die im Museum versteckte Torarolle mit einigen Ritualgegenständen wurde den Amerikanern übergeben. Leider ist nicht mehr nachvollziehbar, ob diese mit einer heute im Toraschrein befindlichen identisch ist. Das relativ großzügig gestaltete Synagogengebäude sollte für die nächsten Jahre Anlaufstation für fast alle hinzukommenden Juden werden.

Was fehlte, war eine Mikwe. Hier erklärte sich 1948 der Besitzer eines der Synagoge benachbarten Wannenbades bereit, ein Becken, ähnlich einem Tauchbecken in der Sauna, zu fließen und den Juden als Tauchbad zur Verfügung zu stellen. Gespeist wurde das Becken mit dem mittels Dachrinne aufgefangenen Regenwasser.

Ein Zufallsfund, das Protokollbuch der Gemeinde von 1945 bis 1947, vermittelt uns Einblicke in das Gemeindeleben[13]: Mit 46 Mitgliedern fand am 2. August 1945 die erste Versammlung der Gemeinde im TBC-Sanatorium statt. Im Protokoll, geschrieben in jiddischer Sprache und hebräischer Schrift, heißt es wörtlich:

„1) Es wird beschlossen, eine Jüdische Gemeinde zu gründen, welche die Aufgabe hat, ein neues jüdisches Leben in unserer Stadt zu begründen und so wie weit wie möglich das Leid der Kranken lindern soll.
2) Es werden die 2 Herren Beitler und Zanger ausgewählt. Sie sollen sich gemeinsam mit H. Stern bei M.G. [Military Government, D.D.] darum bemühen, die zerstörte Synagoge zurückzubekommen."

In der zweiten Zusammenkunft am 15. August 1945 wurde niedergeschrieben,

„dass es gelungen ist, mithilfe von H. Stern [Herr Stern war der Verbindungsmann zu den Alliierten, D.D.] die Synagoge und alle öffentlichen Einrichtungen auf Kosten der Gemeinde Amberg zurückzuerhalten. Die Arbeit ist sehr schnell vorangegangen, so dass die Einweihung der Synagoge am Sonntag, den 19.9., d.h. 10. Elul [Monatsname nach jüdischem Kalender, D.D.] möglich ist. Zu feierlichen Eröffnung werden eingeladen M.G., Stadtverwaltung, der Landrat, alle Ärzte aus dem Sanatorium und alle amerikanisch-jüdischen Offiziere und Soldaten. [...]"

Im Oktober 1945 eröffnete eine Gemeinschaftsküche im Synagogengebäude. Bereits wenige Tage später wurde protokolliert, „dass die Küche sich gut eingespielt hat, das Essen ist sehr geschmackvoll und auch die Zuteilung der Verpflegung als Konvaleszenten ist ausreichend, zur Zeit werden bis 50 Mitglieder verpflegt". Vom Roten Kreuz erhielt man 35 Betten, Überzüge, Küchengeschirr und von der UNRRA Kleidung und Zigaretten. Zur Kostendeckung wurde neben den Zuschüssen aus alliierten Töpfen und dem Zentralkomitee

---

[13] Eine Kopie des Gemeindebuches befindet sich in den Händen des Autors.

der befreiten Juden in München von den Gemeindemitgliedern eine Art freiwillige Gemeindesteuer abverlangt. Die Verpflegung musste mit 15 RM wöchentlich abgegolten werden. Im Protokoll wurde über Einnahmen und Ausgaben Rechenschaft abgelegt.

Für alle Neuankömmlinge legte die Vorstandschaft Karteikarten mit Namen, Geburtstag und -ort, letztem Aufenthalt und Wohnsitz naher Verwandter im westlichen Ausland oder in Palästina an. Aus dem „letzten Aufenthalt" kann in vielen Fällen eine Brücke zu den Konzentrationslagern geschlagen werden, der Hinweis auf die Verwandten lässt wiederum häufig auf das gewünschte Auswanderungsziel schließen.

Ein großer Tag für die jüdische Gemeinde war der 1. Januar 1946, als Gemeindewahlen stattfanden. Von 171 wahlberechtigten Gemeindemitgliedern gingen 135 an die im „jüdischen Heim" aufgestellten Wahlurnen. Neben den beiden Vorsitzenden, einem Sekretär und einem Kassier, einem Magazinleiter und einem Hausverwalter wurde je eine Finanz-, Kultur-, Heimstätten- und Revisionskommission gewählt. Über die Aufgaben einer ebenfalls gewählten „fachmännischen Kommission" kann man nur rätseln. Doch trotz aller Mühen um das Wohlergehen der hier lebenden Glaubensbrüder: Innerhalb der Gemeinde gab es Turbulenzen. Gemäß Protokoll vom 13. Mai 1946 trat die Verwaltung „wegen der herrschenden Lage in der Gemeinde und wegen persönlicher Beleidigungen einiger Gemeindemitglieder an die Adresse von Rabbiner Zanger" einstimmig zurück. Bereits zwei Tage später kam es zu einer „außergewöhnlichen" Sitzung unter Anwesenheit von 90% der Gemeindemitglieder. Einstimmig wurde der bisherigen Vorstandschaft das Vertrauen ausgesprochen.

Langsam normalisierte sich das Leben, ähnlich wie in den DP-Lagern erfolgte eine Vorbereitung auf eine mögliche Auswanderung nach Palästina: Von Amberg aus wurde im etwa 40 Kilometer entfernten Teublitz ein Kibbuz geschaffen, in Amberg selbst bemühte man sich erfolgreich um Englisch- und Hebräischunterricht, lehrte jüdische Geschichte und „Palästinografie". Zumindest an den hohen Feiertagen wurde eine koschere Mahlzeit geboten, die Tage der Opfer des Faschismus wurden feierlich begangen, ein jüdischer Fußballverein „Hapoel" konnte nur mäßige Erfolge aufweisen, kulturelle Arbeit begann. Größte Schwierigkeiten bereitete die berufliche Eingliederung. So befanden sich unter 290 männlichen Erwachsenen 33 berufslose und über 60 mit Berufsangabe Schneider, Stricker o.ä. Versuche, eine ehemals jüdische Kleiderfabrik in Amberg zu übernehmen, scheiterten an den Behörden. Lediglich in einem Fall gelang es 1947, von einem Amberger Fabrikanten einige Strickmaschinen zu mieten. Trotz des Überangebotes wurde ein Schneiderkurs abgehalten. Der dringend gewünschte Fahrschulunterricht konnte mangels Fahrlehrern nicht stattfinden. Bestrebungen, Geschäfte zu eröffnen oder zu übernehmen, zerschlugen sich bis auf wenige Ausnahmen meist an der fehlenden Qualifikation des Antragstellers.

Das Verhältnis von den DPs zur einheimischen Bevölkerung war nicht unproblematisch: „Die Deutschen hatten alle Gedächtnislücken – sie wollten sich nicht an das Geschehene erinnern!"[14] Doch die Voreingenommenheit war, sei es durch das Erlebte oder die nationalsozialistische Erziehung, auf beiden Seiten vorhanden. Sicher bestanden umfangreiche Kontakte, die jedoch meist aus den Wohnverhältnissen oder dem Schwarzhandel resultierten. Der Hof der Synagoge war Hauptumschlagplatz. Dabei nutzten jedoch auch nichtjüdische DPs das jüdische Umfeld aus. Über einen, der bayernweit Schwarzhandel betrieb, schrieb die Zeitung im Zusammenhang mit seiner Verurteilung „Konfession: israelitisch, orthodox und evangelisch – ein seltsamer Konfessionsdrilling?" Für mindestens ebensoviel Aufsehen sorgte der Tod eines Juden, der beim Handel mit Rauschgift ertappt von einem Polizisten in Notwehr erschossen wurde.

Motor der Amberger Gemeinde war über fast 20 Jahre Rabbiner Natan Zanger. Er soll stellvertretend für alle diejenigen, die sich um die wiederaufstrebende jüdische Gemeinde verdient gemacht haben, gewürdigt werden: Natan Zanger, DP, war am 10. Mai 1905 in Dobrzyn/Polen geboren. In Dachau hatte er seine Frau und zwei Söhne verloren. Zanger kam im Juli 1945 in das „Lungen-Sanatorium" in der Oberrealschule. In Amberg heiratete er ein zweites Mal. Zanger wird als offen, weichherzig und tolerant beschrieben. Er pflegte engen Kontakt mit dem Bürgermeister und den Geistlichen beider Konfessionen und war Fürsprecher der Armen und Schwachen gleich welcher Konfession. Er war die „Seele der Gemeinde", die unter seinem Vorsitz als mustergültige Gemeinde galt. Zanger starb am 14. September 1971, sein Leichnam wurde nach Israel überführt. Im Nachruf der Amberger Zeitung war zu lesen:

„Zanger erwarb sich große Verdienste um den Wiederaufbau der israelitischen Gemeinden in der Oberpfalz, denen er mit dem Ausbau der Amberger Synagoge und eines modernen Gemeindehauses hier ein Zentrum für das Zusammenkommen und das Zusammenleben in der Gemeinde schuf. Zanger hatte zudem hohe Achtung und Anerkennung in allen israelitischen Kultusgemeinden in der Bundesrepublik erworben, war für seine hohe idealistische Einstellung, für seine nie versagte soziale Hilfsbereitschaft bekannt, hatte uneingeschränktes Vertrauen weit über seinen oberpfälzischen Wirkungsbereich hinaus, sein Rat war oft im Bunde der israelitischen Kultusgemeinden der Bundesrepublik erbeten, sein Wort hatte überall Gewicht."

Mit Aufhebung der restriktiven Einwanderungsbestimmungen nach Palästina und den Vereinigten Staaten verringerte sich die Zahl der Juden in Amberg sehr schnell. Die Auswanderungsziele sind heute nicht mehr nachvollziehbar, doch ist bekannt, dass die Mehrheit überseeische Länder noch vor Palästina als Wunschziel angab. Etwa 40 Juden blieben vorerst oder für immer in Amberg und bildeten mit den nach 1950 Hinzugekommenen das Fundament der heutigen Gemeinde. Diese war 1989 auf unter 30 Mitglieder gesunken und damit nicht mehr lebensfähig. Durch die Zuwanderung aus den GUS-Staaten stieg ihre Zahl zeitweise auf 280 an und hat sich mittlerweile bei 200 eingependelt.

---

[14] Aussage einer inzwischen verstorbenen Displaced Person.

Abb. 42:
Rabbiner Natan Zanger.
Quelle: Jüdische Gemeinde Amberg.

RABBINER MAGNUS WEINBERG. CHRONIST JÜDISCHEN LEBENS IN DER OBERPFALZ

Von Aubrey Pomerance

Am 16. März 1951 erschien ein Artikel in der Allgemeinen Wochenzeitung der Juden in Deutschland, der an den Rabbiner Magnus Weinberg erinnerte, der knapp acht Jahre zuvor im Alter von 75 Jahren im Konzentrationslager Theresienstadt umgekommen war. Verfasst von dem aus Polen stammenden Mordechai Bernstein, der in vielen kurzen Beiträgen über Vergangenes aus Bayern berichtet hat, wird Weinberg als „bekannter Heimatforscher und Historiker" und nicht zuletzt auch als großer Rabbiner bezeichnet.[1] Mit größter Wahrscheinlichkeit gab es unter den Lesern kaum noch Menschen, denen der Name und das Wirken von Magnus Weinberg vertraut war, geschweige denn welche, die ihn persönlich gekannt haben. Denn fast sämtliche Gemeinden, in denen er als Rabbiner amtierte bzw. die unter seiner Obhut standen, waren ausgelöscht und die überwiegende Mehrzahl der im Nachkriegsbayern lebenden Juden Displaced Persons aus Osteuropa.[2] Der kurze Artikel rief einen Mann in Erinnerung, der durch seine zahlreichen lokal- und regionalgeschichtlichen Studien vor allem als Chronist jüdischen Lebens in der Oberpfalz bekannt geworden war. In vielerlei Hinsicht haben seine Arbeiten die Grundlagen gelegt, auf denen fast alle späteren Beiträge zur Geschichte der Juden in dieser Region aufbauen konnten.

Geboren wurde Magnus Weinberg 1867 im hessischen Schenklengsfeld, unweit von Fulda, als achtes Kind des Ehepaars Hirsch und Rosalie Weinberg.[3] Bereits vor seinem dritten Geburtstag starb seine Mutter bei der Entbindung von ihrem zehnten Kind, das wie fünf frühere Kinder in den ersten drei Lebensjahren gestorben ist. Der Vater, Kaufmann vom Beruf, heiratete ein Jahr später die Schwester seiner verstorbenen Frau, mit der er fünf weitere Kinder großzog. Bis zu seinem zehnten Lebensjahr besuchte Magnus die jüdische

---

[1] Mordechai Bernstein: Rabbiner Dr. Magnus Weinberg zum Gedächtnis, in: Allgemeine Wochenzeitung der Juden in Deutschland vom 16. 3. 1951, S. 13. Der Beitrag erschien in Bernsteins von Mitte 1950 bis Februar 1952 regelmäßig abgedruckter Rubrik „Lebendige Vergangenheit".

[2] Der 1905 in Bitom geborene Schriftsteller Mordechai Bernstein wurde 1940 in Wilna von den Sowjets verhaftet und nach Osten deportiert, kehrte 1946 nach Polen zurück und ging zwei Jahre später nach Deutschland. Hier blieb er drei Jahre lang und schrieb Artikel in vielen jüdischen Nachkriegszeitschriften. Nach einem 10-jährigen Aufenthalt in Argentinien ging er nach New York, wo er als Bibliothekar am YIVO arbeitete. Sein Nachlass befindet sich im Archiv der Yeshiva University.

[3] Der folgende kurze Abriss von Kindheit, Jugend, Schule und Studienzeit beruht hauptsächlich auf der gymnasialen Facharbeit von Felix Rösch: Dr. phil. Magnus Weinberg 1867–1943, Facharbeit Geschichte am Ostendorfer-Gymnasium Neumarkt in der Oberpfalz, Kollegstufe, Neumarkt in der Oberpfalz 2000.

Volksschule in Schenklengsfeld, deren Lehrer Herz Spiro, ein Schüler der
Gelnhausener Jeschiwa des Rabbiners Seckel Wormser, war. Danach ging er
nach Fulda, wo er zehn Jahre am humanistischen Kurfürstlich-Hessischen
Gymnasium verbrachte. Seine religiöse Erziehung erhielt er vom Fuldaer
Rabbiner Michael Cahn, und im Schülerverzeichnis findet sich unter der Rubrik besondere Bemerkungen die Einfügung „wollte Rabbiner werden". Nach
Erhalt seines Maturitätszeugnisses im März 1887 zog Weinberg nach Halber-
stadt, wo er mit Selig Auerbach und Rabbiner Josef Nobel studierte, offensichtlich in Vorbereitung auf das orthodoxe Rabbinerseminar von Esriel
Hildesheimer in Berlin. Im Oktober des gleichen Jahres nahm er sein Studium
an der philosophischen Fakultät der Friedrich-Wilhelm-Universität in der
deutschen Hauptstadt auf. Zu seinen Studienfächern gehörten neben Philoso-
phie, Psychologie, Pädagogik und Ethik auch die chaldäische sowie syrische
Sprache und Literatur. Sein Abgangszeugnis erhielt er im Dezember 1890.
Parallel zum Universitätsstudium studierte Weinberg am Hildesheimerschen
Rabbinerseminar, ihm wurden im Juli 1892 zehn Semester als ordentlicher
Zuhörer bescheinigt. Hier zählten Adolph Barth, Abraham Berliner, Meir
Hildesheimer und David Hoffmann zu seinen Lehrern.

Seine Promotion legte Weinberg an der Friedrichs-Universität Halle-Wit-
tenberg mit einer Arbeit unter dem Titel „Die Geschichte Josefs angeblich
verfasst von Basilius dem Grossen aus Cäsarea, nach einer syrischen Handschrift der Berliner Königlichen Bibliothek" vor.[4] Die Arbeit präsentiert den
syrischen Text dieser nacherzählten Geschichte des biblischen Josef, begleitet
von Weinbergs deutscher Übertragung. Die Dissertation stellt fest, dass die
Schrift wohl nicht wie bis dahin angenommen dem im vierten Jahrhundert lebenden Bischof und Metropolit von Kappadokien Basilius dem Grossen zuzuschreiben sei. Offen bleibt die Frage, ob es sich dennoch um eine Übersetzung
aus dem Griechischen handelt.[5] Im Januar 1893 erhielt Weinberg seine
Promotionsurkunde. Ein Beleg für seine Ordination als Rabbiner am Hildesheimerschen Rabbinerseminar ist dagegen nicht überliefert, und auch über
seine Tätigkeiten in den folgenden zwei Jahren ist wenig bekannt. Aus dieser
Zeit stammt lediglich ein Artikel, der in der Jüdischen Presse im Jahre 1893
unter dem Titel „Die Almosenverwaltung der jüdischen Ortsgemeinden im
talmudischen Zeitalter" erschien.[6]

---

[4] Magnus Weinberg: Die Geschichte Josefs angeblich verfasst von Basilus dem Grossen
aus Cäsarea, nach einer syrischen Handschrift der Berliner Kgl. Bibliothek mit Einleitung,
Uebersetzung und Anmerkungen herausgegeben, Teil I., Diss. Halle 1893.
[5] Eine kurze Rezension der Arbeit erschien in der Israelitischen Monatsschrift. Wissenschaftlichen Beilage zur „Jüdischen Presse", Nr. 7 vom 6.7.1893, S. 28: „Das Hauptver-
dienst der Arbeit besteht darin, das [sic] sie uns einen altsyrischen Text liefert im Gegensatz zu den Barhebraeus-Arbeiten der letzten Jahrzehnte."
[6] Magnus Weinberg: Die Almosenverwaltung der jüdischen Ortsgemeinden im talmudischen Zeitalter, in: Israelitische Monatsschrift. Wissenschaftliche Beilage zur „Jüdischen
Presse", Nr. 35 vom 31.8.1893, S. 35.

Seine erste Anstellung als Rabbiner erfolgte erst 1895 als Nachfolger des langjährigen Distriktrabbiners von Sulzbürg Dr. Mayer Löwenmayer, der nach 57 Jahren Amtszeit im Februar desselben Jahres verstorben war. Die zunächst auf zwei Jahre angelegte Anstellung sah vor, dass Weinberg neben seinen Verpflichtungen in Sulzbürg, dem Amtsitz des Rabbinats mit einer Mitgliederzahl von circa 125 Personen, auch die nur unwesentlich größere Gemeinde Neumarkt betreuen sollte. Zu Weinbergs vertraglich geregelten Aufgaben gehörten u. a. die Beantwortung religionsgesetzlicher Fragen, das Abhalten von Vorträgen an den Schabbaten und Feiertagen in der Synagoge, das Rezitieren des Bittgebets für die königliche Regentschaft und das samstägliche Unterrichten der Feiertagsschüler in der Religionslehre.[7] Am 5. November des Jahres wurde er durch Ministerialentschließung in sein Amt eingesetzt, vereidigt wurde er im Dezember, woraufhin er seine Antrittspredigt in der Sulzbürger Synagoge hielt:

„Großen Eindruck auf die Zuhörer machte die Festpredigt des Herrn Distrikts-Rabbiners, welche sich in erschöpfender Weise über den an diesem Tage zur Verlesung gelangten Thora-Abschnitt verbreitete, und gaben seine geistvolle Ausführungen den freudigen Beweis, daß die Distriktsgemeinde Sulzbürg-Neumarkt mit einem, von den Pflichten seines hohen Amtes tiefdurchdrungenen und mit reichem Wissen ausgestatteten Seelenhirten beglückt wurde."[8]

Bereits im Juni des folgenden Jahres nahm Weinberg Verhandlungen mit der Israelitischen Kultusgemeinde in Sulzbach auf, die ihm die Rabbinerfunktionen nach dem Tod des bis dahin zuständigen Flosser Rabbiners Israel Wittelshöfer für drei Jahre übertragen wollte. Eine Übereinkunft kam jedoch nicht zustande, da Weinberg die Weiterbenutzung eines Harmoniums in der Sulzbacher Synagoge strikt ablehnte, worauf die Gemeinde zu verzichten nicht bereit war.[9] Daraufhin schlossen die Sulzbacher einen Vertrag mit dem Bayreuther Rabbiner Salomon Kusznitzky ab, der ebenfalls die Zuständigkeit für die Gemeinden in Weiden und Floß übernahm. Die zuvor vom Flosser Rabbinat betreuten Gemeinden Amberg und Cham stellten dagegen Weinberg als neuen Rabbiner ein. Diese Vereinbarung wurde von der Regierung der Oberpfalz angefochten, die sich eine Neubesetzung des Flosser Rabbinats bzw. seiner Verlegung nach Amberg wünschte. Nach längeren Auseinandersetzungen blieb nur Amberg unter der Obhut von Magnus Weinberg, obwohl er der Einweihung der dortigen Synagoge im Dezember 1896 nicht beige-

---

[7] Der Wortlaut des vom 7.7.1895 datierten Vertrags, der auch Weinbergs Einkommen sowie die ihm zustehende Entlohnung für durchgeführte Trauungen, Verlobungen, Ehescheidungen, Leichenreden und für ausgefertigte Zeugnisse festsetzte, ist wiedergegeben bei Kurt Wappler: Dr. Magnus Weinberg, in: Mitteilungsblatt der Gemeinde Mühlhausen, Nr. 8 vom August 1984, vorletzte und letzte Seite.
[8] Der Israelit 37 (1896), S. 26.
[9] Stiftung Neue Synagoge Berlin – Centrum Judaicum, Archiv (im Folgenden: CJA), 1, 75 A, Su 1, Nr. 7, #8540, Bl. 10–15, 22–26.

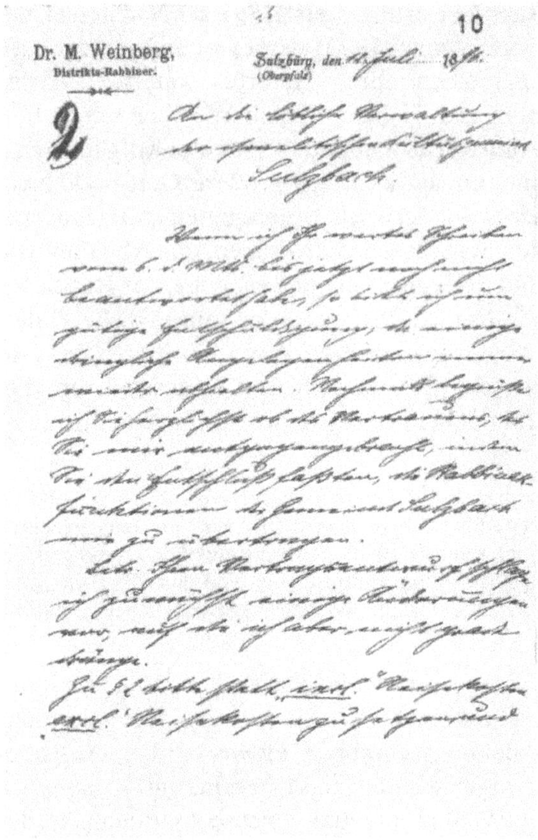

Abb. 43:
Anschreiben Weinbergs an die Verwaltung der Israelitischen Kultusgemeinde Sulzbach bezüglich einer möglichen Einstellung als Rabbiner.
Quelle: Stiftung Neue Synagoge Berlin – Centrum Judaicum, Archiv (CJA), 1, 75 A, Su 1, Nr. 7, #8540, Bl. 10.

wohnt hatte, eben weil auch darin ein Harmonium installiert wurde.[10] Dass Weinberg, getreu seiner Erziehung und seines Studiums am Hildesheimerschen Rabbinerseminar, die Sulzbürger Gemeinde auf streng orthodoxe Weise führte, spiegelt sich in einem Bericht der Zeitschrift „Der Israelit" über geeignete Sommerfrischen für orthodoxe Juden wider, in dem Sulzbürg sehr empfohlen wird: „Die Schechita und alle anderen so wichtigen religiösen Institutionen unterstehen der Aufsicht des dort selbst amtierenden Herrn Rabbiner Dr. Weinberg und ermöglichen einen unbedenklichen Aufenthalt für jeden toratreu lebenden Juden."[11]

---

[10] Zu den Vorgängen siehe Renate Höpfinger: Die Judengemeinde von Floß 1684–1942. Die Geschichte einer jüdischen Landgemeinde in Bayern, Kallmünz 1993 (Regensburger Historischen Forschungen 14), S. 198–199; Dieter Dörner: Juden in Amberg – Juden in Bayern, Pressath 2003, S. 73–76. Nachdem der Bayreuther Rabbiner Kusznitzky im Oktober 1911 in den Ruhestand trat, schlossen sich die Gemeinden Sulzbach und Cham dem Rabbinat Sulzbürg an: CJA, 1, 75 A, Su 1, Nr. 7, #8540, Bl. 95–100.
[11] Bäder und Sommerfrischen. Aus der westlichen Oberpfalz, in: Der Israelit 39 (1898), S. 799.

Im April 1898 heiratete Weinberg Judith Bamberger, Tochter des Würzburger Rabbiners Nathan Bamberger, der seinerseits Sohn des berühmten Würzburger Ravs, Seligmann Bär Bamberger, war. In den ersten Jahren der Ehe kamen drei Kinder zur Welt.

Anfang des Jahrhunderts begann Weinberg mit seinen Forschungen zur Geschichte der Juden in der Oberpfalz, wie sein erster Brief an das Königlich Bayerische Kreisarchiv Amberg vom Juni des Jahres 1900 bezeugt, in dem er Auskünfte über Akten und Urkunden zu Geschichte und Kulturverhältnissen der oberpfälzischen israelitischen Gemeinden erbittet.[12] In der Folge entstand eine fruchtbare, über dreieinhalb Jahrzehnte währende Verbindung Weinbergs mit dem Archiv, dessen Bestände zu den wichtigsten Quellen seiner historischen Studien wurden.

Die Vorliebe für die Beschäftigung mit Lokal- und Regionalgeschichte wurde von vielen deutschen Rabbinern dieser Zeit geteilt, und häufig waren sie die Ersten, die sich der Historie ihrer Gemeinden widmeten.[13] In Bayern veröffentlichte der Bamberger Rabbiner Adolf Eckstein bereits 1898 seine Geschichte der Juden im ehemaligen Fürstbistum Bamberg[14], gefolgt von der 1907 erschienenen Geschichte der Juden im Markgrafentum Bayreuth[15], während Leopold Löwenstein, Distriktsrabbiner im badischen Morsbach, eine in drei Folgen erscheinende Studie zur Geschichte der Juden in Fürth zwischen den Jahren 1909 und 1913 vorlegte[16] – all diese Schriften dienten Weinberg als Quellen für seine eigenen historischen Untersuchungen. Seine erste Veröffentlichung als Distriktsrabbiner war jedoch nicht der Geschichte einer besonderen oberpfälzischen Gemeinde gewidmet, sondern den berühmten hebräischen Druckereien in Sulzbach. Dieser Beitrag erschien 1903 im ersten Band der orthodoxen wissenschaftlichen Zeitschrift „Jahrbuch der Jüdisch-Literarischen Gesellschaft" und gilt als erste eingehende Studie zur Geschichte dieser bedeutenden und produktiven Offizinen.[17] Der erste Teil der Abhandlung schildert in chronologischer Folge die Biografien der Drucker sowie die Geschichte ihrer Druckereien und Erzeugnisse. Viel Platz wird dem zwischen

---

[12] Staatsarchiv Amberg, Altregistratur IJ-Weinberg, Brief vom 19.6.1900. Die Korrespondenz zwischen Weinberg und dem Archiv zwischen 1900 und 1936 umfasst insgesamt 71 Schriftstücke.

[13] Siehe Falk Wiesemann: Deutsche Nation und bayerische Heimat. Zum Geschichtsbewusstsein der Juden in Bayern, in: Manfred Treml/Josef Kirmeier (Hg.): Geschichte und Kultur der Juden in Bayern, München 1988 (Veröffentlichungen zur Bayerischen Geschichte und Kultur 17/88), S. 327–337.

[14] Adolf Eckstein: Geschichte der Juden im ehemaligen Fürstbistum Bamberg, Bamberg 1898.

[15] Ders.: Geschichte der Juden im Markgrafentum Bayreuth, Bayreuth 1907.

[16] Leopold Löwenstein: Zur Geschichte der Juden in Fürth, in: Jahrbuch der Jüdisch-Literarischen Gesellschaft 6 (1909), S. 153–233; 8 (1911), S. 65–213; 10 (1913), S. 1–144.

[17] Magnus Weinberg: Die hebräischen Druckereien in Sulzbach. Ihre Geschichte, ihre Drucke, ihr Personal, in: Jahrbuch der Jüdisch-Literarischen Gesellschaft 1 (1903), S. 19–203.

1755 und 1763 entbrannten Streit um den Druck des Talmuds in Sulzbach durch Meschullam Salman Fränkel eingeräumt. Der zweite Teil bietet eine Liste der Sulzbacher Drucke zwischen 1669 und 1851, die auf 539 Werke kommt. Ein überaus wichtiges Ergebnis der Studie war die Feststellung, dass der erste Sulzbacher Druck nicht wie bis dahin angenommen das 1684 durch Moses Bloch gedruckte Buch Sohar war, sondern die in jiddischer Sprache verfasste, ethisch-moralische Schrift „Lew Tow" von Isaac ben Eljakim aus Posen, gedruckt durch Isaac Kohn Jüdels im Jahr 1669. Weinbergs Beschäftigung mit den Sulzbacher Druckereien hielt jahrzehntelang an; 1923 und 1930 veröffentlichte er Verbesserungen und Ergänzungen ebenfalls im „Jahrbuch der Jüdisch-Literarischen Gesellschaft"[18] und dazwischen einen kurzen Artikel über den Sulzbacher Wandkalender für das Schöpfungsjahr 5483.[19] Zum Schluss zählte Weinberg 701 in Sulzbach erzeugte Drucke. Im Rahmen dieser Nachforschungen, die u. a. vom Münchner Rabbiner Josef Prys unterstützt wurden, kam später der wirklich erste Sulzbacher Druck zum Vorschein, das Büchlein „Birkat Hamason", ebenfalls 1669 verlegt.

Auf die Arbeit zu den Sulzbacher Druckereien folgten zwei Beiträge in der „Monatsschrift für Geschichte und Wissenschaft des Judentums", der erste über die bedrohlich gewordene Lage für die Juden in München und Amberg im November 1790 nach einem falschen Zeitungsbericht über den Ausbruch einer Pest in der Prager Judenstadt[20], der zweite über einen Sohn des Sulzbacher Druckers Ahron Fränkel, der als Denunziant und Konvertit eine sehr unrühmliche Rolle in der Geschichte spielte.[21] Die erste seiner drei Monografien zur Geschichte der Juden in der Oberpfalz wurde 1909 noch im Selbstverlag veröffentlicht. Sie behandelt den Bezirk Rothenberg mit den Gemeinden Schnaittach, Ottensoos, Hüttenbach und Forth und stellt Weinbergs umfangreichste Einzelveröffentlichung überhaupt dar. Wie Weinberg im Vorwort betont, basiert sie hauptsächlich auf ungedruckten Quellen, die er in den Kreisarchiven von Amberg und Nürnberg sowie im Schnaittacher Gemeindearchiv vorgefunden hatte. Auffallend ist die Tatsache, dass im Werk selbst die verwendeten Akten und archivalischen Quellen nirgends angegeben werden. Die Studie beschreibt eingangs die Entstehung und Entfaltung der Gemeinden seit Anfang des 16. Jahrhunderts, die Verpflichtungen der Juden den Landesherren gegenüber und die Bedingungen ihrer Ansiedlung bis zum Ende des 17. Jahrhunderts. Die folgende, in elf Kapitel geteilte Darstellung ist chronologisch nach der Amtszeit der jeweiligen Rabbiner aufgebaut und fokussiert

[18] Ders.: Verbesserungen und Ergänzungen, in: Jahrbuch der Jüdisch-Literarischen Gesellschaft 15 (1923), S. 125-155; 21 (1930), S. 319-370.
[19] Ders.: Der Sulzbacher Wandkalender für das Schöpfungsjahr 5483 (1722/23), in: Jahrbuch der Jüdisch-Literarischen Gesellschaft 17 (1925), S. 89-94.
[20] Ders.: Eine Zeitungsente aus dem Jahre 1790 und ihre Folgen, in: Monatsschrift für Geschichte und Wissenschaft des Judentums 48 (1904), S. 731-750.
[21] Ders.: Der Konvertit Friedrich Christian Christold, in: Monatsschrift für Geschichte und Wissenschaft des Judentums 50 (1906), S. 94-99.

stark auf diese Personen und deren Rabbinat. Diese spezifische Schwerpunkt-legung findet man auch in seinen späteren Studien zur Gemeindegeschichte, in denen wie hier auch viel Familiengeschichte erhalten ist.

Die Studie zum Bezirk Rothenberg erschien als Band III einer offensicht-lich von Beginn an größer geplanten Reihe zur Geschichte der Juden in der Oberpfalz. Leider hinterließ Weinberg nichts Schriftliches über das gesamte Vorhaben oder die beabsichtigte Anordnung. Erst 1927 folgten zwei weitere Abhandlungen zur Geschichte der Juden in Sulzbürg und im Herzogtum Sulz-bach, die als Band IV und V bezeichnet wurden.[22] Die Bände I und II sind dagegen nie erschienen, obwohl Weinberg 1927 eine Abhandlung der Ge-schichte der Juden in Weiden für Band II ankündigt.[23]

Weinbergs bereits in seiner Arbeit zu den Sulzbacher Druckereien ange-kündigte Absicht, der Öffentlichkeit ein Verzeichnis der auf die Juden bezüg-lichen Akten des Königlich Bayerischen Kreisarchivs Amberg zu übergeben, wurde 1911 in den „Mitteilungen des Gesamtarchivs der deutschen Juden" eingelöst.[24] Am Vorabend des Ersten Weltkriegs verfasste er eine religionsge-schichtliche Arbeit als Festschriftbeitrag zum 70. Geburtstag seines Lehrers David Hoffmann: „Die Polemik des Rabbenu Tam gegen Raschi".[25]

Wenige Monate nach Beginn des Krieges erschien eine von Weinberg nie-dergeschriebene Kriegsandacht für jüdische Frauen und Mädchen.[26] Ein-leitend erklärt er, diese Andachten auf Verlangen verschiedener Frauen nach Gebeten für die Kriegszeit niedergeschrieben zu haben. Das Büchlein enthält Bittgebete für die im Felde stehenden Gatten, Söhne und Brüder, die jeweils durch ein Psalmzitat eingeleitet werden. Den Gebeten geht eine Morgenan-dacht voran, die Weinbergs starke patriotische Haltung, die von den meisten deutschen Rabbinern geteilt wurde, klar veranschaulicht. Hier heißt es u.a. „Missgunst und Neid benachbarter Völker hat die Kriegsfackel entzündet [...] Es gilt die Hochhaltung der Ehre des Reiches, den Schutz seines Ansehens

---

[22] Ders.: Geschichte der Juden in der Oberpfalz IV: Sulzbürg, München 1927 (Schriften der Historischen Kommission des Verbandes der bayerischen israelitischen Gemeinden I); Ders.: Geschichte der Juden in der Oberpfalz V: Herzogtum Sulzbach (Sulzbach und Floss), München 1927 (Schriften der Historischen Kommission des Verbandes der bayeri-schen israelitischen Gemeinden II).

[23] Ebd., S. 3.

[24] Magnus Weinberg: Die auf Juden bezüglichen Akten des Kgl. Bayerischen Kreisarchivs der Oberpfalz, in: Mitteilungen des Gesamtarchivs der deutschen Juden 3 (1911/12), S. 85–141.

[25] Ders.: Die Polemik des Rabbenu Tam gegen Raschi, in: Simon Eppenstein/Meier Hil-desheimer/Joseph Wohlgemuth (Hg.): Festschrift zum siebzigsten Geburtstage David Hoffmann's, Berlin 1914, S. 386–420. Weinberg merkte an, dass die Vorarbeiten zu dieser Studie, in der die Polemik des Gelehrten Jakob Tam gegen die Lesarten und Auslegungen seines Großvaters Raschi zum Talmud sowie zur biblischen Exegese und Grammatik dar-gelegt wird, bereits während seines Studiums am Hildesheimerschen Rabbinerseminar in Berlin geleistet wurden.

[26] Ders.: Kriegsandacht für jüdische Frauen und Mädchen. Eine Ergänzung sämtlicher Frauenandachtsbücher (Techinotbücher), Neumarkt 1914.

und seiner Macht. [...] Hefte den Sieg an unsere Fahnen und an die der Ver-
bündeten, daß noch die spätesten Geschlechter erzählen von den Ruhmes-
taten unserer hinausgezogenen Helden."[27] Während der Kriegsjahre sah
Weinberg wie sicherlich alle Rabbiner eine besonders wichtige Aufgabe darin,
den Müttern und Ehefrauen der Soldaten Beistand zu leisten. Aus den Gemeinden seines Rabbinatsbezirks fielen elf Männer.

Während des Krieges veröffentlichte Weinberg keine wissenschaftliche Abhandlungen, neben dem Kriegsandachtbüchlein erschienen in der „Deutschen
Israelitischen Zeitung" lediglich einige Betrachtungen zur Seelsorge für die
israelitischen Kriegsgefangenen im oberpfälzischen Lager Grafenwöhr.[28] Bereits im September 1914 hatte sich Weinberg an das stellvertretende General-
kommando des III. bayerischen Armeekorps mit der Bitte gewandt, den in
Grafenwöhr inhaftierten französischen Gefangenen jüdischen Glaubens Seelsorge leisten zu dürfen und Gottesdienste abzuhalten, was ihm postwendend
genehmigt wurde.[29] In den folgenden dreieinhalb Jahren bis zur Schließung
des Lagers im März 1918 kümmerte sich Weinberg intensiv um die religiösen
Bedürfnisse der jüdischen Gefangenen, die ab 1915 zumeist aus Russland
stammten. Neben der Durchführung von Gottesdiensten bemühte sich Weinberg um Gebetsriemen, -schals und -bücher für die Internierten sowie um
Mazzot und Haggadot zum Pessachfest. Hierfür appellierte er nicht nur an die
Wohltätigkeit seiner eigenen Gemeindemitglieder, sondern gewann auch die
Unterstützung mehrerer Rabbiner und jüdischen Organisationen.

Der Niederlage des Deutschen Reichs und die damit einhergehende Auflösung der bayerischen Monarchie traf den glühenden Patrioten Weinberg besonders schwer. In einer an seine Gemeinden gerichteten Schrift vom 13. November 1918, nur zwei Tage nach Unterzeichnung des Waffenstillstandes,
versucht er Trost und Hoffnung zu geben:

„Nach mehr denn vierjährigem heldenhaften Ringen mussten wir den
Widerstand aufgeben und einen Waffenstillstand uns unterwerfen, der uns
wehrlos macht und hilflos dem Siegeswillen der Feinde ausliefert. [...] Das
deutsche Volk hat gekämpft gegen eine Übermacht von Feinden unter bei-
spiellosem Heldenmut." Er beschwört die Gemeindemitglieder, Zuversicht
aus dem Leben des Erzvaters Jakob zu schöpfen, der nach seiner Flucht von
seinem Bruder Esau auf Gott vertraute und „durch Fleiß und Strebsamkeit
sich wieder emporarbeitete. [...] Auch das deutsche Volk wird vertrauend auf

---

[27] Ebd., S. 3–4.
[28] Magnus Weinberg: Jüdische Gefangenen-Seelsorge im Lager Grafenwöhr, in: Deutsche
Israelitische Zeitung vom 29. 7. 1915, S. 2–4; vom 20. 9. 1915, S. 17–19; vom 30. 12. 1915,
S. 10f. (letzte Folge unter dem Titel: „Seelsorge für die israel. Kriegsgefangenen im Lager
Grafenwöhr"). Der erste Teil erschien bereits im Juni 1915 in der Zeitschrift „Das Jüdische Echo", S. 182–184.
[29] CJA, 1, 75 B, Su 1, Nr. 1, #9733, Bl. 1–3. Das 243 Seiten umfassende Konvolut dokumentiert eingehend Weinbergs Tätigkeit als Seelsorger für die jüdischen Gefangenen in Grafenwöhr und vielen Nebenlagern.

Abb. 44:
Spendenaufruf für die jüdischen
Kriegsgefangenen im oberpfälzi-
schen Lager Grafenwöhr.
Quelle: Stiftung Neue Synagoge
Berlin – Centrum Judaicum, Archiv
(CJA), 1, 75 B, Su 1, Nr. 1, #9733,
Bl. 25.

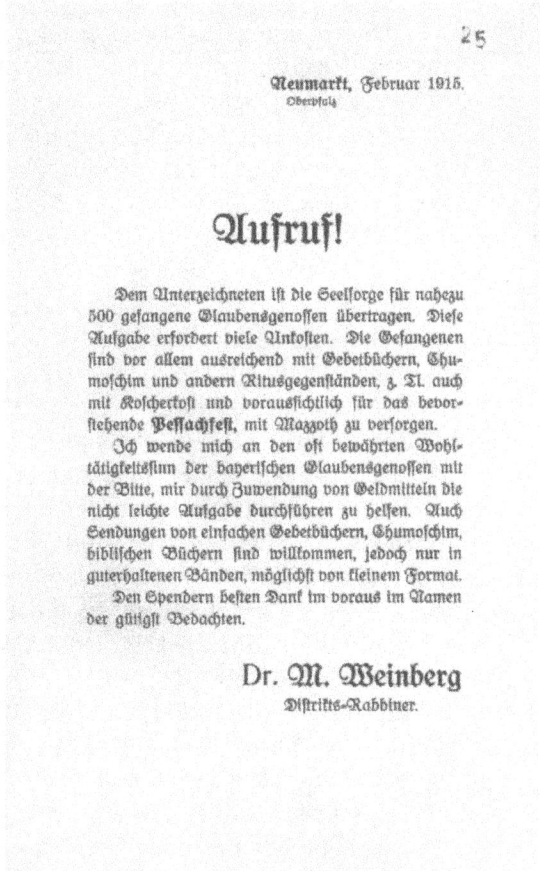

Neumarkt, Februar 1915.
Oberpfalz

Aufruf!

Dem Unterzeichneten ist die Seelsorge für nahezu
500 gefangene Glaubensgenossen übertragen. Diese
Aufgabe erfordert viele Unkosten. Die Gefangenen
sind vor allem ausreichend mit Gebetbüchern, Chumoschim und andern Ritusgegenständen, z. Tl. auch
mit Koscherkost und voraussichtlich für das bevor-
stehende Pessachfest, mit Mazzoth zu versorgen.
Ich wende mich an den oft bewährten Wohl-
tätigkeitssinn der bayerischen Glaubensgenossen mit
der Bitte, mir durch Zuwendung von Geldmitteln die
nicht leichte Aufgabe durchführen zu helfen. Auch
Sendungen von einfachen Gebetbüchern, Chumoschim,
biblischen Büchern sind willkommen, jedoch nur in
guterhaltenen Bänden, möglichst von kleinem Format.
Den Spendern besten Dank im voraus im Namen
der gütigst Bedachten.

Dr. M. Weinberg
Distrikts-Rabbiner.

G'tt den Herrn und aus seine eigene Kraft sich bald wieder erheben zu neuem
Glanze". Weinberg betont gleichzeitig die zwingende Notwendigkeit, sich der
im Werden begriffenen Regierung in Bayern „willig zu fügen und ihr mit aller
Kraft beizustehen." Seine richtige Einschätzung der Lage spiegelt sich jedoch
in seinem Schlusswunsch, Gott „möge uns Frieden im Lande bescheren und
uns bewahren vor Zwietracht und Bürgerkrieg."[30]
Im März 1919 erschien Weinbergs lokalgeschichtliche Schrift zur Geschichte der jungen jüdischen Gemeinde in Neumarkt,[31] die seit seinem Amtsantritt
in Sulzbürg 1895 unter seiner Obhut stand. Erschienen als Festgabe zur nach-
träglichen Jubiläumsfeier der Gemeinde, die wegen des Krieges im Jahr zuvor
nicht begangen werden konnte, zeichnet die Abhandlung die Entstehung und
Entwicklung der Gemeinde nach, von der Erstellung der Gemeindestatuten

[30] CJA, 1, 75 A, Su 1, Nr. 7, #8540, Bl. 106.
[31] Magnus Weinberg: Das erste halbe Jahrhundert der israelitischen Kultusgemeinde
Neumarkt Opf. Ein kurzer geschichtlicher Überblick, Neumarkt 1919.

über Bau und Einweihung der Synagoge bis hin zur Etablierung des Religions-
unterrichts und der Gründung von Wohltätigkeitsvereinen. Besonders interessant an dieser kleinen Schrift ist, dass sie Einblicke in Weinbergs eigenes
Wirken als Rabbiner dieser Gemeinde gestattet. Es geht daraus hervor, dass
er nicht selten mit Widerstand konfrontiert wurde, da die Gemeinde eine fast
gleiche Anzahl liberaler wie orthodoxer Mitglieder hatte. So konnte nach eigenem Bekunden Weinbergs die Gründung eines männlichen Wohltätigkeits-
vereins im Jahre 1905 nur gegen einigen Protest durchgesetzt werden. In seiner Schrift gestand der Rabbiner, dass diesem Verein „ein Teil der Gemeinde
allerdings noch heute abseits steht."[32] Auch die Verlegung seines Wohnsitzes
von Sulzbürg nach Neumarkt im Jahre 1910 auf Grund der zu eng gewordenen
Wohnverhältnisse – zwei weitere Kinder wurden in den Jahren 1908 und 1909
geboren – löste „starke Gegnerschaft und Erbitterung"[33] bei einem Teil der
Gemeinde aus. Dagegen hebt er seine guten Beziehung zum langjährigen Vorsteher der Gemeinde Isak Wolf hervor, der, so Weinberg, „auf religiös libe-
ralem Boden stand", aber der „sich stets seines Grundsatzes rühmte, dass er
nie dem berechtigten Wirken des religiösen Oberhauptes hindernd in den
Weg treten würde."[34] Zusammen mit Wolf hatte Weinberg einige Änderungen
der Synagogenordnung durchgeführt, so u. a. die Einführung des Jom Kippur
Katans viermal im Jahr, also dem sogenannten kleinen Versöhnungstag, der
am Vortag des Neumonds als Fast- und Versöhnungstag von Orthodoxen begangen wird. Wolf hörte allerdings 1904 als Gemeindevorsteher auf, und
Weinbergs wehmütige Reflexionen über die „einträchtige Zusammenarbeit"
deutet auf die Schwierigkeiten hin, mit denen er in den folgenden Jahren zu
kämpfen hatte. Hierzu gehörte ein Streit mit dem Gemeindevorstand im Jahre 1913 um die Bar Mizwa von Seligmann Weinberg, dem ältestem Sohn des
Rabbiners.[35] Weinberg wollte seinem Sohn die Lesung des gesamten Toraab-
schnitts an dem entsprechenden Schabbat gewähren. Dagegen wehrte sich der
Vorstand mit dem Argument, dass es in der Gemeinde Usus war, den Bar
Mizwa lediglich einen der in sieben Abschnitte geteilten Lesung vortragen zu
lassen. Ein externes Gutachten wurde vom Regensburger Rabbiner verlangt,
der sich schließlich für den Standpunkt Weinbergs aussprach. Die Schärfe
dieses Konfliktes, der selbstverständlich keine Erwähnung in Weinbergs Abhandlung über die Geschichte der Gemeinde findet, führte unterdessen zum
Rücktritt des Gemeindevorsitzenden. Die anhaltenden Auseinandersetzungen
innerhalb der Gemeinde spiegeln sich jedoch in Weinbergs Aufruf am Ende
seiner Schrift wider: „Möge weiterhin, unter Ausschluß aller persönlichen Pläne und Absichten, nur strenge Sachlichkeit die Leiter und Mitglieder der Gemeinde lenken und möge auch den religiösen und weltlichen Führern allezeit

---

[32] Ebd., S. 11.
[33] Ebd., S. 9.
[34] Ebd., S. 8.
[35] Rösch 2000 (wie Anm. 3), S. 28.

das erforderliche Vertrauen und Wohlwollen entgegengebracht werden."[36] Ein wahrlich frommer Wunsch, der sicherlich von vielen Rabbinern bis in unsere heutigen Tage geteilt wird. Trotz der offensichtlich immer wieder aufkommenden Konflikte wurde Weinbergs 25-jähriges Jubiläum als Distriktsrabbiner von Sulzbürg-Neumarkt festlich begangen:

„Nach einem feierlichen Gottesdienste und nach einer Ansprache des Herrn Kulturvorstandes Dreichlinger wetteiferten die Gemeindeangehörigen, ihrem Seelsorger ihre Glückwünsche mit ehrenden Anerkennungen zu überbringen. [...] Der Tag bot ein Bild harmonischen Gemeindelebens. Zu Ehren des Jubilars veranstalteten sämtliche Anschlussgemeinden des Distrikts eine größere Feier in Sulzbürg, zu der die Geistlichkeit, der Marktrat und außer den Gemeindemitgliedern viele Bürger erschienen waren."[37]

In Neumarkt war Weinberg auch aktiv im historischen Verein der Stadt, dessen Archiv er ab 1920 für sechs Jahre leitete.[38] 1921 veröffentlichte er einen kurzen Beitrag über eine Neumarkter Pestkiste[39] sowie eine Beschreibung der Archivbestände des Vereins.[40] Im selben Jahr brachte er im Selbstverlag eine kurze Abhandlung unter dem Titel „Der Partikel nach der Auslegung des Talmuds" heraus. Er zählte zu den Gründungsmitgliedern des örtlichen Schachclubs und war eine Zeitlang dessen erster Vorsitzender.[41]

Im Jahr 1924 erscheint im „Jahrbuch der Jüdisch-Literarischen Gesellschaft" eine von Weinbergs wichtigsten Schriften: „Untersuchungen über das Wesen des Memorbuches".[42] Hatte Weinberg bereits früher in seinen historischen Studien sowohl über die hebräischen Druckereien in Sulzbach als auch über die Geschichte der Juden im oberpfälzischen Bezirk Rothenberg verschiedene Memorbücher als Quellen herangezogen, so unternahm er hier erstmals überhaupt den Versuch, das liturgische Genre des Memorbuchs in seiner Gesamtheit zu erörtern: seine Entstehungs- und Entwicklungsgeschichte, seinen Aufbau, seine Verwendung im Gottesdienst und seinen Stellenwert in der religiösen Literatur. Alle Bestandteile der Memorbücher werden ausführlich erläutert: die liturgischen Gebete, das allgemeine und lokale Nekrologium sowie das Martyrologium, aus dem die Memorbücher überhaupt her-

---

[36] Weinberg 1919 (wie Anm. 31), S. 12.
[37] Der Israelit, Jg. 61, Nr. 49 vom 9. 12. 1920, S. 6.
[38] Bereits im Jahresbericht des Historischen Vereins für Neumarkt in der Oberpfalz und Umgebung für die Jahre 1912/1913 (= Band 6) erschien ein Artikel von Magnus Weinberg: Erinnerungen an die Grafen von Wolfstein zu Sulzbürg im historischen Museum zu Neumarkt i. O., S. 3–13.
[39] Ders.: Die Neumarkter Pestkiste, in: Daheim (Beilage zum Neumarkter Tagblatt), Nr. 12 von 1921.
[40] Ders.: Repertorium des Archivs des Historischen Vereins für Neumarkt/Opf. und Umgebung, in: Jahresbericht des Historischen Vereins für Neumarkt in der Oberpfalz und Umgebung 8 (1918/20), S. 3–20.
[41] Rösch 2000 (wie Anm. 3), S. 31.
[42] Magnus Weinberg: Untersuchungen über das Wesen des Memorbuches, in: Jahrbuch der Jüdisch-Literarischen Gesellschaft 16 (1924), S. 253–320.

vorgegangen sind. Energisch argumentiert Weinberg, dass das älteste bekannte Memorbuch oder wie er es nennt, das Urmemorbuch, nicht der Gemeinde Nürnberg zuzuschreiben sei, wie der Mainzer Rabbiner und Herausgeber dieser Handschrift Siegmund Salfeld es in seiner bereits 1898 veröffentlichten Edition tat[43], sondern in Mainz selbst entstanden ist. Die Diskussion wird bis in unsere Tage hinein geführt, auch wenn heute die mehrheitliche Meinung doch Nürnberg als Entstehungsort der Handschrift sieht, deren Wurzeln aber ins Rheinland zurückreichen. Weinbergs dennoch als wegweisend zu bezeichnende Analyse enthält zudem Beschreibungen von 29 fast ausschließlich aus bayerischen Gemeinden stammenden Memorbüchern.

Die eingehende Beschäftigung Weinbergs mit den Memorbüchern begleitete ihn über anderthalb Jahrzehnte. 1926 veröffentlichte er eine allgemeine Abhandlung zum Thema in der „Bayerischen Israelitischen Gemeindezeitung"[44], ein Jahr später erschien im „Jahrbuch der Jüdisch-literarischen Gesellschaft" ein Aufsatz über das Memorbuch von Hagenbach, das vor allem durch sein umfangreiches Martyrologium bemerkenswert ist.[45] Die Memorbücher von Sulzbürg, Sulzbach sowie anderen Gemeinden dienten ihm als wichtige Quellen für die ebenfalls 1927 veröffentlichten Fortsetzungsbände seiner Geschichte der Juden in der Oberpfalz. Eine wiederum populäre Abhandlung über das Memorbuch erschien 1928 in der Zeitschrift „Menorah".[46] Darüber hinaus hat Weinberg in diesen und den folgenden zehn Jahren zahlreiche weitere Memorbücher bayerischer Gemeinden untersucht und später in seinem großen und zuletzt veröffentlichtem Werk „Die Memorbücher der jüdischen Gemeinden in Bayern" erläutert, auf das noch gesondert eingegangen wird. Unter den Veröffentlichungen Weinbergs in der zweiten Hälfte der 1920er Jahre ist vor allem seine Beschreibung der hebräischen Handschriften der Landesbibliothek Fulda hervorzuheben.[47]

Im Frühjahr 1931 erfolgte der dritte Umzug Weinbergs als Rabbiner in der Oberpfalz. Auslöser dafür war die Vereinigung des Rabbinats Regensburg mit dem von Neumarkt nach der Amtsniederlegung des Regensburger Rabbiners Harry Levy. Den Amtssitz des neuen Bezirksrabbinats verlegte Weinberg nach Regensburg, der größten jüdischen Gemeinde der Oberpfalz mit etwa 450 Mitgliedern. Dem Rabbinat Regensburg-Neumarkt zugehörig war nun-

---

[43] Sigmund Salfeld: Das Martyrium des Nürnberger Memorbuches, Berlin 1898 (Quellen zur Geschichte der Juden in Deutschland 3). Salfeld hatte zwei Jahre zuvor die beiden Nekrologien des Memorbuchs in deutscher Übersetzung in der von Moritz Stern herausgegebenen Studie „Nürnberg im Mittelalter" veröffentlicht (S. 95–205).

[44] Magnus Weinberg: Das Memorbuch, in: Bayerische Israelitische Gemeindezeitung 1 (1926), S. 113–120.

[45] Ders.: Das Memorbuch von Hagenbach, in: Jahrbuch der Jüdisch-Literarischen Gesellschaft 18 (1927), S. 203–216.

[46] Ders.: Memorbücher, in: Menorah 6 (1928), S. 697–708.

[47] Ders.: Die hebräischen Handschriften der Landesbibliothek Fulda, in: Jahrbuch der Jüdisch-Literarischen Gesellschaft 20 (1929), S. 273–296.

mehr die Mehrzahl der jüdischen Gemeinden in der Oberpfalz, darunter Amberg, Cham, Floß, Straubing, Sulzbach, Sulzbürg und Weiden.

Die Regensburger Gemeinde war Weinberg gewiss nicht unbekannt: Hier hatte er bereits 1912 die Festansprache bei der Einweihung der neuen Synagoge gehalten und im Jahr 1926 die Erweiterung des Gemeindefriedhofs eingeweiht. In Regensburg hat er es wieder mit einer Gemeinde zu tun, deren Mitglieder in ein orthodoxes und ein liberales Lager gespalten waren. Schon im ersten Jahr nach seinem Amtsantritt übernahmen die Liberalen den Vorsitz der Gemeinde. Die inneren Differenzen wurden aber zunächst durch die schweren Repressalien überdeckt, denen alle Juden der Stadt nach der Machtübernahme der Nationalsozialisten ausgesetzt waren. Bereits am 30. März 1933 wurden über 100 Mitglieder der Gemeinde einen Tag lang inhaftiert, darunter Magnus Weinberg und sein Sohn Joseph.[48] Unmittelbar danach folgten der Boykott jüdischer Geschäfte sowie die Entlassung zahlreicher Juden aus öffentlichen Einrichtungen. Somit war Weinberg – wie alle deutsche Rabbiner – in kürzester Zeit mit einer völlig veränderten Situation konfrontiert. Er musste sich sowohl um die Freilassung inhaftierter Juden aus der Gemeinde als auch um die neuen Nöte zahlreicher Mitglieder kümmern. In der einsetzenden ersten Welle der Auswanderung Regensburger Juden verließen bis Ende 1933 108 Gemeindemitglieder die Stadt.[49] Außerdem kam es zu schwerwiegenden Konflikten zwischen Weinberg und dem Vorstand. So lehnte er im April 1934 einen Antrag auf die Abhaltung von Konzerten weltlicher Musik in der Synagoge ab, tat dies aber in seiner gewohnt zuvorkommenden Art: „So sehr ich mit Ihren Bestrebungen sympathisiere, so verbietet es mir doch das Verantwortungsgefühl, meine Einwilligung zur Benutzung der Synagoge für nicht rein religiöse Zwecke zu geben, insbesondere nicht für Instrumental- und Vokalkonzerte profaner Art".[50] 1935 konnte er aber die Umwandlung des Betsaals der Synagoge in einen Turnsaal nicht verhindern, woraufhin der Betsaal in einem Hilfsraum unter dem Dach eingerichtet wurde. Auch wurde, ohne ihn zu fragen, die Mikwe der Gemeinde in einen Duschraum für die Mitglieder des Israelitischen Turn- und Sportvereins verwandelt. Diese Entwicklungen deuten auf einen starken Weggang der frommgesinnten Gemeindemitglieder, und die Kränkungen, die der Rabbiner hat hinnehmen müssen, kommen in einem verbitterten, vor seinem Ausscheiden verfassten Brief an den ersten Vorsitzenden der Gemeinde zum Ausdruck:

„Die Inbetriebnahme des vorgesehenen Hilfraums erscheint mir unmöglich. Er ist tatsächlich unwürdig; schiefe Wände, fast vollständig mangelndes Tageslicht und bedrückende Enge lassen keine gttesdienstliche Stimmung aufkommen. [...] Ich höre, dass die unver-

[48] Siegfried Wittmer: Regensburger Juden. Jüdisches Leben von 1519 bis 1990, Regensburg ²2002 (Regensburger Studien und Quellen zur Kulturgeschichte 6), S. 278.
[49] Ebd., S. 283.
[50] Central Archives for the History of the Jewish People (im Folgenden: CAHJP), A 164, Brief von Weinberg an Dr. Eisemann vom 8. 4. 1934.

zeihliche Umwandlung des Ritualbades in einen Duscheraum noch besteht. Die Konsequenz wäre die Erstellung eines neuen Ritualbades, wenn nicht ein besonderer Duscheraum gebaut werden will. Man möge den Ernst der oben vorgetragenen Bedenken
erkennen."[51]

Die geschilderten Vorfälle und die damit einhergehende Missachtung seines
Amtes bilden sicherlich den Grund dafür, dass Weinbergs 40-jähriges Dienst-
jubiläum nach eigenem Wunsch „und im Einvernehmen mit den Vertretern
des Rabbinatsbezirks [...] ohne jede äußere Festlichkeit begangen" wurde.[52]
Angesichts der zahlreichen Schwierigkeiten und Belastungsproben, die seine
Amtszeit als Rabbiner in Regensburg begleiteten, überrascht es auch nicht,
dass er in dieser Zeit außer drei kurzen Artikeln nichts publiziert hat.[53]

Am 31. Dezember 1935 trat Weinberg im Alter von 68 Jahren in den Ruhestand und zog mit seiner Frau in deren Geburtsstadt Würzburg. Hier widmete
er sich seiner letzten großen Studie: „Die Memorbücher der jüdischen Gemeinden in Bayern", die dank der finanziellen Unterstützung des Verbands
bayerisch-israelitischer Gemeinden in zwei Lieferungen 1937 und 1938 im
Verlag S. Neumann in Frankfurt am Main erscheinen konnte. Die beiden Bände bilden die letzte Veröffentlichung über Memorbücher, die in NS-Deutsch-
land noch zum Druck kam. In dieser seiner Frau gewidmeten Arbeit werden
insgesamt 50 fränkische Memorbücher in allen ihren Bestandteilen beschrieben, nur eine kleine Zahl hiervon sind Handschriften, die Weinberg bereits in
seinen Untersuchungen über das Wesen des Memorbuchs aufgenommen
hatte. Eingeleitet wird die Studie von konzisen Erläuterungen zum Genre,
welche die langjährigen Forschungen Weinbergs zusammenfassen. Die Wiedergabe der Nekrologien erfolgt wie in seinen früheren Abhandlungen fast ausschließlich auf Deutsch und ist meist auf die Namen und Sterbedaten der ver-
zeichneten Verstorbenen begrenzt. Begründet wird dies folgendermaßen:
„Selbstverständlich bringen wir die Einträge nicht unter Wiedergabe des originalen Textes. Das wäre ein Unternehmen, das allein schon am Kostenpunkte
scheitern und bei dem Einerlei der sich gleichbleibenden herkömmlichen
Floskeln auch keinerlei Interesse erwecken würde."[54] Nur vereinzelt werden
auffallend abweichend bzw. für bedeutende Persönlichkeiten verfasste Einträge vollständig in Hebräisch wiedergegeben. Weitere Anmerkungen und

---

[51] CAHJP, A 164, Brief vom 28.12.1935.
[52] Bezirksrabbiner Dr. M. Weinberg 40 Jahre im Amt, in: Bayerische Israelitische Gemeindezeitung 9 (1935), S. 462.
[53] Magnus Weinberg: Memorbücher in den unterfränkischen Kultusgemeinden, in: Bayerische Israelitische Gemeindezeitung 5 (1931), S. 73; Ders.: Eine literarische Entdeckung.
Bericht eines jüdischen Zeitgenossen aus den letzten Jahren der im Jahre 1519 vertriebenen jüdischen Gemeinde Regensburg, in: Deutsche Israelitische Zeitung vom 6.8.1931,
S. 1f.; Ders.: Das ritterschaftliche Oberlandesrabbinat Würzburg [1748–1809], in: Würzburger Nachrichtenblatt 1935, S. 34f.
[54] Ders.: Die Memorbücher der jüdischen Gemeinden in Bayern, Frankfurt a. M. 1937,
S. 17.

Abb. 45:
Weinbergs letzte Veröffentlichung: „Die Memorbücher der
jüdischen Gemeinden in Bayern".
Quelle: Privatbesitz Aubrey Pomerance.

Hinweise zu einzelnen Verstorbenen werden gelegentlich eingestreut, sowie
einige längere Exkurse zur Geschichte der Juden mancher Orte. Häufiger
dagegen sind Weinbergs hilfreiche Betrachtungen zu den Besonderheiten der
einzelnen Handschriften. Mit der Veröffentlichung sollte nach Weinberg „eine
Geschichtsquelle eröffnet und der Geschichts- und insbesondere Familienfor-
schung zur Verfügung gestellt werden. [...] Wir selbst begnügten uns gelegentlich durch eingestreute Notizen oder Literaturhinweise die Ausbeute der
Quelle etwas zu erleichtern, die volle Auswertung selbst den Historikern
überlassend."[55]

Die immer schwieriger werdende Lage jüdischer Forscher spiegelt sich in
einer vom Nürnberger Rabbiner a.D. Max Freudenthal verfassten Rezension
zur ersten Lieferung wider.[56] Aus Anlass von Weinbergs 70. Geburtstag, der
als ausgewiesener Fachmann auf dem Gebiet bezeichnet wird, wünschte ihm
Freudenthal, dass es ihm „vergönnt sei, die Herausgabe der bayerischen Me-

---

[55] Ebd.. S. 18.
[56] Max Freudenthal: Rezension: M. Weinberg: Die Memorbücher der jüdischen Gemeinden in Bayern [...], in: Zeitschrift für die Geschichte der Juden in Deutschland 7 (1937).
S. 121–123.

morbücher bis zum Abschluß durchführen zu können." Weinbergs Einleitung zur zweiten Lieferung enthält keinen eindeutigen Hinweis darauf, ob er selbst die Sammlung für abgeschlossen hielt. Aber angesichts der Tatsache, dass er die Gesamtzahl bayerischer Memorbücher auf 150 schätzte und im ersten Band von weiteren Lieferungen sprach, können wir davon ausgehen, dass er an eine Fortsetzung der Arbeit gedacht hat. Dies wird einerseits unterstrichen durch seine Erwartung, dass „immer wieder neue Memorbücher auftauchen werden", und andererseits durch seine Hoffnung, dass ihm noch nicht gesichtete Memorbücher von den jeweiligen Gemeinden überlassen werden.[57]

Während seiner Arbeit an den bayerischen Memorbüchern erlebten Weinberg und seine Frau die zunehmende Verschärfung von Maßnahmen gegen die jüdische Bevölkerung Würzburgs, die begleitet wurde von einer ständigen Verkleinerung der Gemeinde, die beim Zuzug des Ehepaars noch 2200 Mitglieder hatte. Die Verfolgungen erreichten einen ersten Höhepunkt mit dem Novemberpogrom von 1938, bei dem die Synagoge und das bekannte Lehrerseminar verwüstet, jüdische Geschäfte, Häuser und Wohnungen geplündert und zerstört und zahlreiche Gemeindemitglieder festgenommen und in die Konzentrationslager Buchenwald und Dachau interniert wurden. Letzteres Schicksal blieb Magnus Weinberg erspart, nicht aber dem amtierenden Rabbiner der Gemeinde, Siegmund Hannover, der gezwungen wurde, nach seiner Entlassung Deutschland zu verlassen. Seine Stelle übernahm schließlich Weinberg, der dann als letzter Rabbiner Würzburgs die Gemeinde bis zu ihrer Auflösung in September 1942 begleitete.

Einige Details über die Lebensumstände Weinbergs sind seiner Personalakte bei der Würzburger Gestapo zu entnehmen, welche zum Teil von H. G. Adler in seinem 1974 erschienenen epochalen Werk „Der verwaltete Mensch" wiedergegeben wurden.[58] Daraus geht hervor, dass Weinbergs Post bereits im Jahre 1937 überwacht wurde, was jedoch, wie Adler feststellt, „eine bedeutungslose Episode" blieb. Im November 1939, also schon längere Zeit nach seiner Übernahme des Rabbineramtes, wurde ein Telefongespräch abgehört, welches Weinberg mit dem Hamburger Rabbiner Josef Carlebach führte und in dem Hebräisch und angeblich auch Englisch gesprochen wurde. Es folgte eine Vorladung Weinbergs zu Gestapo, bei der er zu Protokoll gab, dass es sich bei dem Gespräch um die Beisetzung der Asche (hebräisch *efer*) eines im

[57] Weinberg 1937 (wie Anm. 54), S. 18. Neben seiner Arbeit über die bayerischen Memorbücher hatte Weinberg in Würzburg auch das Friedhofsbuch von Allersheim transkribiert und mit einer vom 21.6.1938 datierten Einleitung versehen, einen Hinweis, den ich Michael Schneeberger, Leiter des Ephraim Gustav Hoenlein Genealogie Projektes der Ronald S. Lauder Foundation in der jüdischen Gemeinde Würzburg, verdanke. Als Typoskript ist die Transkription in der Jacob Jacobson Collection des Leo Baeck Institute Archivs überliefert und in der Dependance des Archivs am Jüdischen Museum Berlin zugänglich: LBIJMB MF 447, Reel 13, III 1.
[58] H. G. Adler: Der verwaltete Mensch. Studien zur Deportation der Juden aus Deutschland, Tübingen 1974, S. 859–864.

Konzentrationslager Sachsenhausen gestorbenen Juden gedreht habe. Der Behauptung, dass das Gespräch mit dem Satz „Dann kommt die Rache" beendet wurde, begegnet Weinberg mit der Erklärung, dass er zum Schluss *rachemonen lizlon* gesagt habe, also das aramäische „Gott mögen uns bewahren". Aus den Verhöraufzeichnungen geht weiter hervor, dass alle fünf Kinder des Ehepaars Weinberg bereits im Ausland lebten, drei davon in England sowie je eines in Rotterdam und Brüssel. Über diese beiden, mit denen er im Briefverkehr stand, konnte er auch begrenzten Kontakt zu den in England wohnenden Kindern aufrechterhalten. Abschließend gibt Weinberg zur Kenntnis, dass er sehr zurückgezogen lebe und außer seiner in Würzburg wohnenden Schwester keine Gesellschaft habe. Die zwei Tage später erfolgte Durchsuchung der Wohnung des Rabbiners brachte keine Anhaltspunkte für eine staatsfeindliche Tätigkeit.

Dass Weinberg sich um die Emigration nach Palästina bemüht hat, ist der Personalakte ebenfalls zu entnehmen, nähere Einzelheiten gehen daraus aber nicht hervor. Nachdem er schon einmal zum Umziehen gezwungen worden war, hoffte er, mit einer Bittschrift an die Gestapo vom Mai 1940 einer nochmaligen Verlegung seines Wohnsitzes auszuweichen. Infolge der Zwangsumsiedlung aller Würzburger Juden Anfang 1942 in sogenannte Unterkunftshäuser mussten jedoch auch die Weinbergs ihre Wohnung schließlich aufgeben.

Das Ausmaß der Schikane, der der Rabbiner ausgesetzt war, zeigt sich auch in der Ablehnung des Wunsches Weinbergs, seine literarischen Werke einem in Holland lebenden Enkel zu seiner Bar Mizwa zum Geschenk zu machen. Hier hieß es, dass die „zur Ausfuhr bestimmten Schriften und Bücher größtenteils der Erforschung der Judenfrage dienen können". Die Schriften wurden beschlagnahmt und dem Sicherheitsdienst Abschnitt Würzburg übergeben. Weinberg selbst hat in seinen letzten Würzburger Tagen verschiedene, von der Gestapo beschlagnahmte jüdische Gemeindearchive geordnet. Ob er sich in irgendeiner Form an der heimlichen Vergrabung von 25 Torarollen auf dem jüdischen Friedhof wenige Tage vor der Auflösung der Gemeinde beteiligt hat, ist nicht bekannt.[59]

Am 22. September 1942 hörte die jüdische Gemeinde Würzburg offiziell auf zu existieren. Am selben Tag verfasste Rabbiner Weinberg eine letzte Nachricht an seinen in Chicago lebenden Bruder Siegfried: „Lieber Bruder! Sind gesund. Verlassen morgen Würzburg und fahren mit Eppsteins nach Theresienstadt und hoffen dort Hermann zu treffen. Gruß an Seligmann und andere Verwandte."[60] Dieser Rot-Kreuz-Brief wurde beschlagnahmt und gelangte in die Personalakte der Würzburger Gestapo. Am 23. September zählten Magnus Weinberg und seine Frau zu den 562 Personen, die nach Theresienstadt deportiert wurden. Judith Weinberg, geborene Bamberger, starb dort am 28. De-

---

[59] Roland Flade: Die Würzburger Juden. Ihre Geschichte vom Mittelalter bis zur Gegenwart, Würzburg ²1996, S. 357.
[60] Adler 1974 (wie Anm. 58), S. 864.

Abb. 46:
Rabbiner Magnus Weinberg.
Quelle: Yad Vashem Archiv, Jerusalem.

MAGNUS WEINBERG

zember 1942, Magnus Weinberg am 12. Februar 1943. Ihr Sohn Joseph wurde
im April des gleichen Jahres in Belgien auf einem Transport nach Auschwitz
erschossen, die in die Niederlande ausgewanderte Tochter Rosalie kam mit
ihrem Ehemann und zwei ihrer vier Kinder in Bergen-Belsen um. Auch die
Schwester von Magnus Weinberg, Zerline Eppstein, mit der er deportiert wurde, sowie sein Halbbruder Hermann starben in Theresienstadt.

Von Magnus Weinberg gibt es keinen Nachlass, sein Vermächtnis besteht
ausschließlich aus seinen veröffentlichten Schriften. Seit etwa 25 Jahren werden seine Forschungen zur Geschichte der Juden in der Oberpfalz von anderen fortgesetzt, zum Teil in viel breiterer und detaillierter Weise, doch beinahe
jede Veröffentlichung auf diesem Gebiet weist auf seine Arbeiten hin. Auch
das Memorbuch als wichtiges liturgisches Genre und historische Quelle ist
wiederentdeckt worden und wird zunehmend erforscht. Sein Artikel von 1926
über das Memorbuch wurde 1999 vom Jüdischen Museum Franken erneut
veröffentlicht[61], und neuere Arbeiten zum Themen stützen sich vielfach auf
seine wegweisende Studien.

---

[61] In: Bernhard Purin (Hg.): Buch der Erinnerung. Das Wiener Memorbuch der Fürther
Klaus-Synagoge, Fürth 1999, S. 9–26.

Durch sein 40-jähriges Wirken wurde Magnus Weinberg letztlich selbst zu einer wichtigen Gestalt innerhalb der Geschichte der Juden in der Oberpfalz, deren Erforschung er sich sein Leben lang gewidmet hat. Als orthodoxer Rabbiner in und für Gemeinden mit einem Großteil liberal gesinnter Mitglieder hatte er aber einen schweren Stand. Schließlich war Weinberg bereits bei seinem ersten Amtseintritt in Sulzbürg ein Rabbiner von sich im Niedergang befindlichen jüdischen Gemeinden, erst durch die fortgesetzte Abwanderung von Mitgliedern der Landgemeinden in die Großstädte, gefolgt von den Auswanderungen in der NS-Zeit und zuletzt durch die Vernichtung jüdischen Lebens in Deutschland, der er selbst zum Opfer fiel. *Jiskor elohim et nischmato*: Möge Gott seiner Seele gedenken.

DIE JUDEN IN REGENSBURG 1861–1933[1]

Von Jakob Borut

1. Bis zum Ersten Weltkrieg

Die moderne Geschichte der jüdischen Gemeinde in Regensburg beginnt am 10. November 1861, dem Tag der Aufhebung der Judenmatrikel in Bayern, auf den die Abschaffung der weiteren bis dahin geltenden gesetzlichen Einschränkungen die Juden betreffend folgte. Die Juden wurden damals – zumindest von Amts wegen – zu gleichberechtigten Staatsbürgern. Nach der Abschaffung der Judenmatrikel, die das Wohnrecht der Juden an einem Ort auf eine bestimmte Zahl begrenzt hatten, begannen die Juden in hoher Zahl aus dem Umland nach Regensburg zu ziehen. Innerhalb von gerade einmal zwei Jahren wuchs die jüdische Gemeinde, die sich 1861 aus 17 Familien (circa 150 Personen) zusammengesetzt hatte, auf knapp das Doppelte dieser Mitgliederzahl: 1863 verzeichnete die Gemeinde schon 227 Mitglieder und wuchs weiterhin beständig, so dass sie 1870 bereits 430 Mitglieder umfasste, 1880 waren es 675.[2]

Im Gegensatz zu den meisten anderen städtischen jüdischen Gemeinden in Bayern und Deutschland stagnierte das Wachstum der Regensburger Gemeinde – genau wie die wirtschaftliche Entwicklung der Stadt Regensburg selbst – bereits zu Beginn der 1880er Jahre. Während in den meisten Städten in dieser Zeit der Geburtenrückgang, der für die städtische jüdische Bevölkerung charakteristisch war, durch den Zuzug vom Land mehr als kompensiert wurde, und sich so die Anzahl der Juden in der Stadt nach wie vor erhöhte, war dies in Regensburg nicht der Fall: Die höchste Mitgliederzahl verzeichnete die Gemeinde 1880. Zehn Jahre später, 1890, war die Anzahl der Mitglieder auf 585 zurückgegangen, 1910 waren es nur noch 493.[3]

---

[1] Die Hauptquellen für diesen Beitrag sind Siegfried Wittmer: Regensburger Juden. Jüdisches Leben von 1519 bis 1990, Regensburg 1996; Yad Vashem Archiv: PKG file Regensburg; Pinkas Hakehillot (Handbuch der Gemeinden) Germany – Bavaria, Jerusalem 1972 (in Hebräisch. Im Folgenden: PKG volume); Das Regensburger Gemeindearchiv in den Central Archives for the History of the Jewish People (im Folgenden: CAHJP) in Jerusalem; Artikel aus der Deutsch-Jüdischen Presse und Informationen, die von Dr. Andreas Angerstorfer bereitgestellt wurden. Der Autor dankt Dr. Andreas Angerstorfer für die Bereitstellung von Informationen und bibliographischen Angaben für diesen Beitrag.
[2] PKG volume, S. 178, PKG file Regensburg II; Wittmer 1996 (wie Anm. 1), S. 184. Für 1861 vgl. auch Isaak Meyer: Zur Geschichte der Juden in Regensburg: Gedenkschrift zum Jahrestage der Einweihung der neuen Synagoge nach handschriftlichen und gedruckten Quellen, Berlin 1913, S. 81.
[3] PKG volume, S. 178; PKG file Regensburg II.

Juden und das gesellschaftliche Umfeld

Im Zeitalter der Moderne wagten deutsche Juden in wachsender Zahl den Schritt aus der Isolation, aus den (manchmal unsichtbaren) Mauern des Ghettos heraus und fanden Aufnahme in den Teilen der bürgerlichen Gesellschaft, die bereit waren, sie zu akzeptieren. Dieser Prozess, der sich im 18. und frühen 19. Jahrhundert überwiegend in den großen Städten vollzog, erreichte im Laufe des 19. Jahrhunderts allmählich auch die kleineren Städte, wie Regensburg, wo die Juden in die Kreise des Bürgertums aufgenommen und Teil der örtlichen Gesellschaft wurden.

Der Antisemitismus war in Regensburg nicht sehr signifikant. Der Regierungspräsident berichtete, dass „eine antisemitische Bewegung unter der Bevölkerung nicht zu vernehmen" sei. Im Oktober 1895 nahmen 250 Personen an einer Versammlung der Antisemitischen Volkspartei teil,[4] was belegt, dass es eine potentielle Basis für die Unterstützung einer solchen Partei gab. Aber antisemitische Organisationen entwickelten in Regensburg keine weiteren nennenswerten Aktivitäten. Im Allgemeinen lehnte die Katholische Kirche in Deutschland die antisemitische Bewegung ab – obwohl sie den Juden gegenüber besonders deshalb außerordentlich kritisch eingestellt war, weil diese den Liberalismus und die Moderne[5] unterstützten –, und so kam es, dass Antisemitismus in besonders katholisch geprägten Städten weniger offen existierte. In Regensburg stellten sich führende Geistliche damals eindeutig gegen den Antisemitismus. So nahm zum Beispiel Bischof Antonius von Hehnle in einem offenen Brief gegen die Blutbeschuldigung von 1913 Stellung.[6]

In der Tat waren die Juden in Regensburg gut in das öffentliche Leben der Stadt integriert. Als der Prinzregent 1902 für die feierliche Aufstellung eines Denkmals in Erinnerung an den bayerischen König Ludwig I. nach Regensburg kam, gehörte der Rabbiner der örtlichen Gemeinde neben dem katholischen Bischof und dem protestantischen Dekan zu den geladenen Gästen.[7] Als Bischof von Hehnle 1907 feierlich in sein Amt eingeführt wurde, waren Rabbiner Seligmann Meyer und der jüdische Lehrer eingeladen, und der Rabbiner hielt sogar eine Rede, um den neuen Bischof zu begrüßen.[8]

Juden hatten Führungsrollen in der Wirtschaft der Stadt Regensburg inne. Einige – wie David Funk, dem eine große Kalk- und Zementfabrik gehörte – waren in die Industrie eingebunden. Andere beteiligten sich bei der Entwicklung einer ökonomischen Infrastruktur. Beispielhaft sei an dieser Stelle der Holzhändler Simon Maier Loewi genannt, der eine führende Rolle bei der Initiative einnahm, die sich schon 1845 für die Floßbarmachung des Regens ein-

[4] Wittmer 1996 (wie Anm. 1), S. 218 (über den Bericht und das Treffen).
[5] Olaf Blaschke: Katholizismus und Antisemitismus im Deutschen Kaiserreich, Göttingen 1997.
[6] Deutsche Israelitische Zeitung, Jg. 44, Nr. 21 vom 21.10.1927, S. 5.
[7] Wittmer 1996 (wie Anm. 1), S. 219.
[8] Deutsche Israelitische Zeitung, Jg. 44, Nr. 21 vom 21.10.1927, S. 5.

setzte, und der auf eigene Kosten den Koltersbach regulierte, was ihm ermöglichte, Baumstämme der nahe gelegenen Wälder über diese Flüsse zu seinen Kunden zu bringen.[9] Den größten Beitrag zur Wirtschaft in Regensburg leisteten die Juden jedoch durch den Handel. Sie hatten führende Positionen beim Hopfen- und Viehhandel, im Handel mit Kleidung und Textilien, genau wie im Bankwesen und in den Warenhäusern inne. 1888 wurden zwei Filialen der Tietz Kaufhaus-Kette von Israel Hirschfeld aus Birnbaum in Preußen gegründet. Tietz entwickelte sich zum größten Kaufhaus in Regensburg.

Abgesehen von Tietz existierten in Regensburg im Jahr 1903 64 Geschäfte[10], die im Besitz von Juden waren. Die folgende Tabelle zeigt die bedeutenden Geschäftszweige:

Geschäftszweige von Regensburger Juden

Branche	Anzahl der Geschäfte	Anmerkungen
Kleidung, Textilwaren und verwandte Produkte	22	17 Kleidungs- und Textilgeschäfte, 2 Pelzhandlungen, 2 Lederhandlungen und ein Schuhwarenlager
Lebensmittel	7	2 Handelsbetriebe für Getreide, Mehl und Landprodukte, 3 Wein- und Spirituosenhandlungen, 2 Metzgereien
Viehhandel und verwandtes Gewerbe	5	3 Viehhändler 2 Häute-, Fell- und Darmgeschäfte
Tabak, Zigaretten und Rauchwaren	4	
Metalle und Alteisen	3	
Hopfenhandel	3	Einer der Händler besaß (und betrieb) zudem eine Bierbrauerei.
Bankgewerbe	5	

Besonders bemerkenswert ist die Rolle und Bedeutung, welche die Juden im Bereich des Bankgewerbes einnahmen. Der prominenteste unter den jüdischen Bankiers war Max Weinschenk, der 1883 die königliche Filialbank leitete und 1903 seine eigene Bank besaß.

Vier der 1903 existierenden Geschäfte waren Fabriken, eine von ihnen die Kalk- und Zementfabrik David Funks, eine andere der große Textilbetrieb von Jakob Weiß und Emil Holzinger, die auch in die Fabrikation von Woll- und Baumwollgarnen eingebunden waren. Die zwei kleineren Betriebe waren eine Likörfabrik, die der Familie Binswanger gehörte sowie eine Fabrik im Besitz Albert Levys, die auf Bonbons, Nachspeisen sowie Oster- und Weihnachtsartikel spezialisiert war. Der Bankier Max Weinschenk war ebenfalls in der Industrie aktiv. Nachdem er eine bankrotte Aktienziegelei ersteigert hatte,

---

[9] Zu Funk siehe Wittmer 1996 (wie Anm. 1), S. 189f.; zu Loewi ebd., S. 187–189.
[10] Die Geschäfte werden aufgelistet ebd., S. 221–226.

vergrößerte und modernisierte er diese und konnte so 200 Arbeitsplätze sichern. Carl und Max Nußbaum, die in ihrem Geschäft Herrengarderobe und Uniformen veräußerten, gehörten zu den königlich-bayerischen Hoflieferanten. Ein weiteres Großunternehmen war das Herrenkonfektionsgeschäft der Gebrüder Adolf und Theodor Manes, das seine Tore 1904 öffnete (und deshalb nicht in die Statistik integriert ist). Wie in anderen mittelgroßen Städten in Deutschland gehörten die Juden in Regensburg zu den ersten, die moderne Technologien und Erfindungen einsetzten. Der bereits genannte Max Weinschenk war der erste Regensburger, der ein Telefon bestellte, Simon Maier Loewi nutzte als einer der ersten die Eisenbahn zum Versand seiner Produkte.[11]

Juden waren darüber hinaus auch in freien Berufen aktiv, besonders häufig als Rechtsanwälte. Führende Rechtsanwälte waren Julius Uehlfelder, David Heydecker (beide waren zugleich Vorsteher der Gemeinde), Alois Natzler und Isaak Meyer, der Sohn des Regensburger Rabbiners Seligmann Meyer. Der Arzt Alfred Döblin arbeitete ein Jahr, von November 1905 bis Oktober 1906, in einem Regensburger Krankenhaus, bevor er nach Berlin umzog und ein bekannter Schriftsteller wurde.

Die deutschen Juden standen politisch den Liberalen nahe, denn diese unterstützten die Gleichberechtigung der Juden und stellten sich antisemitischen Vorurteilen entgegen. Die liberalen Parteien waren darüber hinaus die einzigen Parteien in Deutschland, die es den Juden gestatteten, führende Positionen innerhalb ihrer Organisation einzunehmen, wohingegen die Juden, die das katholische Zentrum unterstützten – und von diesen gab es eine Menge in katholischen Regionen – in den Reihen ihrer Partei nicht aufsteigen und in vielen Orten nicht einmal beitreten konnten. Auch in Regensburg bekleideten die Juden führende Positionen in den liberalen Organisationen. Adolf Buchmann und Samuel Eismann waren 1869 Mitglieder der Vorstandschaft des Liberalen Vereins Regensburg; Max Uhlfelder war seit 1903 Ausschussmitglied dieses Vereins. Er leistete darüber hinaus bei vielen Zusammenkünften als Redner einen Beitrag. Otto Hönigsberger trat 1903 der Vorstandschaft der Jungliberalen bei.[12] Juden waren außerdem Mitglieder in sozialen und Geselligkeitsvereinen, die den Liberalen und dem Bürgertum nahe standen und übernahmen auch in diesen führende Positionen. Max Uhlfelder war 1898 Präsident der Narragovia, Isidor Lehmann Kassierer des Freimaurerkränzchens „Walhalla zum aufgehenden Licht". Die „Weinschenk Villa" von Max Weinschenk bildete den Treffpunkt für Künstler und Kunstsinnige.

---

[11] Zu Weinschenk: Information von Andreas Angerstorfer, auf verschiedenen Quellen basierend. Wittmer 1996 (wie Anm. 1), S. 189, behauptet, dass es David Funk gewesen sei. Zu Loewi ebd., S. 188.
[12] Ebd., S. 217, sowie auch Dieter Albrecht: Regensburg im Wandel, Regensburg 1984, S. 93 ff., v. a. S. 101.

Innerjüdisches Leben

1860 ernannte die Gemeinde nach dem Tod des Rabbiners Dr. Seligmann Schlenker, der wegen seines Reformwillens mit vielen Mitgliedern der Gemeinde durchgehend im Streit gelegen hatte, und auch aufgrund von finanziellen Überlegungen,[13] keinen neuen Rabbiner, sondern schloss sich dem regionalen Rabbinat Sulzbürg an. Der Distriktrabbiner, Dr. David Löwenmeyer, war nur zweimal im Jahr zur Predigt in Regensburg verpflichtet.

Auch ohne eigenen örtlichen Rabbiner entwickelte sich das innerjüdische Leben in Regensburg infolge des großen Zustroms neuer jüdischer Einwohner sehr stark. Das Wachstum der Gemeinde machte eine Vergrößerung des Friedhofs notwendig, die 1867 erfolgte. 1869 wurde zudem eine neue Leichenhalle gebaut, in die eine Wohnung für den Friedhofswärter integriert wurde.[14] Die jüdische Volksschule wuchs in dem Zeitraum von 1861 bis 1880 von 15 bis 18 Schülern auf eine durchschnittliche Schülerzahl von 48.[15] 1882 erhielt sie ihr eigenes Gebäude am Neupfarrplatz E 153 (später Neupfarrplatz 14).[16]

1867 wurde eine „Chevra Kadischa" in der Gemeinde begründet, ein traditioneller jüdischer Verein, der sich darum kümmerte, dass die Verstorbenen entsprechend dem jüdischen Gesetz behandelt wurden, der die Toten beerdigte und deren Familien beistand. Im selben Jahr wurden auch die „Chewras Noschim" (*Frauenverein*) gegründet, ein Wohltätigkeitsverein von Frauen, der in fast jeder jüdischen Gemeinde in Deutschland existierte.

Eine neue Ära für das innerjüdische Gemeindeleben brach 1881 an, als die Entscheidung getroffen wurde, einen Rabbiner für die Gemeinde zu berufen. Rabbiner Seligmann Meyer aus Berlin, der die orthodoxe Zeitung „Jüdische Presse" herausgab, wurde für eine Probepredigt eingeladen, und im Januar 1882 zum Rabbiner der Gemeinde in Regensburg gewählt. Rabbiner Meyer war eine kämpferische Natur und genoss großen Respekt und Einfluss in Regensburg und weit darüber hinaus, war aber in ständigem Konflikt mit denen, die sich seinen Ansichten und seinem Einfluss entgegenstellten, und diese Streitigkeiten beeinträchtigten das Gemeindeleben.

1884 begann Rabbiner Seligmann Meyer unter dem Namen „Laubhütte" eine Wochenzeitung herauszugeben – in ihrer Form eine Art jüdische Ausgabe der „Gartenlaube". Wenig später begann er die Veröffentlichung einer jüdischen Zeitung, der „Deutsch-Israelitischen Zeitung", die Seligmann bis zu seinem Tod 1925 verlegte und in welche die „Laubhütte" als Beilage für die ganze Familie eingelegt wurde.

1884 war jedoch zugleich das Jahr, in dem Rabbiner Meyer mit den Mitgliedern des Vorstands der Gemeinde heftig aneinander geriet, als diese einen

---

[13] Vgl. Wittmer 1996 (wie Anm. 1), S. 185.

[14] Isaak Meyer 1913 (wie Anm. 2), S. 81. Information von Dr. Andreas Angerstorfer.

[15] Wittmer 1996 (wie Anm. 1), S. 191; PKG file Regensburg II, basierend auf CAHJP A/164.

[16] Information von Dr. Andreas Angerstorfer.

Dr. Seligmann Meyer.

Lehrer einstellten, ohne ihn um Rat bzw. Erlaubnis zu fragen. Die Behörden schalteten sich ein und legten fest, dass nach den bayerischen Gesetzen der Rabbiner über das Recht der Approbation und Autorisation der Kultusdiener verfügte, und so musste der Vorstand den Vertrag mit dem neuen Lehrer entsprechend modifizieren.[17]

Dieses Ereignis markiert den Beginn einer mit Problemen belasteten und angespannten Beziehung zwischen Rabbiner Meyer und der Leitung der Gemeinde. Einem Teil dieser Spannungen lag der Machtkampf zwischen Rabbiner und Gemeinde zugrunde – der Rabbiner wollte mehr Macht und Einfluss auf die laufenden Geschäfte der Gemeinde haben, als der Vorstand gewillt war, ihm zuzugestehen. Diese Ansicht kam deutlich in der Antwort des Rabbiners auf eine Anfrage von Seiten der Regierung zum Ausdruck, die 1900 an alle Rabbiner in Bayern verschickt worden war, um mehr über die Stellung der Rabbiner in ihrer Gemeinde in Erfahrung zu bringen. Rabbiner Meyer nutzte diese Gelegenheit, um sich darüber zu beklagen, dass die Führung der Gemeinde ihm nicht die Rolle in der Gemeinde zugestand, die er meinte zu verdienen. Er werde nicht als Vorstandsmitglied angesehen, schrieb er, son-

[17] Wittmer 1996 (wie Anm. 1), S. 201 f.

dern nur gelegentlich zu den Vorstandssitzungen eingeladen, bei denen Fragen des Kultus diskutiert wurden, ohne jedoch Stimmrecht zu haben.[18]

Ein weiterer zentraler Aspekt, der zu Spannungen führte, waren die im letzten Viertel des 19. Jahrhunderts aufkommenden liberalen Tendenzen in der Regensburger Gemeinde, besonders in den Kreisen des gehobenen Mittelstandes, aus dem die Vorstandsmitglieder stammten.

Der Liberalismus war neben Säkularismus und religiöser Indifferenz die maßgebliche Kraft unter den deutschen Juden im 19. Jahrhundert, aber seine Entwicklung verlief nicht uniform in ganz Deutschland. Man kann sagen, dass er in den großen Städten früher und schneller als in den kleinen Orten Zuspruch erhielt und sich im Norden und Osten Deutschlands schneller ausbreitete, als im Süden und Südwesten. In Regensburg, einer bayerischen Gemeinde von mittlerer Größe, stand ein reformorientierter Rabbiner in der Mitte des 19. Jahrhunderts in ständigem Konflikt mit den Mitgliedern der Gemeinde und fand keine Nachfolger. Signifikant begann der Liberalismus erst im letzten Viertel des Jahrhunderts zu wachsen, und es war ein sehr gemäßigter Liberalismus, weit entfernt von dem Liberalismus im Norden Deutschlands oder selbst in den größeren Städten Bayerns. Es gab weder Veränderungen in dem Stil der Gebete, wie zum Beispiel die Weglassung der Passagen, die dem Wunsch zur Rückkehr der Juden nach Zion Ausdruck verliehen, noch wurde der Versuch unternommen, eine Orgel in der Synagoge zu benutzen – zwei Streitfragen, welche die jüdischen Gemeinden in ganz Deutschland gespalten hatten. Die Gebete blieben in der traditionellen Form erhalten. Ein unbedeutenderes Zeichen für den Liberalismus war die Klausel, die 1877 in das Gemeindestatut integriert wurde und festlegte, dass Juden das Beten des „Kol Nidrei"-Gebets am Abend des Versöhnungstages untersagt war. Es war ein Gebet, das von Antisemiten angegriffen wurde, weil es den Juden angeblich erlaube, falsche Versprechen zu machen.[19] Dieses Vorgehen war eine sehr kleine Veränderung, die auch in orthodoxen Kreisen Zustimmung finden konnte. Aber der Vorstand lehnte es ab, dem Rabbiner eine führende Rolle bei der Festlegung des jüdischen Lebens zu übertragen, besonders wenn er eine orthodoxe Position vertrat. Ein Beispiel kann diese Konflikte veranschaulichen: Als der Rabbiner verlangte, dass jüdische Mädchen, die in Frauenschulen Kochen lernten, entsprechend der Regeln der Kaschrut und unter seiner Aufsicht unterrichtet werden sollten, weigerte sich die Gemeinde, ihn in dieser Forderung zu unterstützen. Die städtischen Behörden wiesen sein Gesuch zurück. Im Gegensatz zu dem orthodoxen Rabbiner erkannte der Gemeindevorstand nichts Falsches darin, dass jüdische Mädchen nicht koscher kochten.

Der Vorstand lehnte darüber hinaus noch weitere Anträge des Rabbiners in Fragen ab, die dieser aus orthodoxer Sicht für besonders wichtig erachtete.

---

[18] Ebd., S. 211.
[19] Zu dem Gebet vgl. ebd., S. 209f. Es integriert eine deutsche Übersetzung des Gebettextes.

Von 1895 bis 1897 beantragte der Rabbiner ununterbrochen Veränderungen
im Ritualbad (Mikwe): Wegen der Veränderungen am Wasserversorgungssys-
tem der Stadt sei das Ritualbad nicht mehr nutzbar. Ein funktionstüchtiges
Ritualbad ist jedoch für orthodoxe Juden äußerst wichtig – ohne das Bad ist
Männern und Frauen der physische Kontakt untersagt. Dennoch weigerte sich
der Vorstand, die notwendigen Änderungen, die der Rabbiner erbat, zu ge-
nehmigen.

Auf diese Weise gab es zwischen den zwei Seiten einen ständigen Konflikt,
obwohl Rabbiner Meyer ein gemäßigter Orthodoxer und die Vorstandsmitglieder moderat liberal eingestellt waren. Zwei Ereignisse brachten die Span-
nung, deren Ursache in einer Kombination von persönlichen und ideolo-
gischen Faktoren begründet war, an den Rand der Explosion: 1890 brach ein
heftiger Streit aus, als die Anstellung eines rituellen Schächters diskutiert wurde. Sowohl der Rabbiner als auch der Vorstand hatten ihre eigenen Favoriten
und weigerten sich, den Kandidaten des jeweils anderen Lagers zu akzeptieren. Das Gesetz zugrunde legend, hatte der Vorstand das Recht, Kultusdiener
zu berufen, aber die Anstellung dieser musste vom Rabbiner genehmigt werden. Der Vorstand entschied, seinen Kandidaten einzustellen. Als Reaktion
darauf ernannte der Rabbiner seinen eigenen Kandidaten zum Hilfsschächter.
Die Antwort des Gemeindevorstands war scharf: Er reduzierte das Gehalt des
Rabbiners um fast ein Viertel.[20] Kurz darauf, im August 1891, akzeptierte die
Gemeindeversammlung eine Entscheidung, die den Rabbiner scharf verurteilte. Der Rabbiner seinerseits drohte, mit dem Anliegen vor Gericht zu gehen, was er jedoch nie tat. Die Auseinandersetzung ebbte ab und offensichtlich erhöhte der Vorstand das Gehalt des Rabbiners wieder auf das vor der
Auseinandersetzung gezahlte Niveau.

Ein anderer offener Konflikt ergab sich 1901, als Rabbiner Meyer das „Kol
Nidrei"-Gebet in der Synagoge sprach und damit die bereits erwähnte Entscheidung missachtete, die 1877 akzeptiert worden war. Der Vorstand stellte
sich gegen den Rabbiner und ein heftiger Streit folgte, der drohte, die Gemeinde zu spalten. Letztendlich konnte man sich im Oktober 1902 auf einen
Kompromiss einigen: Diejenigen, die das „Kol Nidrei" beten wollten, durften
sich vor dem Hauptgebet in einer abgetrennten Halle für ein „Privatgebet"
versammeln. Es wurde ihnen jedoch verboten, das Gebet in gedruckter oder
gesprochener Form bekannt zu machen.[21]

Dieser und der offensichtlich 1891 erwirkte Kompromiss machten deutlich,
dass starker Einfluss von Gemeindemitgliedern geltend gemacht wurde, die
keinen offenen Schlagabtausch zwischen orthodoxen und liberalen Ansichten
wünschten, sondern eine friedliche Koexistenz anstrebten. Es scheint, dass die

[20] Ebd., S. 204.
[21] Stefan Schwarz: Ein Rabbiner kämpft um Kol-Nidre, in: Erich Rot unter Mitwirkung
von Fritz Bosch (Hg.): Festschrift I. E. Lichtigfeld, Landrabbiner von Hessen, zum 70.
Geburtstag, Frankfurt a. M. 1964, S. 236–241; Wittmer 1996 (wie Anm. 1), S. 209–211.

Mehrheit der Gemeindemitglieder in dieser Zeit die jüdischen rituellen Gesetze nicht mehr befolgte. Sie fühlten sich jedoch immer noch der religiösen Tradition verbunden. Deshalb konnten weder Orthodoxe noch Liberale in den aufkommenden Konflikten zu weit gehen.

Hinweise auf die religiösen Ansichten der Gemeindemitglieder erhalten wir aus einer Befragung, die von Seiten der Gemeinde im Hinblick auf den Synagogenbesuch 1895 durchgeführt wurde. Sie ergab, dass von 188 Familienvorständen 30 nie in die Synagoge gingen und 30 lediglich an drei Tagen im Jahr, an den höheren jüdischen Feiertagen, dorthin kamen. An Samstagen und an den anderen Feiertagen stieg die Zahl der Anwesenden auf etwa 60 Erwachsene und Jugendliche über 13 Jahren, und an regulären Arbeitstagen gab es höchstens 15 Personen, die zum Gebet erschienen. Ähnlich verhielt es sich mit den Zahlenverhältnissen bei den 124 Frauen, mit der Ausnahme, dass sie nicht an Werktagen in die Synagoge kamen.[22]

Die Untersuchung zeigt, dass die große Mehrheit der Gemeindemitglieder nicht entsprechend der strengen orthodoxen Praxis lebte, denn sonst hätte die Anzahl der Synagogenbesucher deutlich höher sein müssen. Tatsächlich existierte 1913 ein Minjan-Verein, der dafür sorgte, dass arme Juden die Synagoge an Wochentagen besuchten, um so die notwendige Zahl von zehn Betenden zu vervollständigen.[23] Seine Existenz beweist, dass die Anzahl orthodoxer Juden, die aus eigener Initiative zum Gebet in die Synagoge kamen, zurückgegangen war. Allerdings waren auch diejenigen, die nur an den höheren Feiertagen oder gar nicht in die Synagoge kamen, eine Minderheit, sie machten weniger als ein Drittel der Familienvorstände aus, während in den größeren deutschen Gemeinden diese zwei Gruppen die deutliche Mehrheit darstellten. Ein weiterer signifikanter Unterschied zwischen den Juden in Regensburg und denen der größeren Gemeinden war, dass keiner der jüdischen Haushalte in Regensburg einen Weihnachtsbaum hatte[24] – ein weiteres Anzeichen der Verbundenheit der ortsansässigen Juden mit der jüdischen Tradition. Dennoch entwickelte sich zwischen Rabbiner Meyer und Fritz Oettinger, dem führenden Kopf der liberalen Partei in der Gemeinde, eine persönliche Animosität, die sich selbst nach Rabbiner Meyers Tod zwischen seinen Söhnen und Oettinger fortsetzte.[25]

1897 wurde das Regensburger Rabbinat ein regionales Rabbinat. 1911 wurden die Gemeinden aus Weiden und Floß diesem angegliedert. Der Synagogenbau, der 1841 feierlich eingeweiht worden war, war in der Phase am Ende des 19. Jahrhunderts in sehr schlechtem Zustand, aber Aufrufe für eine Renovierung blieben unerwidert. Der Gemeindevorstand stellte sich dem Bau einer neuen Synagoge entgegen, was offenbar eine weitere Manifestation seiner

[22] Wittmer 1996 (wie Anm. 1), S. 213.
[23] Ebd., S. 252.
[24] Ebd., S. 232.
[25] Vgl. ebd., S. 255. Die Angaben basieren auf Dokumenten des Gemeindearchivs der CAHJP.

Konflikte mit dem Rabbiner war. Erst als 1901 ein neuer Vorstand gewählt worden war, begann die Gemeinde, eine neue Synagoge zu planen und kaufte für diesen Zweck 1904 eine Grundstücksparzelle.[26]

Im September 1907 fiel während eines Gebetes ein großer Materialberg von dem Frauenbalkon in den Gebetsraum. Der Rabbiner erklärte daraufhin, dass die Synagoge unsicher sei und er sie deshalb nicht mehr betreten werde. Kurze Zeit später drängte er aus baupolizeilichen Gründen darauf, das Gebäude zu schließen. Nun musste die Gemeinde eine neue Synagoge bauen. Der Bau des Gebäudes verzögerte sich, da das bayerische Ministerium für Kirchen- und Schulangelegenheiten die Pläne für ein monumentales Gebäude ablehnte. Es forderte, dass es in der „gesunderen und einfacheren Bauweise" der „guten älteren Bauten Regensburgs" errichtet werden sollte.[27]

Die Pläne wurden entsprechend geändert, und die neue Synagoge wurde 1912 eingeweiht.[28] Direkt daneben wurde ein Gemeindezentrum errichtet, das sowohl für einen Betsaal, eine Volksschule mit sieben Klassenzimmern, Gemeindebüros mit einem Konferenzraum als auch Appartements für einige der Gemeindefunktionäre und eine Mikwe (rituelles Bad) Platz bot. In den Komplex war zudem einen Schlachthof für Geflügel integriert.

Die Einweihungsfeier bot eine Gelegenheit, die guten Beziehungen der Juden mit ihrer Umgebung zu demonstrieren. Als Zeichen der Wertschätzung ihrer jüdischen Nachbarn erschienen fast alle lokalen Würdenträger, unter ihnen der Bürgermeister, fast der vollständige Magistrat sowie katholische und protestantische Geistliche. Es erwies sich als Ironie der Geschichte, dass der Bürgermeister in seiner Rede seine Zuhörer daran erinnerte, dass einst eine jüdische Synagoge in Regensburg zerstört worden war, und seiner Hoffnung Ausdruck verlieh, dass die „Fortschritte der Kultur" eine Wiederholung vergleichbarer Ereignisse zu verhindern in der Lage sein würden.[29] Es dauerte 26 Jahre, bis das Gegenteil bewiesen war.

Seit der zweiten Hälfte der 1890er Jahre begann eine jüdische „organisatorische Renaissance", während der sich in ganz Deutschland viele jüdische Vereine gründeten. Regensburg war Teilhaber dieses Prozesses: 1898 wurde der Israelitische Verein Phoenix gegründet. Es war ein Geselligkeitsverein, der sich auch den Aufgabenbereichen Wohltätigkeit und Selbsthilfe zuwandte.[30] Im November 1902 folgte die Gründung einer Zionistischen Vereinigung.[31]

---

[26] Meyer 1913 (wie Anm. 2), S. 84f. (Die Ablehnung durch den vorhergehenden Vorstand ist indirekt beschrieben.)
[27] Wittmer 1996 (wie Anm. 1), S. 228f.
[28] Zur Synagoge vgl. Andreas Angerstorfer/Cornelia Berger-Dittscheid/Hans-Christoph Dittscheid: Verlorene Tempel. Synagogen in Regensburg von 1788 bis 1938, in: Denkmalpflege in Regensburg 10, Regensburg 2006, S. 112–141, bes. S. 124–131.
[29] Die Zeremonie wird sehr ausführlich bei Meyer vorgestellt, op. cot., die Texte aus seinen wichtigsten Reden integrierend.
[30] Wittmer 1996 (wie Anm. 1), S. 217.
[31] Ebd., S. 218.

Abb. 48: Synagoge Regensburg.
Quelle: Yad Vashem Archiv. Jerusalem.

Die sinkenden Mitgliederzahlen in der Gemeinde und der Geburtenrückgang hatten starke Auswirkungen auf die Schülerzahl in der jüdischen Volksschule. Nur noch zehn Schüler besuchten 1907 den Unterricht.[32]

2. Erster Weltkrieg

Als der Krieg ausbrach, war ganz Deutschland von einer patriotischen Eksta-
se ergriffen, und die Juden – die Regensburger eingeschlossen – bildeten hierbei keine Ausnahme. Rabbiner Meyer zum Beispiel schrieb, dass die waffen-
fähigen Männer auszogen, „um das teure Vaterland, deutsches Wesen und
Kultur mit dem Schwerte zu schützen. Es ist die heilige Pflicht der Zurück-
bleibenden, durch die verschiedenen Zweige der Hilfsarbeit, aber auch durch
andächtiges Gebet die Aufgabe des tapferen Heeres mit Herz und Hand zu
unterstützen." Aus diesen Gründen veranlasste er das Lesen von Psalmen in
der Synagoge und verfasste selber ein Gebet, in dem er den Schöpfer darum
bat, „nicht nur die Söhne und Brüder der Gemeinde, sondern auch die christlichen Söhne unseres Landes" zu beschützen. Er segnete zudem jeden einge-
zogenen jüdischen Soldaten, bevor er an die Front aufbrach.[33] Die Juden

---

[32] Der Israelit, Jg. 49, Nr. 7 vom 13.2.1908, S.8.
[33] Wittmer 1996 (wie Anm. 1), S.232f.

spendeten zudem sehr großzügig. Beispielsweise übergaben sie im August
1914 2500 Mark an den Bürgermeister, um so die Familien der „ins Feld gezo-
genen Regensburger" zu unterstützen. Die Weinkellerei Karl Lehmann stellte
500 Flaschen Wein für verwundete Soldaten zur Verfügung, die in Lazaretten
in Regensburg behandelt wurden. Der Hopfenhändler David Rosenblatt beteiligte sich 1917 mit 10000 Mark an der Ludendorff-Spende.[34]

Es ist bekannt, dass 53 Regensburger Juden (es könnte mehr gegeben haben) sich freiwillig zum Armeedienst meldeten. Einer von ihnen, der zu jung
war, fälschte sein Alter, um berücksichtigt zu werden. 16 von ihnen wurden
Offiziere, mindestens drei erhielten das Eiserne Kreuz. Fritz Firnbacher erhielt zusätzlich die Silberne Tapferkeitsmedaille. Elf Juden aus Regensburg
wurden im Krieg getötet.[35]

3. Weimarer Zeit

Da es in der Weimarer Zeit mehr Sterbefälle als Geburten unter den Regensburger Juden gab, ging ihre Zahl – wie überall in Deutschland zu dieser Zeit
– kontinuierlich zurück. In den späten 1920er und frühen 1930er Jahren trug
die Emigration aus dem krisengeplagten Deutschland das ihre zu dieser Entwicklung bei. In der Volkszählung von 1925 wurden 514 Juden in Regensburg
statistisch erfasst. 1931 waren es 489, und in der Volkszählung im Jahr 1933
wurden 427 Juden gezählt – ein Rückgang um 17% in acht Jahren. Sie machten 0,5% der Gesamtbevölkerung der Stadt aus, gegenüber 90,8% Katholiken,
8,2% Protestanten und 0,5% anderen.

Juden und das gesellschaftliche Umfeld

Nach dem Ende des Ersten Weltkriegs erlebte der Antisemitismus in Deutschland einen starken Aufschwung, und Bayern war, zum Teil wegen der führenden Rolle, die Personen jüdischer Herkunft im linken Flügel des Aufstands
spielten, ein bedeutendes Zentrum dieses Antisemitismus. Die Mehrheit der
bayerischen und Regensburger Juden distanzierte sich von den Revolutio-
nären, und Rabbiner Meyer rief in seiner Zeitung offen zur Unterstützung der
Bayerischen Volkspartei auf:

„Jude oder Christ,
Wer gottesgläubig ist,
Komme herbei
Zur Bayerischen Volkspartei."[36]

[34] Ebd., S.233.
[35] Eine Auflistung findet sich ebd., S.236.
[36] Deutsche Israelitische Zeitung, Jg. 36, Nr. 1 vom 2.1.1919, S.1–4.

Am 10. Januar 1919 brach ein Volksaufruhr in Regensburg aus, während dessen Soldaten in der Stadt stationiert wurden und Ortsansässige 18 Geschäfte plünderten. Sieben von diesen – mehr als ein Drittel – waren im Besitz von Juden.[37] Einer der federführenden Antisemiten in Regensburg war der Architekt Lorenz Mesch. Einige hohe Geistliche in der Stadt stellten sich dem Antisemitismus entgegen, wie beispielsweise Wolfgang Prechtl, der am 24. März 1919 an der Seite von Rabbiner Meyer zu einer öffentlichen Veranstaltung gegen Antisemitismus erschien, und Bischoff Antonius von Hehnle, der 1922 an dem gegen den Antisemitismus gerichteten Werk „Deutscher Geist und Judenhaß" mitwirkte.[38]

Der Regensburger Domdekan Franz X. Kiefl erblickte dagegen in den Juden das Grundübel für den Umbruch. Die Revolution sei jüdisch, die Monarchie dagegen verkörpere „das christliche Staatsideal". Wem die Sympathien des Regensburger Dekans galten, wird deutlich, als er über den Eisner-Mörder Arco spricht: „Selbstloser, reiner Idealismus, wie er mitten in unserem Zusammenbruch und Verfall in der Gestalt unseres jugendlichen Nationalhelden Grafen Arco aufflammte, kann allein in unserem Volke neues Leben entzünden." Diese Schrift erschien im Manz-Verlag in Regensburg, der eine ganze Reihe ähnlicher Bücher veröffentlichte.[39]

In der Nacht vom 14. auf den 15. August 1924 wurden auf dem Friedhof zehn Grabsteine mit Hakenkreuzen beschmiert. Ein weiterer Versuch, den Friedhof zu entweihen, wurde in den Nachtstunden zwischen dem 7. und 8. Mai 1927 unternommen. Die Täter wurden von den Friedhofswärtern bemerkt und entkamen nach dem Umwerfen von vier Grabsteinen.[40]

Einige der wichtigen Nazi-Propagandisten und -Führer wie Georg Strasser, Julius Streicher und Ludwig Münchmeyer erschienen in Regensburg und hielten antisemitische Reden. Der Gauleiter der Oberpfalz, Adolf Wagner, sprach im Oktober 1929 vor 450 Personen.[41] Aber wie in den meisten Städten mit einer überwältigenden katholischen Mehrheit konnten die Nazis nicht viele Anhänger gewinnen. 1930 hatte die NSDAP nur ein Mitglied im Stadtrat.[42]

Die meisten Juden fühlten sich in der Stadt gut integriert. Jüdische Kaufleute prägten weiterhin das Stadtbild mit. Das größte Kaufhaus in Regensburg, Tietz, feierte im September 1928 sein 40-jähriges Betriebsjubiläum. Es

---

[37] Die Geschäfte sind aufgelistet bei Wittmer 1996 (wie Anm. 1), S. 238f.
[38] Deutsche Israelitische Zeitung, Jg. 44, Nr. 21 vom 21. 10. 1927, S. 5.
[39] Die Zitate finden sich in: Michael Brenner: Von der Novemberrevolution bis zu den Adventspredigten. Zum Verhältnis zwischen Juden und Katholiken in Bayern zwischen 1918 und 1933, in: Florian Schuller/Giuseppe Veltri/Hubert Wolf (Hg.): Katholizismus und Judentum. Gemeinsamkeiten und Verwerfungen vom 16. bis zum 20. Jahrhundert, Regensburg 2005, S. 270–281, hier S. 272.
[40] Central Verein Zeitung, Jg. 6, Nr. 19 vom 13. 5. 1927, S. 269; Israelitisches Familienblatt, Jg. 29, Nr. 20 vom 19. 5. 1927, 4. Seite; Wittmer 1996 (wie Anm. 1), S. 250.
[41] Ebd., S. 254.
[42] Ebd., S. 274.

hatte zwei Filialen in der Ludwigstraße und in Stadtamhof (Andreasstraße 2), in denen 130 Angestellte beschäftigt waren. Das zweitgrößte Kaufhaus war Schocken in der Pfauengasse. Beide befanden sich im Besitz von Juden.

Fritz Oettinger, der Vorsitzende der Gemeinde, saß für die Deutsche Demokratische Partei (DDP) im Stadtrat und war Vorsitzender der „Schlaraffia Ratisbona", einem Geselligkeitsverein, der bis heute existiert.[43] Ein typisches Beispiel sind die Beziehungen, welche die Juden zu den örtlichen Kriegervereinen unterhielten – eine gesellschaftliche Organisation, die in vielen anderen Städten eine Basis für den radikalen rechten Flügel bot. Am 13. November 1927 hielten die Vereinigten Krieger- und Regimentsvereine Regensburg einen Heldengedenktag für die Gefallenen des Ersten Weltkriegs ab. Die Heldengedenkfeier wurde im katholischen Dom veranstaltet, einer protestantischen Kirche und der jüdischen Synagoge. Einige der Kriegervereine schickten ihre Fahnen zur Synagoge, wo sie während des Festgottesdienstes hingen. Dies brachte den nationalsozialistischen Völkischen Beobachter in München auf, der behauptete, dass dies eine Pietätlosigkeit gegen die gefallenen bayerischen Soldaten wäre.[44] Etwas früher im Jahr hatte sich der Reichsbund jüdischer Frontsoldaten an der Einweihung des Regensburger Gefallenendenkmals beteiligt, was die Wut des nationalsozialistischen Stürmers hervorrief, der diesen Verein verbal heftig attackierte. Die jüdischen Ex-Soldaten verklagten die Zeitung wegen Verleumdung, aber der Herausgeber, Julius Streicher, machte geltend, dass zu dem Zeitpunkt, als die Attacke veröffentlicht worden war, die Zeitung von dem Reichstagsabgeordneten Dietrich (NSDAP) herausgegeben worden war, der wegen seiner Mitgliedschaft im Reichstag Immunität besaß, und das Gericht folgte dieser Argumentation.[45]

Am 29. Januar 1929 untersagte der Bayerische Landtag das rituelle Schächten. Geflügel fiel nicht unter das Verbot, aber der Zwang, Fleisch aus anderen Teilen Deutschlands importieren und Steuern dafür zahlen zu müssen, machte den Konsum von koscherem Fleisch zu einem äußerst teuren Vergnügen. Das Schächtverbot war die erste Verletzung der Rechtsgleichheit von Juden, schon einige Jahre bevor die Nazis an die Macht kamen, und sie zeigt, dass der Antisemitismus in Bayern nicht nur unter den Nazis starken Zuspruch erhielt.

Innerjüdisches Leben

Rabbiner Seligmann Meyer war der Vorsitzende der Bayerischen Rabbinerkonferenz. Die Tatsache, dass der Rabbiner einer mittelgroßen Gemeinde und eines mittelgroßen Bezirks diese Position innehatte, bezeugt das Ansehen, dass er unter den anderen Rabbinern genoss. Sein Konflikt mit dem liberalen

---

[43] Ebd., S. 250.
[44] Deutsche Israelitische Zeitung, Jg. 44, Nr. 26 vom 29. 12. 1927, S. 4.
[45] Deutsche Israelitische Zeitung, Jg. 44, Nr. 21 vom 21. 10. 1927, S. 5.

Gemeindevorstand und besonders mit dessen Vorsitzenden Fritz Oettinger setzte sich allerdings fort. Im Juni 1925 forderte Oettinger, dass der Rabbiner von seinem Amt zurücktreten und den Platz für einen neuen Rabbiner freigeben sollte. Rabbiner Meyer litt in dieser Zeit an einer Herzkrankheit und konnte nur schwer all seinen Verpflichtungen nachkommen. Im Herbst 1925 erklärte er sich mit seiner Pensionierung unter der Bedingung einverstanden, dass die Gemeinde einen Schüler des Hildesheimersche Rabbinerseminars[46] (einer gemäßigt orthodoxen Institution, in der Richtung, wie Meyer sie selbst vertrat) als neuen Rabbiner berufen würde. Wenig später, am 31. Dezember 1925, starb Rabbiner Meyer.

Die Menschen, die zu Rabbiner Meyers Beerdigung kamen – Juden und Christen – versammelten sich so zahlreich, dass der Friedhof überfüllt war und die Trauergäste bis in die nahegelegene Schillerstraße standen. Unter den Anwesenden waren der Regierungspräsident der Oberpfalz, der Oberbürgermeister, der Fürstliche Thurn-und-Taxis-Hofmarschall, der Domkapitular und andere Notabeln, Rabbiner und Repräsentanten der Jüdischen Gemeinde. Unter denen, die Trauerreden hielten, befand sich auch Fritz Oettinger.[47]

Bis zur Wahl eines neuen Rabbiners wurde das Rabbinat vorübergehend dem Distriktrabbiner von Neumarkt, Rabbiner Dr. Magnus Weinberg, unterstellt.

In der Weimarer Zeit stieg die Anzahl der religiös-liberalen und säkularen Juden weiter und nur eine Minderheit hielt die jüdischen Gebote. Aber die liberalen und religiös indifferenten Juden in Regensburg unterschieden sich immer noch von denen in den größeren Städten und in Norddeutschland (die Vereinigung für das liberale Judentum beklagte 1925, dass sie kein einziges Mitglied aus Regensburg hatte[48]), und es gab einige Gebote und Traditionen, die nach wie vor eingehalten wurden. Aus religiöser Sicht gehörten diese allerdings – wie in vielen Gesellschaften, die mehr an Tradition als an Religion festhalten – nicht unbedingt zu den wichtigsten wie die Beachtung des Shabath. Die Beschneidung neugeborener Jungen blieb ein weitverbreitetes Phänomen, und die Gebete in der Synagoge beließ man in orthodoxem Ritus. Viele der Regensburger Juden bauten Laubhütten in ihren Gärten oder auf ihren Balkonen und zündeten Chanukkakerzen an.[49]

Unter den Gemeindemitgliedern gab es viele, die – obwohl sie selber keine orthodoxe Lebensweise an den Tag legten – die Religiös-Liberalen ablehnten und die Idee einer traditionsbewussten Gemeindeführung unterstützten. Ihre Ansichten wurden von einer Partei vertreten, die sich „Religiöse Mittelpartei und Rechtsstehende liberale Juden" nannte. Während der gesamten Weimarer Zeit kämpfte sie mit der liberalen Partei um die Führung in der Gemeinde.

---

[46] Wittmer 1996 (wie Anm. 1), S. 251.
[47] Ebd. Der Israelit, Jg. 67, Nr. 4 vom 21.1.1926, S. 5f.
[48] CAHJP A/103.
[49] Wittmer 1996 (wie Anm. 1), S. 252.

Im April 1926 empfahl Isaak Meyer, der Sohn von Rabbiner Seligmann Meyer und ein Führer der Konservativen in der Gemeinde, dass Frauen die Erlaubnis erhalten sollten, bei den Kommunalwahlen mitzustimmen. Dieser Vorschlag verdeutlicht den Unterschied zwischen den gemäßigten orthodoxen Führern in Regensburg und den orthodoxen Führungspersönlichkeiten in den größeren Städten, denn zumeist waren es (mit wenigen Ausnahmen, wie beispielsweise Rabbiner Nehemia Anton Nobel aus Frankfurt am Main) orthodoxe Rabbiner, die sich dem Wahlrecht für Frauen widersetzten. Meyers Empfehlung wurde bis zum Oktober nicht genehmigt. In der Zwischenzeit fanden im Juni 1926 die Gemeindewahlen statt. Die Liberalen gewannen eine Mehrheit, und Fritz Oettinger wurde als erster Vorstand wiedergewählt. Jedoch mussten – nachdem ein neues Statut befürwortet worden war, in dem Frauen das Wahlrecht zugesprochen wurde – bald darauf wieder Neuwahlen durchgeführt werden. Sie wurden auf den 5. Dezember 1926 festgesetzt. Beide Parteien hatten nun auch Frauen auf ihre Listen gesetzt.

Die jüdische Gemeinde in Regensburg wurde von zwei Organen geleitet: Einer 16-köpfigen Gemeindevertretung, die in gewisser Weise als zweite Kammer fungierte und mehrheitlich über finanzielle Angelegenheiten abstimmte, und einem Verwaltungsausschuss von vier oder fünf Mitgliedern, welche die Angelegenheiten der Gemeinde führten. An seiner Spitze stand der erste Vorstand (oder Vorsitzende). In Regensburg wählten die Gemeindemitglieder sowohl die Mitglieder der Gemeindevertretung als auch direkt den ersten Vorstand, wohingegen in den meisten Gemeinden nur die Gemeindevertretung gewählt wurde, und die Mitglieder dieser einen ersten Vorstand bestimmten.

Der Wahlkampf, der folgte, war sehr verbittert, beide Seiten attackierten einander. Besonders die Konkurrenz zwischen Fritz Oettinger und den Söhnen des verstorbenen Rabbiner Meyer, die das konservative Lager der Gemeinde anführten, wurde manchmal persönlich ausgetragen. Nicht weniger als 95% der Wahlberechtigten gaben ihre Stimme ab – eine der höchsten Wahlbeteiligungen in der Geschichte der deutschen Juden. Nachdem die Stimmen ausgezählt worden waren, stand fest, dass die Religiös-Konservativen mit knapper Mehrheit gewonnen hatten. Sie erhielten 172 Stimmen gegenüber 149 Stimmern, welche auf die Liberalen gefallen waren, und entsandten neun Vertreter in die Gemeindevertretung, in der die Liberalen sieben Sitze erhielten. Außerdem gewannen sie die Vorstandswahl, wenn auch mit einem noch geringeren Vorsprung: Ihr Kandidat, David Rosenblatt, erhielt 165 Stimmen, während der Liberale, Fritz Oettinger, 159 Stimmen auf sich vereinigen konnte.[50] Es hat den Anschein, als ob die Frauen, die im Regelfall

50 Ebd., S.257; CAHJP A/104; Der Israelit, Jg.67, Nr.52 vom 29.12.1926, S.5f. (Letztgenannter Artikel gibt fälschlicherweise an, dass die Konservativen zehn Repräsentanten hatten.)

deutlich traditioneller eingestellt waren als ihre Männer[51], die Mehrheitsverhältnisse zu Gunsten der Religiös-Konservativen verändert hatten.

Die Konservativen genossen darüber hinaus Unterstützung von den Ostjuden – Juden, die aus dem Osten Europas nach Deutschland gekommen waren. Die liberal eingestellten Entscheidungsträger in der Gemeinde waren – wie die jüdisch-liberalen Führer in ganz Deutschland – der Meinung, dass die Ostjuden, die weniger gut mit den Traditionen der deutschen Bildung vertraut waren und die konstant von den Antisemiten attackiert und stigmatisiert wurden, nicht das Recht haben sollten, Einfluss auf das Leben der jüdischen Gemeinden zu nehmen. Deshalb wurden Beschränkungen ihres Wahlrechts festgelegt. In Regensburg erhielten die Ostjuden lediglich das aktive, nicht jedoch das passive Wahlrecht. Dennoch umging die Regensburger Gemeinde – anders als viele andere Gemeinden – das Festsetzen einer „Karenzzeit", einer befristeten Zeitspanne, in der ein Wähler in der Stadt leben musste, bevor er an Wahlen teilnehmen durfte, für die Ostjuden. Dies mochte darin begründet sein, dass es in Regensburg nicht so viele Ostjuden gab, die bedeutenden Einfluss ausüben könnten.[52]

Die konservative Gemeindeführung, die 1926 gewählt worden war, unternahm Renovierungen und Verbesserungen in Institutionen, welche die vorausgehende Führung ignoriert hatte. In einem Jahr – 1927 – modernisierte sie das Ritualbad, renovierte die Synagoge, installierte in der Synagoge ein Zentralheizungssystem und baute zudem ein modernes Beleuchtungssystem ein.[53]

Der neue Vorstand ernannte einen neuen Distriktrabbiner, Dr. Harry Levy, der seine Stelle im September 1927 antrat. Rabbiner Levy war ein Schüler des Hildesheimersche Rabbinerseminars (wie es sich der letzte Rabbiner Meyer gewünscht hatte) und hegte Sympathien für den Zionismus. Er zeigte außerdem Interesse an der chinesischen Sprache und Literatur. Er schaffte es, auf die Liberalen einen guten Eindruck zu machen, und unterhielt gute Beziehungen zu beiden Lagern innerhalb der Gemeinde. Er stand darüber hinaus in gutem Kontakt mit dem Bischof von Regensburg, Dr. Michael Buchberger, der ebenfalls 1927 ernannt worden war.

Die Weimarer Zeit war eine Epoche, in der sich das jüdische Leben in Deutschland in vielfältiger Hinsicht entwickelte.[54] Und interessanterweise sahen die späten 20er Jahre eine Zeit der besonders großen Ausweitung der jüdischen Aktivitäten innerhalb der jüdischen Gemeinden in ganz Deutschland,

[51] Zu Marion Kaplans These, jüdische Frauen seien im Kaiserreich traditionsbewusster als jüdische Männer gewesen, siehe Marion Kaplan: The Making of the Jewish Middle Class, New York 1991, bes. Kap. 2.
[52] Zu dem Thema der Ostjuden in Deutschland vgl. Trude Maurer: Ostjuden in Deutschland 1918-1933, Hamburg 1986. Zu Regensburg vgl. ebd., S. 619.
[53] Israelitisches Familienblatt, Jg. 30, Nr. 22 vom 31.5.1928, 3. Seite.
[54] Michael Brenner: The Renaissance of Jewish culture in Weimar Germany, New Haven 1996.

Abb. 49: Synagoge Regensburg in der Weimarer Zeit.
Quelle: Gebrüder Metz, Tübingen.

obwohl dies zugleich die Jahre schwerwiegender wirtschaftlicher Krisen gewesen waren, die sich auch auf die jüdischen Gemeinden auswirkten. Dafür gab es einen doppelten Grund: Wegen des wirtschaftlichen Zusammenbruchs von vielen Familien und der aussichtslosen Situation für Jugendliche auf dem Arbeitsmarkt schlossen sich viele aus dem Kreis der jüdischen Jugend einer radikal linken Partei oder Organisation an. Die Gemeinden hatten Angst vor der großen Gefahr, welche die sogenannte „rote Assimilation" für die Juden darstellte, und unternahmen deshalb große Anstrengungen, ein jüdisches Umfeld aufzubauen, das junge Menschen anziehen und sie innerhalb der jüdischen Gemeinde halten sollte. Gleichzeitig erlebten viele Juden in deutschen Vereinen und der deutschen Gesellschaft als solcher einen wachsenden Antisemitismus und suchten in jüdischen Vereinen und sozialen Institutionen Zuflucht, was zu deren Wachstum beitrug.

Regensburg stellte keine Ausnahme dar, und unter der Führung des neu berufenen Rabbiners Levi entwickelte sich das Gemeindeleben kontinuierlich. 1928 gründete der Rabbiner einen Verein für Jüdische Geschichte und Literatur, der vielfältige Aktivitäten entfaltete – nicht nur in Form von Vorträgen, sondern auch in der Veranstaltung von Kursen in jüdischer Geschichte und Bibelkunde. 1929 wurde eine Bücherei eröffnet. Der Rabbiner gründete außerdem einen Talmud-Studienkreis. Die existierenden jüdischen Vereine, wie z. B. die Ortsgruppe des Centralvereins deutscher Staatsbürger jüdischen Glaubens (CV) und der Reichsbund jüdischer Frontsoldaten (RjF), der Frauenverein, die zionistische Ortsgruppe und der soziale Verein Phoenix erhöhten die Anzahl ihrer Aktivitäten ebenso wie die bestehenden Jugendvereine in Regensburg: der orthodoxe „Esra"-Jugendverein, der jüdische Jugendverein und die zionistische Sportgruppe „Makkabi".

Die Wirtschaftskrise war außerdem für die Gründung von jüdischen Organisationen verantwortlich, die Wohltätigkeitszwecken dienten. So wurde beispielsweise 1928 ein Mittagstisch für Personen mit geringem Auskommen ins Leben gerufen und 1931 eine „Jüdische Altershilfe Regensburgs e.V.". Im Jahr 1929 gründete die Gemeinde einen Wohltätigkeitsausschuss, der die Arbeit der verschiedenen lokalen jüdischen Vereine, die sich im Bereich der Fürsorge engagierten, kontrollierte und koordinierte[55]; dies war eine von vielen Gemeinden in dieser Zeit gewählte Form, um sicherzustellen, dass das Geld, welches für einen Zweck zur Verfügung gestellt wurde, so effizient wie möglich verwendet werden konnte. 1930 eröffnete die jüdische Gemeinde ein Altenheim. Die Genehmigung, eine solche Einrichtung zu gründen, hatte sie bereits 1920 erhalten, aber die Stiftung benötigte zehn Jahre, um die notwendigen Finanzmittel aufzubringen.

Die rechtliche Gleichstellung, die den Juden in der Weimarer Republik zugesichert worden war, beeinflusste die Jüdische Volksschule, die 1919 einer öffentlichen Volksschule in fast allen Punkten gleichgestellt wurde; auch der Lehrer hatte die Stellung eines Staatsbeamten erhalten.[56] Die sinkenden Schülerzahlen führten jedoch in der Volksschule zu einer Reduzierung der Anzahl der Klassen von sieben auf vier. Ab der vierten Klasse wechselten die jüdischen Kinder auf eine nicht-jüdische Mittelschule. 1921 wurden 13 Kinder in den vier Klassen der Volksschule unterrichtet.[57] Gegen Ende der 1920er Jahre stieg ihre Anzahl und 1928 waren es 20 Schüler.[58] Der Anstieg von Schülerzahlen in jüdischen Schulen kann in dieser Zeit als Ergebnis eines wachsenden Antisemitismus im Klassenzimmer – sowohl von Seiten der Mitschüler als auch der Lehrer – in ganz Deutschland beobachtet werden. 1932 hatte die jüdische Volksschule 18 Schüler.[59]

Auch der Friedhof füllte sich, und eine Ausdehnung des Geländes wurde dringender, aber für die Gemeinde war es schwierig, die dafür notwendigen Finanzmittel aufzubringen.[60] Letztlich wurde er 1926 vergrößert. In diesem Jahr erhöhte die Gemeinde die Steuer, die sie von ihren Mitgliedern erhob, und verlangte den höchsten Betrag, der je eingefordert wurde: 27% ihrer Ein-

---

[55] PKG file Regensburg II, basierend auf CAHJP A/288a.

[56] PKG file Regensburg II, basierend auf CAHJP A/164.

[57] Wittmer 1996 (wie Anm.1), S.246.

[58] Israelitisches Familienblatt, Jg.30, Nr.22 vom 31.5.1928, 3. Seite.

[59] PKG file Regensburg II, basierend auf CAHJP A/164.

[60] Brief an den Bayerischen Israelitischen Gemeindeverband in Jahr 1923 in PKG file Regensburg II, basierend auf CAHJP O/8/5.

kommensteuer. Diesen gegenüber standen 15% Einkommensteuer, welche die Juden im Jahr zuvor bezahlt hatten. 1927 wurde die Steuer auf 17% der Einkommenssteuer reduziert.[61]

Das Gedeihen jüdischen Lebens in den späten 1920ern konnte nicht das Gefühl von Elend aufwiegen, das durch die Kombination eines wachsenden Antisemitismus und der wirtschaftlichen Krise hervorgerufen wurde.

Die Leitungen der zwei sich bekämpfenden politischen Fraktionen stimmten, von dem Bayerischen Israelitischen Gemeindeverband gedrängt, darin überein, dass die Zeit innerjüdische Streitigkeiten nicht mehr zuließ und die jüdische Einheit aufrecht erhalten werden müsse. Im November 1928 einigten sie sich auf eine gemeinsame Liste für die Gemeindevertretung, in der acht Liberale und acht Konservative Aufnahme fanden. Der Konservative David Rosenblatt war der einzige Kandidat für die Position des ersten Vorstands. Am 16. November 1929 fand eine Sitzung des Wahlausschusses statt, und anstatt einen Termin für die Kommunalwahlen festzulegen, lief eine Art Zeremonie ab, die sich bis zum Untergang der Gemeinde mehrfach wiederholen sollte: Drei Listen mit Kandidaten wurden vorgelegt – eine Liste der Liberalen, eine Liste der „Religiösen Mittelpartei und Rechtsstehenden liberalen Juden" und eine Liste, die „Gemeinschaftsliste" hieß und Kandidaten beider Parteien aufgenommen hatte. Nach dieser Formalität verkündeten die Repräsentanten der zwei Parteien die Rücknahme ihrer Liste, so dass die „Gemeinschaftsliste" als einzige Liste übrig blieb. Die einzige Aufgabe, die dem Wahlausschuss zur Erledigung zukam, war die Überprüfung, ob die Liste irgendwelche Abweichungen von festgeschriebenen Vorschriften aufwies, und zu verkünden, dass die Mitglieder der Liste für den vorgeschlagenen Posten akzeptiert wurden. Auf diese Art und Weise wurde eine ärgerliche Wahlkampagne überflüssig.

Dennoch und trotz aller Bemühungen brach kurze Zeit später ein Konflikt aus: Es ging um die Benennung eines neuen Repräsentanten nach dem Tod eines der konservativen Mitglieder der Gemeindevertretung im April 1930. Der nächste Kandidat auf der Gemeinschaftsliste war ein Liberaler – doch wenn er gewählt worden wäre, so hätten die Liberalen in der Gemeindevertretung über eine Mehrheit von 9 zu 7 Stimmen verfügt. Die konservative Verwaltung der Gemeinde hatte keine Absicht, dies geschehen zu lassen, und so ernannte sie ein Mitglied ihrer Liste für die Gemeindevertretung, wodurch das Machtverhältnis von 8 zu 8 Stimmen beibehalten wurde.

Als Reaktion darauf legte Fritz Oettinger im Juni 1930 Berufung beim Landesschiedsgericht Bayerischer Israelitischer Gemeinden ein. Hier wurde am 30. Juni 1930 eine Entscheidung getroffen, welche die liberale Position begünstigte. Die Gemeinde strebte eine Berufung gegen diese Entscheidung an. Die Bearbeitung dieses Berufungsverfahrens wurde mehrmals verschoben

---

und in der Zwischenzeit befasste sich auch der Stadtrat von Regensburg mit dieser Angelegenheit.[62] Schließlich war der Druck auf die streitenden Fraktionen groß genug, ihre Differenzen auszugleichen und ihren Streit beizulegen: Am 17. Dezember wurde ein Kompromiss unterschrieben, nach dem alle Fraktionen aufgelöst wurden. Das Gleichgewicht in der Gemeindevertretung wurde beibehalten, aber Fritz Oettinger wurde zum zweiten Vorsitzenden ernannt.[63]

Die Fraktionen wurden nicht aufgelöst, aber die Einheit wurde im April 1931 erneut bekräftigt, als ein weiteres Treffen des Wahlausschusses stattfand und die Konservativen und Liberalen wie bereits zuvor ihre eigenen Kandidatenlisten zurücknahmen und einer vereinigten Liste zustimmten, einer „Gemeinschaftsliste", deren Kandidaten ohne Abstimmung akzeptiert wurden.[64]

Der konservative erste Vorsitzende der Gemeinde, David Rosenblatt, litt zu dieser Zeit unter Gesundheitsproblemen. Im Februar 1930 wurde deshalb an seiner Statt Josef Lilienfeld zum ersten Vorstand ernannt, und im August desselben Jahres beendete Rosenblatt seine Mitgliedschaft im Verwaltungsausschuss.[65] Er beteiligte sich jedoch weiterhin aktiv in der Vertreterversammlung, fungierte als ihr Vorsteher und nahm 1931 sein Amt als erster Vorsitzender des Verwaltungsausschusses wieder auf.

Aber die Gemeinde erfreute sich auch weiterhin nicht völliger Harmonie. Rabbiner Levi lag sowohl im Streit mit einigen der führenden Liberalen wie im persönlichen Konflikt mit dem zuvor genannten Isaak Meyer. Zudem entwickelte sich die wirtschaftliche Lage der Gemeinde dahingehend, dass es schwierig wurde, die Zahlung seines Gehalts weiter fortzusetzen. Als Folge kündigte Rabbiner Levi 1931 seine Anstellung und das Distriktrabbinat Regensburg wurde mit dem Distriktrabbinat von Neumarkt zusammengelegt. Beide Distrikte zahlten nun gemeinsam das Gehalt eines Rabbiners. Der Rabbiner von Neumarkt in der Oberpfalz war Dr. Magnus Weinberg, der schon nach dem Tod von Rabbiner Meyer 1926 vorübergehend die Geschäfte des Regensburger Distriktrabbiners übernommen hatte. Nach dem Zusammenschluss zog Rabbiner Weinberg nach Regensburg, um das vergrößerte Distriktrabbinat zu leiten (Abb. 46).

Die Reduzierung der Summe des Gehaltes, das für den Rabbiner gezahlt wurde, war wichtig für die Gemeinde, die zu dem Zeitpunkt mit den Folgen der schweren wirtschaftlichen Krise kämpfte – in erster Linie dem Unvermögen vieler Mitglieder, ihre Kirchensteuer zu entrichten, welche die Haupteinnahmequelle der Gemeinde darstellte.

[62] Die ganze Angelegenheit ist beschrieben in CAHJP, A/128. Vgl. auch PKG file Regensburg II, basierend auf CAHJP B/V/7.
[63] CAHJP, A/52 Protokollbuch, S. 98. Vgl. auch Oettingers Brief vom 20.1.1931 in CAHJP A/503.
[64] CAHJP, A/52 Protokollbuch, S. 106a–106b.
[65] CAHJP, A/52 Protokollbuch, S. 86–88, 95.

Während der zweiten Hälfte der 1920er Jahre stieg das Budget der Gemeinde signifikant, entsprechend dem Zuwachs der jüdischen Veranstaltungen (Aktivitäten für das Gemeinwohl eingeschlossen), wie er zuvor beschrieben wurde. Während der Etat 1924 31 000 Mark umfasste (von denen 23 525 Mark aus Steuermitteln stammten), gab die Gemeinde 1930 46 736 Mark aus – ein Anstieg der Kosten um fast 50 %. Inzwischen musste sie beginnen, Geld einzusparen, und es gelang der Gemeinde, ihre Ausgaben 1931 vor allem durch die Reduzierung der Bürokosten um 15 % auf 40 721 Mark zu senken. Sie erreichte dies, ohne den Betrag zu kürzen, der für Gehälter der Angestellten ausgegeben wurde. Doch man erwartete, dass die Einnahem 1932 noch weiter zurückgehen würden, so dass die geplanten Ausgaben für 1932 auf 35 700 Mark reduziert wurden. Dies sollte durch eine starke Senkung der Gehälter erreicht werden.[66] Deshalb war die Möglichkeit, die Höhe des Rabbiner-Gehalts deutlich zu reduzieren, ein wesentlicher Faktor bei der Planung des Haushalts.

Trotz alledem waren die Einnahmen 1932 noch deutlich geringer als angenommen, und die Gemeinde kämpfte, um ihre Geldmittel zu erhalten. Am 9. April 1932 kam die Gemeindevertretung überein, eine „Kopfsteuer" einzuführen, die jeder Juden zu zahlen hatte. In einem weiteren Treffen, eine Woche später, wurde die Steuer in „Krisensteuer" umbenannt. Es gab sechs Tarifgruppen, die von einer bis zu zwölf Mark pro Monat reichten. Darüber hinaus musste jeder Jude, der Arbeitgeber war, 0,50 Mark pro Kopf der beschäftigten Angestellten entrichten. Die Idee für diese Art der Steuer stammte von den Gemeinden Augsburg und Würzburg, und die Regensburger Gemeinde forderte diese Gemeinden auf, ihnen Material über ihre Steuern zuzusenden. Interessanterweise war die Steuer in Augsburg in fünf Klassen eingeteilt, die zwischen zehn und 120 Reichsmark zahlten – zehnmal mehr als der in Regensburg zu entrichtende Betrag.[67]

Seitdem Fritz Oettinger zweiter Vorstand war, wickelte er die Steuereintreibung ab – eine sehr schwierige Angelegenheit in der Zeit der wirtschaftlichen Krise. Auf diese Weise wurde er vielleicht die zentrale Figur bei der Erhaltung der Funktionstüchtigkeit der Gemeinde in dieser Zeit, wohingegen die Gesundheit von David Rosenblatt dessen Fähigkeit, die Gemeinde zu führen, einschränkte. Zudem wuchs die Stärke der Liberalen innerhalb der Gemeinde. Als Ergebnis dieser Entwicklungen war Oettinger bei dem Treffen des Wahlprüfungsausschusses am 16. November 1932 der einzige Kandidat für das Amt des ersten Vorsitzenden. Es ist bemerkenswert, dass David Rosenblatt bei dieser Versammlung, welche die Gemeindevertretung durch eine weitere Gemeinschaftsliste wählte, den Vorsitz führte, was bestätigt, das der Führungswechsel in gegenseitigem Einvernehmen stattfand.[68]

---

[66] Die Information ist entnommen aus CAHJP A/503, A/52 (Protokollbuch; siehe bes. S. 126a); PKG volume, S. 188.
[67] CAHJP A/52 (Protokollbuch, S. 131–133); A/503.
[68] CAHJP A/104; Wittmer 1996 (wie Anm. 1), S. 269.

Trotz aller Not setzte sich jüdisches Leben fort. 1932 feierte die Jüdische Volksschule ihr 100-jähriges Bestehen. In diesem Jahr verabschiedete sich Siegmund Stein in den Ruhestand, nachdem er 47 Jahre als Pädagoge gewirkt hatte. Seine Abschiedsfeier, die in einem gemäßigten Stil gehalten wurde, sollte auch der Abschied eines ganzen Zeitabschnitts werden: Es sollte die letzte Feierlichkeit sein, welche die Regensburger Juden als gleichberechtigte Staatsbürger in Deutschland abhalten konnten.

(Aus dem Englischen übersetzt von Andrea Sinn.)

CHRONIK DER VERFOLGUNG: REGENSBURGER JUDEN WÄHREND DES NATIONALSOZIALISMUS

Von Andreas Angerstorfer

Die Weimarer Zeit, in der die jüdische Gemeinde über 400 Mitglieder (0,5% der Bevölkerung) zählte[1], war in Regensburg nicht frei von Antisemitismus.[2] Was jedoch im Februar 1933 begann, hatte eine ganz andere Dimension. Der Terror der neuen Machthaber traf einen Großteil der Gemeinde zu einer Zeit, als die Nazis im Rathaus die politische Macht noch gar nicht besaßen. Schon am 27. März 1933[3], fünf Tage vor der reichsweiten Protestaktion, begann man in Regensburg, 107 Juden in „Schutzhaft" zu nehmen; die treibende Kraft dabei war Polizeidirektor Oberst Hofmann. Die Zeitung schreibt zynisch, sie hätten „aus Gründen persönlicher Sicherheit selbst um ihre Inhaftierung nachgesucht". Der Polizeihaftbefehl für Dr. Friedrich Oettinger, Träger des EK I, ist mit Datum vom 28. März ausgestellt. Am 31. März zog eine antijüdische Demonstration der Handwerksinnungen durch die Stadt. Die Kripo schikanierte die Lebensmittelabteilung im Kaufhaus Merkur. Regensburg und München gehören zu den vier deutschen Städten, in denen die Schikanen für die jüdische Bevölkerung schon vor dem 1. April 1933 einsetzten. An diesem Stichtag wurden dann wie in ganz Deutschland jüdische Geschäfte boykottiert, auf dem Marktplatz postierte die SA ein Maschinengewehr mit Zielrichtung auf das Warenhaus Merkur.[4]

[1] Gesamtdarstellungen sind der Ausstellungskatalog „Stadt und Mutter in Israel". Jüdische Geschichte und Kultur in Regensburg, Regensburg 1989 (⁴1996) (Ausstellungskataloge zur Regensburger Geschichte 2); Martina Langer: Die Regensburger Judengemeinde zwischen 1914 und 1945. Zulassungsarbeit Universität Regensburg 1984, und Siegfried Wittmer: Regensburger Juden. Jüdisches Leben von 1519 bis 1990, Regensburg 1996 (²2002) (Regensburger Studien und Quellen zur Kulturgeschichte 6); vgl. dazu die Rezension von Andreas Angerstorfer in: Ostbairische Grenzmarken 41 (1999), S. 287-288. Als Vorläufer siehe die Aufsatzreihe von Siegfried Wittmer: Geschichte der Regensburger Juden, in: VHVO 127 (1987), S. 95-119; 128 (1988), S. 81-112, S. 113-148 und S. 149-184; 129 (1989), S. 77-137. Zur NS-Geschichte Regensburgs vgl. Helmut Halter: Stadt unterm Hakenkreuz. Kommunalpolitik in Regensburg während der NS-Zeit, Regensburg 1994 (Regensburger Studien und Quellen zur Kulturgeschichte 1).
[2] Erich Zweck: „Alljuda, der Todfeind des Deutschen Volkes". Eine antisemitische Hetzrede von Julius Streicher 1927 in Regensburg, in: „Stadt und Mutter" 1989 (wie Anm. 1), S. 205-213, und Ders.: Antisemitismus in Regensburg während der Weimarer Zeit (1918–1933), in: „Stadt und Mutter" 1989 (wie Anm. 1), S. 200-204.
[3] Der Artikel in Regensburger Anzeiger, Nr. 87 vom 28.3.1933 nennt die Viehhändler Julius Sämann und Max Firnbacher. Der Regensburger Anzeiger, Nr. 90 vom 31.3.1933 meldet die Verhaftung von 107 jüdischen Geschäftsleuten.
[4] Helmut Genschel: Die Verdrängung der Juden aus der Wirtschaft im Dritten Reich, Göttingen 1966 (Göttinger Bausteine zur Geschichtswissenschaft 38), S. 53. Das Dokument liegt im Archiv der Firma Merkur-Horten (Nürnberg).

Die Bücherverbrennung[5] auf dem Neupfarrplatz (hier erst am 12. Mai 1933, zwei Tage nach den reichsweiten Vorgängen) ließ sich dagegen schwer organisieren. Die Studentenvertreter der Philosophisch-Theologischen Hochschule Regensburg hatten die Aufforderung aus Berlin zur Verbrennung jüdischer und marxistischer Schriften mit dem Hinweis beantwortet, dass Regensburg und seine Hochschule „frei von jüdischem Geist seien". Verbrannt wurden daher die Privatbibliothek eines SPD-Landtagsabgeordneten und die Bestände der sozialdemokratischen „Volkswacht-Buchhandlung".

Juden wurden seit 1933 immer stärker isoliert. Wer bei Juden einkaufte, wurde im Lokalteil der Nazizeitung beschimpft und bedroht. Wer sich mit Juden abgab, wurde namentlich angeprangert. Denunziation wurde Alltag. Städtische Aufträge für jüdische Firmen gab es ab 1933 nicht mehr. Auch „arische" Geschäftsleute, die Verkehr mit Juden unterhielten, wurden bei öffentlichen Aufträgen nicht berücksichtigt. Die Gauleitung druckte „nur für Parteigenossen" ein dreiseitiges „Verzeichnis der jüdischen Firmen in Regensburg".

Der aus Regensburg stammende Reichsjustizminister Dr. Franz Gürtner[6] erließ fast 2000 Reichs(sonder)gesetze[7] gegen Juden, die oft von der Nazipresse reißerisch propagiert wurden. Aber örtliche Bürokraten überboten dies noch, wie der Schriftverkehr eines Regensburger Verwaltungsangestellten zeigt, der sich darüber den Kopf zerbrach, ob er den Anglerschein eines Juden verlängern sollte[8].

Die Verdrängung aus dem Wirtschaftsleben[9] setzte sich mit der „Säuberung" von Messen und Märkten fort. Bei der Frühjahrsdult 1933 in Stadtamhof konnte die Zulassung der drei angemeldeten Verkaufsbuden jüdischer Händler nicht mehr rückgängig gemacht werden, weil sich so schnell keine neuen Dultbezieher finden ließen. Zur Herbstdult setzte Bürgermeister Hans Herrmann für den polnischen Juden Jakob Irom und seine jüdische Verkäuferin ein Dultverbot[10] durch. Ein Protestschreiben des polnischen Generalkonsulats wurde ignoriert, der Schadensanspruch des Juden mit der Begründung „selber schuld" abgewiesen.

Willkürmaßnahmen nahmen rasch überhand. Ein Jude, der im Sommer 1933 ein Regensburger Lokal besuchte, war vor keiner Überraschung sicher. Heinrich Kahn setzte sich mit seiner Schwester im August 1933 im Gastzimmer des Café-Restaurants „Fürstenhof" unter ein Hitlerbild. Als sich die Frau

---

[5] Andreas Angerstorfer/Annemarie Dengg: Regensburg im Widerstand. „Neupfarrplatz-Gruppe", Regensburg 1997, S. 4f.
[6] Siehe die Biographie ebd., S. 27f.
[7] Josua Walk (Hg.): Das Sonderrecht für die Juden im NS-Staat, Heidelberg [2]1996 (UTB 1989).
[8] StA Regensburg ZR 11330: Schriftsatz von Kämmerer Sailer 1937.
[9] Klaus Hofmann: Die Verdrängung der Juden aus öffentlichem Dienst und selbständigen Berufen in Regensburg 1933–1939, Frankfurt a.M. 1993 (Rechtshistorische Reihe 110).
[10] StA Regensburg, ZR 19824; 1147a Bd. II (30.9.1933); vgl. Barbara Michal: Kurze Geschichte der Regensburger und Stadtamhofer Dulten, in: Karl Möseneder (Hg.): Feste in Regensburg von der Reformation bis in die Gegenwart, Regensburg 1986, S. 89–96.

eine Zigarette anzündete, wurde sie vom SS-Führer der Dachauer Wachtruppe Michael Lippert darauf hingewiesen, „eine deutsche Frau rauch[e] nicht in der Öffentlichkeit", ihr Bruder wurde verprügelt. Der SS-Führer nahm den „frechen Judenbengel" gleich persönlich mit zu seiner Arbeitsstelle KZ Dachau. Erst nach ein paar Tagen kam er wieder frei.[11]

Im Sommer 1934 wurde in Wallersdorf (60 Kilometer von Regensburg entfernt) ein Kind mit tödlichen Verletzungen aufgefunden. Die Zeitschrift „Der Deutsche" der DAF (Deutsche Arbeitsfront) Regensburg titelte „Ritualmord". Die mittelalterlichen Lügenmärchen konnten sich in dem hasserfüllten Klima schnell verbreiten. Der verhaftete jüdische Hausierer Zacher aus Regensburg wurde erst freigelassen, als die Ermittlungen die beiden älteren Brüder des Knaben als Täter überführten[12].

Im Herbst 1934 wurden jüdische Kaufleute in der Zeitung gewarnt, sich auf dem städtischen Markt zu zeigen. Als doch einige erschienen, wurden sie überfallen und ihre Waren vernichtet. Berufsverbote für jüdische Rechtsanwälte[13] griffen seit 1934. Sie waren de facto 1935 vom Arbeitsgericht ausgeschlossen. Als die DAF 1935 dem Hauptmann und Rechtsanwalt Dr. Fritz Oettinger in einem speziellen Fall die Fortsetzung einer Vertretung erlaubte, verhinderte dies der Leiter der Rechtsstelle der NSDAP Regensburg. Jüdische Ärzte verloren am 23. November 1933 die Zulassung bei gesetzlichen Krankenkassen. Der praktische Arzt Dr. Leo Meyer war bis Ende Januar 1935 wegen eines Abtreibungsvorwurfs in Untersuchungshaft. Nach seiner Freilassung wurde er am 23. Februar 1935 mit der 23-jährigen getrennt lebenden „arischen" Malergattin Sofie S. festgenommen, beide kamen in „Schutzhaft". Nach der lokalen NS-Zeitung wurde er, weil er „fortgesetzt die ärztliche Sprechstunde zum Geschlechtsverkehr mit einer Patientin missbraucht" habe, von einem Gericht in einem standesrechtlichen Verfahren zu 3000 RM Geldstrafe verurteilt.[14] Hier verurteilten Regensburger Nazis offensichtlich wegen „Rassenschande", was erst ein halbes Jahr danach durch Gesetz ein Vergehen wurde. Beide Verfahren gegen den Arzt waren reine Schikane. Am 19. Juli 1935 wurden der Kaufmann Helmut Seelig und die „Arierin" Maria Ernst nach ihrer Heirat in Schutzhaft genommen. Ihre „Rassenschande" habe die „Erbitterung des Volkes [...] erregt". Verboten wurden solche Heiraten aber erst durch die „Nürnberger Gesetze" am 15. September 1935.

Die Säuberung des Städtischen Schlachthofs[15] von jüdischen Viehhändlern dauerte fast drei Jahre – v. a. durch Interventionen des Schlachthofdirektors

[11] Bayerische Ostmark vom 8.8.1933 und vom 26.8.1933.
[12] Sonderbeilage zum Israelitischen Familienblatt Nr.24 vom 14.6.1934.
[13] Hofmann 1993 (wie Anm.9), S.165–168, und die Gesamtdarstellung von Reinhard Weber: Das Schicksal der jüdischen Rechtsanwälte in Bayern nach 1933, München 2006, und Justizpalast Regensburg. 100 Jahre Rechtspflege in Regensburg. Streifzüge durch Gerichtsalltag und Strafvollzug 1905–2005, Regensburg 2006, S.36–39.
[14] Bayerische Ostmark vom 25.2.1935 und vom 22.3.1935.
[15] Hofmann 1993 (wie Anm.9), S.146–149.

Dr. Kolb. Am 20. August 1935 beantragte die Kreisleitung beim Oberbürgermeister ein Verbot für Juden, „die hiesigen Viehmärkte zu beschicken oder
betreten", ferner, „in Regensburg Haus- und Grundbesitz zu erwerben".
Gleichzeitig forderte die Kreisleitung alle Gastwirte auf, keinen Juden mehr
zu bewirten. Am 4. September 1935 wurde die Gaststätte Jesuitenbrauerei in
der Presse getadelt, weil eine Jüdin als Stehgeigerin und Ensembleleiterin
engagiert sei.

Am 12. November 1936 griffen Teilnehmer eines „Lehrgangs für Fleischbe-
schau", stramme Nürnberger Nazis, die anwesenden jüdischen Viehhändler
(v. a. aus Straubing) an und nahmen sie in „Schutzhaft". Dr. Kolb bat den Regensburger Oberbürgermeister Dr. med. Otto Schottenheim, zur Vermeidung
solcher Vorkommnisse die Frage des Zutritts für jüdische Viehhändler defini-
tiv zu regeln. Damit solche Vorfälle in Zukunft unterbleiben, verbot dieser
Ende 1936 allen Juden, den städtischen Schlachthof in Regensburg zu betreten. Damit waren die Viehhändler im Raum Regensburg und im Gäuboden
wirtschaftlich ruiniert.

Das Kaufhaus H. & C. Tietz Nachf. wurde im April 1935 „arisiert", die
meisten der 120 Arbeitsplätze[16] gingen dabei verloren. Jüdische Angestellte
mussten in der Regel vor der Übernahme durch deutsche Käufer entlassen
oder versetzt werden. Das Bankhaus S. Werthaimber wurde durch den Boykott liquidiert. Insgesamt wurden in Regensburg circa 110 Einzelfirmen und
Personengesellschaften und zehn Kapitalgesellschaften in jüdischem Besitz
„arisiert".[17] Auf einer Schulung für alle Bürgermeister von Regensburg-Land
wurden im September 1935 die Teilnehmer angewiesen, alles daran zu setzen,
um den „widerlichen" Einfluss des „Weltjudentums" zu brechen[18].

Am 28. Oktober 1935 marschierten Regensburger Nationalsozialisten vor
dem Kaufhaus Schocken auf. In der folgenden Nacht wurden die Schaufenster
mit Zetteln verklebt, auf denen die Parole stand: „Sei auf der Hut, kauf nicht
beim Jud". Im Januar 1938 schieden alle Juden aus der Geschäftsleitung aus,
am 6. Januar 1938 wurde das Kaufhaus wieder mit Zetteln verklebt: „Wer
beim Juden kauft, ist ein Volksverräter". Im Frühjahr 1938 gab der Geschäftsführer Heymann auf. Die erste süddeutsche Filiale des sächsischen Weltkon-
zerns Schocken wurde „arisiert".

Seit der Jahreswende 1937/38 nahmen die Schmierereien an jüdischen Geschäften zu. Am 23. Juli 1938 waren Schaufenster und Straßenpflaster vor fast
allen jüdischen Geschäften mit Ölfarbe angemalt. Die Boykottmaßnahmen
machten sich stark bemerkbar, immer größere Teile der Gemeinde verarmten.
Unterstützte das eigene „Winterhilfswerk" 1935 noch 17 Mitglieder, stieg die
Zahl 1936/37 auf 32 Personen. Die „Zentralwohlfahrtsstelle" förderte 1936/37

---

[16] Zur Entwicklung der Geschäftsgrößen vgl. ebd., S. 160–164.
[17] Ebd., S. 171–196.
[18] Bayerische Ostmark vom 4. 9. 1935.

29 Mitglieder, 1938 schon 46 Mitglieder und fünf „Auswanderer nach Palästina", d. h. ein Drittel der Gemeinde war auf „Fürsorge" angewiesen.

Seit 1938 wurde ein Datenverbund aufgebaut, der später für die „Endlösung" benutzt wurde. Beim Bischöflichen Ordinariat Regensburg[19] wurden Angaben über Judentaufen und Mischehen eingeholt. Die Industrie- und Handelskammer erhielt am 1. April 1938 den Auftrag, ein Verzeichnis der jüdischen Gewerbetreibenden des Kammerbezirks zu erstellen. Ermittelt wurden am 2. Juni 1938 noch 33 „Vertreter" und 18 jüdische Viehhändler. Seit dem 27. April 1938 war jedes jüdische Vermögen über 5000 RM meldepflichtig, ab dem 3. Dezember 1938 mussten Juden Schmuck und Kunstgegenstände beim Pfandamt abgeben, ein Zettel bestätigte ihre Ablieferung.[20]

Zwischen 1933 und 1938 verließen 268 Juden ihre Heimatstadt Regensburg, 167 von ihnen gingen in 14 verschiedene Länder, 101 verzogen in andere deutsche Städte. Seit 1934 bot die Gemeinde Kurse für Neuhebräisch und Englisch für Auswanderer an, die „Zionistische Ortsgruppe Regensburg" wuchs seit Anfang 1935 von 24 auf 105 Mitglieder im Januar 1936. In einem Bet Chalutz wurden seit 1936 noch 22 Jugendliche für die Auswanderung ausgebildet – in Fabriken und Werkstätten der Umgebung.

In der sogenannten „Reichskristallnacht" wurden in den Wohnungen und Geschäften Regensburger Juden die Fensterscheiben eingeworfen, die Geschäfte demoliert und teilweise ausgeplündert. Ab dem 10. November 1938 blieben sie geschlossen. In Regensburg war in der Nacht ein Pulk von 600 bis 700 Leuten aktiv, weit mehr als die 300 Motorsportschüler der überregionalen NSKK-Schule, die meist aus dem Raum Linz stammten. Nach dem „Anschluss" Österreichs holten sie in Regensburg ihre Ausbildung nach. Der 1912 eingeweihte Synagogenneubau[21] wurde niedergebrannt, die Feuerwehr schützte den Altbau mit seinem Werktagsbetsaal, da er zum Nachbarn keine Feuermauer hatte.

In derselben Nacht wurden circa 70 jüdische Männer und Frauen verhaftet und in den Kellerzellen der Polizeiwachen Jakobstor und Minoritenweg inhaftiert. Etwa 60 von ihnen wurden von den Lastwägen der Motorsportschule von den Polizeiwachen abgeholt und zur Exerzierhalle am militärischen Übungsgelände des NSKK gekarrt. Der NSKK-Gruppenführer Müller-Seyfert zwang sie eine halbe Stunde zu einem „Hindernislauf", Robben über einen Kieshaufen und Kriechen auf dem Bauch. Angehörige der Motorsportschule standen im Kreis um die Juden und schikanierten sie. Der schwer nierenkranke Schuhmacher Joel (Julius) Lilienthal starb am 15. November 1938 an den

---

[19] Bischöfliches Zentralarchiv, OA/NS 84.

[20] Eine volle Schmuckkiste fand sich Anfang Januar 2000 im Stadtmuseum Regensburg.

[21] Andreas Angerstorfer/Cornelia Berger-Dittscheid/Hans-Christoph Dittscheid: Verlorene Tempel. Synagogen in Regensburg von 1788 bis 1938, in: Denkmalpflege in Regensburg 10: Beiträge zur Denkmalpflege in Regensburg für die Jahre 2003 bis 2005, Regensburg 2006, S. 112–141.

Abb. 50: Das zerstörte jüdische Kaufhaus (MA)NE(S) am 10. November 1938. Trotz Polizei kamen die Neugierigen.
Quelle: Privatbesitz Andreas Angerstorfer.

Folgen dieser Ausschreitungen, der Obduktionsbericht eines Regensburger Arztes verschleierte die Todesursache mit „Urinvergiftung".

Das Zwangsexerzieren auf dem Gelände der Motorsportschule und der drei Kilometer lange „Schandmarsch" vom Arnulfsplatz über die Maxstraße zum Bahnhof Regensburg sind beispiellos. An der Strecke standen Schaulustige und HJ am Gehsteig, die die Juden mit ihrem Transparent „Auszug der Juden" verlachten und verspotteten. Der Fotograf der Gestapo[22] dokumentierte den „Umzug".

Vor dem Bahnhof wartete der städtische Ausflugsbus „Regensburg", nach Zeugenaussagen geschmückt mit einem Schild „Ausflug der Juden nach Dachau". Der Bus karrte am 10. November etwa zwanzig Personen ins KZ Dachau. Gegen 15 Uhr schickte Kreisleiter Weigert einen weiteren Lastwagen des NSKK voll mit Juden auf offener Ladefläche ins KZ Dachau hinterher. Dieses Fahrzeug wurde nach etwa 70 Kilometern in Landshut gestoppt und wieder zurückgeschickt, da „Dachau schon überfüllt" sei.

Nach dem Novemberpogrom wurde der jüdische Besitz per Gesetz ausgeplündert, im Regierungsbezirk wurden alle Radiogeräte der Juden konfisziert, 59 von diesen dem KZ Flossenbürg „überstellt". Im Dezember 1938 wurden

---

[22] Fotos im Ausstellungskatalog „Siehe der Stein schreit aus der Mauer". Geschichte und Kultur der Juden in Bayern, Nürnberg 1988, S. 468 und in Die Jüdische Gemeinde in Regensburg, herausgegeben von der Jüdischen Gemeinde Regensburg, Regensburg 2002.

Abb. 51: Die ausgebrannte Synagoge Regensburgs am 10. November 1938.
Quelle: Privatbesitz Andreas Angerstorfer.

die Führerscheine der Juden eingezogen, der Besitz von Autos und Motorrä-
dern verboten, die letzten Geschäfte wie das Fahrradgeschäft Jean Steinböcks
„arisiert".

Im Staatsarchiv Amberg liegen die Akten von insgesamt 43 „Arisierungs-
verfahren" aus Regensburg. Wer verkaufte, erhielt nach dem 9. November
1938 meist nur noch 20 bis 50% des durch den Boykott geminderten Unter-
nehmenswertes. Das Geld zahlte der deutsche Käufer (in der Regel ein über-
prüfter Parteigenosse) auf ein Devisensperrkonto in Nürnberg ein. Konkur-
rierende „arische" Käufer hetzten beim Streit um den günstigen „jüdischen
Besitz" (Häuser, Geschäfte, Fabriken) gegeneinander und empfahlen sich als
die zuverlässigeren Parteigenossen („Mein Sohn ist bei der Waffen-SS!").
Vom Konto in Nürnberg wurde die „Judenvermögensabgabe" abgezogen und
einbehalten. Etwaige anfallende Kosten im Emigrationsfall (pro Kopf circa
5000 RM für Visagebühren, Bahn- und Schiffskarten) wurden abgebucht. Bei
der „Auswanderung" oder Deportation räumte die Reichskasse legal (!) das
restliche Konto ab. Am 9. Februar 1939 meldete der Regierungspräsident
nach München, der jüdische Einfluss auf das Wirtschaftsleben in Regensburg
sei „völlig ausgeschaltet".[23]

Ein Beispiel mag genügen, um aufzuzeigen, dass auch die Emigration keine
sichere Rettung bedeutete. Der Fahrrad- und Autohändler Simon Oberdor-

---

[23] StA Amberg, Bericht des Regierungspräsidenten vom 9. 2. 1939.

Abb. 52: Schandmarsch durch Regensburg: Eskortiert von NSKK-Offizieren werden die
Juden drei Kilometer durch die Altstadt zum Bahnhof getrieben. Zahlreiche Schaulustige
an den Gehsteigen und in den Fenstern beobachten den Zug.
Quelle: Privatbesitz Andreas Angerstorfer.

Abb. 53: Der Ausflugsbus „Regensburg" kurz vor der Abfahrt ins KZ Dachau. Vor dem
Bus Beamte der Gestapo Regensbug.
Quelle: Privatbesitz Andreas Angerstorfer.

fer[24], der Erbauer des „Velodroms", war unter den 937 jüdischen Flüchtlingen, die am 13. Mai 1939 mit der „St. Louis" der Hamburg-Amerika-Linie nach Kuba aufbrachen. Doch Havanna und das Immigration Office in New York verweigerten die Landeerlaubnis, das Schiff musste nach Europa zurückkehren. Im letzten Moment nahmen England, Belgien und die Niederlande die jüdischen Asylbewerber auf. Oberdorfer kam nach Amsterdam, die Familie wurde im April 1943 verhaftet, über Westerbork ins Vernichtungslager Sobibor deportiert und dort ermordet.

Am 17. Mai 1939 lebten noch 226 Juden in Regensburg, 66 von ihnen gelang noch bis zum Sommer 1939 die Flucht aus Nazideutschland. Im November 1939 richtete die Gemeinde das Jüdische Altersheim (Weissenburgerstraße 31) ein, dessen letzte 39 Insassen am 23. September 1942 deportiert wurden.

Nach der Umstellung auf „Kriegswirtschaft" mit Lebensmittelkarten und Kleiderbezugsscheinen wurden die Juden seit dem 1. Dezember 1939 von allen Lebensmittelsonderzuteilungen ausgeschlossen, der Verkauf von Schokoladeerzeugnissen und Lebkuchen aller Art seit dem 8. Dezember 1939 untersagt. Ende Januar 1940 wurden an Juden Milch, Fleisch, Geflügel, Bohnen, Gerste, Reis, Kunsthonig usw., seit Anfang Februar 1940 Karten für Textilien, Schuhe und Kleider nicht mehr abgegeben. Die Benutzung von Telefonen wurde ihnen verboten. Für jüdische Wöchnerinnen und werdende Mütter wurden Butter und Milch gestrichen.

Seit dem 18. Juni 1940 durften die Regensburger Juden nur noch in den zwei Lebensmittelgeschäften Bolz (Dechbettnerstraße) und Schwank (vonStaussstraße) einkaufen, beschränkt auf die eine Stunde zwischen 13 und 14 Uhr. Alle anderen Geschäfte hatten zwischen 13 und 15 Uhr geschlossen. Die Gestapo Regensburg vollzog so die „vollkommene Trennung der Kunden nach deutschen Volksgenossen und Juden". Seit Mitte September 1941 wurden Juden in anonymen Briefen[25] an die Kreisleitung denunziert, sie würden „Hamsterei" betreiben, um an Lebensmittel zu kommen. Ab Mitte September 1941 war das Tragen des „Gelben Sterns" für Juden ab sechs Jahren in der Öffentlichkeit Pflicht, die Denunziation daher umso leichter. Am 8. Oktober wurde die Rasierseife für jüdische Männer gestrichen, am 13. November 1941 die Zuteilung von Zwiebeln.

Am 23. Oktober 1941 erließ Nazideutschland ein Auswanderungsverbot für Juden. Seit dem 25. November 1941 wurde „jüdischer Besitz vor der Deportation in die Vernichtungslager" eingezogen, die Deportierten verloren automatisch die deutsche Staatsangehörigkeit. Juden mussten einfach „abliefern", z. B. ab 1. Januar 1942 alle Pelze und Wollsachen.

---

24 Günter Schiessl/Simon Oberdorfer: Velodrom. Auf den Spuren eines Regensburger Bürgers, Regensburg 1990, und Georg J. Mautner Markhof: Das St. Louis Drama. Hintergrund und Rätsel einer mysteriösen Aktion des Dritten Reiches, Graz 2001.
25 StA Regensburg, Nachlass Schottenheim.

233 Juden konnten bis dahin aus Regensburg fliehen, sicher waren von ihnen nur die 110 nach „Palästina"[26], die 41 in die USA und eine Handvoll nach Südamerika und Australien Entkommenen. Viele Regensburger Juden waren in andere deutsche Städte gezogen und wurden von dort deportiert. Dem letzten Rabbiner Dr. Falk Felix Solomon (1936-1940) gelang die Flucht aus Nazideutschland nach England, er starb noch 1940 bei einem Luftangriff in London.

Auf dem jüdischen Friedhof wurde im September 1942 als letzter Regensburger Jude Josef Lilienfeld beerdigt. Dann wurde der Friedhof der Stadt Regensburg zum Kauf angeboten mit der Begründung, „dass im Hinblick auf die Abwanderung der jüdischen Bevölkerung ein jüdischer Friedhof nicht mehr benötigt werde". Die Stadt akzeptierte mit Schreiben vom 5. Oktober 1942 das Kaufangebot mit der Bemerkung, „der Friedhof [solle] in die angrenzenden stadteigenen Grünanlagen einbezogen werden". Der Kaufpreis von 11 855,50 RM wurde vom Regierungspräsidenten am 7. Juli 1943 akzeptiert.

Am Karsamstag[27], dem 2. April 1942, um 7 Uhr morgens mussten sich alle Regensburger Juden unter 65 Jahren auf dem Platz der 1938 niedergebrannten Synagoge versammeln. Zur „Tarnung" hatten sie neben 30 Kilo Gepäck auch Gartenwerkzeuge und landwirtschaftliches Gerät mitzubringen. Als etwa 80 von ihnen angekommen waren, riskierte ein Bankdirektor, aus seiner gegenüberliegenden Wohnung das letzte Foto[28] von den Regensburger Juden aufzunehmen.

Die Gruppe wurde am Ostbahnhof verladen. Am Ostersonntag trafen die Juden aus Straubing (circa 20 Personen), Landshut und Weiden (sieben Personen) ein. Sie übernachteten in der jüdischen Schule (Schäffnerstraße 2), bevor sie zum Ostbahnhof gebracht wurden. Auf den Meldeämtern wurden sie mit dem Stempel „Wohnsitzverlegung unbekannten Orts" abgemeldet[29].

Am dritten Tag, Ostermontag, dem 4. April, traf ein Zug aus München mit 774 Juden aus München und Fischach (bei Augsburg) in Regensburg ein. An diesen wurden die Waggons mit circa 200 Juden aus der Oberpfalz und Niederbayern angehängt. Der Zug fuhr über Weiden vier Tage lang nach Lublin mit dem Ziel „Auffanglager" Trawniki, wo er gegen Mitternacht auf einem einsamen Bahnhof eintraf. Am Morgen warteten Bauern mit Heuwagen und boten gegen Geld Fahrdienste an. Zu Fuß ging es in ein circa fünf Kilometer von diesem Bahnhof entferntes Lager[30]. Einige der Deportierten gelangten

---

[26] Thomas Muggenthaler: Regensburgerinnen im Exil, in: Hubert Ettl/Harald Grill (Hg.): Oberpfalz, Viechtach 1995, S. 116-122.

[27] Andreas Angerstorfer: Am 2. April 1942 begann die „Reise ohne Wiederkehr", in: Der Landesverband der Israelitischen Kultusgemeinden in Bayern 53, 1992, S. 4-6.

[28] „Siehe der Stein schreit aus der Mauer" 1988 (wie Anm. 22), S. 472.

[29] StA Regensburg, Abgabe Einwohnermeldeamt, Meldebögen.

[30] Dies ergibt sich aus dem Bericht des Münchner Transportführers, Reserve-Leutnant Josef W., der zur Begleitmannschaft des Transportes gehörte, und dem erhaltenen „Marschbefehl" vom 1.4.1942.

Abb. 54: Deportation von Juden in Regensburg am 2. April 1942.
Quelle: Privatbesitz Andreas Angerstorfer.

später in das Durchgangslager Piaski, das als „Verteiler" für die Vernichtungslager Majdanek, Treblinka und Sobibor diente. 14 Tage später, am 23. April,
war das Gepäck immer noch nicht in Piaski, wie sich aus einem Brief von Ch.
Kahn (München) ergibt. Es kam nie an. Als Schlafplatz diente der Steinbo-
den. Noch kamen Pakete von Verwandten an, wie zwei Briefe der 18-jährigen
Gymnasiastin Charlotte Brandis[31] beweisen. Aber das Mädchen war zu dieser
Zeit schon von den mit ihr deportierten Eltern getrennt, einige waren in andere Lager verbracht. Nach ihrem letzten Brief aus Piaski vom 8. September
1942 gab es von den 106 Juden aus Regensburg kein Lebenszeichen mehr. Das
letzte Lebenszeichen aus Trawniki stammt vom 1. April 1943. Von den 106
Deportierten hat niemand überlebt.

Die „alten" noch in Regensburg lebenden Juden wurden weiter terrorisiert.
Mit Erlass vom 23. Mai 1942 wurden die Juden selbst von der Abgabe von
entrahmter Milch ausgeschlossen. Seit 15. Mai waren alle „Haustiere" bei der
Kreisleitung (heute Industrie- und Handelskammer) abzuliefern. Man nahm
der Oma auch den Kanarienvogel, bevor sie „abgeholt" wurde.

---

[31] Michael Wabra (AG Geschichtswerkstatt): Zum Gedenken an unsere ehemaligen jüdischen Schülerinnen, die Opfer des Nationalsozialismus geworden sind. Eine Broschüre zur
Geschichte des Von-Müller-Gymnasiums in den Jahren 1933 bis 1936. Regensburg 1987,
und Ders.: Von Regensburg nach Wien und London: eine „Halbjüdin" berichtet Schülern
von heute, in: Jahresbericht des Von-Müller-Gymnasiums Regensburg 1987/88, S. 114–116.

Am 26. Mai 1942 wurde Frieda Schottig verhaftet, sie war nach ihrer Heirat zum Judentum konvertiert und arbeitete im jüdischen Altersheim. Die Gestapo zwang sie zur Unterschrift eines Textes, sie habe sich durch ihren Glaubensübertritt selbst „aus der deutschen Volksgemeinschaft ausgeschlossen". Sie überlebte ihre dreijährige Inhaftierung im KZ Ravensbrück. Die letzten Juden aus Straubing und Landshut wurden ab dem 27. Mai 1942 in der jüdischen Schule in der Schäffnerstraße 2 in Regensburg zusammengezogen.

Jeden Tag ging das Ausplündern der letzten Juden weiter. Ab dem 19. Juni 1942 wurden alle Elektrogeräte (vom Bügeleisen bis zum Plattenspieler) beschlagnahmt. Ab Juli 1942 durften keine Rauchwaren mehr gekauft werden. Blinden und tauben Juden wurde das Tragen ihrer Armbinden untersagt. Am 15. Juli 1942 wurden fünf weitere Regensburger Juden „mit unbekanntem Ziel verschickt" – vermutlich nach Auschwitz.[32]

Ein weiterer Deportationszug mit 117 Juden aus der Oberpfalz und Niederbayern verließ Regensburg am 23. September 1942. Der Personenzug P. 1033 fuhr um 16.45 Uhr aus Regensburg ab, mit 117 Juden, alle über 65 Jahre alt; 39 von ihnen waren mit erstem Wohnsitz im jüdischen Altersheim gemeldet. Der Zug mit seinem Gepäckwagen wurde um 22.38 Uhr auf dem Bahnhof Hof an den Sonderzug Da 518 angehängt, der aus Würzburg gekommen war. Ziel des Transports II/26 mit insgesamt 680 Juden war das KZ Theresienstadt, was den Deportierten schon vorher bekannt war. Schon Ende August 1942[33] wurden den zu Deportierenden sogenannte „Heimeinkaufverträge" angeboten, mit deren Hilfe ihre Bausparkonten geplündert wurden. Die 117 aus Regensburg Deportierten mussten im Voraus 9500 RM Transportkosten auf das Sonderkonto „W" Nr. 21778 einzahlen, pro Kopf 50 RM.[34] Überlebt haben von den 117 nur fünf Personen[35].

Ab Oktober 1942 wurden für Juden „Fleisch, Kuchen, Mehl, Magermilch, Kunsthonig und Kakao" aus den Rationen der Lebensmittelzuteilung gestrichen. Pro Woche standen einem „Arier" 2500 Gramm Brot, einem Juden noch 500 Gramm Brot zu. Die Fleischzuteilung wurde auf 250 Gramm in der Woche reduziert. Geschäftsinhaber, die mit einer jüdischen Frau verheiratet waren, wurden ebenfalls zur Geschäftsaufgabe gezwungen[36].

Nach den Deportationen lebten am 1. November 1942 noch 31 Juden in Mischehe und 18 „Halbjuden" in Regensburg. Am 23. September 1943 wurden der Rechtsanwalt Dr. Alfons Heiß und seine jüdische Frau Alice wegen Abhörens von „Radio London" verhaftet. Am nächsten Tag plünderte die

---

[32] Aufstellung „Liquidiertenliste" Kripo Regensburg (1946).
[33] Der erhaltene Heimeinkaufvertrag von Max und Ida Hauschner aus Straubing ist datiert auf „München/Regensburg, den 28. August 1942".
[34] Die komplette Abrechnung des Transports ist im Gestapo-Archiv, Würzburg, erhalten.
[35] Telegramme und Listen Gestapo Regensburg (aus Gestapo-Archiv, Würzburg, bzw. Yad Vashem, Jerusalem).
[36] Schnellbrief des Reichsministers für Ernährung und Landwirtschaft II B 2a – 2360 (Berlin 1.12.1942).

Gestapo Bücher, Schallplatten und Rundfunkgeräte der Familie. Alfons Heiß wurde am 3. Dezember 1943 zu eineinhalb Jahren Zuchthaus und zwei Jahren Ehrverlust verurteilt. Alice[37] war zwar getauft, als Jüdin im Sinne der Rassengesetze wurde sie aber ohne Urteil am 25. November 1943 nach Auschwitz deportiert und ist dort am 3. Januar 1944 gestorben.[38]

Am 10. Januar 1944 wurden wieder drei in Mischehe lebende Juden deportiert. Etwa 20 bis 25 wurden im Oktober 1944 (sogenannte „Oktober-Aktion") zur Zwangsarbeit in das Kohlebergwerk Rositz bei Altenburg in Thüringen zum „staatspolizeilichen Sondereinsatz" bei OT[39] (Organisation Todt) verbracht. Weitere acht in Mischehe lebenden Juden und Jüdinnen aus Regensburg wurden am 12. Februar 1945 in das KZ Theresienstadt deportiert. Abfahrt war am Walhalla-Bahnhof in Regensburg. Züge mit Deportierten hatten bis in den Untergang Vorfahrt. Ein Munitionszug hatte im Bahnhof zu warten, bis sie vorbei waren. Nur die militärische Niederlage Deutschlands verhinderte am 15. Februar 1945 die Deportation der letzten 17 in Mischehe lebenden Juden aus Regensburg.

Aus Regensburg wurden insgesamt 244 jüdische Männer, Frauen und Kinder (davon 152 Regensburger) nach „Osten" deportiert, abgemeldet mit dem Stempel „Wohnsitzverlegung nach Osten". Von ihnen starben 228 in den Lagern im Osten bzw. im KZ Theresienstadt. 21 weitere Regensburger Juden wurden aus anderen Orten im besetzten Europa deportiert. Überlebt haben aus Regensburg nur die elf zuletzt, am 10. Januar 1944 und 12. Februar 1945, Deportierten.

Am 19. März 1945 wurde im Colosseum Regensburg (Stadtamhof) als Außenstelle des KZ Flossenbürg ein „Arbeitslager" eingerichtet. Von den circa 400 Häftlingen waren etwa 150 Juden, die meist aus Polen stammten. Sie wurden am 22. April 1945 in einem Todesmarsch Richtung Dachau getrieben. Am 23. April nahm die US-Army Regensburg ein.

An Donau und Isar endeten im Süden die Kampfhandlungen des Zweiten Weltkriegs. Aus den großen Konzentrationslagern und ihren vielen Außenlagern waren unzählige Häftlingskolonnen Richtung Süden getrieben worden. Regensburg hatte abgesehen von Hafen und Messerschmittwerken geringe Bombenschäden, die Stadt zog daher wie ein Magnet „Displaced Persons" (DPs) an. Die UNO-Füchtlingshilfsorganisation UNRRA reagierte darauf. Sie errichtete das Headquarter des 3. Districts der US-Zone in Regensburg, das am 1. Juli 1947 von der IRO (International Refugee Organisation) abgelöst wurde. Sie betreute die circa 1000 Juden in Bayern, die in Mischehe überlebt hatten, ferner KZ-Häftlinge, die in den letzten Kriegstagen bei Todes-

---

[37] Für die Abschiedsbriefe von Alice Heiß vgl. Angerstorfer/Dengg 1997 (wie Anm. 5). S. 120f.
[38] Aufstellung Kripo Regensburg (1946).
[39] Wilhelm Kick: Sag es unseren Kindern. Widerstand 1933–1945. Beispiel Regensburg. Berlin/Vilseck 1985, S. 196–199.

märschen fliehen konnten oder befreit wurden. Es waren Überlebende, deren
einziger Besitz die Häftlingskleider am Leib war.

In der Stadt betreuten verschiedene jüdische Hilfsorganisationen im Jahr
1947 fünf „Exodus-Gemeinden"[40] mit 1527 Personen, von denen 95 in Wörth
an der Donau untergebracht waren: Die Jewish Community mit 250 bis 300
Personen war bis September 1945 im Regensburger Brauhaus (Untere Bachgasse 8), zog dann in das Central-Cafe (Pfauengasse 1) um, versorgt von dem
American Jewish Joint Distribution Committee (AJDC, Sitz in Goethestraße
1). Der UNRRA-Arzt Dr. Retter hatte eine „Jewish Community" als Modell-
gemeinde aufgebaut mit Sitz in Gabelsbergerstraße 11. Das Central Committee (Sitz in Weissenburgerstraße 7) richtete seit 1946 jüdische Restaurants ein,
publizierte jiddische Zeitungen und organisierte jiddisches Theater. Im August 1948 wurden dem Regensburger Zentralkommittee auch die Juden von
Ober-, Mittel- und Unterfranken unterstellt. Daneben gab es im alten Frauen-
betsaal (Schäffnerstraße 2) bis August 1949 eine Congregation of religious
Jews (Waᶜad had-dati) unter der Leitung von Rabbiner Maier Bernstein und
eine „Jews Congregation" in der Walderdorffstraße 22, geleitet von Rabbiner
Josef Gelernter. Auswanderer wurden in einem jüdischen Gymnasium und einer ORT-Fachschule (Landshuterstraße 74) vorbereitet. Die genannten Organisationen versorgten sie mit Wohnungen, Lebensmitteln („KZ-Zulagen"),
Kleidern und Medikamenten.

Diese Zusatzversorgung war in der Nachkriegszeit wohl der Grund für die
hohe Kriminalitätsrate gegenüber Juden. Der 14-jährige Schüler Benno
(Berek) Goldfeier, ein Überlebender der Lager, wurde am 20. Dezember 1945
am Postamt II (Bahnhofsgebäude) ermordet aufgefunden. Trotz eines Fahn-
dungsplakates wurde der Fall nie aufgeklärt. Am 3. April 1947 fiel die vier-
köpfige Familie Brutmann einem Raubmord zum Opfer. Der Antisemitismus
war bald wieder lebendig. Einem jüdischen Metzgermeister wurde nachgesagt, er fange Menschen und verkaufe sie als Wurst an seine Kunden. Diese
Geschichte ging auch durch amerikanische Zeitungen. 1947 wurde der jüdische Friedhof erstmals seit der Nazizeit wieder geschändet.

Am 8. September 1947 zog eine Demonstration der DPs gegen die Verzögerung der Alija (Auswanderung) durch die britische Regierung mit Fahnen
vom Platz der 1938 niedergebrannten Synagoge durch die Stadt. Anfang 1948
lebten in 22 Lagern in Regensburg und Umgebung noch circa 16 000 Juden. Es
war ein permanentes Kommen und Gehen, zu Hunderten gingen jüdische
Überlebende über Regensburg nach Palästina. Nach der Gründung des Staates Israel am 14. Mai 1948 sank die Zahl der Juden in Regensburg im Jahr
1950 von 860 (im Januar) auf 370 (im Juni). Im Dezember 1951 lebten noch
214 in der Stadt.

---

[40] Vgl. Andreas Angerstorfer: Jüdische Hilfsorganisationen und „Exodusgemeinden" in
Regensburg 1945–1949, in: Regensburg 1945 bis 1949. Katalog und Aufsätze, Regensburg
1987, S. 72–75 (mit Fotos auf S. 28 f.).

„WAS HABEN GERADE WIR VERBROCHEN?" DIE VERTREIBUNG DER JÜDISCHEN FAMILIE BRUCKMANN AUS NABBURG[1]

Von Gabriele Ziegler

„Niemand ist da, der diese Frage beantwortet"

Salomon Bruckmann, von seiner Familie Sally genannt, schreibt im August 1942 aus dem Ghetto Belzyce bei Lublin in Polen, wohin er mit seiner Frau Gerta und den Kindern Siegfried, genannt Friedl, Günter mit Kosenamen Moppl, sowie der Jüngsten, Waltraut, deportiert worden war. Der vollständige Satz lautet: „Die Frage, was haben gerade wir verbrochen, daß wir so leiden müssen, wird immer lauter, immer brennender und niemand ist da, der sie beantwortet."[2] Vor Schwäche konnte Sally den Brief, den er am 26. August begann, am 31. August und am 4. September weiterschrieb, erst am 7. September 1942 wegschicken. Das Leiden der Familie war bereits nicht mehr in Worte zu fassen. Der ständige Hunger war lebensbedrohlich. Die Eltern sahen ihre Kinder verhungern. Friedl (geb. 1925) hat eine sehr schmerzhafte Furunkulose. Günter (geb. 1927) hat Gelbsucht. Waltraut (geb. 1930) ist zum Skelett abgemagert und kann nur noch auf der Strohmatte liegen. Die „Buben" müssen im Steinbruch des Lagers arbeiten. Um etwas Essbares innerhalb oder außerhalb des Ghettos kaufen oder tauschen zu können, suchen sie sich Arbeiten, mit denen sie eine Kleinigkeit verdienen. Ihre Mutter Gerta leidet an einem männerfaustgroßen Karbunkel an der rechten Schulter, der ihr Tag und Nacht unerträgliche Schmerzen bereitet. Vor der Deportation in das polnische Ghetto hatte sie warme Sachen gestrickt, Essgeschirr und Medikamente eingepackt. Die Koffer waren jedoch aus unerklärlichen Gründen zurückgeblieben, gestohlen oder ihnen von den Wachposten einfach abgenommen worden.

---

[1] Quellen zu diesem Beitrag: Abraham Frank: The Dinkelsbühler, Hönigsberger and Wilmersdörfer Families of Floss and Fürth. Biographies and Genealogical Charts, Jerusalem 2006; Gila Bruckmann, Kfar Saba: Dokumente der Familie Bruckmann; Berta Hertz, New York: Dokumente zu Irma Rosenhein, geb. Baum, und Walter Rosenhein; Helmut Baum/Barbara Baum/Edith Römer, geb. Baum: Dokumente der Familie Baum. Barbara Kowalzik: Lehrerbuch. Die Lehrer und Lehrerinnen des Leipziger jüdischen Schulwerks 1912–1942, Leipzig 2006; Claudia Detsch: „Du sollst es uns einmal ermöglichen, auch nach Erez zu kommen". Briefwechsel einer jüdischen Familie aus Nabburg mit ihrem ausgewanderten Sohn, Seminararbeit München 1998; Ellen Bertram: Menschen ohne Grabstein, Leipzig 2001; Erich Zweck, Die jüdische Familie Kahn in Schwandorf, in: Jahresband zur Kultur und Geschichte im Landkreis Schwandorf 1992/1993, S.96–110; Gabriele Ziegler/Franz Grundler: Gedenke und erzähle, Nabburg 2007.

[2] Bei allen Briefzitaten wird die originale Schreibweise ohne nachträgliche Korrekturen wiedergegeben.

Sally, der Vater, friert und hungert mit seiner Familie. In der ersten Zeit im
Ghetto war es ihm noch eher gelungen, außerhalb des Ghettos Helfer zu finden: Leute, die bereit waren, Post und Päckchen für die Familie Bruckmann
an ihre Adresse schicken zu lassen, so dass Sally sie dort abholen konnte.
Wahrscheinlich kam er auch noch an Dinge, mit denen er Wachposten beste-
chen konnte. Wie es ihm gelang, wissen wir nicht. Jedenfalls wagte Sally alles,
um den Hungertod seiner Familie zu verhindern.

„Heute versuche ich diesen Brief auf gut Glück, von dem ich hoffe, dass er Euch alle in
bester Gesundheit erreichen wird. Wie man allgemein hört, soll unsere von hier über eine
Kontrollstation geleitete Post nicht ankommen. Bis vor kurzem erhielten wir noch Post, in
der man sich im Allgemeinen darüber beklagt, dass schon längere Zeit von uns keine Post
angekommen sei. Wir wollen nur hoffen, dass Pakete oder Päckchen weiter ankommen,
denn wenn auch diese ausbleiben, dann könnte das verhängnisvoll werden [...] Wenn die
Möglichkeit, Päckchen zu schicken, noch besteht, dann bitte ich Euch dringendst, die Situation zu nützen, und zu schicken, was nur möglich ist [...]"[3]

Nachdem Sally noch um einen Aluminiumtopf und Blechteller gebeten hat,
schreibt er über die Zustände im Ghetto:

„Ein Kulturmensch wird sich nie an solche Verhältnisse gewöhnen [...] Wenn es hier
regnet, – und das war bis jetzt oft der Fall –, dann sind die Straßen voller Schmutz und
Schlamm. Dazu in den Zimmern viel Ungeziefer, gegen das eine Abwehr umsonst ist. Es
gehört eine täglich neu aufzubringende Kraft dazu, sein armseliges Leben weiterzuschlep-
pen. Man ist in der kurzen Zeit zehn Jahre älter geworden. Ich kann es heute zu gut verstehen, dass Ihre Freundinnen vorher Schluss gemacht haben. Nicht zum Sterben gehört
Mut, sondern zum Leben."

Sally schließt wie meistens den Brief mit dem Gedenken an die Adressatin
und die Freunde: „Und nun noch alles Gute Euch lieben Menschen und
Gottes reichsten Segen und Schutz. Euer treuer Br."

Aus diesen Zeilen sprechen Angst und die Sorge um das Überleben der
Familie. Aber auch die Wesenszüge Sallys: Er hofft. Er versucht, alles ihm
Mögliche zu tun. Er denkt trotz seines Elends an die Adressaten in Freiheit
und wünscht Ihnen alles Gute. Er schildert seinen Zustand so nüchtern, dass
einem fast unheimlich wird. Ganz abgesehen davon, dass Briefe mit Vorwür-
fen oder Beschimpfungen nicht durchgekommen wären, über Sallys Lippen
kommen weder Zorn noch Klagen. Zwischen den Briefen von Anfang Juli
und Anfang September liegen Wochen, in denen Sally schließlich nur noch die
Sorge um seine Familie am Leben hält. Er fragt am Ende des Briefes[4]:

„Wisst ihr, was es heißt, zehn Tage und Nächte kaum zu schlafen? Während der Nacht
dauernd Ungeziefer, das unausrottbar ist, wie eine ägyptische Plage aus dem Schlaf gerissen, so daß man am Morgen wie zerschlagen aufsteht. Und wenn man am Tag Zeit hat, ein
paar Stunden Schlaf nachzuholen, dann sorgen die Fliegen dafür, daß man die Augen nicht
schließen kann. Wenn man ein Stückchen Brot isst, dann stürzen sich gleich Schwärme auf

---

[3] Brief vom 2.7.1942, gerichtet an Helene Brandner.
[4] Der Brief ist gerichtet an Margaretha Trautner, die nichtjüdische Frau von Josef Baum,
dem Bruder Gertas.

Abb. 55: Das Kaufhaus der Familie Baum in Nabburg um 1913.
Quelle: Postkarte im Privatbesitz der Familie Baum.

eine Brotkrume. die sichtlich unter dem Massensturm kleiner wird [...] Es ist zum Ver-
rücktwerden [...] Wenn wir nicht in allernächster Zeit von Euch und Tante ein Päckchen
bekommen, dann ist alles zu spät [...]".

Diese Zeilen sind das letzte Lebenszeichen, das von der Nabburger Kaufmannsfamilie geblieben ist. Sie starben im Ghetto oder im KZ Majdanek.
Dort wird der Stoffaufnäher auf Günters Kleidung mit der Gefangenennum-
mer 258 aufbewahrt.

In glücklichen Zeiten: Der Heimat und dem Vaterland verbunden

Gerta Bruckmann, geboren 1892, entstammte der Kaufmannsfamilie Baum.
Sie hatte eine Schwester, Irma, geboren 1895, und einen Bruder, Josef, geboren 1897. Ihr Vater, Alois Baum, Sohn von Samuel Baum, hatte 1888 Clara
Wilmersdörfer, geboren 1861 in Floß, geheiratet. Claras Großvater Samson
hatte 1826 dort seine Firma gegründet. Die Grabsteine von Samson Wilmersdörfer und seiner Frau Jette stehen bis heute auf dem jüdischen Friedhof in
Floß[5]. Alois übernahm mit der Hochzeit die Filiale des Kaufhauses in Nabburg
am Unteren Markt[6], an prominenter Stelle in der Altstadt am Berg, unweit
von Rathaus und Stadtpfarrkirche gelegen: Firma S. Wilmersdörfer – Alois
Baum.

---

[5] Zu Floß: Renate Höpfinger: Die Judengemeinde von Floß 1684–1942, Kallmünz 1993.
[6] Nabburg, Unterer Markt 3, vor dem Mähntor.

Im Angebot waren Stoffe, Arbeits- und Festtagskleidung. Irma arbeitete später auch als Schneiderin. Geschäftsbeziehungen nach Berlin, Böhmen und Leipzig waren selbstverständlich. In Werbeanzeigen bietet Alois Baum seine realen Preise und soliden Waren an. Er versieht das Haus mit einem Jugendstilgitter an der Ost-Terrasse über dem Gehsteig, das sich auffällig unterscheidet von dem schwerfällig-traditionellen Stil der Häuser ringsum.[7] 1916 wird Josef zum Militärdienst eingezogen. In russischer Gefangenschaft muss er im Bergbau arbeiten. Er wird 1919 zurückkehren und das Geschäft der Eltern übernehmen. Im Jahr 1914 richten die Eltern aus Sorge um ihren Sohn und als Hilfe für bedürftige Familien eine Stiftung ein: „Alois und Clara Baum'sche Kriegsstiftung 1914/17. Eingerichtet und beglaubigt von Bürgermeister Gürtler und den Stadträten am 20. Juni 1917". Am ersten Todestag ihres Mannes 1918 stiftete Clara Baum nochmals 1000 Mark hinzu. Weitere Stifter beteiligten sich, so dass schließlich 2500 Mark zusammenkamen. Über den Verbleib der Stiftungsgelder ist seit 1938, als alle jüdischen Stiftungen aufgelöst wurden, trotz Nachforschungen nichts bekannt. Eine letzte Spur gibt noch ein Schreiben des nationalsozialistischen Bezirksamtes Nabburg vom 9. August 1938 an die Regierung von Niederbayern und der Oberpfalz in Regensburg, in dem der Nabburger Bürgermeister Haller zu wissen gibt, dass ihm von einer Schenkung zu Gunsten bedürftiger Kriegsteilnehmer nichts bekannt sei. Hieß es im Nachruf auf Alois Baum nicht noch, er habe sich und seiner Frau „durch die Wohltätigkeitsstiftung ein Denkmal in der Stadt Nabburg gesetzt"? Und hatte nicht Bürgermeister Haller[8] an Josef Baum das Ehrenkreuz für die Frontkämpfer verliehen? Clara Baum starb 1925. Im Nachruf auf sie ist die Rede von einer „tüchtigen und unerschrockenen Frau". Sie „besaß eine große Leutseligkeit den Armen gegenüber". Sie habe „allen Mühseligkeiten, die aus der Verschiedenheit der Konfession erwuchsen, mit geradem Sinn entgegengesehen".

Sally Bruckmann heiratete 1919 in die Firma Baum ein. Geboren wurde er 1890 in Xanten. Mit dem noch nicht einjährigen Sally musste die Familie nach Wesel fliehen. Der Mob jagte die Juden wegen eines angeblichen Ritualmordes. In Wesel fördert der spätere Onkel der drei Nabburger Baum-Kinder, Simon Spier, den begabten Schüler. Sally wird jüdischer Volksschul- und Religionslehrer, studiert in Leipzig aber auch Mathematik. In Leipzig unterrichtet er bis 1918 an der Höheren Israelitischen Bürgerschule.[9] Simon Spier macht ihn mit Gerta Baum bekannt. Im Ersten Weltkrieg erhielt Sally das Eiserne

---

[7] Die Jugendstilbalustrade und Südfassade des Hauses sind original erhalten. Das Innere des Hauses ist entkernt.

[8] Im Nabburger Neubaugebiet gibt es die Bürgermeister-Haller-Straße; nordwestlich von Nabburg steht im Wald ein Denkmal an der Stelle, an der er 1945 unter bis jetzt ungeklärten Umständen ums Leben kam. Josef Haller, Spenglermeister, wurde 1933 infolge des „Gleichschaltungsgesetzes", das alle kommunalen Gremien auflöste, Bürgermeister und blieb es auch nach dem Einmarsch der Amerikaner.

[9] Heute: Ephraim Carlebach Stiftung Leipzig, Löhrstraße 10.

Abb. 56: Die Bruckmann-Kinder 1936.
Quelle: Privatbesitz Gila und Elad Bruckmann.

Kreuz. Sein Herz gehörte aber der Literatur und dem Schönen. Noch 1939, als er bereits von Nabburg wieder nach Leipzig geflohen ist, wird er einer Schülerin in ihr Poesiealbum schreiben: „Und häuft sich noch so trübe Um's Herz der Nebeldunst, Das Herz sei voll von Liebe Und fröhlich sei die Kunst." In Nabburg legt er eine Bibliothek vor allem mit modernen Werken an. Er schreibt auch selbst Gedichte. Erhalten sind Zeitungsberichte über sein Auftreten. Allerdings wird darin auch deutlich, dass die Familie Baum-Bruckmann trotz ihrer Großzügigkeit und Bildung – oder gerade deswegen? – nicht nur beliebt war. Ein lokaler Redakteur ermahnt 1927 die „Schwätzer", die Sallys Vortrag nicht zu schätzen wussten, mehr Anstandsgefühl zu entwickeln. Im Jahr 1920 wird dem Ehepaar der erste Sohn, Werner, geboren. Es folgen die beiden anderen Buben und Waltraut, die in der Geburtsanzeige als „herziges Schwesterchen" begrüßt wird.

Die Bilder dieser Zeit zeigen eine „typisch deutsche" Familie des gehobenen Bürgertums. Sie genießen das Leben, gehen schwimmen an die Naab. Sally liest, Gerta unternimmt Streifzüge in die Natur. Außerdem gehört sie zum Rot-Kreuz-Vorstand. Wohl zusammen mit Josef stiften sie der Stadt Nabburg aus dem Familienvermögen eine Viehwaage. Das Leben schien zu gelingen.

„Arisierung" und Reichspogromnacht

Auf einem Bild vom Heimatfest 1934 läuft der liebevoll von der Mutter „Moppl" genannte Günter vorneweg auf der Straße am Elternhaus vorbei zum Oberen Markt in Nabburg.[10] Ab Januar 1933, der Ernennung Hitlers zum Reichskanzler und dem Aufruf zum Boykott jüdischer Geschäfte vom April 1933 gewinnt die NSDAP in Nabburg an Einfluss. Geblendet von deren Heimattümelei und der Aussicht, mit der Parteizugehörigkeit das Beste für das Vaterland zu tun oder „jemand zu sein", eingeschüchtert oder aus gewohnter Untertanentreue, nimmt die Bevölkerung auch hier Unrecht, Verhaftungen und Säuberungen als „normal" hin.[11] Wer aus dem Kollektiv ausschert, verliert das Existenzrecht. Oberregierungsrat Brandner, Ehemann von Helene Brandner, muss Nabburg verlassen, weil er sich in einem Flugblatt gegen die NSDAP wandte. Ein nicht botmäßiger Lokalzeitungsverlag wird verwüstet. Als der Sohn dieser Familie infolge eines Nervenzusammenbruchs auf Hitler schimpft, wird er gefoltert und bleibend stigmatisiert. Andere werden als „Kommunisten" verschrien. Trotz aller Heimatverbundenheit erkennt die Kaufmannsfamilie die Zeichen der Zeit. Sally Bruckmann und Josef Baum nehmen ihre schulpflichtigen Kinder von der Schule und schicken sie nach Weiden oder Leipzig, weil sie meinen, ihnen dort antisemitische Hänseleien und Benachteiligungen ersparen zu können. 1936 wird dem „arischen" Nabburger Kindermädchen Anna Amode verboten, bei den Juden zu arbeiten. Wegen Verstoßes gegen das „Gesetz zum Schutz des deutschen Blutes und der deutschen Ehre" vom 15. September 1935[12] werden Annas Mutter und die Eltern Baum gerichtlich bestraft. Werner, der älteste Sohn Gertas, verlässt 1935 die Schule und bereitet sich mit einer landwirtschaftlichen Ausbildung in der Nähe von Karlsruhe auf die Auswanderung nach Palästina vor. Im September 1936 kann Werner mit der Youth Alija im Kibbuz Ein Charod ein anderes Leben beginnen. Das Geschäft in Nabburg läuft immer schlechter. Sally steigt aus der Geschäftsführung aus und versucht, als reisender Kaufmann zu Geld zu kommen. Zwischen 1936 und 1938 wechseln Zeiten mit Einnahmen und Monate ohne Einkommen. Als Kantor in jüdischen Gemeinden kann er außerdem Weniges verdienen. Josef Baum will das Kaufhaus seiner „arischen" Frau Margaretha überschreiben. Mit beißendem Spott auf den Juden wird ihm das verboten. In den Briefen an Werner beschreibt Sally die zunehmende Isolierung. Im Januar 1936 schildert Sally den Besuch des Gauleiters in Nabburg[13] geradezu erschreckend nüchtern. Welchen Grund diese Nüchternheit

---

[10] Beschriftung im Album durch Gerta. Nabburgs Straßen waren längst umbenannt. Das jüdische Kaufhaus lag jetzt am Adolf-Hitler-Platz.
[11] „Wir duckten uns vor den Machthabern." Karl Kirch, Heimat Nabburg 20/2000, 4. Die Nabburger Bürger akzeptierten die neue Obrigkeit, die schließlich für „Ruhe, Ordnung und Sauberkeit" sorgte, widerspruchslos. Ernst Dausch ebd. 58.
[12] Nürnberger Rassengesetze.
[13] Wohl Fritz Wächtler, der Nachfolger von Gauleiter Schemm.

hat, wissen wir nicht. War es eine Art Starre angesichts der unglaublichen Lügen und der Hetze, oder war es die Hoffnung, dass es nicht schlimmer kommen würde? Sally schreibt an Werner im Januar 1936:

„Der [Gauleiter] sagte unter anderem, wer mit einem Juden sich unterhält und noch sogenannte freundschaftliche Beziehungen unterhält, der müsste beim Stadthaus auf einer besonderen Liste veröffentlicht werden. Wer aber erst beim Juden kauft, das gehörte in einer Weise gebrandmarkt und bloßgestellt, wie es nicht so leicht zu sagen ist, und Ohrfeigen links und rechts und so weiter [...] Du wirst Dir eine kleine Vorstellung machen können, wie sich das auf die bereits bestehende Isolierung auswirken wird."

Da auch in Nabburg die „Arisierung" „erfolgreich" durchgeführt wird, kann der neue Besitzer des Kaufhauses für den Eröffnungstag, Sonntag (!), den 30. Oktober 1938, stolz bekannt geben:[14] „Ich habe das Kaufhaus Baum, Nabburg, käuflich erworben und befindet sich das Geschäft nunmehr in arischen Händen [...] Franz Bauer". Die Familien Baum und Bruckmann müssen im eigenen Haus auf engstem Raum als Mieter wohnen.

Die Reichspogromnacht vom 9. November 1938 ist für Nabburg besser als von der NSDAP erwünscht bezeugt. Wie an anderen Orten auch, gingen die Schergen nach der üblichen Methode vor: Die Ortsgruppe Nabburg veranstaltete eine Feierstunde abends um acht Uhr in der Turnhalle.[15] Ortsgruppenleiter Strigl verordnet unter Punkt 4 und 11 im Programm die Kampflieder: „Braun ist unser Kampfgewand", das Lied der SA, und das Horst-Wessel-Lied. In letzterem heißt es: „SA marschiert in ruhig festem Schritt [...] Bald flattern Hitler-Fahnen über alle Straßen [...]". Die SA hatte aus Schwandorf Verstärkung geholt. Damit ließ sich später besser versichern, dass kein Nabburger am brutalen Einbruch in das jüdische Kaufhaus beteiligt gewesen wäre. Es gab aber doch Zeugen. Bis auf den heutigen Tag wissen ältere Nabburger Details und Gerüchte zu erzählen. Die Nabburgerin Katharina R. berichtet in einem Brief an ihren Bruder August Rott in München, wie ihr Mann Konrad zufällig Augenzeuge der Geschehnisse am Baum-Haus wird:

„Konrad war nach der Feier beim Schießen, als er ca. um 12 Uhr heimging war Radau am Marktplatz. S.S. Männer holten Seppl aus dem Bett, zerrten ihn auf die Straße, dann sah ihn Konrad den Markt herauflaufen, die andern hinter ihm drein, dann versetzten sie ihm

---

[14] Alois Baum und seine Familie hatten die christlichen Feiertage stets eingehalten. Aus den Geschäftsanzeigen lässt sich nicht schließen, inwieweit jüdische Feiertage Einfluss auf das Geschäftsgebaren hatten. Die nichtjüdischen Verkäuferinnen waren dann ja trotzdem im Laden. Da die Baum-Bruckmann-Familie in den verschiedensten Vereinen der Stadt aktiv war, wird sie sich den üblichen Festen angepasst haben. Sally gibt zu erkennen, dass er am Sabbat möglichst nicht außer Haus sein wollte.

[15] Am 9. November 1923 scheiterte der Putschversuch Hitlers. Der „Marsch auf die Feldherrnhalle" endete mit Toten. In der folgenden Haft begann Hitler, sein Programm „Mein Kampf" zu schreiben. Im Oktober 1938 wurde die Abschiebung von Juden nach Polen befohlen. Aus Verzweiflung über die Deportation seiner Eltern verübte Herschel Grynszpan am 7. November 1938 ein tödliches Attentat auf den deutschen Botschaftsrat in Paris. Hitler rechtfertigte mit diesem Attentat die Verwüstungen und Morde der Reichspogromnacht vom 9. November 1938.

einen Schlag, daß er hinfiel, Brille davon, dass er blutete – Konrad sagte, ein jämmerlicher
Anblick, wie er so auf dem Pflaster hockte halb angekleidet ohne Joppe-Strümpfe, dann
kam die Polizei, nahm ihn in Haft. Bei Bruckmanns drangen sie auch in die Wohnung,
Herr Br. war nicht zuhause, was sie nicht glaubten, nahmen sie Fr. Br. und die Kinder mit
und fuhren mit ihnen weg, andern Tags kamen sie wieder. Vielleicht waren sie in Schwandorf. Hr. Br. sollen sie dann in Cham oder Kötzting verhaftet haben. Der Gretl Fr. Baum
und ihren Kindern taten sie nichts. Bei neuen Besitzer Bauer war ich noch nicht im Laden,
soll Geschäft aber gut gehen […]."

Die Augen- und Ohrenzeugen verhielten sich in Nabburg wie in diesen Tagen
überall im Deutschen Reich: Sie sahen, erschraken, berichteten einander über
das Geschehene. Aber das normale Leben ging weiter. Buben, die heimlich in
der Nacht oder am nächsten Tag die Gewalt mitbekamen, verkrochen sich nach
Hause. Gesprochen wurde mit ihnen nicht über das, was sie erlebt hatten.

Von Margaretha Baum („Gretl") wissen wir, dass die SA-Männer in das
Schlafzimmer einbrachen, wo auch die drei Kinder schliefen. Josef Baum wurde schon im Bett geschlagen und dann die Treppe hinuntergestürzt. Er und
Frau Bruckmann mit den Kindern wurden nach Schwandorf gebracht, wo alle
Juden der Umgebung zusammengetrieben wurden. Frau Bruckmann soll noch
gerufen haben: „Herr Lippert, helfen Sie!" Herr Lippert war Nachbar, Freund
der Familie und jetzt führendes NSDAP-Mitglied der Kleinstadt. Hilfe kam
nicht, von niemandem. Gerta und die Kinder durften nach Nabburg zurück.
Für die Männer ging es über Schwandorf nach Dachau. Dort traf Josef Baum
seinen Schwager Sally, der von Cham aus in Schutzhaft genommen worden
war. In Schwandorf war auch Josef Kahn[16] verhaftet worden, ein ehemaliger
Mitarbeiter des Nabburger Kaufhauses, der sich dann in Schwandorf selbst-
ständig gemacht hatte. In der Zeitung stand in Nabburg am 10. November zu
lesen, dass die Nabburger von sich aus kurz davor gewesen wären, die Juden
ihrer Stadt zu lynchen:

„Namenlose Erbitterung über den feigen Mord des Juden Herschel Seibel Grünspan
herrschte auch hier, als am Mittwoch durch den Rundfunk bekannt wurde, daß Legations-
rat von Rath seinen schweren Verletzungen erlegen sei. Wie in allen Orten der Umgebung
wurden auch hier die Juden am Mittwoch gegen Mitternacht in Schutzhaft genommen und
ins Gefängnis nach Schwandorf überführt, da bei der Erregung der Bevölkerung über den
gemeinen Mord eine persönliche Sicherheit der Juden nicht mehr gegeben war. In Amberg wurde bereits am Donnerstag mit dem Abbruch der Synagoge in der Salzstadelstr.
begonnen. In Schwandorf setzten Juden ihrer Festnahme Widerstand entgegen, einer ver-
letzte sogar einen mit der Festnahme Beauftragten."

Die NSDAP-Feierstunde zur gleichen Zeit in der Turnhalle wird so beschrieben:

„Weihevolle Stille lag über dem Raum, die nur unterbrochen wurde durch den ehernen
Tritt der einmarschierenden Kolonnen. […] Ortsgruppenleiter Pg. Strigl der Helden des
9. November gedachte, in längeren Ausführungen darlegte, warum dieser Tag kommen

---

[16] Zur Geschichte des Josef Kahn und der Schwandorfer Juden vgl. Zweck 1992/1993,
S. 96ff., der sich bezüglich der Berichte aus der Schutzhaft wie wir auf die Berichte von
Josef und Margaretha Baum stützt.

musste und wie der Führer und seine Getreuen mit felsenfestem Glauben an Volk und Vaterland den Kampf gegen die dunklen volksfeindlichen Kräfte aufnahmen und zum siegreichen Abschluss brachten [...] Voll Vertrauen steht Deutschland hinter dem Führer, dem es Freiheit, Ehre und Frieden verdankt."

Freiheit und Frieden? In Nabburg dringen am 10. November noch einmal SA-Männer[17] in das jüdische Haus ein. Sie plündern und zerstören. Einer stellt sich vor das Bildnis der Clara Baum. Er zerschlägt es. Clara Baum hatte ihn, das Kind armer Eltern, zur Kommunion reichlich beschenkt. Den Familien aus dem Baum-Haus brachten der Führer und seine Getreuen Deportation und Internierung, Gefangenschaft und Tod. Zynisch hieß die Deportation in das KZ „Schutzhaft". Über die Schikanen, die er selbst, Josef Kahn, Sally Bruckmann und die anderen Gefangenen erdulden mussten, berichtet Josef Baum später: „Die Männer [...] müssen auf Befehl in der Hocke über den Platz hüpfen, die ganze Nacht im Regen stehen, ohne sich zu rühren. Wer das nicht mehr kann, wird geschlagen und bleibt tot liegen [...]." Sally und Josef Baum kommen Ende 1938 aus der Schutzhaft in Dachau frei und kehren zunächst zurück nach Nabburg.

Die Frage nach der Auswanderung

In Nabburg war kein Bleiben. Hermann Weickel, den sie einst mit seiner kranken Frau als Mieter freundschaftlich aufgenommen hatten, betrieb die „Entfernung" der Juden. In einem Brief an den „arischen" Besitzer kurz vor der Heirat mit seiner neuen parteihörigen Frau schreibt er:

„Meine zukünftige Frau will unter keinen Umständen mit dem jetzigen Wohnungsmitinhaber, der J u d e ist, zusammenwohnen. [...] Auch aus Geschäftsrücksichten wäre es für mich nur ein großer Vorteil, wenn Herr Baum ausziehen würde, da sich viele meiner Kunden daran stoßen, dass ich mit einem Juden zusammenwohne. Eine Begegnung auf der Treppe ist eben unvermeidbar. Schriftliche Erklärungen meiner Kunden kann ich Ihnen wenn nötig genügend beibringen [...] Sollte Ihnen die Entfernung des Vorgenannten nicht möglich sein, müsste ich, so leid es mir sein würde, die Konsequenzen ziehen und mir eine andere Wohnung suchen."

Eine Entfernung war möglich. Josef Baum musste in Berlin unter Gestapo-Aufsicht beim Gleisbau und Abbruch zerbombter Häuser arbeiten. Seine Familie fand zunächst dort Unterschlupf, die Kinder wurden zu den Großeltern in Bayern gegeben. Als die Bombardierungen immer heftiger wurden, ging Margaretha Baum mit den Kindern zu Verwandten, Josef konnte fliehen.[18] Das Ehepaar Bruckmann hatte für den Sohn Werner auf Auswanderung entschieden. Für die drei kleineren Kinder, sich und seine Frau überlegte Sally

---

[17] In den Berichten ist – wie hier wiedergegeben – teils von SA-, teils von SS-Leuten die Rede.

[18] Die Familie überlebte. Sie konnte nach dem Krieg wieder in ihr Haus einziehen, sich in Nabburg aber keine Existenz mehr aufbauen. 1963 verkaufte Josef Baum sein Elternhaus und zog mit der Familie nach München.

hin und her, wohin sie ausreisen könnten. Als Vater bedrängen ihn Angst und Sorge um die Kinder: Sie ohne Eltern wegzuschicken erscheint ihm genauso gefährlich wie sie hierzubehalten. Schon im August 1936, als Werner gerade erst weg ist, schreibt Sally an Werner, er solle es ihnen „einmal ermöglichen, nach Erez zu kommen". Sally unterlässt es nie, den fernen Sohn zu Arbeit und Observanz der religiösen Pflichten zu ermahnen. Jüdisch sein hieß für Sally, die geistige und moralische Dimension seiner Religion ernst zu leben. Im September 1936 schreibt er im Hinblick auf das Jüdische Neujahrsfest: „Wir können die Hohen Tage gar nicht würdiger begehen als dadurch, dass wir uns vornehmen, alle die Fehler abzulegen, welche geeignet waren, unsere Gegner großzuzüchten." Diese Forderung zeugt von großer Strenge mit sich und wohl auch mit dem Sohn. Werner seinerseits berichtet über sein neues Leben. Er führt jetzt einen neuen jüdischen Namen: Abraham. 1938 beschreibt er in einem Brief Grapefruits. Obwohl kaum Geld da ist, kauft Sally für Gerta eine Grapefruit, welche die Familie dann isst und so die Verbindung mit Werner herstellt.

Ein langer, dreiseitiger, mit Schreibmaschine eng beschriebener Brief vom 20. April 1938, noch aus Nabburg vor der Pogromnacht geschrieben, spiegelt das Ringen um die Auswanderung. Werner fordert Bertel, seine Cousine, die Tochter von Gertas Schwester Irma[19], in Leipzig auf, nach Palästina auszuwandern. Sally antwortet in scharfem Ton: „Du hast Dich in dem Schreiben so völlig im Ton vergriffen [...] bei dem arroganten Ton, den Du Bertel gegenüber anschlägst [...] Willst Du uns nicht einmal schreiben, weshalb du Bertel immer so bombardierst mit Briefen, die nur das Eine enthalten: Komme herüber? [...] Willst Du mit Deinen 18 Jahren die Verantwortung übernehmen [...]?" Sally hat den Brief also nicht an die Adressatin weitergegeben, auch um deren Mutter Irma, die krank ist, zu schonen.

„Ihr in Erez seht ja auch das Leben nicht mit 100% Klarheit, ganz im Gegenteil, ihr seht immer die eine Seite, die da heißt, Aufbau von Erez, und vor den sich türmenden Schwierigkeiten, die sich jeder Übersiedlung bieten, macht ihr schön Eure Augen zu und wollt sie einfach nicht sehen." Sally sieht als Grund für das Drängen Werners dessen Jugend und zitiert ihm Schiller: „Schnell fertig ist die Jugend mit dem Wort, das schwer sich handhabt, wie des Messers Schneide." Und doch kommt noch ein anderer Ton auf: „Deine Eltern haben in Nabburg schon so vielen Leuten geholfen und von all der Hilfe haben sie lediglich Undank gehabt, so daß wir uns vorgenommen haben niemandem mehr zu helfen. Laß Dir das doch auch gesagt sein." Dann kommt Sally wieder auf die Auswanderung der Geschwister nach Palästina zu sprechen:

„Was Du über die Kinder schreibst, ist auch wieder lediglich unter der Brille der Zionisten gesehen. Wie Du Dir das so leicht denkst, einfach die Kinder nach Erez zu schicken, wo

---

[19] Irma hatte den Geschäftsmann Walter Rosenhein geheiratet. Standesamtliche Trauung und jüdische Hochzeit fanden am 17. Juli 1922 in Nabburg statt. Dann zog das Paar nach Leipzig. Der Vater schrieb für seine Tochter innige Gedichte und liebevolle Briefe. Er starb nach schwerer Krankheit 1940.

wir Eltern nur ganz geringe Aussicht haben, auch einmal nachkommen zu können. Ich will es Dir nur verraten, daß ich in dieser Woche erneut an den Hilfsverband der deutschen Juden mich gewendet habe, um nach Mitteln und Wegen zu suchen, die Auswanderung praktisch zu betreiben."

Die Familie hat nicht das nötige Kapital, um die für eine Auswanderung nötigen Garantien geben zu können. Sally hat deshalb auch angegeben, dass er dann eben in ein anderes Land ausreisen würde. Er fragt den Sohn:

„Nimm an, uns würde ein ganz gutes Angebot in Argentinien gemacht, würdest Du dann auch zu uns zurückkommen oder würdest Du es vorziehen, in Erez zu bleiben? Ich will nur gleich betonen, daß dein Kommen ohne Zwang erfolgen müsste, denn ich will durchaus Dir nicht im Weg sein. Daß es aber für uns alle erst das richtige Heimatgefühl geben würde, wenn Du dann auch wieder bei uns wärst und mit uns arbeiten würdest, kannst du Dir wohl ohne langes Reden denken."

Eher glaubt Sally an einen Krieg in Palästina als in Europa:

„Jetzt ist es in Europa ganz schön ruhig, wenn auch Spannungen nicht zu leugnen sind. Wie ist es aber dagegen in Erez? Bombenanschläge, Überfälle, Brandstiftungen Tag für Tag und kaum ein Tag ohne Verwundete und leider oft auch Tote. Wie denkst Du Dir das nun alles, wenn es wirklich einmal zu einem europäischen Krieg käme? Stelle Dir dann alles in Erez verhundertfacht vor und doch wirst Du damit die Wirklichkeit nicht erreichen. Also, das würde bei mir kein Auswanderungsgrund sein, weil ich bei diesem Punkt leider eine 4jährige Erfahrung im Weltkrieg in die Waagschale werfen kann und das wiegt schwerer als all Eure Vermutungen."

Im Blick auf die schlechter gehenden Geschäfte will Sally den Sohn beruhigen, wenngleich er ihm schreibt, dass Onkel Sepp (Josef Baum) keinen Wandergewerbeschein bekommen hat und deshalb zuhause sitzen muss. „Das Geschäft geht nicht zum Besten." Sally schließt den Brief: „Noch recht herzliche Grüße und einen festen Jomtofkuß von Deinem Dich sehr liebhabenden treuen Vater."[20]

In einem Brief vom 14. März 1939 aus Nabburg an Bertel, die Tochter von Irma, setzt sich Sally wieder mit der Unmöglichkeit einer Auswanderung einander. Wohl unter dem Druck der zunehmend aussichtsloser werdenden Zustände spricht er nicht mehr so heftig. Bertel war ja inzwischen mit einem Kindertransport nach London in Sicherheit gekommen.

„Liebe Bertel, […] als uns Deine Mutti über die Veränderungen in Deinem Leben Mitteilung machte, [habe ich] gleich an Deine Lieben nach Leipzig geschrieben, daß sie sich keinerlei Sorge machen sollten wegen Deiner, denn Du wärst, so schrieb ich, aus einem Holze gemacht, das schon mit den Widerwärtigkeiten des Lebens fertig wird. […] Ich kann Dir nur den guten Rat geben, beiße im Leben immer die Zähne zusammen und laß Deine lieben Mitmenschen nie wissen, wie es manchmal schlecht um Dich steht. Und wenn es auch einmal dick auf dick kommt, einmal wird Dir doch wieder die Sonne scheinen, und wenn in London noch so dichter Nebel ist, so ein echter Erbsbreinebel, durch den nichts zu erkennen ist, dann denke immer daran, dass durch einen solchen Nebel auch Dir noch leichter die Sonne scheinen kann als uns."

---

[20] Sally schreibt wie immer mit der Schreibmaschine und setzt die Grüße handschriftlich darunter.

Aus diesen Worten scheint Sallys Aufruf an sich selbst zu sprechen, „die Zähne zusammenzubeißen." Die Situation der Seinen beschreibt er als ein Leben im „Nebel" ohne Sonne. Sally spricht von den zerschlagenen Hoffnungen, wenigstens die Kinder in Sicherheit bringen zu können:

„Wenn es uns nur einmal gelingen wollte, dass wir die Kinder heraus aus Deutschland brächten, aber auch da scheint es momentan überall zu stocken. Man verspricht uns dauernd, dass unsere Kinder als erste vorgemerkt seien und aus dem Versprechen ist bis jetzt noch nichts geworden. Am besten wäre es ja, die Kinder kämen gleich nach Palästina und würde dann Werner schon dafür sorgen, dass sie bald in seine Nähe kämen."

In einem Brief vom 15. März 1939 antwortet Friedl, der jetzt Älteste der Nabburger Bruckmann-Kinder, Bertel auf ihren Brief aus England:

„Liebe Bertel! Soeben komme ich von einem Spaziergang zur Wiesmühle[21] zurück, wohin ich im ärgsten Schneegestöber gegangen war. Deinen großen Brief, den uns die liebe Mutti vorgelesen hat, haben wir mit großem Interesse verfolgt! Liebe Bertel, Du hast wirklich schon allerhand mitgemacht, aber die süße Schlagsahne und das scharfe Roaßbeaf wird dich wieder entschädigt haben. Ich wünsche Dir weiter alles Gute, l. Bertel, und grüße Dich herzlich Dein Friedl oder Schlomo."[22]

Die Auswanderung muss tagtäglich Thema gewesen sein. Denn schon in den Briefen der Kinder an Bertel vom 2./3. Januar 1939 geht es darum. So schreibt Waltraut: „Ich hoffe, dass wir auch bald fortkommen. Ich wollte, wir hätten die große Reise schon hinter uns. Vielleicht treffen wir uns dann." Und Friedl schreibt: „Wenn ich nur auch mal eine so gute Unterkunft bekäme wie Du! Wir Kinder werden vielleicht auch bald fortkommen. Aber es geht ziemlich langsam. Wir kämen vielleicht nach England oder Holland. Nach Holland sind vor kurzem ein paar Transporte gegangen. Wenn nur auch wir mit so einem Transport mitkämen […]." Günter schreibt im März 1939: „Es wäre mir natürlich lieber, wenn ich bei Dir in England wäre." Da eine Flucht in das sichere Ausland unmöglich war, bot sich Leipzig als „Auswanderungsort" an: Gertas Schwester Irma und ihre Familie waren dort. Sally kannte die Großstadt aus seiner ersten Berufszeit. Bereits im April 1939 wird Sally als Lehrer an der Jüdischen Volksschule angestellt. Die Kinder gehen beim Vater in die Schule. Walter Rosenhein, der Mann Irmas, bringt ihnen Englisch bei. Die Kinder lernen diese Sprache begeistert und hoffen, einmal mit Bertel, der sie oft schreiben, englisch sprechen zu können. Brieflich versichert Sally von Leipzig aus Bertel, dass er die Kinder nach England schicken würde, wenn er nur könnte. So im Juni 1939: „Du warst nun so liebenswürdig, zu fragen, ob wir unsere Kinder nach England geben würden. Gewiss würden wir das tun, wenn wir eine Gelegenheit dazu hätten. […] Die Koffer der Kinder sind ohnedies schon seit vielen Wochen gepackt."

21 Noch heute existierendes Sägewerk an der Naab.
22 Seinen hebräischen Namen Schlomo – Salomo – schreibt Friedl in hebräischer Schreibschrift. Das heißt, die Kinder lernten schon in Nabburg Hebräisch und wählten jüdische Vornamen.

„Ich bin wegen der straffen Disziplin angenehm aufgefallen"

Ein Brief vom 26. April 1939 an Werner kommt bereits aus Leipzig. Sally beschreibt die Wohnung. Dann berichtet er von der Schule. Für ihn ist es ungewohnt, Anfängerklassen zu unterrichten, und er muss sich erst daran gewöhnen. Er will die Kinder über die Schule hinaus fördern. „Ich habe mir vorgenommen, aus meinen Klassen Musterklassen zu machen. Das ist zwar bei dem sehr gemischten Material sehr, sehr schwierig, aber vielleicht doch nicht unmöglich. Jedenfalls bin ich der Leitung schon wegen der straffen Disziplin angenehm aufgefallen und ist mir für den weiteren Verlauf nicht bange." Trotzdem sieht Sally die unsichere Situation der Juden: „Man weiß nicht, was morgen ist und wie will man da wissen, was übermorgen und noch später sein kann." Da der Familie die Nabburger Zeitung nachgeschickt wird, kann Sally von einem Unfall des Nachbarn und NSDAP-Angehörigen Lippert lesen. Das berichtet er seinem Sohn nach Palästina: „Lippert Hans [...] mit Panzer und Gallrap angefahren und wurden sie leicht verletzt und das Auto wurde völlig zerstört. Es tut mir furchtbar leid und hoffentlich ist es nicht allzuschlimm."

Auch Gerta ist in Gedanken in Nabburg. Sie schreibt am 28. April 1939 an Margaretha Baum und ihre Familie:

„Wenn ich mich besonders intensiv mit Euch beschäftige, da werde ich so niedergeschlagen, weil Ihr allein seid, und kriege elendes Heimweh nach Euch [...] Trotz allem, was man uns angetan hat, die meisten können ja nichts dafür, hänge ich doch an vielem, was früher meine Heimat war. Die schöne freie Natur, die für alle da ist, die herrliche Umgebung, all das vermisse ich sehr [...]."

Die Situation der Familie wird zunehmend dramatischer. Lebensmittelpreise steigen ins Unermessliche. Die Kinder „wissen nicht mehr, was Freude ist". Tag für Tag verschwinden jüdische Freunde und Mitbewohner. Sie müssen „plötzlich verreisen", d.h. sie werden deportiert. Gerta versucht zu trösten und so weit möglich zu helfen. Die Familie ahnt, dass auch auf sie die Deportation zukommt. Noch immer gehen Gedanken nach Nabburg. Die Inschrift „Carpe Diem" – „Nutze jeden Tag" am Haus gegenüber dem Nabburger Wohnhaus deutet Sally am 19. November 1941 auf die Situation der Familie: „Carpe Diem passt heute so recht für uns. Nütze den Tag, der zwischen der Verurteilung und der Vollstreckung des Urteils liegt. Verurteilt sind wir längst [...] Unser ganzes Leben liegt unter dem Schatten der kommenden Evakuierung und vielleicht ist es gut, dass man sich jeden Tag vorstellt, dass es morgen der Fall sein kann." Sally will, „dass wir erhobenen Hauptes in die Verbannung gehen und wenn es sein sollte, auch mit Würde den letzten Schritt machen [...] Unsere Quäler werden an mir persönlich nie den Triumph erleben, dass sie mich klein sehen werden". In einer uralten Metapher, die auch das jüdische Schrifttum durchzieht, beschreibt er seine Verfassung: „Ich komme mir jetzt schon so vor, als stünde ich hoch oben auf einem Turm und all das kleinliche Gewürm könne gar nicht an mich heran." Er gibt Helene Brandner, an die der Brief geht, Anweisungen für die Koffer, die bei ihr eingelagert sind, und versichert, dass er nicht an irdischem Besitz hänge, aber „noch am Grabe pflanzt er die Hoffnung auf", zitiert er wieder Schiller[23]. „Wir wollen leben und sehen, dass wir unser Leben behalten und darnach müssen wir handeln. Grüßen Sie bitte alle Ihre Lieben, möge Sie unser Herrgott in seinen besonderen Schutz nehmen."

Deportation nach Belzyce/Majdanek

Am 9. Mai, dem Abend vor der Deportation[24], schreibt Gerta an Helene Brandner:

„Es ist jetzt 9 Uhr abends und wir sind ziemlich fertig. Morgen früh um 8 Uhr heißt es sich bereithalten. Heute um 5 Uhr erhielten wir Ihren Abschiedsbrief. Wir sind nicht in der Lage, heute auf diesen Brief zu antworten; wir nehmen aber den aus ihren Zeilen sprechenden herzlichen Ton als Trost mit in unsere Verbannung. Ihre Zeilen geben uns mehr, als Sie sich vielleicht vorstellen können. Von uns allen die innigsten grüße und der liebe Gott behalte Sie in seinem Schutz. Die Sachen sind bei Handschuh gut aufgehoben und wollen Sie sie dort lassen, bis sie nach dem Krieg angefordert werden. Die Leute sind unterrichtet. Für die Bilder herzlichen Dank."

Von nun kämpfen sie miteinander um das Überleben. In den Briefen aus dem polnischen Ghetto flehen Gerta und Sally immer wieder Helene Brandner oder Margaretha Baum an: „Vergesst uns nicht!", „Verlasst uns nicht!" Anstelle vieler Zitate soll Gerta mit einem Brief vom 20. Juni 1942 zu Wort kommen. Sie beschreibt ihre Lieben.

„Das Weiberl [Waltraut] ist nicht zum Wiedererkennen: ruhig und traurig. Es tut uns sehr weh, das winzige blasse Gesicht. Sie liegt oft aus Hunger und Schwäche und friert, eben zu wenig Nahrung und dabei hat sie nie viel gegessen. Von den Jungen, die den ganzen Tag arbeiten ohne Entgelt, will ich gar nicht reden. Und unser guter Papa, aller Vorbild, er wird bald seinen 55. Geburtstag haben, bin ich doch jetzt schon 50 geworden [...] Unser Papa ist so mager geworden, von mir will ich nicht reden [...] Früh lauwarmes Kaffeewasser, Mittag Graupensuppe mit Kartoffel drin ohne Fett, Abends machen wir selbst Kartoffel, mal so, mal so, dazwischen etwas Brot, da zu teuer. Die Buben arbeiten täglich für andere, damit sie eine Kleinigkeit verdienen, wenn sie nicht Pflichtarbeit haben. Was könnten die zum Leben brauchen. Alle warme Winternachtwäsche und Sommerwäsche ist fort, hatte so gut gesorgt [...] vergesst uns nicht! Wir hoffen, mit Gottes Hilfe Euch alle wieder

---

[23] Die zweite Strophe des Schiller-Gedichtes „Hoffnung" lautet: Die Hoffnung führt ihn [den Menschen] ins Leben ein, sie umflattert den fröhlichen Knaben, den Jüngling locket ihr Zauberschein, sie wird mit dem Greis nicht begraben; denn beschließt er im Grabe den müden Lauf, noch am Grabe pflanzt er die Hoffnung auf.

[24] 1939 wohnte die Familie am Nordplatz 7. Deportiert wurde sie aus dem „Judenhaus", Jacobstraße 7/1, wo Juden vor dem Transport zusammengepfercht wurden. In einem Brief kurz vor dem „Umzug" in die Jacobstraße schreibt Sally auch, dass sie seit Wochen nichts mehr von Werner gehört hätten, weil keine Post durchkomme: „Es ist Krieg..." Eine ausführlichere Beschreibung der Deportationen in: Der letzte Weg. Die Deportation der Juden aus Leipzig 1942-1945 (Veröffentlichungen des Stadtgeschichtlichen Museums) Leipzig 2006 .

Abb. 57:
Werner Bruckmann als britischer Soldat.
Quelle: Privatbesitz Gila und Elad Bruckmann.

zu sehen und bemühen uns, stark zu bleiben [...] Es friert uns nachts jetzt schon, in unseren armseligen Raum kommt wenig Licht und Sonne. Ihr könnt Euch ja keine Vorstellung von allem machen."

„Was haben gerade wir verbrochen?", fragt Sally. Er sagt in dem anfangs wiedergegeben, in äußerster Schwäche geschriebenen Brief auch: „Es wird einem durch all das, was das schwere Leben noch viel unerträglicher macht, sehr schwer, an die Allbarmherzigkeit und Güte des himmlischen Vaters zu glauben." Nach Zeugnissen jüdischen Glaubens ist dieses Nicht-Mehr-Glauben-Können des unschuldig Gehetzten und Todgeweihten eine nicht mehr erfahrbare, nicht mehr mitteilbare und von keinem anderen Menschen nachvollziehbare letzte Nähe zu Gott. Eine Deutung oder gar ein Verstehen ist uns Nachgeborenen unmöglich.

Die Spur von Gerta, Sally, Friedel, Günter und Waltraut verliert sich im Ghetto Belzyce und dem KZ Majdanek. Ein Überlebender erzählte später Josef Baum, dass eines der Kinder noch vor den anderen starb, weil es auf Anruf nicht stehen blieb und erschossen wurde.

Irma Rosenhein, geborene Baum, die Schwester von Gerta, wurde am 21. Januar 1942 nach Riga deportiert und starb dort. Ihre Tochter Bertel, die sie nach England gerettet hatte, lebt heute in New York.

Werner-Abraham Bruckmann gründet in Kfar Saba eine Familie. Er hatte eine leitende Stellung in einer Bank, gestaltete ein schönes Haus und einen herrlichen Garten mit Südfrüchten. Als Angehöriger der jüdischen Brigade innerhalb der britischen Armee kommt er nach dem Krieg zweimal nach Nabburg.

Es bleiben ihm nur hilflose Wut, tiefe Trauer und die abgrundtiefen Selbstvorwürfe, seine Familie nicht vor dem Holocaust gerettet zu haben. 1979 sieht er keinen anderen Ausweg mehr als die Flucht in den Tod. Er ist begraben in Kfar Saba. Seine Tochter Gila Bruckmann übergibt alle Briefe, Bilder und etliche Habseligkeiten wie das von Gerta geführte Tagebuch über Geburt und Aufwachsen Friedls oder eine Uhr aus dem Baum-Haus an die Holocaust-Gedenkstätte Yad Vashem in Jerusalem.

AUS DEN VERNICHTUNGSLAGERN IN DIE OBERPFALZ
EINE BESTANDSAUFNAHME ZU DEN JÜDISCHEN HÄFTLINGEN IM KZ FLOSSENBÜRG

Von Jörg Skriebeleit

Die (Un-)Bedeutung des KZ Flossenbürg
für die Verfolgung von Juden in der Oberpfalz

Fährt man von Westen kommend nach Flossenbürg, so passiert man am Ausgang der letzten Ortschaft vor dem Ziel rechterhand eine auffällige Grabstätte. Es handelt sich um den alten jüdischen Friedhof von Floß. Vor allem Ortsunkundigen fällt dieser „gute Ort" auf, und viele bewegt die Frage, was es mit diesem jüdischen Friedhof unweit eines ehemaligen Konzentrationslagers auf sich hat und wie er sich erhalten konnte. Anlässlich der Besichtigung der Flossenbürger Gedenkstätte erfahren zahlreiche Besucher erstmals und en passant, dass im Nachbarort vom Mittelalter bis zum Anfang des 20. Jahrhunderts eine jüdische Gemeinde existierte.[1] Die Pogrome der Nationalsozialisten und die Deportation der letzten Familien im September 1942 in das Ghetto Theresienstadt beendeten die Existenz jüdischen Lebens in Floß gewalttätig und endgültig.[2] Nur der Friedhof und die Bauten am Judenberg zeugen heute noch vom jüdischen Erbe dieses Marktfleckens.[3] Parallel zum Exodus der jüdischen Gemeinde von Floß ließ die SS im benachbarten Flossenbürg ab dem Jahr 1938 ihr viertes Konzentrationslager errichten. Nicht nur für weit gereiste Besucher der heutigen KZ-Gedenkstätte Flossenbürg liegt daher die Frage nahe, welche Rolle das Konzentrationslager Flossenbürg bei der Verfolgung der Flosser Juden oder generell von Juden aus der Umgebung spielte.

Die Antwort lässt sich ebenso knapp wie überraschend formulieren: überhaupt keine. Mehr noch, Juden bildeten im KZ Flossenbürg bis zum Sommer 1944 eine zahlenmäßig nur äußerst marginale Gruppe. Erst ab August 1944 änderte sich diese Situation fundamental. Tausende jüdischer Männer, Frauen und Jugendlicher wurden nun aus ganz Europa nach Flossenbürg oder in eines seiner Außenlager deportiert. Bis zur Befreiung des KZ Flossenbürg im April 1945 stieg der Anteil jüdischer Gefangener im Lagerkomplex Flossenbürg auf

---

[1] Zur jüdischen Gemeinde in Floß vgl. Renate Höpfinger: Die Judengemeinde von Floß 1684–1942, Kallmünz 1993.
[2] Ebd., S. 104.
[3] Zur grundsätzlichen Frage des Erhalts zahlreicher jüdischer Friedhöfe während der nationalsozialistischen Herrschaft vgl. Andreas Wirsching: Jüdische Friedhöfe in Deutschland 1933–1957, in: Vierteljahreshefte für Zeitgeschichte 50 (2002), Heft 1, S. 1–40.

über 22 000 an. Im letzten Kriegsjahr bildeten Juden die größte Häftlingsgruppe im KZ Flossenbürg.

Im Folgenden soll in einigen groben Zeitschnitten die Funktion und die Bedeutung des KZ Flossenbürg bei der Verfolgung, Inhaftierung und Vernichtung jüdischer Menschen aus ganz Europa skizziert werden.[4] Dabei lassen sich vier Perioden unterscheiden. Die erste Phase umfasst den Zeitraum von der Gründung des Lagers im Jahr 1938 bis zum Sommer 1941, in der nur eine sehr geringe Anzahl jüdischer Gefangener in das KZ Flossenbürg eingewiesen wurde. Die zweite Phase markiert ein dreijähriges Intervall, in dem die planmäßige Vernichtung jüdischer Gefangener ihren Anfang nahm. Die dritte Phase begann im Sommer 1944, dabei veränderten sich die Verhältnisse im KZ Flossenbürg mit der Masseneinweisung zehntausender jüdischer Häftlinge dramatisch. Die vierte und letzte Periode betrifft die unmittelbare Kriegsendphase, in der das KZ Flossenbürg und einige seiner Außenlager zu Auffangstätten für eine bis heute nur ungenau zu beziffernde Zahl von Häftlingen, viele von ihnen Juden, wurden.

Von der Lagergründung im Mai 1938 bis ins Jahr 1941 – die ersten jüdischen Gefangenen

Die Gründung eines Konzentrationslagers in Flossenbürg im Mai 1938 war das Ergebnis einer neuen strategischen Entscheidung der SS-Führung unter Heinrich Himmler. Die Neustrukturierung des Konzentrationslager-Wesens hatte für die SS zuförderst machtpolitische und erst in zweiter Linie ideologische Gründe. Aufgrund des reichsweiten Arbeitskräftemangels, der spätestens im Jahr 1936 vor allem im Bauwesen spürbar war, fürchtete die SS, die alleinige Kontrolle über die Gefangenen in den bestehenden Konzentrationslagern zu verlieren. Da diese Häftlinge der Wirtschaft nicht zur Verfügung standen, musste Himmler zur Jahreswende 1936/37 ernsthaft besorgt sein, durch die verstärkten Forderungen nach Arbeitseinsätzen von KZ-Häftlingen seine Herrschaftsautonomie über die Gefangnen zu verlieren. Seine Überlegungen zielten daher darauf ab, den vorherrschenden Mangel an zivilen Arbeitskräften und die daraus resultierenden Versorgungslücken in der Bau-

---

[4] Dieser Aufsatz kann nur einen ersten quantitativen Überblick zu jüdischen Häftlingen im KZ Flossenbürg liefern. Die Mitarbeiter der KZ-Gedenkstätte Flossenbürg arbeiten gegenwärtig an weiteren Detailstudien zur Häftlingszwangsgemeinschaft im KZ Flossenbürg. Als Erinnerungsberichte jüdischer Häftlinge im KZ Flossenbürg seien exemplarisch genannt: Otto Schwerdt: Als Gott und die Welt schliefen, Viechtach 1998; Coen Rood: „Wenn ich es nicht erzählen kann, muß ich weinen". Als Zwangsarbeiter in der Rüstungsindustrie, Frankfurt a. M. 2002; Jack Terry: Jakubs Welt, München 2005; Josef Jakubowicz: Auschwitz ist auch eine Stadt, Nürnberg 2005, sowie die Kompilation von Thomas Muggenthaler: „Ich lege mich hin und sterbe!" Ehemalige Häftlinge des KZ Flossenbürg berichten, Stamsried 2005.

stoffproduktion durch den massiven Einsatz von KZ-Häftlingen in neuen Konzentrationslagern zu beheben und dadurch die SS gleichzeitig um ein eigenes Wirtschaftsimperium zu erweitern.[5] Daher initiierte der Reichsführer der SS in enger Abstimmung mit Hitler und dem „Generalbauinspektor für die Reichshauptstadt" (GBI), Albert Speer, den Einsatz von KZ-Häftlingen in der Baustofferzeugung.[6] Eine direkte Konsequenz war die Errichtung neuer Konzentrationslager, 1936 das KZ Sachsenhausen bei Berlin, 1937 das KZ Buchenwald bei Weimar, 1938 die Konzentrationslager Flossenbürg und Mauthausen bei Linz sowie 1939 das Frauenkonzentrationslager Ravensbrück, damals Mecklenburg. Ein weiteres Ergebnis war die Gründung des SS-eigenen Betriebs „Deutsche Erd- und Steinwerke GmbH" (DEST) im April 1938, über den die Baustoffproduktion in den neu zu gründenden Konzentrationslagern organisiert werden sollte.

Um zu gewährleisten, dass genügend Häftlinge für die ehrgeizigen ökonomischen Ziele der SS zur Verfügung standen, wurden gleichzeitig die Verfolgungsmaßnahmen von politischen Gegnern der Nationalsozialisten auf andere Bevölkerungsgruppen ausgeweitet. Im Vordergrund der staatspolizeilichen Maßnahmen stand nun nicht mehr nur die Verfolgung der politischen Gegner, sondern „das Prinzip einer umfassenden ‚gesellschaftssanitären' und sozialrassistischen ‚Generalprävention'".[7] Politische Opposition, soziale Abweichung, kriminelle Handlungen oder „rassische Andersartigkeit" wurden im Sinne des organischen nationalsozialistischen Volksbegriffs als „gemeinschaftsfremd" und „-bedrohend" definiert und die so etikettierten Personen und Bevölkerungsgruppen sukzessive in Konzentrationslager eingewiesen.

Die Tatsache, dass das Konzentrationslager Flossenbürg inmitten einer Phase der Umstrukturierung des KZ-Systems und der Ausweitung der Verfolgungsmaßnahmen errichtet wurde, spiegelt sich für die Jahre 1938/39 auch in der Häftlingsbelegung wider.[8] Dabei handelte es sich fast ausnahmslos um Gefangene, die im SS-Jargon als „BVer" („Berufsverbrecher") oder „Vorbeugehäftlinge" bezeichnet wurden. Unter ihnen befanden sich in erster Linie Männer, die wegen äußerst unterschiedlicher krimineller Delikte vorbestraft waren oder nach der Verbüßung einer Haftstrafe aufgrund des „Erlasses über

---

[5] Vgl. hierzu die Studie von Jan Erik Schulte: Zwangsarbeit und Vernichtung: Das Wirtschaftsimperium der SS. Oswald Pohl und das SS-Wirtschafts-Verwaltungshauptamt 1933–1945, Paderborn 2001.

[6] Vgl. Hermann Kaienburg: Die Wirtschaft der SS, Berlin 2003.

[7] Karin Orth: Das System der nationalsozialistischen Konzentrationslager. Eine politische Organisationsgeschichte, Hamburg 1999, S. 33.

[8] Soweit nicht gesondert angegeben, beziehen sich alle Angaben zu den in das KZ Flossenbürg eingelieferten Häftlingen auf die erhalten gebliebenen acht Nummernbücher des KZ Flossenbürg sowie auf eine unmittelbar nach Kriegsende von der 3. U.S. Armee angefertigte Zusammenstellung der Häftlinge des KZ Flossenbürg. Zu den verschieden Quellenangaben vgl. Johannes Ibel: Die Häftlingsdatenbank der KZ-Gedenkstätte Flossenbürg, in: Gedenkstättenrundbrief, Nr. 115 (2003), S. 3–13.

die Vorbeugende Verbrechensbekämpfung" vom 14. Dezember 1937 und dem erweiterten „Schutzhafterlass" vom 25. Januar 1938 in ein Konzentrationslager eingewiesen worden waren.[9]

Allerdings hatte das KZ Flossenbürg in den ersten eineinhalb Jahren seines Bestehens nicht den Status eines Einweisungslagers. Sämtliche Flossenbürger Häftlinge waren zuvor bereits in anderen Konzentrationslagern interniert gewesen. Sie kamen mit Transporten aus den Konzentrationslagern Buchenwald, Dachau oder Sachsenhausen. Das neu errichtete KZ Flossenbürg spielte daher bei der Internierung politischer Gegner, „rassischer" oder gesellschaftlicher „Feinde" aus der nahen Umgebung überhaupt keine Rolle. Jene waren sämtlich in andere Konzentrationslager, vornehmlich Dachau, eingeliefert worden. Diese Feststellung trifft auf alle Häftlingskategorien zu. Sie erklärt auch die Un-Bedeutung des KZ Flossenbürg bei der Verfolgung jüdischer Menschen aus der Region, wie beispielsweise aus Floß. Die im Zuge der „Pogromnacht" am 9. November 1938 verhafteten jüdischen Bürger aus Nordbayern wurden ausnahmslos nach Dachau und nicht nach Flossenbürg deportiert.[10]

Bis Ende 1939 war Flossenbürg ausschließlich ein Lager für deutsche, nichtjüdische Häftlinge, in dem politische Häftlinge bald die deutliche Mehrheit stellten.[11] Anfang 1940 wurden die ersten tschechischen Gefangenen aus dem besetzten „Protektorat Böhmen und Mähren nach Flossenbürg eingewiesen. Sie waren die ersten Häftlinge, die ohne den Umweg über ein anderes Konzentrationslager direkt nach Flossenbürg deportiert wurden. Ein Großteil dieser tschechischen Häftlinge kam aus dem nahe gelegenen Taus (Domažlice). Im Zuge der rigiden Okkupationspolitik im „Protektorat Böhmen und Mähren" wurden sie als Geiseln in KZ-Haft gehalten, um den tschechischen Widerstand gegen die deutschen Besatzer zu brechen.[12] Erst ab diesem Zeitpunkt wirkte sich die geographische Lage des KZ Flossenbürg mitunter auf die Wahl als Deportationsziel aus. Dennoch blieben Ersteinweisungen aus dem nahen bayerischen oder böhmischen Umfeld eher selten. Vielmehr entwickelte sich das KZ Flossenbürg ab 1940 zu einem Lager für Menschen aus allen besetzten Ländern Europas.

Erst am 24. Mai 1940 wurden die ersten elf jüdischen Häftlinge in der Lagerregistratur vermerkt. Fast alle von ihnen stammten aus Böhmen und trugen neben dem gelben Winkel der jüdischen KZ-Häftlinge den Zusatzvermerk „politisch". Dies weist darauf hin, dass die Gestapo diese Männer nicht aus-

---

[9] Vgl. Wolfgang Ayaß: „Asoziale" im Nationalsozialismus, Stuttgart 1995, S. 147–156.

[10] Höpfinger 1993 (wie Anm. 1), S. 139.

[11] Zur Veränderung der Häftlingsstruktur im KZ Flossenbürg vgl. Jörg Skriebeleit: Flossenbürg – Stammlager, in: Wolfgang Benz/Barbara Distel (Hg.): Flossenbürg, Das Konzentrationslager Flossenbürg und seine Außenlager, München 2007, S. 11–60.

[12] Korrespondenz des Protektors von Böhmen und Mähren, Karl Hermann Frank, an den Reichsführer SS, Heinrich Himmler, in der Frage der Entlassung der Geiseln aus Taus, Národní archiv Praha, Ú P-ST-AMV 109.

Abb. 58: Lagergelände des KZ Flossenbürg, 1940.
Quelle: KZ-Gedenkstätte Flossenbürg.

schließlich wegen ihrer jüdischen Abstammung, sondern vor allem auch wegen politischer Widerstandshandlungen verhaftet hatte. Zwei Monate nach Ankunft der ersten jüdischen Häftlinge in Flossenbürg wurde der erste Tote unter ihnen registriert. Es war der in Böhmen geborene und aufgewachsene Arnošt Löwenthal, der am 28. August an angeblicher „Herzinssuffizienz", so der offizielle Eintrag, starb.[13] Über die ersten jüdischen Gefangenen im KZ Flossenbürg lassen sich bislang nur statistische Daten wiedergeben. Insgesamt waren von 1940 bis Ende 1942 nur 110 Juden in Flossenbürg inhaftiert, die meisten von ihnen stammten aus den böhmischen Ländern. Von diesen 110 Gefangenen starben 76 in Flossenbürg. Trotz der bis zu diesem Zeitpunkt äußerst geringen Anzahl an Juden im KZ Flossenbürg weist die im Vergleich zu anderen Gefangenengruppen extrem hohe Todesrate auf einen besonderen Vernichtungsdruck auf die jüdischen Gefangenen hin. Juden standen am untersten Ende der Häftlingshierarchie und waren besonderen Schikanen von SS und Kapos ausgesetzt. Vermutlich überlebte kein einziger der zwischen 1940 und 1942 in Flossenbürg inhaftierten jüdischen Männer das Ende des Naziregimes.

[13] Standesamt Flossenbürg, Sterbebücher 1940.

1941 bis Sommer 1942 – Vernichtung und Deportation

Die Jahre 1941 und 1942 markieren in der Entwicklung der Konzentrationslager eine Übergangsphase, in der sich zwei zentrale Funktionen dieser Einrichtungen herauskristallisierten. Zum einen verstärkte die SS-Führung ihre Bemühungen, den Arbeitseinsatz der Häftlinge zu optimieren und im Rahmen der bestehenden Natursteinwerke zu intensivieren. Ab 1942 dehnte sie diesen dann auch gezielt auf andere Wirtschaftsbereiche jenseits der Baustoffproduktion aus. Andererseits wurden in allen Konzentrationslagern seit Februar 1941 systematische Vernichtungsaktionen an Häftlingen durchgeführt. Spätestens ab diesem Zeitpunkt waren die bestehenden Konzentrationslager nicht nur Stätten der machtpolitisch motivierten Praxis der Zwangsarbeit, sondern Orte, an denen der ideologische Vernichtungswille der Nationalsozialisten gezielt und massenhaft exekutiert wurde. Zum einen führte dies zur Errichtung neuer Lager, die nach den Beschlüssen der Wannseekonferenz ausschließlich zur Vernichtung Hunderttausender Menschen bestimmt waren. Zum anderen wurden auch in allen bestehenden Lagern spätestens ab 1941 gezielte Vernichtungsaktionen durchgeführt.

Unter den ersten Opfern waren sowjetische Kriegsgefangene, die von der Gestapo zur sofortigen Exekution in die Konzentrationslager eingewiesen wurden. Im Juli 1941 hatte der Chef des Reichssicherheitshauptamtes, Reinhard Heydrich, angeordnet, dass sämtliche Gestapostellen die in ihrem Zuständigkeitsbereich befindlichen „Russenlager" nach untragbaren Gefangenen zu überprüfen und die Ausgesonderten in das nächste Konzentrationslager zur sofortigen Liquidierung zu überstellen hätten.[14] Betroffen waren Politoffiziere, kommunistische Funktionsträger, Intellektuelle und auch jüdische Angehörige der Roten Armee.[15] Die erste Exekution sowjetischer Kriegsgefangener fand in Flossenbürg am 3. September 1941 statt. Wenige Tage zuvor waren 41 Angehörige eines Arbeitskommandos auf dem Truppenübungsplatz Grafenwöhr von einer Einsatzgruppe der Stapo Regensburg selektiert worden. Sie wurden am 3. September nach Flossenbürg verbracht und noch am selben Tag ermordet.[16]

Bis 1942 wurden in regelmäßigen Abständen Gruppen ausgesonderter Kriegsgefangener aus dem gesamten Wehrkreis XIII, einem Gebiet von Würzburg bis Karlsbad, in Flossenbürg umgebracht. Ihre Gesamtzahl lässt sich bislang nur grob schätzen. Allein die Anzahl der von der Stapo-Stelle

---

[14] Zu den Einsatzbefehlen vgl. Reinhard Otto: Wehrmacht, Gestapo und sowjetische Kriegsgefangene im deutschen Reichsgebiet 1941/42, München 1998, S. 48–57.

[15] Zum Kommissarsbefehl vgl. Christian Streit: Keine Kameraden. Die Wehrmacht und die sowjetischen Kriegsgefangenen 1941–1945, Bonn 1991, S. 44–49.

[16] Liste der überprüften Arbeitskommandos des Kriminalkommissars Luitpold Kuhn der Stapo Regensburg an die Stapo-Leitstelle München vom 17. 1. 1942, Staatsarchiv Nürnberg, Nürnberg Dok, 178-R und NO-5531.

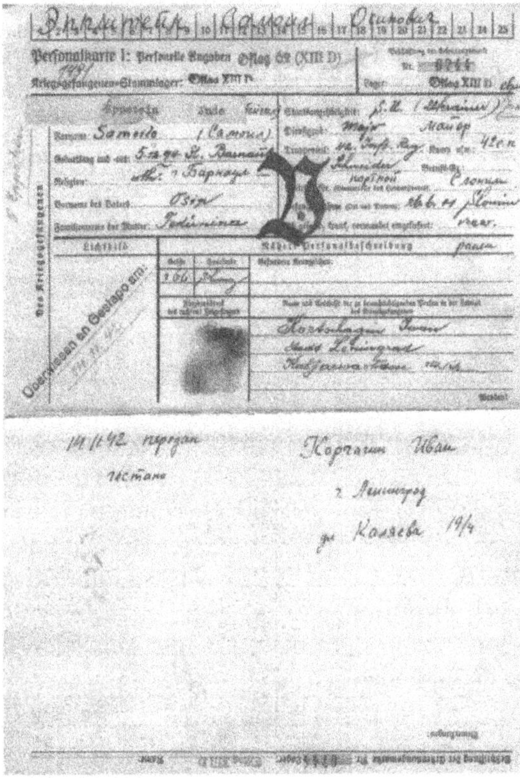

Abb. 59:
Kriegsgefangenen-Personalkarte des jüdischen Rotarmisten Samuil Iosifowitsch Worobejtschik, alias Eppstein, mit Aussonderungsstempel der Gestapo.
Quelle: Zentralnyj Archiw Ministerstwa Oborony RF, Podolsk.

Regensburg bis zum Sommer 1942 ausgesonderten und nach Flossenbürg zur Exekution überstellten sowjetischen Kriegsgefangenen dürfte zwischen 800 und 1000 gelegen haben. Transporte von Rotarmisten nach Flossenbürg lassen sich für diesen Zeitraum auch aus dem Bereich der Stapo-Stelle Karlsbad und der Stapo-Leitstelle Nürnberg-Fürth nachweisen. Es ist davon auszugehen, dass in Flossenbürg zwischen 1941 und 1942 annähernd 2000 sowjetische Kriegsgefangene ermordet wurden, darunter eine noch unbekannte Zahl von jüdischen Männern.[17] Bisher lassen sich nur Einzelfälle von in Flossenbürg ermordeten jüdischen Rotarmisten nachweisen. Einer von ihnen war Samuil Worobeitschik, der als sowjetischer Offizier am 14. Dezember 1942 von der Gestapo Fürth aus dem Kriegsgefangenenlager Hammelburg zur Ermordung in das KZ Flossenbürg überstellt wurde.[18]

---

[17] Vgl. Johannes Ibel: Sowjetische Kriegsgefangene im KZ Flossenbürg – Rekonstruktion der Verbrechen mit Hilfe der Häftlingsdatenbank, in: Ders. (Hg.): Einvernehmliche Zusammenarbeit? Wehrmacht, Gestapo, SS und sowjetische Kriegsgefangene, Berlin 2007 (erscheint voraussichtlich 2008).
[18] Zentralnyj Archiw Ministerstwa Oborony RF, Podolsk (ZAMO), Abt. 11, Personalkarte I und grüne Karteikarte von Samuil Iosifowitsch Worobejtschik alias Eppstein, Erkennungsmarke Oflag XIII D (62) 6744.

Während eine unbekannte Anzahl jüdischer Angehöriger der Roten Armee zum Zweck ihrer sofortigen Ermordung nach Flossenbürg transportiert wurde, fand gleichzeitig der Abtransport aller anderen dort noch befindlichen jüdischen Gefangenen statt. Nachdem auf der Wannseekonferenz im Januar 1942 die „Endlösung der Judenfrage" besprochen worden war, wurden die Deportationen der jüdischen Bevölkerung in die Ghettos und Vernichtungslager im Osten ausgeweitet. Auf Befehl Himmlers vom Oktober 1942 sollten zudem alle in den Konzentrationslagern im Reich befindlichen Juden möglichst rasch in die Vernichtungslager deportiert werden. Dies betraf insgesamt mindestens 1560 KZ-Häftlinge, die alle nach Auschwitz deportiert und wahrscheinlich bei ihrer Ankunft ermordet wurden.[19] Für Flossenbürg, in dem sich 1942 nur noch ein knappes Dutzend jüdischer Häftlinge befand, lässt sich einer dieser Todestransporte nachweisen. Am 19. Oktober 1942 wurden die letzten zwölf jüdischen Männer nach Auschwitz verbracht. Mit dieser Deportation ins Gas endete die zweite Phase der Inhaftierung von Juden in Flossenbürg. Zwar wurden auch danach vereinzelt jüdische Gefangene nach Flossenbürg eingewiesen, diese kamen aber ausnahmslos aufgrund von Transportengpässen oder Fehl-Überstellungen nach Flossenbürg. Zwischen dem 19. Oktober 1942 und dem 4. August 1944 lassen sich nur 17 jüdische Gefangene im KZ Flossenbürg nachweisen. Sie wurden entweder sofort in Flossenbürg ermordet oder umgehend in eines der Vernichtungslager transportiert.

Ab Sommer 1944 – massenhafter Arbeitseinsatz

Ab Sommer 1944 sollte sich die Zusammensetzung der Flossenbürger Häftlings-Gesellschaft jedoch grundlegend ändern. Nachdem sich das KZ Flossenbürg seit 1941 immer mehr zu einem Lager für osteuropäische Häftlinge, vornehmlich aus Polen und der Sowjetunion, aber auch aus Frankreich, Belgien und Italien entwickelt hatte, wurden nun auch Zehntausende jüdischer Häftlinge gezielt nach Flossenbürg transportiert. Damit begann die dritte Phase der Internierung jüdischer Gefangener in Flossenbürg.

Das Jahr 1944 stellt für das gesamte KZ-System eine eigenständige Phase dar, in der sich die bisherigen Entwicklungslinien von Arbeit und Vernichtung in ihren Dimensionen in extremer Weise radikalisierten. Während die SS in den Vernichtungslagern täglich Tausende ermorden ließ, entwickelten sich die Konzentrationslager im Reichsgebiet zu Produktionsstätten für die Kriegswirtschaft. Dabei entstand neben den Hauptlagern ein Kosmos von Außenlagern, der bis zum Jahresende gigantische Ausmaße angenommen hatte und zur förmlichen Entgrenzung der jeweiligen Lagerkomplexe führte. Diese umfassten nun Gebiete von jeweils mehreren zehntausend Quadratkilometern.

[19] Orth 1999 (wie Anm. 7), S. 172 ff.

Ein Blick auf die Ausweitung des Flossenbürger Lagersystems macht diese
Entwicklung deutlich: 1942 wurden fünf Außenlager errichtet, 1943 neun, 58
im Jahr 1944 und unmittelbar vor Kriegsende weitere 20. Zwischen 1942 und
1945 zählten in Bayern, Böhmen und Sachsen insgesamt 92 Außenlager zum
KZ Flossenbürg. Mit der Eröffnung der 58 neuen Außenlager im Jahr 1944
reichte die Zuständigkeit der Flossenbürger Lagerkommandantur von Würzburg bis nach Gröditz an der brandenburgisch-sächsischen Gebietsgrenze,
vom Elbsandsteingebirge bis nach Janowitz südlich von Prag. Allein in Dresden bestanden acht Außenlager des KZ Flossenbürg.

Die Entgrenzung des KZ-Systems ging mit einer Ausdifferenzierung der
KZ-Außenlager einher, in denen sich Häftlingsanzahl, Häftlingsgruppen, Art
der Arbeit, Bewachung, Unterbringung, Ernährungslage und in Abhängigkeit
von diesen die Haftbedingungen und auch die Überlebenschancen erheblich
unterscheiden konnten. Manche Außenlager hatten eher den Charakter
kleinerer temporärer Arbeitskommandos, in anderen herrschten mit mehreren tausend Häftlingen teilweise noch fürchterlichere Zustände als im Hauptlager. Im Gegensatz dazu wiederum waren die Verhältnisse für die „Produk-
tionshäftlinge" der in Fabriken untergebrachten Außenlager in der Regel
erträglicher als im Stammlager.

Obwohl im Spätherbst 1942 alle jüdischen Gefangenen nach Auschwitz deportiert worden waren, entschied sich die SS-Führung im April 1944 angesichts des Arbeitskräftemangels in der Rüstungsindustrie zur erneuten Ein-
weisung von Juden in die Konzentrationslager im Altreich. Von nun an
wurden Zehntausende als „arbeitfähig" selektierter Juden aus ganz Europa
als Sklavenarbeiter über den gesamten KZ-Kosmos verteilt. Am 4. August
1944 erreichte der erste große Transport mit jüdischen Häftlingen Flossenbürg. Es handelte sich um über 2600 Jugendliche und junge Männer polnischer
Herkunft aus den Außenlagern Mielec und Wieliczka des KZ Plaszow. Diese
jüdischen Häftlinge wurden nach einer kurzen Quarantäne in den Flossenbürger Isolierblocks in die Arbeitskommandos der Firma Messerschmitt geschickt. Für viele blieb Flossenbürg aber nur eine Durchgangsstation. Nach
wenigen Tagen oder Wochen wurden sie in eines der neu gegründeten Außenlager weiter transportiert. Das Quarantänelager in Flossenbürg entwickelte
sich ab 1944 zu einer Drehscheibe zehntausender menschlicher Schicksale,
viele von ihnen Juden.

Einer der der neu Eingelieferten war David Spiro, ein aus der Nähe der
polnischen Stadt Kielce stammender Rabbiner. Aufgrund seiner außergewöhnlichen Kenntnisse war Spiro 1936 als jüngstes Mitglied in das Warschauer Rabbinat, seinerzeit die größte jüdische Gemeinde Europas, aufgenommen
worden. Nach der Okkupation der Stadt durch die Wehrmacht und die Errichtung eines Ghettos wurde David Spiro von den nationalsozialistischen Be-
satzern verpflichtet, dem „Judenrat" anzugehören. Nach der Liquidierung des
Ghettos wurde Spiro 1943 in das Ghetto im ostpolnischen Budzyn deportiert.
Von dort kam er über das KZ Plaszow am 4. August 1944 in das KZ Flossen-

bürg. Nach einer Woche im Quarantänelager wurde David Spiro am 14. August 1944 in das Flossenbürger Außenlager nach Hersbruck verlegt.[20]

Während das Stammlager Flossenbürg ein reines Männerlager blieb, entstanden bei verschiedenen Rüstungsunternehmen Außenlager für weibliche Häftlinge. Die für ein Außenlager vorgesehenen weiblichen Häftlinge wurden in der Regel im Block aus ihren bisherigen Lagern oder Ghettos direkt in die jeweiligen Außenlager verlegt. In den Frauenaußenlagern ergab sich dadurch nicht selten eine relativ homogene Häftlingsstruktur. Im sächsischen Freiberg trafen am 31. August und am 22. September 1944 zwei Transporte mit jeweils 250 jungen polnischen Jüdinnen aus Auschwitz ein. Zusammen mit 500 weiteren Jüdinnen, die dort am 12. Oktober eintrafen, mussten sie bei einem ausgelagerten Betrieb der Arado Flugzeugwerke Zwangsarbeit leisten.[21] Auch in den sächsischen Städten Hainichen, Mehltheuer, Oederan, Rochlitz, Venusberg, Willischthal und Zschopau, im böhmischen Hertine sowie in Nürnberg entstanden in der zweiten Jahreshälfte 1944 Außenlager bei Rüstungsunternehmen, in denen ausschließlich Jüdinnen inhaftiert waren. Die Lager waren mit 300 bis über 1000 Frauen belegt, die mehrheitlich aus Polen, Ungarn oder Böhmen stammten. Unter ihnen befanden sich aber auch Deutsche, Holländerinnen, Griechinnen, Slowakinnen, Litauerinnen sowie Angehörige zahlreicher anderer europäischer Nationen. Sie wurden mehrheitlich direkt in Auschwitz für den Arbeitseinsatz in einem der Flossenbürger Außenlager ausgewählt, einzelne Transporte kamen aus den Konzentrationslagern Bergen-Belsen oder Ravensbrück.[22]

Im westböhmischen Zwodau waren ebenfalls 100 ungarische Jüdinnen zur Zwangsarbeit bei der aus Berlin nach dort verlagerten Luftfahrtgerätewerk Hakenfelde GmbH eingesetzt. Anders als in den vorher genannten Lagern waren dort aber auch einige hundert nicht-jüdischer Frauen inhaftiert.[23] Eine Sonderstellung nimmt das Außenlager Dresden (Bernsdorf), ein Betrieb der Deutschen Metallwerke, ein. Am 24. November 1944 wurden 500 Juden, 216 Männer und 284 Frauen, hauptsächlich Polen, vereinzelt auch Tschechen und

---

[20] David Spiros Identität als Rabbiner und Mitglied des „Judenrates" im Warschauer Ghetto verliert sich auf den Deportationswegen. In den SS-Akten ist er mit der Berufsbezeichnung „Glaser" geführt. Dies rettete ihm vermutlich das Leben. Spiro überlebte auch den Todesmarsch aus dem Außenlager Hersbruck nach Dachau. Nach seiner Befreiung siedelte er sich in Fürth an und gründete dort eine der ersten jüdischen Gemeinden nach der Shoah in Bayern. Anlässlich des Festaktes zum 60-jährigen Bestehen des Landesverbandes der Israelitischen Kultusgemeinden in Bayern wurde erstmals ein nach ihm benannter Preis verliehen, vgl. Programm „Festakt 60 Jahre Landesverband der israelitischen Kultusgemeinden in Bayern", 27. November 2007/17. Kislew 5768".
[21] Vgl. zum Außenlager Freiberg: Ulrich Fritz: Freiberg, in: Benz/Distel 2007 (wie Anm. 11), S. 107–110.
[22] Vgl. hierzu die entsprechenden Aufsätze von Ulrich Fritz und Alexander Schmidt in: Benz/Distel 2007 (wie Anm. 11).
[23] Vgl. Rolf Schmolling: Zwodau (Svatava), in: Benz/Distel 2007 (wie Anm. 11), S. 283–285.

Deutsche, aus dem KZ Stutthof in die Schandauerstraße in Dresden überstellt. Als weibliche Häftlinge waren auch elf Kinder registriert. Die Gefangenen waren vor ihrer Deportation nach Dresden bereits zusammen im KZ
Stutthof und im Ghetto Litzmannstadt interniert gewesen. Dort hatten sie
Zwangsarbeit für die Deutschen Munitionswerke leisten müssen. Für die geschlossene Verlegung dieser Häftlinge war offensichtlich die Kontinuität ihrer
Beschäftigung bei einem Munitionsbetrieb ausschlaggebend.[24]

Auch in zahlreichen Männeraußenlagern fanden sich größere und kleinere
Kontingente jüdischer Gefangener. Allerdings war dort die Häftlingsstruktur
in der Regel wesentlich weniger homogen als in den Lagern für weibliche
Gefangene. Lediglich in Hohenstein-Ernstthal im Erzgebirge und in Sigmar-
Schönau bei Chemnitz existierten Außenlager mit ausschließlich jüdischen
Männern.[25] Eine große Anzahl Juden hingegen befand sich in den Untertage-
verlagerungsprojekten im nordböhmischen Leitmeritz und im mittelfrän-
kischen Hersbruck. An beiden Orten entstanden regelrechte Außenlager-
komplexe, in denen jeweils einige tausend Häftlinge an Stollenbauprojekten
für unterirdische Rüstungsverlagerungen arbeiten mussten. Von den knapp
18 000 KZ-Häftlingen in Leitmeritz waren circa 4000 Juden,[26] in Hersbruck
waren mehr als 10 % der annähernd 9000 Gefangenen jüdisch. Die Todesrate
an beiden Orten war so horrend, dass dort noch im Jahr 1945 eigene Krematorien errichtet wurden.

Innerhalb von nur fünf Monaten wurden im Jahr 1944 zwischen August und
Jahresende über 11 000 Juden in den Lagerkomplex von Flossenbürg eingeliefert, darunter über 7000 Frauen. Diese Anzahl sollte sich in der Endphase des
Dritten Reiches von Anfang 1945 bis Ende April/Anfang Mai 1945 noch einmal verdoppeln.

Frühjahr 1945 – Massensterben, Todesmärsche und „Befreiung"

Die letzte Periode – nicht nur – jüdischen Massenelends begann im KZ Flossenbürg mit der Kriegsendphase im Jahr 1945. Während das Lagersystem
Flossenbürg auch 1945 noch systematisch erweitert wurde, setzten sich die
Räumungen der Lagerkomplexe im Osten immer hektischer fort. Aufgrund
seiner Frontferne war das Konzentrationslager Flossenbürg zu einem der
Auffanglager für die aufgelösten Lager bestimmt worden. Durch die kriegs-
bedingten Räumungen des Vernichtungslagers Auschwitz und des Konzentrationslagers Groß-Rosen waren schon seit Ende 1944 Tausende neuer Gefan-

---

[24] Vgl. Ulrich Fritz: Dresden (Bernsdorf), in: Benz/Distel 2007 (wie Anm. 11), S. 78–81.
[25] Vgl. hierzu die Aufsätze von Ulrich Fritz, in: Benz/Distel 2007 (wie Anm. 11), S. 141–
143, 253–255.
[26] Miroslava Benešová: Das Konzentrationslager Leitmeritz und seine Häftlinge, in: Theresienstädter Studien und Dokumente 1995, S. 217–240.

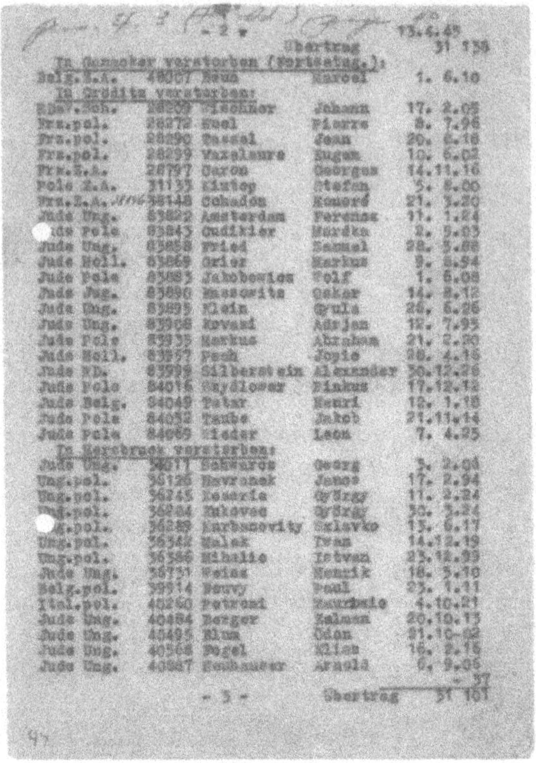

Abb. 60:
Lagerstärkemeldung vom 13.
April 1945. Täglich erfasst die
SS die Zahl der Häftlinge
(„Lagerstärke"), die Toten,
Flüchtigen sowie Zu- und Abgänge.
Quelle: National Archives,
Washington D.C.

gener in das KZ Flossenbürg eingeliefert worden. Mit der völligen Auflösung dieser Lager im Januar und Februar 1945 nahmen die Einlieferungen immer unkontrolliertere Züge an, das KZ-System implodierte. Im Zuge dieser Evakuierungen kamen immer mehr Jüdinnen und Juden in den Machtbereich des KZ Flossenbürg. Diese machten nun fast 20% der Gesamthäftlingsstärke aus. Die meisten Einlieferungen fanden im Februar 1945 statt, als 6170 männliche und 428 weibliche jüdische Gefangene im Flossenbürger Lagerkomplex neu registriert wurden.

Nicht nur das ohnehin stets überfüllte Hauptlager in Flossenbürg konnte die Masse der eingelieferten Häftlinge kaum mehr aufnehmen, auch ein Großteil der Außenlager hatte seine Kapazitätsgrenzen längst überschritten. Die Folgen waren für die Häftlinge katastrophal. Die geschwächten und unterernährten Gefangenen wurden bei immer weniger Nahrung auf noch engerem Raum zusammengepfercht, Seuchen und Krankheiten breiteten sich rasant aus. Auch der Charakter des Arbeitseinsatzes der Gefangenen verschärfte sich nochmals. Während die Tunnelbauprojekte der Untertageverlagerungen mit unerbittlicher Härte vorangetrieben wurden, entstanden nun neue Außenlager als Instandsetzungskommandos auf Flugplätzen oder Bahnhöfen. In den nord- und ostbayerischen Orten Ansbach, Ganacker, Kirchham, Plattling,

Regensburg und Obertraubling wurden Tausende KZ-Häftlinge, darunter zahlreiche Juden, als letztes Arbeitskräfteaufgebot eingesetzt.[27] Neben den Tunnelbauprojekten war die Todesrate gerade in diesen Kriegsendlagern extrem hoch.

Auch die Frauenaußenlager waren mit Jüdinnen aus anderen Lagern überfüllt. In den böhmischen Orten Graslitz und Holleischen kamen Transporte mit ungarischen Jüdinnen an. In Helmbrechts wurde am 6. März 1945 ein Transport mit 621 völlig erschöpften ungarischen jüdischen Frauen und Mädchen aus Grünberg, einem Außenlager von Groß-Rosen, registriert. Auch das Hauptlager wurde nun zum Ziel von Todesmärschen weiblicher Häftlinge. Anfang März trieb die SS 1000 Jüdinnen aus den Außenlagern Neusalz und Christianstadt des KZ Groß-Rosen nach Flossenbürg. Zwischen dem 8. und 11. März erreichten nur noch 867 dieser Frauen lebend das Stammlager. Sie erhielten Flossenbürger Lagernummern und waren für einige Tage in einer Steinbruchbaracke untergebracht, bevor sie am 17. März weiter nach Bergen-Belsen verschleppt wurden.[28] Anfang April begann die „Evakuierung" des KZ Buchenwald, ebenfalls in Richtung Flossenbürg. Wie viele der über 20 000 in Marsch gesetzten Buchenwälder Häftlinge Flossenbürg erreichten oder auf dem Weg nach Dachau dort Zwischenstation machten, ist bis heute nicht eindeutig geklärt, da ihre Ankunft in der Flossenbürger Häftlingsregistratur nicht mehr aufgenommen wurde. Die letzten Eintragungen stammen vom 15. April 1945, sie notieren über 9000 Häftlinge im Stammlager und 36 000 in den Außenlagern, darunter 14 600 Frauen. Über ein Drittel dieser Gefangenen war jüdisch.

Einen Tag nach dieser Stärkemeldung begann die Auflösung des KZ Flossenbürg. Am 16. April verließ ein erster Transport mit sämtlichen im Lager befindlichen jüdischen Häftlingen Flossenbürg in Richtung Dachau. Stefan Schwarz, ein oberschlesischer Jude, hat den Beginn dieser letzten Etappe jüdischen Leids im KZ Flossenbürg in einem autobiographischen Roman mit erschütternder Eindringlichkeit beschrieben:

„April 1945!
Eines Abends, nachdem schon alle Häftlinge vom Appellplatz abgetreten waren, brüllte das Megaphon durch das ganze Lager: ‚Sämtliche Juden sofort auf dem Appellplatz antreten!' Alle, die es anging, ergriff lähmende Angst. Jedem schlug das Herz bis zum Halse herauf. Was hat der Befehl zu bedeuten? Die Juden glauben es zu wissen: Selektion! Marsch in die Gaskammern! Jetzt noch ... jetzt ... ein paar Stunden vor der Befreiung!"[29]

---

[27] Vgl. zu diesen Lagern die Aufsätze von Ulrich Fritz und Alexander Schmidt in: Theresienstädter Studien und Dokumente 1995.

[28] Lagerstärkelisten vom 8. bis 17. März, Centre des recherches et d'études historiques de la Seconde Guerre mondiale Brüssel, CR 14368. Die Angaben von Gilbert, wonach bereits auf dem Weg nach Flossenbürg 800 dieser Frauen starben, sind nicht zutreffend. Vgl. Martin Gilbert: Endlösung. Die Vertreibung und Vernichtung der Juden, Reinbek 1995, S. 218.

[29] Stefan Schwarz: Sage nie Du gehst den letzten Weg, München 1970, S. 175. Stefan Schwarz überlebte den Todesmarsch. Nach dem Krieg ist er Mitbegründer des Landesver-

Die fast 2000 jüdischen Männer und Jugendlichen wurden zu Fuß nach Floß getrieben, wo sie in Güterwagen verladen wurden. Dort wurde der Transport erstmals von amerikanischen Tieffliegern beschossen, die diesen irrtümlich für einen deutschen Militärkonvoi gehalten hatten. Dutzende Gefangene kamen bei diesem Angriff und der anschließenden Hetzjagd von SS-Männern, welche den in Todesangst fliehenden Häftlingen nachsetzten, um. Nachdem der Zug seine Fahrt zunächst fortgesetzt hatte, wurden die verbliebenen Häftlinge in der Nähe des Ortes Schwarzenfeld aus den Zügen geprügelt und in mehreren Gruppen zu je 200 Menschen Richtung Südosten getrieben. Nahezu jeden Kilometer wurden nicht mehr gehfähige Häftlinge erschossen oder erschlagen zurückgelassen. In der Nähe der Stadt Neunburg vorm Wald wurden die Grüppchen der noch Lebenden schließlich um den 23. April von Einheiten der 97. Infanterie Division der 3. U.S. Armee befreit.[30]

Parallel zur Auflösung des Flossenbürger Stammlagers wurde auch mit der Räumung der meisten Außenlager begonnen. Dabei unterschieden sich die Routen je nach geographischer Lage der Orte und der Frontlage. Das Gros der Häftlinge in den sächsischen Außenlagern wurde in Richtung des Komplexes Leitmeritz und des benachbarten Theresienstadt getrieben. In der Kriegsendphase übernahm das Flossenbürger Außenlager Leitmeritz Funktionen eines Stammlagers. Nach der Befreiung Flossenbürgs am 23. April war Leitmeritz bis zum Eintreffen der Roten Armee am 8. Mai noch zwei Wochen lang ein Ort massenhaften Sterbens.

Einer der opferreichsten Todesmärsche erfolgte vom Frauenaußenlager im oberfränkischen Helmbrechts, das am 13. April 1945 geräumt wurde. Dieser Todesmarsch gilt als eines der schrecklichsten Beispiele eines bis in die letzten Kriegstage vorhandenen Vernichtungswillens zahlreicher SS-Führer.[31] In Helmbrechts war kurz zuvor ein Transport mit 621 Jüdinnen aus dem KZ Groß-Rosen eingetroffen. Daraufhin ließ der SS-Kommandoführer Dörr fast 1200 Frauen in Richtung des Außenlagers im nordböhmischen Zwodau marschieren. Unterwegs setzte er vor allem jüdische Gefangene extremsten Strapazen aus. Schon nach wenigen Kilometern waren die ersten Opfer zu beklagen. In Zwodau angekommen, ließ Dörr die nicht-jüdischen Gefangenen zurück und reihte die dort inhaftierten jüdischen Frauen in den Transport ein. Über 700 Jüdinnen wurden durch den Böhmerwald weiter Richtung Süden getrieben. Am 4. Mai befreiten amerikanische Einheiten 270 der völlig ausgezehrten jüdischen Frauen und Mädchen in dem kleinen Böhmerwalddorf Wallern (heute Volary). In der Umgebung fanden sie unzählige Leichen.

---

bandes der Israelitischen Kultusgemeinden in Bayern und wird dessen langjähriger Geschäftsführer. Sein Buch „Die Juden in Bayern im Wandel der Zeiten", München 1963, zählt bis heute zu den Standardwerken bayerischer Judaica.
[30] Die Angaben von Heigl geben einen groben, vielfach aber unkorrekten Überblick über die Todesmärsche aus dem KZ Flossenbürg. Vgl. Peter Heigl: Konzentrationslager Flossenbürg in Geschichte und Gegenwart, Regensburg 1989.
[31] Vgl. Daniel Jonah Goldhagen: Hitlers willige Vollstrecker, Berlin 1996, S. 388–427.

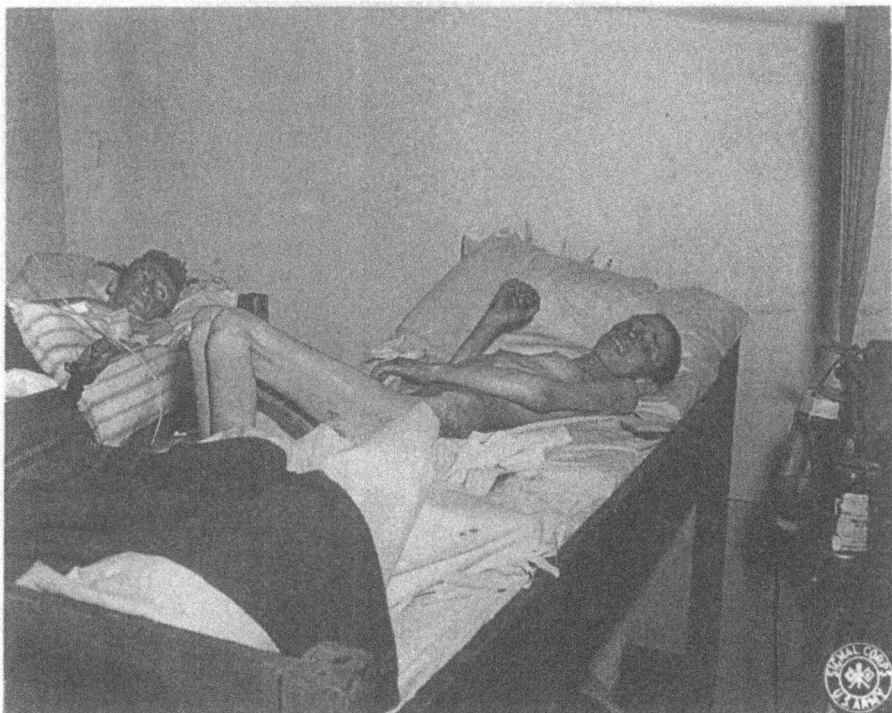

Abb. 61: Eine der in Wallern (Volary) befreiten Frauen. Die 19-jährige Szerén Dawidowits stirbt trotz intensiver Bemühungen amerikanischer Sanitätssoldaten einen Tag nach dieser Aufnahme an körperlicher Entkräftung. US Army Signal Corps. 8. Mai 1945.
Quelle: National Archives. Washington D.C.

Jüdische Häftlinge im KZ Flossenbürg – eine Schlussbetrachtung

Von August bis Ende 1944 wurden über 11000 Juden in den Lagerkomplex von Flossenbürg eingeliefert, darunter über 7000 Frauen. In der Endphase des Dritten Reiches von Anfang 1945 bis Ende April/Anfang Mai erreichten noch einmal weitere 10000 jüdische Gefangene. darunter 2000 Frauen. Flossenbürg. Innerhalb eines halben Jahres, von August 1944 bis Frühjahr 1945. war also die unglaubliche Anzahl von über 20000 jüdischen Gefangenen. davon 6400 Frauen, in den Lagerkomplex von Flossenbürg deportiert worden. In den Lagerbüchern des KZ Flossenbürg finden sich die Namen von 9801 Jüdinnen und Juden aus Ungarn. 9779 aus Polen. 686 aus Böhmen. 532 aus Deutschland und Österreich. 352 aus Griechenland. 285 aus Frankreich. 273 aus der Slowakei. 224 aus den Niederlanden. 207 aus Litauen. 133 aus Italien. 98 aus der Sowjetunion. 92 aus Belgien und über 400 aus weiteren Ländern.

Mindestens 3000 von ihnen überlebten die Phase der massenhaften Sklavenarbeit im System Flossenbürg nicht. Das heißt jedoch nicht, dass sie die Be-

Abb. 62:
Einer von 22000. Viktor Róna, geboren in Rumänien, wird zweimal in das KZ Flossenbürg eingeliefert. Auf dem Todesmarsch misshandelt ihn die SS schwer. Kurz nach der Befreiung stirbt Viktor Róna an diesen Verletzungen. Er ist 15 Jahre alt. Quelle: KZ-Gedenkstätte Flossenbürg.

freiung erlebten. Durch das Chaos der letzen Wochen vor der Befreiung und die sich auflösenden Registraturen ist die Zahl der Opfer dieser letzten Phase sehr schwer zu beziffern. Sie lag, was die jüdischen Häftlinge des KZ Flossenbürg betrifft, vermutlich bei bis zu 2000. Bei den letztgenannten Zahlen ist allerdings unklar, wie viele der Toten dem Lagerkomplex Buchenwald zuzurechnen sind. Nach sehr vorsichtigen Schätzungen ist davon auszugehen, dass zwischen 4000 und 5000 jüdische Gefangene das KZ Flossenbürg nicht überlebt haben. Ein bisher nicht näher zu beziffernder Anteil der in Flossenbürg registrierten Juden ist nach der Überstellung in ein anderes Lager, beispielsweise nach Bergen-Belsen, oder an den Folgen der Lagerhaft unmittelbar nach der Befreiung verstorben.

Ein letzter Satz, und damit zurück zum Anfang, zum jüdischen Friedhof in Floß: Befreite jüdische KZ-Häftlinge gründeten in zahlreichen Orten in Bayern neue jüdische Gemeinden. Viele dieser Nachkriegsgründungen waren aber nur von kurzer Dauer und lösten sich nach der Emigration ihrer Mitglieder nach Palästina, Amerika oder in andere Länder und Städte rasch wieder auf, so in Cham oder auch Tirschenreuth. Eben diese kurzzeitig in Tirschenreuth bestehende Jewish Community sorgte für die erste Nachkriegs-

bestattung auf dem „guten Ort" in Floß. Nach der Entdeckung eines Massen-
grabes mit 39 jüdischen Opfern eines Todesmarsches aus Buchenwald nach
Flossenbürg in einem kleinen Dorf nördlich von Flossenbürg bemühte sich die
Jewish Community Tirschenreuth im August 1946 um die Umbettung der
Leichname. Die Neubestattung erfolgte am 20. August 1946 mit einer feierlichen Zeremonie auf dem jüdischen Friedhof in Floß.[32] Bis heute war dies die
letzte Beerdigung überhaupt auf diesem „guten Ort". Zugleich ist dies der
einzige direkte historische Bezug zwischen dem jüdischen Friedhof Floß und
dem Konzentrationslager Flossenbürg. Das Konzentrationslager Flossenbürg
spielte bei der Verfolgung jüdischer Menschen aus der Oberpfalz keinerlei
Rolle. Es war aber ab 1944 eine der zentralen Leidensstätten für jüdische
Menschen aus ganz Europa.

---

[32] Bericht der Jewish Community Tirschenreuth über die Beerdigung von 39 Juden in
Floss vom 25.8.1945, Yad Vashem Archives, M-1/P-74; vgl. auch „Der Naziopfer letzte
Fahrt", Der Neue Tag vom 21.8.1946, in diesem Zeitungsbericht ist irrtümlicherweise von
49 neu bestatteten Todesmarschopfern die Rede.

IMPRESSIONEN JÜDISCHEN LEBENS IN DER OBERPFALZ NACH 1945

Von Michael Brenner

Die Oberpfalz wurde in den letzten Kriegsmonaten zum Ort des Sterbens, nicht des Lebens für jene aus Osteuropa stammenden KZ-Häftlinge, die bereits über fünf Jahre des Leidens hinter sich hatten. Viele wurden in Flossenbürg und seinen Außenlagern ermordet, mussten hier verhungern oder sind in den Todesmärschen zusammengebrochen. Nur wenige von ihnen haben ein Grab und einen Namen erhalten. Die Überlebenden assoziierten die Oberpfalz zunächst einmal nicht mit ihren landschaftlichen Reizen oder kulturellen Sehenswürdigkeiten, sondern mit Terror und Gewalt.

Für die Bevölkerung jener Orte bot sich in den letzten Kriegswochen das grausige Bild von Häftlingstransporten und verlassenen Leichen am Wegrand. In Schwarzenfeld wurden am Rande eines amerikanischen Luftangriffs noch vier Tage vor Kriegsende 133 KZ-Insassen aus Flossenbürg von der SS erschossen und im Ort begraben.[1] Nach Kriegsende hielt die amerikanische Armee die Bevölkerung an anderen Orten, an denen Massengräber gefunden wurden, dazu an, die unbekannten Toten zu bestatten. In Floß erhielten am 19. August 1946 knapp einhundert Nationalsozialisten den Befehl, 39 tote Juden eines Todesmarsches aus Buchenwald zu exhuminieren und auf dem jüdischen Friedhof zu bestatten. Die Beerdigungsprozession am nächsten Tag wurde von den amerikanischen Behörden, der jüdischen Gemeinde in Tirschenreuth sowie dem Landrat gemeinsam geplant und hatte, Augenzeugenberichten zufolge, den Charakter eines würdigen Staatsbegräbnisses. Amerikanische, deutsche und jüdische Vertreter fuhren über sechzig Kilometer lang mit den blumengeschmückten Särgen übers Land. Am Anfang des Leichenzugs befanden sich drei jüdische Überlebende mit der Fahne des späteren Staates Israel, am Wegesrand stand baren Hauptes die örtliche Bevölkerung, in Floß und Tirschenreuth spielten die lokalen Blaskapellen Trauermusik. Der örtlichen Bevölkerung sollte damit vor Augen geführt werden, welche Leiden das nationalsozialistische Deutschland den Juden auch in dieser Gegend zugefügt hatte. Dass diese Prozession weit mehr als lokale Beachtung fand, zeigt ein Artikel der New York Times über die Vorgänge in Floß.[2]

---

[1] Thomas Dobler: Eine Nacht scheidet Krieg und Frieden, in: Der Neue Tag vom 23. 4. 2005; Der Najer Moment Nr. 3 vom 7. 5. 1946, S. 6. Ich bedanke mich für ein Forschungsstipendium des United States Holocaust Memorial Museum, das mir die Arbeit an diesem Beitrag wesentlich erleichterte.

[2] Germans Exhume Jews: Known Nazis Forced to Dig Up Bodies for Reburial, in: New York Times vom 20. 8. 1946. Die Vorgänge in Floß und Neunburg vorm Wald sind gründlich dokumentiert und analysiert bei Margarete Myers Feinstein: „Reburying the Dead:

Abb. 63:
Bürger von Neunburg tragen Särge mit ermordeten Juden durch den Ort.
Quelle: United States Holocaust Memorial Museum, Washington D.C., courtesy of National Archives and Records Administration, College Park.

Wenige Wochen später, am 28. September 1946, wurde in den Wäldern um Neunburg vorm Wald ein Massengrab mit jüdischen Opfern der Todesmärsche gefunden. Über dreißig ehemalige Nationalsozialisten mussten die Leichen exhuminieren, weiteren neunzig Neunburgern wurde befohlen, sie zu waschen, und über einhundert Bürger der Stadt sollten nach weiteren Gräbern suchen. Im Gegensatz zu der im guten Einvernehmen der verschiedenen Autoritäten geplanten Gedenkveranstaltung in Floß kam es in Neunburg bald zu handgreiflichen Auseinandersetzungen zwischen jüdischen Überlebenden und der örtlichen Bevölkerung. Die vorher herrschenden Spannungen zwischen Landrat und amerikanischen Militärbehörden mögen zu diesen Ereignissen beigetragen haben.[3] Bereits im April hatten die Displaced Persons in

---

Jews, Germans, and Americans in Postwar Germany". Vortrag bei der German Studies Association Annual Meeting, 29. 9. 2006. Ich bedanke mich bei Frau Myers Feinstein herzlich dafür, dass sie mir diesen unveröffentlichten Aufsatz zur Verfügung gestellt hat. Im Archiv von Yad Vashem Jerusalem finden sich wichtige Zeugenaussagen: Alfred Slomnikki: Bericht über die Beerdigung von 39 Juden am 20. 8. 1946 in Floss, 25. 8. 1946, Yad Vashem, M-1/P-74, sowie Josef Kohs: Rede des 2. Vorsitzenden des Jüdischen Komitees Tirschenreuth Josef Kohs Gehalten anläßlich der Bestattung von 39 KZ-Häftlingen in Floß, 20. 8. 1946, Yad Vashem, M-1/P-74.
[3] Feinstein greift in ihren Untersuchungen auf die Zeugenaussagen zurück, die sich vor allem in den National Archives in Washington befinden: Capt. Charles W. Lutman: „Report of Incident" to Commanding Officer, 8th Constabulary Squadron (Attn S-2), 9. 10. 1946, S. 1,

Neunburg einen Hungerstreik initiiert.[4] Die meisten Überlebenden hatten ihre gesamten Familien in den Vernichtungslagern verloren und konnten angesichts der Entdeckung anonymer Gräber jüdischer Opfer in ihrer unmittelbaren Nähe die Zurückhaltung gegenüber der deutschen Bevölkerung, die im allgemeinen erstaunlicherweise vorgeherrscht hatte, nicht immer beibehalten.

In Floß wie in Neunburg wurden die Vorgänge vom Spätsommer und Herbst 1946 bald verdrängt, und nur vier Jahre später antwortete der Flosser Bürgermeister auf eine Anfrage des Internationalen Suchdiensts, man wisse nicht einmal mehr das Datum des Begräbnisses![5] Die in beiden Orten so unterschiedliche, aber doch unter großer – freilich erzwungener – Anteilnahme der Bevölkerung stattfindenden Geschehnisse existierten in der offiziellen Erinnerung beider Orte bald nicht mehr. In Neunburg vorm Wald erinnert heute der größte Friedhof jüdischer Holocaust-Opfer außerhalb eines Konzentrationslagers in der Oberpfalz an jene Exhumierung. Die auf den KZ-Friedhöfen in Cham, Wetterfeld, Röttenbach, Rötz und anderen Orten bestatteten jüdischen Opfer der Todesmärsche wurden später zumeist nach Flossenbürg überführt.

Neben den auf den Todesmärschen und im KZ Flossenbürg Befreiten führte es in den ersten Nachkriegsjahren einige Tausend jüdische Flüchtlinge vor den antijüdischen Pogromen im Nachkriegspolen in die grenznahen Gebiete der Oberpfalz. Auf ihrem Weg über die Tschechoslowakei in den Westen fanden sie zunächst in den nächstgelegenen Orten der amerikanischen Zone eine neue Heimat. Von hier aus hoffte man, nach Amerika oder – nach Errichtung des Staates – nach Israel aufzubrechen.[6] Im Gegensatz zu den größtenteils als junge Männer Überlebenden der Konzentrationslager waren unter den ab 1946 Eintreffenden viele während des Krieges in die Sowjetunion geflüchtet und brachten Familien mit Kindern mit, die nun versorgt werden mussten.

In Weiden wurde eine Talmud-Tora-Grundschule (Cheder) gegründet. In Regensburg entstand für wenige Jahre ein bedeutendes Zentrum jüdischer Kultur und Religiosität. Als Rabbiner amtierte bis 1949 der 1909 in Polen geborene Dr. Joseph Glatzer, der auch Vorsitzender des Komitees der überlebenden Juden in Niederbayern und der Oberpfalz war. Schächter, Mohelim (die die Beschneidung der Jungen acht Tage nach der Geburt vornahmen,

---

United States National Archives II (NA), OMGUS, RG 260 390/42/28/06, Box 317, Folder 19, sowie: Inspector of Rural Police Böck, Report (Copy), 4.10.1946, ebd.
[4] Der Najer Moment Nr.2 vom 15.4.1946, S.6. Wie die Zeitung berichtete, ging der Hungerstreik von allen DPs gemeinsam aus und richtete sich gegen den örtlichen UNRRA-Vertreter.
[5] Feinstein 2006 (wie Anm.2).
[6] In unterschiedlicher Form finden sich persönliche Erinnerungen an die Befreiung in Flossenbürg und seinen Außenlagern in Jack Terry: Jakubs Welt. Aus dem Amerikanischen von Cornelia Wilhelm, München 2005; Otto Schwerdt/Mascha Schwerdt-Schneller: Als Gott und die Welt schliefen, Viechtach 1998; und Stefan Schwarz: Sage nie du gehst den letzten Weg, München 1970.

allerdings nun auch die älteren Kinder beschneiden mussten, die während des
Kriegs geboren worden waren) und Lehrer wurden hier wie auch in kleineren
Gemeinden eingesetzt. Zunächst freilich waren nur wenige Kinder zu be-
treuen. Eine in Regensburg erscheinende jiddische Zeitung berichtete im
März 1946 traurig, dass sich unter den 1200 Juden in der Stadt ganze acht
Kinder im Kindergartenalter befanden.[7] Mit der Zuwanderung ab Mitte 1946
sollte sich dies schnell ändern. Als im Oktober 1946 eine hebräische Schule in
Regensburg eingerichtet wurde, befanden sich bereits 40 jüdische Kinder in
der Stadt.[8]

In Amberg konnte die alte Synagoge bald wieder ihrer Bestimmung über-
geben werden, so dass ein Beauftragter des Komittees der überlebenden
Juden in der amerikanischen Zone Mitte 1946 berichtete, er habe bei seinen
Reisen seit der Befreiung nirgendwo in Deutschland eine so gut eingerichtete
Synagoge gefunden wie in Amberg.[9] In allen aktiven Gemeinden gab es einen
Synagogendiener (Schamasch) ebenso wie eine Beerdigungsbrüderschaft
(Chewra Kadischa). Schwandorf berichtet von einer jiddischen Theatergrup-
pe.[10] In der ehemaligen Gaststätte „Zum Goldenen Pfau" in Regensburg er-
öffnete das jüdische Restaurant „Tel Aviv", die Versorgung mit koscherer
Nahrung wurde auch in kleineren Orten der Oberpfalz gewährleistet.[11]

Regensburg war das Zentrum jüdischen Lebens in der Oberpfalz. Die weit
über eintausend jüdischen Flüchtlinge in der Stadt zeigten jiddische Filme,
hatten eigene Sportclubs und gründeten ihre eigene Schule. Hier erschienen
mehrere jiddische Zeitschriften, darunter seit dem 26. März 1946 das Organ
des Regionalkomitees der befreiten Juden in Niederbayern und der Oberpfalz, „Der Najer Moment". Neben den jiddischen Begrüßungsworten des
Herausgebers und dem englischen Text der amerikanisch-jüdischen Hilfsorganisation JOINT kommt gleich auf Seite 1 der ersten Ausgabe auch eine deutsche Stimme zu Wort. Der Verleger und Sozialdemokrat Karl Esser, selbst
ehemaliger Häftling in Dachau, wünscht der neuen Zeitung viel Erfolg und
fordert bereits die ersten Schritte in Richtung einer „Wiedergutmachung" für
ihre Leser. Es ist bemerkenswert, dass die Redaktion der Zeitung keineswegs
alle Deutschen über einen Kamm scherte, sondern sich anerkennend über Esser als „aufrichtigen Mensch, Freund und überzeugten Demokrat" äußerte.[12]

Herausgeber der Zeitung waren der Warschauer Journalist Naftole Silber-
berg sowie die ebenfalls aus Polen stammenden Schriftsteller Mendel Mann
und Jecheskel Keytlmann. Letzterer war aus dem usbekischen Exil über Polen
nach Regensburg gekommen und veröffentlichte hier sein Buch „Oysterliche

---

[7] Der Najer Moment Nr. 1 vom 26. 3. 1946, S. 4.
[8] Der Najer Moment Nr. 13 vom 31. 10. 1946, S. 1.
[9] „Amberg", in: Der Najer Moment Nr. 4 vom 31. 5. 1946, S. 2.
[10] Der Najer Moment Nr. 2 vom 15. 4. 1946, S. 6.
[11] Siegfried Wittmer: Regensburger Juden. Jüdisches Leben von 1519 bis 1990, Regensburg 1996, S. 385.
[12] Der Najer Moment Nr. 1 vom 26. 3. 1946, S. 1.

Geschichten" („Ungewöhnliche Geschichten"). Mendel Mann war nach seiner Flucht in die Sowjetunion mit der Roten Armee im April 1945 in Berlin
einmarschiert und zunächst nach Polen zurückgekehrt. In Lodz hatte er die
Kultur- und Schulabteilung des jüdischen Komitees geleitet und den ersten
jiddischen Gedichtband im Nachkriegspolen veröffentlicht.[13] Gemeinsam
gründeten sie in Regensburg einen Verlag (Jiddische Setzer).[14] Ein gewisser
Wunsch nach Kontinuität drückte sich in der Titelgebung der Zeitung aus.
„Moment" war der Name einer der beiden jiddischen Tageszeitungen im Vor-
kriegs-Warschau, für die auch Mendel Mann geschrieben hatte. Er übernahm
den originalen Schriftzug der Warschauer Tageszeitung und fügte handschriftlich „Der najer" hinzu.[15] Regensburg war zudem Erscheinungsort einiger
jiddischer Bücher, darunter eines der ersten „Jiskor-Bücher", die überlebende
polnische Juden zum Andenken an die zerstörten „Schtetl" in Osteuropa her-
ausgaben.[16] Mann und Keytlmann waren auch für zwei kurzlebige jiddische
Kulturzeitschriften verantwortlich, die 1947 in Regensburg erschienen: Der
„Velt-shpigl" knüpfte an die Vorkriegstradition illustrierter jiddischer Zeitschriften an, die „Heftn far literatur, kultur un kritik" sollten ein Forum für
die jiddischen Schriftsteller bieten. Beide Hefte erschienen freilich nur in
jeweils einer Ausgabe. Neben Regensburg befanden sich die bedeutendsten
Zentren jüdischen Lebens während der zweiten Hälfte der vierziger Jahre in
Weiden, Amberg, Schwandorf, Cham und den DP-Lagern Vilseck und Windischeschenbach.

*Mitgliederzahlen jüdischer Komitees und DP-Lager vom 1. September 1947
(in Klammern die Zahlen vom Mai 1946)[17]*

Vilseck (DP-Lager) (Stand 1. Juni 1947)	1888
Regensburg (mit Wörth)	1527 (1050)
Weiden (mit Tirschenreuth und Floß)	832 (400)
Schwandorf (mit Schwarzenfeld und Nabburg)	650 (476)
Windischeschenbach (DP-Lager)	454
Cham (mit Roding, Stamsried und Falkenstein)	412 (362)
Amberg	266 (160)
Neunburg v. W. (mit Rötz und Bruck)	252 (207)

In der gesamten Oberpfalz lebten damals vorübergehend also über 5000 Juden, fast alle osteuropäischer Herkunft und alle mit dem Ziel, so schnell wie

[13] Tamar Lewinsky: Displaced Poets. Jiddische Schriftsteller im Nachkriegsdeutschland, Dissertation Ludwig-Maximilians-Universität München 2007, S.59.
[14] Ebd., S.85.
[15] Ebd., S.107.
[16] Mordecai Bochner: Sefer Kshanuv, Regensburg 1949.
[17] Die Zahlen für 1947 in: Dieter Dörner: Juden in Amberg. Niedergang und Neuanfang, Pressath 2006, S.226. Die Zahlen für 1946 finden sich in: Der Najer Moment Nr.4 vom 31.5.1946, S.2. Dort findet sich auch das Budget der einzelnen Gemeinden.

möglich nicht nur aus Deutschland, sondern aus Europa herauszukommen.[18] Die 930 Karteikarten jüdischer Displaced Persons, die sich in der zweiten Hälfte der vierziger Jahre in Weiden aufhielten, verraten einiges über Herkunft und Schicksal jener Personengruppe. 650 von ihnen gaben an, in einem Konzentrations- oder Arbeitslager gewesen zu sein, was über 80% der erwachsenen Bevölkerung entspricht. Auschwitz wurde 108-mal genannt, Flossenbürg 99-mal, Buchenwald 90-mal, Groß-Rosen 49-mal, viele andere Lager wie Dachau, Bergen-Belsen und Mauthausen tauchen auf. Dabei handelt es sich in der Regel wohl um die jeweils letzten Lager vor Beginn der Todesmärsche oder der Befreiung. Die Altersstruktur macht die Vernichtungspolitik der Nationalsozialisten deutlich: Nur acht Personen der 930 waren bei der Befreiung älter als 55 Jahre, nur 30 älter als 45 Jahre. Insgesamt gab es in Weiden während dieser Jahre einen erheblichen Männerüberschuss: 601 Männern standen nur 390 Frauen gegenüber. Nach der Befreiung wollten viele zur Normalität zurückkehren und vor allem ein Fundament für die Zukunft legen. Da der Großteil der Befreiten zwischen 20 und 40 Jahren alt war, kam es zu zahlreichen Heiraten.[19] Die Zahl der noch in den vierziger Jahren geborenen Kinder war unter dieser Gruppe besonders hoch. Von jenen 930 Registrierten waren 133 zwischen 1945 und 1949 geboren. Für die anderen Gemeinden stellte sich die Situation ähnlich dar, unter allen in Deutschland und Österreich lebenden jüdischen Displaced Persons waren über zwei Drittel zwischen 21 und 45 Jahre alt, nur etwa 7% waren älter als 45.[20]

Während in Weiden und anderen Städten die jüdischen Displaced Persons im Ort und in enger Verbindung zur einheimischen Bevölkerung lebten, bildeten die knapp 2000 Juden im DP-Lager Vilseck eine relativ abgeschlossene eigene Gemeinschaft. Zwar war das DP-Lager in keiner Weise mit dem Konzentrationslager zu vergleichen, in dem die Meisten ihre letzten Jahre verbracht hatten, doch bedeutete es die Fortsetzung eines Lageralltags, der noch weit entfernt von der ersehnten Freiheit war. „Wir sind befreit, aber nicht frei", lautete daher ein oft zu hörender Spruch unter den Displaced Persons.

Aus Vilseck berichtete ein Mitglied des sozialistischen Arbeiter-Bunds, mit welchen Schwierigkeiten etwa die Einrichtung einer Bibliothek verbunden sei: „Ich habe Regale [und] Tische in einer Baracke aufgestellt, und man musste selber Holz [zum Heizen] mitbringen, wenn man eine Zeitung oder ein

---

[18] Die genauen Zahlen lassen sich heute nicht mehr rekonstruieren, da manche Displaced Persons gar nicht, andere doppelt gemeldet waren. Die Gesamtzahl der sich zwischen 1945 und 1950 zeitweise in der Oberpfalz aufhaltenden Juden war sicherlich um einiges höher.
[19] Zu diesem Phänomen unter den jüdischen Displaced Persons siehe: Atina Grossmann: Jews, Germans, and Allies. Close Encounters in Occupied Germany, Princeton 2007.
[20] Die Namenskartei wurde vom Autor in den neunziger Jahren im Keller der Jüdischen Gemeinde Weiden aufgefunden. Sie ist statistisch ausgewertet bei Sebastian Schott: Weiden – A mechtige Kehille. Eine jüdische Gemeinde in der Oberpfalz vom Mittelalter bis zur Mitte des 20. Jahrhunderts, Pressath 1999, S. 387–391.

Buch ausleihen wollte."[21] Noch deutlicher wurde Clare Lerner, die als amerikanische Sozialarbeiterin in den unmittelbaren Nachkriegsjahren gemeinsam mit ihrem Mann Harry den überlebenden Juden in der amerikanischen Zone für die UNO-Flüchtlingshilfeorganisation UNRRA zur Seite stand. Sie berichtete in bewegenden Worten aus dem DP-Lager Vilseck an ihre Familie in den USA. So schrieb sie über Versorgungsengpässe und fordert die Kinder in Amerika auf, sie mögen Bücher und Spielsachen in die Lager nach Deutschland schicken. Die Kinder, so erklärt sie ihnen in ihrer eigenen kindlichen Sprache, waren ihrer Kindheit beraubt gewesen, hatten ihre Eltern verloren, mussten auf den Böden unbeheizter Züge quer durch Europa fahren und hatten kein richtiges Spielzeug gesehen.[22] Doch auch bei den Erwachsenen ist die Lage kaum besser. Ihren Eltern teilte sie mit: „Menschen ohne Zukunft sind verdammt dazu, unruhig und sogar verzweifelt zu werden. Wer kann sie dafür tadeln? Dieses Lagerleben ist so schlecht... Es bringt die schlechtesten Instinkte in den Vordergrund und schiebt die besten nach hinten."[23] Auch die Politisierung des Lagerlebens wird von dieser aufmerksamen Beobachterin genau wahrgenommen. Die acht Parteien, die zu den Lagerwahlen antreten, waren zwar alle Zionisten, bekämpften sich aber trotzdem bis auf die Knochen. „Momentan kann sogar die Seifenzuteilung politische Auswirkungen haben", kommentiert Lerner die Situation um die Jahreswende 1946/47.[24]

Fast alle überlebenden Juden bekannten sich zum Zionismus. Nur durch einen eigenen jüdischen Staat könne eine erneute Katastrophe für das jüdische Volk verhindert werden. In den Wahlen zur Führung der jüdischen Komitees gab es fast ausschließlich Parteien, die die verschiedenen Richtungen innerhalb der zionistischen Bewegung repräsentierten und nur noch eine kleine Mehrheit nichtzionistischer Parteien, wie der religiösen Aguda oder des sozialistischen „Bunds", die im Vorkriegspolen wichtige Rollen gespielt haben. Das am 20. November 1945 auf einer Versammlung in Regensburg gegründete „Central Committee for Displaced Jews in Niederbayern and Oberpfalz" trug diesen politischen Gegebenheiten Rechnung. Die Gründung des Staates Israel war daher ein für alle diese Personen nicht nur wichtiges politisches Ereignis, sondern von tiefen Emotionen begleitet. In Weiden etwa feierten am 16. Mai 1948 nahezu alle damals in der Stadt lebenden circa 700 jüdischen Bürger im Café Weiss in der Johannisstraße, dem damaligen Mittelpunkt jüdischen Lebens der Stadt, die Staatsgründung. Wie die Weidener Tageszeitung „Der neue Tag" – ohne großen Abschiedsschmerz – am 19. Mai 1948 berichtete, hätten sie alle vor, nach Israel auszuwandern.[25] Bereits im Mai 1946 war in

21 Zit. in: Lewinsky 2007 (wie Anm. 13). Yudl Basevitch an Bund-Exekutive Deutschland, o.D. [1946].
22 Clare Lerner: „Dear Children", 1. Januar 1947, in: Harry and Clare Lerner Correspondence, Archiv des Holocaust Memorial Museum Washington, RG-19.029*01.
23 Clare Lerner: „Dear Mother and Dad", 30. Dezember 1946, ebd.
24 Ebd.
25 Schott 1999 (wie Anm. 20), S. 409.

dem Dorf Boxdorf, nahe an der Gemeinde Floß gelegen, ein landwirtschaftliches Ausbildungslager, ein Kibbuz, gegründet worden, der auf das Leben in Israel vorbereiten sollte. Mitten in der oberpfälzischen Landschaft wehte die spätere israelische Fahne, erklangen die Töne der Hatikwa („Hoffnung"), der Nationalhymne Israels.

Es mag wenig überraschen, dass die Kontakte zwischen den jüdischen Holocaust-Überlebenden und der deutschen Bevölkerung in der Regel von Distanz gekennzeichnet waren. Die einen erblickten in den anderen die Mörder ihrer Angehörigen, die anderen waren vom schlechten Gewissen gegenüber ihren neuen Nachbarn gekennzeichnet. Der Antisemitismus war auch nicht über Nacht verschwunden, und in den osteuropäischen Juden sah man häufig Fremde, die den assimilierten deutschen Juden der Vorkriegszeit wenig ähnelten. Aus Schwandorf etwa wird im Herbst 1946 berichtet, dass der Bürgermeister sich der 430 im Ort lebenden Juden entledigen wollte und zu diesem Zweck ein Schreiben an die bayerische Staatsregierung verfasste.[26] Konflikte gab es genug, wenngleich überraschend wenige Racheakte von Seiten der Überlebenden verübt wurden. Das Aufeinandertreffen der beiden Bevölkerungstruppen während der unmittelbaren Nachkriegsjahre in der Oberpfalz ist eindrucksvoll in den Erinnerungen von Jack Eisner für die Gegend um Cham beschrieben.

Der aus Warschau stammende Jacek (Jack) Eisner war auf einem der Todesmärsche von Flossenbürg im Oberpfälzer Wald befreit worden. Sein Schicksal gehört zu den ungewöhnlichsten unter den KZ-Überlebenden. Gemeinsam mit einer Gruppe Gleichgesinnter gründete er noch 1945 eine Jazzband, die sich – nicht ohne Ironie – den Namen „Happy Boys" gab. Diese Happy Boys hatten fast alle Familienangehörigen verloren, waren selbst nur wie durch ein Wunder am Leben geblieben und saßen jetzt in Deutschland fest. Woher sollten sie ihre Instrumente nehmen? Ein Musiker aus der Gruppe erinnerte sich, während des Krieges in Lodz Musikinstrumente vergraben zu haben. Auf abenteuerlichste Weise machten Eisner und seine Kollegen sich auf den Weg nach Polen, brachten jene Instrumente nach Cham, besorgten noch einige zusätzliche in der nahen Tschechoslowakei und begaben sich auf Tournee in die jüdischen Gemeinden der Umgebung wie Amberg, Regensburg und Weiden, in die großen südbayerischen DP-Lager wie Landsberg, Feldafing und Föhrenwald (Wolfratshausen), und selbst in die englische Zone, wo am Rande des ehemaligen KZ Bergen-Belsen die meisten jüdischen Displaced Persons untergebracht waren.

Eisner schildert auch die Kontakte mit der nichtjüdischen Umgebung und zeigt, wie vielfältig diese bereits kurz nach Kriegsende waren. Zu den amerikanischen GIs bestanden freundschaftliche Kontakte, man wurde in ihren Casinos zum Vorspielen eingeladen. Doch sind die Musiker sich einig, keinerlei Verbindung zur deutschen Umwelt aufzunehmen, ja sich an den Nazigrößen

[26] Der Najer Moment Nr. 11 vom 20.9.1946, S. 7.

Abb. 64: Die Happy Boys kurz vor einem Auftritt 1946 vermutlich in Cham.
Quelle: United States Holocaust Memorial Museum, Washington D.C.

persönlich zu rächen. Zu Racheakten waren sie jedoch nicht imstande, da sie sich nicht auf dieselbe Ebene mit den Tätern begeben wollen. Erste Kontakte gab es zumeist auf geschäftlicher Basis, denn im Gegensatz zur örtlichen Bevölkerung, die auf landwirtschaftliche Produkte zurückgreifen konnte, hatte man weder eigene Bauernhöfe noch Bekannte unter den Bauern. Die Pakete der amerikanischen Hilfsorganisation JOINT waren die Hauptversorgungsquelle der jüdischen DPs, und es war kein Wunder, dass sie bald eine Schlüsselrolle im Schwarzmarkt einnahmen. Dieser Kontext wiederum führte zu antisemitischen Schilderungen, nicht nur in der Lokalpresse, sondern bis zum „Spiegel" und anderen Medien.

Da die meisten DPs in der Oberpfalz nicht in Lagern lebten, sondern zur Untermiete im Ort, entstanden auch auf dieser Ebene manche persönlichen Bindungen, die noch Jahre nach der Emigration andauerten. Bald entdeckte Eisner, dass es auch einige wenige „gute Deutsche" gab, die versucht hatten, Widerstand zu leisten, oder zumindest nun aufrichtig bereuten, den Opfern nicht mehr geholfen zu haben. So entstanden enge Kontakte zwischen Familien in Cham und jüdischen Displaced Persons.

Nicht selten kam es vor, dass junge Männer wie Eisner ihre ersten Freundinnen unter den Mädchen im Ort fanden. Dabei beschreibt er seine Hemmungen, mit einem deutschen Mädchen unter seinen jüdischen Freunden aufzutauchen. Ruth Klüger berichtet in ihren Erinnerungen auch über ihr

Studium in Regensburg kurz nach Kriegsende, wo sie dem späteren Schriftsteller Martin Walser begegnete. Als die Fünfzehnjährige und ihr ein paar
Jahre älterer Kommilitone öfter miteinander gesehen wurden, musste sie sich
gegenüber ihren jüdischen Freunden verteidigen, mit einem Deutschen ausge-
gangen zu sein.[27] Diese Verbindungen wurden strikt verurteilt. Insbesondere
der Oberrabbiner von Niederbayern und der Oberpfalz, Dr. Glatzer, wandte
sich in zahlreichen Schreiben gegen die Verbindungen von überlebenden
Juden mit deutschen Frauen. In einem auch an die New Yorker jiddische
Zeitung „Forverts" geschickten Flugblatt rief er dazu auf, nicht zu vergessen,
dass dieselben Gretchens, die jetzt ihre jüdischen Liebhaber umarmten „mit
dem noch unschuldigen Blut unserer Kinder und Frauen" beschmutzt seien
und noch vor kurzem „aus der Haut Eurer Eltern Lampenschirme gemacht
haben."[28] Eisners Offenheit ist angesichts dieser Stimmen besonders bemerkenswert. Gleichzeitig nahm er auch die Probleme des Mädchens wahr, ihrer
antisemitisch eingestellten Familie klar zu machen, dass sie mit einem jüdischen Freund „ging": „Ich war selbst überrascht von der Intimität und Nähe,
mit der sie mir begegnete. Die Tatsache, daß sie Deutsche war, spielte dabei
überhaupt keine Rolle. Es war auch gar nicht unangenehm, mit ihr über das
schwierige Verhältnis von Deutschen und Juden zu sprechen."[29]

Gerade aus Cham wurde im Frühjahr 1946 von antisemitischen Zwischen-
fällen berichtet, die der Berichterstatter der jiddischen Zeitung „Najer Moment" darauf zurückführte, dass die amerikanischen Soldaten unter dem Einfluss der deutschen „Fräuleins" stehen, mit denen sie ausgehen, und dass diese
ihnen den noch tief verwurzelten Judenhass übermitteln würden.[30] Das
schwierige Verhältnis kam auch in den immer wieder anklingenden Selbst-
zweifeln Eisners zum Ausdruck, dass die Überlebenden sich Wohnungen und
Autos requirierten und dem schlechten Gewissen ihrer Nachbarn in die Augen blickten. Überschattet wurde dies allerdings von dem Gefühl der Unge-
rechtigkeit, dass die Überlebenden immer wieder befiel, wenn sie sahen, dass
im Gegensatz zu ihnen selbst, die doch eigentlich die Sieger waren, die Verlie-
rer des Krieges den größten Teil ihrer Familie noch immer um sich hatten,
weiterhin in ihren Häusern und der gewohnten Umgebung bleiben durften
und nach der Heimkehr aus dem Krieg ihre alten Berufe wieder ergriffen. Für
sie selbst dagegen war die gesamte Vorkriegswelt zerstört worden. Cham, die
Oberpfalz, Deutschland, ja selbst Europa waren nicht mehr als eine Durchgangsstation auf dem Weg in ein neues Leben auf einem anderen Kontinent.

Die meisten von ihnen hatten die „blutbefleckte deutsche Erde" bis Ende
der vierziger Jahre verlassen. Eisner und seine Musikerkollegen gingen aus-

[27] Ruth Klüger: Weiter leben. Eine Jugend, München 1994, S. 216.
[28] Zit. in: Lewinsky 2007 (wie Anm. 13), S. 146.
[29] Jack Eisner: Die Eisner Boys. Eine jüdische Band in Deutschland 1945 bis 1949. Aus
dem Amerikanischen von Steve Klimchak, Berlin 2004.
[30] Der Najer Moment Nr. 3 vom 7.5.1946, S. 6.

nahmslos in die Vereinigten Staaten. Mendel Mann, der Redakteur der Regensburger Zeitung „Der najer Moment", emigrierte nach Israel. Kurz vor seiner Abreise nach Israel drückte er in bewegenden Worten seine ambivalenten Eindrücke des Aufenthalts in Deutschland aus:

„Still, gemütlich ruhen die bayerischen Dörfchen. Du glaubst, dass das menschliche Gewissen so rein ist wie der Schnee auf den Bergspitzen, und dass ihre hellen Augen so unschuldig sind wie der helle Himmel. Komm aber näher, Mensch, näher zu den Bergen. Komm im Frühling, wenn der Schnee schmilzt und die Erde sich mit ihrer Pracht öffnet. Geh über die Wege, welche in die Stadt Cham führen, durch die Dörfer, die auf den Berghängen liegen... Geh die Donau entlang und du wirst die blutigen Zeichen von Deutschlands ,Unschuld' sehen! Erst jetzt wirst du Deutschland verstehen. Gräber von jüdischen KZlern sind verstreut über die Bergpfade, geblieben sind nur nackte Kreuze aus jungen Birkenzweigen. Durch die ,unschuldigen' Dörfer und die unberührten Berge hat man in den April-Tagen im Jahr 1945 Scharen von Juden getrieben... Bald werde ich für immer das Land des geplanten Massenmords verlassen. Aber es quält mich die Frage: Wer ist der Deutsche wirklich? Ein verführter Verbrecher? Ein dressierter Golem? Ein gehorsamer Knecht? Ein Despot? Oder ein unschuldiger Familienmensch? Ich schaue auf die bayerischen Berge und möchte aus tiefstem Herzen schreien, dass die Berge erzittern: Mörder!!!"[31]

Einige wenige wollten nicht wieder woanders eine neue Existenz aufbauen, sie verstanden durch ihre jiddische Muttersprache Deutsch besser als Englisch oder Hebräisch, sie waren physisch oder psychisch zu schwach für eine erneute Weiterreise – manche waren bereits nach Israel ausgewandert und kehrten wegen der militärisch und wirtschaftlich schwierigen Situation zurück. Es waren meistens junge Männer aus Polen – Kinder und Alte hatten die Vernichtungslager nur selten überlebt, Frauen in geringer Zahl. Manche dieser jungen Männer waren – im Gegensatz zu Eisner – mit ihren deutschen Partnerinnen feste Lebensgemeinschaften eingegangen.

Zu Beginn der fünfziger Jahre hatten sich in Regensburg, Amberg und Weiden als Nachfolger der provisorischen „Jewish Committees" Kultusgemeinden konstituiert, die als Körperschaften des öffentlichen Rechts anerkannt wurden. Die Synagogen bzw. Betsäle, die in Amberg und Weiden die NS-Zeit äußerlich überlebt hatten, waren bereits in den vierziger Jahren wiedereingerichtet worden. In Cham wurde der alte Betsaal im September 1945 wiederhergestellt. Gottesdienste fanden hier nur bis zu Beginn der siebziger Jahre statt, später gingen die wenigen im Ort verbliebenen Juden zum Gebet nach Amberg, wo auch die in Schwarzenfeld und Schwandorf lebenden Juden ihre Gemeinde fanden.[32] In Regensburg, wo die einzige Gemeinde mit genügend Mitgliedern für wöchentliche Schabbatgottesdienste existierte, wurde 1971 eine neue Synagoge eingeweiht. Auch in Weiden und Amberg, wo man nur an

---

[31] Zit. Lewinsky, S. 141, aus: Mendel Mann: Daytshland, in: Nayvelt vom 26.11.1948.
[32] Die Zahl der in Cham lebenden Juden ging von über 300 im Jahr 1947 auf 16 im Jahre 1973 zurück. Timo Bullemer: „Die hiesigen Juden sind alteingesessen..." Aus der Geschichte der jüdischen Gemeinde vom Mittelalter bis zur Gegenwart, Cham 2003, S. 61-63.

Abb. 65: Innenansicht der Amberger Synagoge heute.
Quelle: Projekt Synagogengedenkband-Bayern – www.synagogenprojekt.de.

den Feiertagen zusammenkam um zu beten, plante man damals für die Zukunft. So erhielt die Gemeinde in Weiden noch 1970 einen Anbau mit Klassenzimmer und Mikwe (dem rituellen Bad).

Alle drei jüdischen Gemeinden boten den Rahmen für ein kleines soziales
Netzwerk.[33] Es handelte sich um äußerst überschaubare Gemeinden, die ab
den siebziger Jahren in Regensburg über 100 Mitglieder, in Weiden und Amberg jeweils knapp 50 Mitglieder zählten. Jeder kannte jeden innerhalb dieser
Gemeinden und oft auch in den Nachbargemeinden. Wer Zeit hatte, kam ins
Gemeindehaus, um sich auf Jiddisch oder Polnisch zu unterhalten, die neuesten Zeitungen aus Israel zu lesen, am Anfang sogar noch, um gelegentlich religiöse Texte gemeinsam zu studieren. Nur wenige Gemeindemitglieder lebten
orthodox, aßen koscher und arbeiteten am Schabbat nicht. Das Alltagsleben
unterschied sich kaum von dem der nichtjüdischen Umgebung. Doch der Gottesdienst fand nach orthodoxen Regeln statt, die man aus Polen gewohnt war.

---

[33] Die folgenden Bemerkungen beruhen weitgehend auf den persönlichen Erinnerungen
und Eindrücken des Verfassers. Da es nur wenig gedrucktes Material über diese Zeit gibt,
mögen diese legitim sein. Gleichwohl sind sie im Bewusstsein geschrieben, dass andere
Zeitzeugen sich durchaus an verschiedene Dinge erinnern können oder die gleichen Ereignisse anders bewerten.

Frauen saßen getrennt von Männern, die Küche in den Gemeinden war streng koscher, das Fleisch wurde aus den kosheren Metzgereien in München oder Frankfurt mit dem Zug geliefert. An den Feiertagen, an denen man fahren durfte, wie beim Chanukka- oder Purimfest, feierten die kleinen Gemeinden oft gemeinsam. Zu Purim gab es, zumeist in Amberg, Kostümfeste mit Preisen für die Kinder. Gelegentlich wurden auch gemeinsame Ausflüge für die Jugend organisiert, doch bereits in den siebziger Jahren waren in den oberpfälzischen Gemeinden zu wenige Jugendliche für solche Aktivitäten vorhanden.

In Regensburg amtierten zwischen 1950 und 1969 drei Rabbiner. Danach besaß zunächst nur noch die jüdische Gemeinde in Amberg bis 1971 einen Rabbiner in Person des aus Polen stammenden Natan Zanger, der für alle Gemeinden der Umgebung eine spirituelle Führungsfigur darstellte, die nach ihm noch seine Witwe Tamara Zanger eine Zeitlang repräsentierte. Ab und zu gab es nostalgische Blicke zurück. Lange bevor die Klesmerei in Deutschland in Mode kam, gastierten vor einem älteren Publikum ältere jiddische Schnulzensänger aus Argentinien im Gemeindesaal in Regensburg, führten jiddische Komödianten ihre Einlagen bei Bar-Mitzwa-Feiern und Hochzeiten auf. Dies waren große gesellschaftliche Ereignisse, zu der die gesamten Gemeinden geladen waren, kamen sie doch nur alle paar Jahre einmal vor. Und auch der berühmte Schnorrer, der im Vorkriegspolen bei jeder Feier dabei sein musste, existierte. Es war in den siebziger Jahren nur noch einer, und er kam extra aus Nürnberg, doch er wusste immer genau, wann und wo eine Familienfeier war, und den Gastgebern gereichte es zur Ehre, ihn zu beköstigen. Natürlich reiste er auch zu allen Geschäften mit jüdischen Eigentümern. Davon gab es in den Städten der Oberpfalz doch noch einige – und an den hohen jüdischen Feiertagen konnte man hier bis in die achtziger Jahre an manchen Septembertagen auffallend viele Schilder mit der Aufschrift sehen: „Heute geschlossen." So wussten auch die christlichen Amberger oder Weidener, wann das jüdische Neujahrsfest oder der Versöhnungstag Jom Kippur war.

Fast alle Gemeindemitglieder stammten aus Polen, waren fest verankert in jüdischen Traditionen, auch wenn sie sie nicht praktizierten. Sie waren Holocaust-Überlebende, die in den Konzentrationslagern, im Versteck oder auf der Flucht in den Osten der Sowjetunion Unbeschreibbares erlebt hatten und zumeist die einzigen Überlebenden ihrer Familien. Viele hatten nicht nur ihre Eltern und Geschwister, sondern auch Ehepartner und Kinder verloren. Sie konnten vom Aufstand im Warschauer Ghetto erzählen, von der schrecklichen Arbeit der Sonderkommandos in den Krematorien von Birkenau oder vom Leben unter falscher Identität. Die meisten erzählten jedoch nur wenig, sie wurden damals kaum darum gebeten. Die heile Welt der Vorkriegszeit in Erinnerung zu rufen, fiel ihnen oft noch schwerer.

Sie mieden den Kontakt mit gleichaltrigen Nichtjuden, denn wer weiß, was dieser oder jener damals gemacht hatte. So blieb man weitgehend unter sich, besuchte sich in den Gemeinden, fuhr im Urlaub nach Israel. In den Personenkarteien der Displaced Persons unmittelbar nach dem Krieg tauchen fast

Abb. 66: In der Männerabteilung der Synagoge Weiden nach dem Jom-Kippur Gottesdienst, 1980er Jahre.
Quelle: Privatbesitz Michael Brenner.

alle Berufsgruppen auf, am häufigsten Handwerker wie Schneider, Schreiner und Schlosser. Die häufigsten Berufe unter den sich in Deutschland Niederlassenden waren jedoch im Bereich des Handels und Gewerbes. Die meisten waren im Textilhandel und im Restaurationsbetrieb tätig, was oftmals ein beschönigender Ausdruck für Bars und Nachtlokale war, die vor allem von der amerikanischen Armee frequentiert wurden. In Grafenwöhr pachteten einige Juden solche Lokale, denn das Leben in einer amerikanischen Enklave bot eine gewisse Entlastung auf jenem blutgetränkten deutschen Boden. Ein neues oberpfälzisches Judentum zeichnete sich unter solchen Umständen schwerlich ab, höchstens ein Epilog zu jenem optimistischen Leben der Zeit des späten 19. und frühen 20. Jahrhunderts.

Die Solidarität mit Israel wurde groß geschrieben. Fast jeder lebte gegenüber den Verwandten und Freunden in Israel mit einem schlechten Gewissen in Deutschland, und dann auch noch in der tiefsten Provinz! Die Gemeinden der sechziger und siebziger Jahre versuchten dies wettzumachen, indem sie Geld für Israel spendeten, insbesondere bei Ausbruch der Kriege von 1967 und 1973. Bei jedem gesellschaftlichen Anlass wurde für Israel gesammelt, jene Spenden stellten eine Art „Solidaritätssteuer" dar, die von jedem gemäß seinem Einkommen erwartet wurde. Wenn man die Gemeinderäume betrat, konnte man das Gefühl haben, bei einer Außenstelle der israelischen Botschaft gelandet zu sein oder in einem auf Israel-Reisen spezialisierten Reisebüro. Überall prangten Bilder der israelischen Kriegshelden wie Moshe Dayan oder der politischen Größen von David Ben-Gurion bis Golda Meir neben blühenden Wüstenlandschaften. Wenn man schon nicht selbst nach Israel ausgewandert war, so sollte man zumindest seine Kinder dorthin schicken. Dies taten denn auch die meisten. Und wenn sie es nicht ganz bis nach Tel Aviv schafften, so gingen sie wenigstens nach München oder Frankfurt. Denn wo sollte man zwischen Naab und Donau jüdische Ehepartner finden und jüdische Familien gründen?

Jude sein im Nachkriegsdeutschland hatte und hat bis heute den Beigeschmack des Exotischen. Dies ist kein Wunder, wenn sich über Jahrzehnte hinweg weniger als 0,1% der Bevölkerung zur jüdischen Minderheit rechnet, das Thema Judentum in seinen verschiedensten Variationen vom Holocaust bis Israel aber täglich in den Medien auftaucht. Jeder liest und hört etwas über Juden und meint irgendetwas über das Judentum zu wissen, aber selbst in Berlin, München oder Frankfurt kennt kaum jemand einen jüdischen Nachbarn oder Schulfreund – wie dann erst in kleineren Städten wie Regensburg, Amberg oder Weiden, wo sich die jüdische Bevölkerung auf wenige Dutzend Menschen beschränkte?

Der Landesverband der Israelitischen Kultusgemeinden in Bayern sorgte dafür, dass jedes jüdische Kind, und wenn es das einzige am Ort war, jüdischen Religionsunterricht erhielt.Der jüdische Religionsunterricht wurde von einem Wanderlehrer erteilt, der vier Kinder in Weiden, drei in Amberg, zwei in Cham, ein paar in Hof und einen in Schwarzenfeld unterrichtete.

Die Stadt Weiden entschloss sich 1988 dazu, alle ihre ehemaligen jüdischen Bürger einzuladen. Dieses Ereignis, zu dem etwa zwanzig frühere Weidener aus den USA und Israel, Kanada und Großbritannien, Frankreich und der Dominikanischen Republik kamen, war sowohl für die Eingeladenen wie auch für die Einladenden unvergesslich. Es kam zu vielen individuellen Begegnungen mit ehemaligen Freunden, in manchen Fällen auch zu schmerzlichen Erinnerungen an diejenigen, die einen aus der Stadt vertrieben hatten. Selbstverständlich gab es auch jene Emigranten, die nicht mehr in die ihnen genommene Heimat zurückkehren wollten. Anlässlich dieser Begegnungswoche wurde ein Gedenkstein in Weiden aufgestellt, der an die über dreißig ermordeten Juden erinnert. Während des Schabbatgottesdienstes mussten die Besucher auch feststellen, dass die damalige jüdische Gemeinde auf ein Minimum geschrumpft war. Weder sie noch die „neuen" Weidener Juden konnten sich damals vorstellen, dass nur ein Jahr später ein neues Kapitel der jüdischen Geschichte Weidens wie ganz Deutschlands beginnen sollte.

Der 9. November, ein solch tragischer Tag in der deutsch-jüdischen Geschichte, sollte 1989 auch für die jüdischen Gemeinden Deutschlands eine neue Bedeutung erhalten. Mit dem Fall der Mauer und der Auflösung der Sowjetunion begann auch die Auswanderung der dort lebenden Juden. Die meisten emigrierten nach Israel, wo fast eine Million ehemals sowjetischer Staatsbürger eine neue Heimat fanden, mehrere Hunderttausend gingen nach

Amerika. Doch für über Hunderttausend Juden aus den Nachfolgestaaten der Sowjetunion wurde Deutschland eine neue Heimat. Sie flüchteten vor dem neuauflebenden Antisemitismus in Russland, der Ukraine und anderen GUS-Staaten. In Deutschland sah man eine Chance, die gewaltsam zerstörte jüdische Gemeinschaft wiederzubeleben. Allen Orten, in denen noch jüdische Gemeinden existierten, wurden nun die sogenannten „Kontingentflüchtlinge" zugeteilt.

Für die kleinen Gemeinden in der Oberpfalz bedeutete dieser Schritt eine dramatische Entwicklung, die man 1989 noch nicht erahnen konnte. Damals schien klar, dass das letzte Kapitel jüdischen Lebens in der Region abgeschlossen war. In Regensburg und Umgebung lebten knapp hundert Juden, in Amberg und Weiden jeweils etwa dreißig. In den letzteren beiden Gemeinden war es Ende der achtziger Jahre schwer geworden, selbst an den Feiertagen die für den Gemeindegottesdienst notwendigen zehn Männer zusammen zu bekommen. Glücklicherweise kamen immer einige der in Grafenwöhr stationierten jüdischen Soldaten als Gäste zum Gottesdienst. Doch selbst dies konnte nicht verhindern, dass Ende der achtziger Jahre Überlegungen existierten, die Feiertagsgottesdienste der Gemeinden Amberg und Weiden zusammenzulegen. Da kaum noch Kinder vorhanden waren, wäre die Schließung der Gemeinden der nächste Schritt gewesen.

Es musste wie ein Wunder wirken, dass gerade zu diesem Zeitpunkt die ersten Zuwanderer eintrafen. In den nächsten Jahren wuchsen die Gemeinden erheblich an. Im Jahr 2007 zählten Regensburg circa 950, Weiden circa 300 und Amberg circa 240 Gemeindemitglieder. Regensburg und Weiden stellten eigene Rabbiner an. Die Regensburger Gemeinde blieb orthodox ausgerichtet, die Weidener orientierte sich am liberalen Judentum (nach dem amerikanischen Wortgebrauch „conservative", was allerdings nicht dem deutschen „konservativ" entspricht). Frauen sind hier auch im Gottesdienst völlig gleichberechtigt, und zwischen 2003 und 2006 amtierte in Weiden eine Rabbinerin. Gottesdienste finden nun nicht nur an den Feiertagen, sondern ein- bis zweimal monatlich auch am Schabbat, in Regensburg jeden Schabbat, statt.

Die russischsprachigen Zuwanderer kommen aus einem atheistischen Staat, in dem jegliche Vermittlung und Praktizierung der jüdischen Religion über mehrere Generationen hinweg praktisch unmöglich war. Jüdisch-religiöses Wissen ist also nur in beschränktem Maße vorhanden. Dennoch waren sich die Juden in der Sowjetunion ihres Judentums, oft als in ihrem Ausweis vermerkte Nationalität, durchaus bewusst. Viele haben deswegen berufliche und andere Diskriminierungen erleiden müssen. In Deutschland suchen sie daher den Anschluss an jüdisches Leben, das nicht immer auf einer rein religiösen Ebene stattfindet. In den jüdischen Gemeinden haben sie Clubs gegründet, in denen man Schach spielt, Jugendarbeit leistet oder sich kulturellen Themen widmet. Zudem sind die Gemeinden zu einem großen Teil Wohlfahrtsinstitutionen geworden, die sich um die sozialen Bedürfnisse ihrer Zuwanderer kümmern. Dabei ist eine „Integration" der Mehrheit in die Minderheit längst in

vollem Gange. In allen Gemeinden der Oberpfalz stellen sie Vorstandsmitglieder, in Weiden die Erste Vorsitzende.[34]
Noch etwas hat sich in den letzten zwei Jahrzehnten geändert. Zwar wäre es
illusorisch zu glauben, der Antisemitismus würde völlig verschwinden. So behauptete der Amberger Bundestagsabgeordnete Hermann Fellner 1986, dass
die Juden sich immer schnell zu Wort melden würden, wenn „in deutschen
Kassen Geld klimpert"; 1987 verteilten Neonazis in Regensburg Flugblätter,
die Ritualmordlegenden anklingen ließen und zum Boykott jüdischer Geschäfte aufforderten; zu Beginn des neuen Jahrhunderts schändeten Unbekannte das Mahnmal an die jüdischen Holocaust-Opfer und beschmierten das
Haus der Gemeindevorsitzenden in Weiden. Selbstverständlich müssen aufgrund der immer wieder auftauchenden Anschlagsdrohungen jüdische Gottesdienste in den oberpfälzischen Gemeinden wie in ganz Europa unter Polizeiaufsicht stattfinden.
Dennoch macht sich mit dem Heranwachsen einer neuen Generation und
der Integration der Neuzuwanderer eine Öffnung zur nichtjüdischen Umwelt
hin und eine neues Interesse der Umwelt für jüdische Belange breit. Es wurden nicht nur Gesellschaften für christlich-jüdische Zusammenarbeit gegründet, die jüdischen Gemeinden selbst sind in vielfältiger Weise in das Leben
ihrer Stadt eingebunden. Dies betrifft gemeinsame Aktivitäten mit den Kirchen wie auch mit islamischen Vereinigungen, Führungen in den Synagogen
sowie öffentliche kulturelle Ereignisse wie Lesungen und Konzerte, auch in
der restaurierten Synagoge von Floß. Nicht zuletzt die privaten Kontakte sind
mit wachsendem Abstand zum Holocaust einfacher geworden. Freundschaften
werden nicht mehr daran gemessen, was dieser oder jener „damals" getan haben könnte. Der Umgang miteinander ist zweifellos unbeschwerter geworden.
Auch das Selbstbewusstsein ist gewachsen. Die Tatsache, dass sich die Israelitische Kultusgemeinde Weiden in den neunziger Jahren in „Jüdische Gemeinde" umbenannte und sich an ihrer unscheinbaren Hauswand durch klar ver-
ständliche religiöse Symbole als solche zu erkennen gibt, mag dieses neue
Bewusstsein ausdrücken.
Gibt es also zu Beginn des 21. Jahrhunderts ein neues oberpfälzisches Judentum? Diese Frage lässt sich noch nicht eindeutig beantworten. Noch sprechen die meisten Juden in der Oberpfalz Russisch und sind erst seit wenigen
Jahren hier. Viele werden dauerhaft ihre Heimat hier finden, andere – vor
allem Jüngere – wird es aber in die Großstädte nach Berlin oder München
ziehen. Gerade die Jüngeren, die aktiv in den Gemeinden geworden sind, gehen am schnellsten in Städte mit größeren jüdischen Gemeinden. Für die ge-

---

[34] Eine Bestandsaufnahme der Integrationsarbeit bieten die über Internet zugänglichen
Jahresberichte „Sozialarbeit und Kulturarbeit der der Jüdischen Gemeinde Weiden":
http://gemeinden.judentum.de/weiden/gemeinde-2002.htm. Zu Regensburg siehe den
Bildband von Uwe Moosburger/Helmut Wanner: Schabbat Schalom. Juden in Regensburg
– Gesichter einer lebendigen Gemeinde, Regensburg 1998.

genwärtige Generation ist jüdisches Leben in der Oberpfalz gesichert. Eine
langfristige Prognose wäre allerdings noch verfrüht, insbesondere da sich alle
früheren Voraussagen als falsch erwiesen. Zu Beginn des 20. Jahrhunderts sah
es ganz danach aus, als ob jüdisches Leben hier – wie in anderen Teilen
Deutschlands – eine blühende Zukunft hätte. Am Ende des 20. Jahrhunderts
schien die Schließung der verbliebenen jüdischen Gemeinden nur noch eine
Frage der Zeit. Und heute? Entgegen aller Prognosen wachsen die Mitgliederzahlen an – werden sie aber auch neues jüdisches Leben bringen? Man
kann hier wohl nur David Ben-Gurion, den ersten Ministerpräsidenten des
Staates Israel zitieren, dem der Satz nachgesagt wird: „Wer nicht an Wunder
glaubt, ist kein Realist."

AUSWAHLBIBLIOGRAPHIE ZUR GESCHICHTE DER JUDEN IN DER OBERPFALZ

Angerstorfer, Andreas/Berger-Dittscheid, Cornelia/Dittscheid, Hans-Christoph: Verlorene Tempel. Synagogen in Regensburg von 1788 bis 1938, in: Denkmalpflege in Regensburg 10, Regensburg 2006, S. 112–141.

Angerstorfer, Andreas: „Denn der Stein wird aus der Mauer schreien..." (Hab 2, 11). Jüdische Spolien aus Regensburg in antisemitischer Funktion, in: Das Münster 60, Heft 1 (2007), S. 23–30.

Angerstorfer, Andreas: Am 2. April 1942 begann die „Reise ohne Wiederkehr", in: Der Landesverband der Israelitischen Kultusgemeinden in Bayern (1992), S. 4–6.

Angerstorfer, Andreas: Die Ausstrahlung der Talmudschule und des Bet Din von Regensburg von Frankreich bis nach Kiew (1170–1220), in: Edith Feistner (Hg.): Das mittelalterliche Regensburg im Zentrum Europas, Regensburg 2006 (Forum Mittelalter. Studien 1).

Angerstorfer, Andreas: Die Bedeutung der Mauerfunde im mittelalterlichen Ghetto am Neupfarrplatz in Regensburg, in: Oberpfalz 83 (1995), S. 257–259; wiederabgedruckt in: Der Landesverband der Israelitischen Kultusgemeinden in Bayern 67 (1995), S. 15f.

Angerstorfer, Andreas: Die Synagogenneubauten 1721/22 in Floß und 1737/40 in Sulzbach im Kontext der Judenpolitik der Pfalzgrafen von Sulzbach, in: Johannes Hartmann (Hg.): „Die mitten im Winter grünende Pfalz". 350 Jahre Wittelsbacher Fürstentum Pfalz-Sulzbach, Sulzbach 2006, S. 199–206.

Angerstorfer, Andreas: Rabbi Jehuda ben Samuel he-Hasid (um 1140–1217), „der Pietist", in: Manfred Treml/Wolf Weigand/Evamaria Brockhoff (Hg.): Geschichte und Kultur der Juden in Bayern. Lebensläufe, München 1988 (Veröffentlichungen zur Bayerischen Geschichte und Kultur 18/88), S. 13–20.

Bayer, Karl/Baron, Bernhard M.: Weiden – 1933. Eine Stadt wird braun. Sonderdruck der Oberpfälzer Nachrichten, Weiden 1993.

Berger-Dittscheid, Cornelia: „Structur und Eleganz" oder liturgische Zweckmäßigkeit? Der Synagogenbau in Floß, in: Johannes Hartmann (Hg.): „Die Mitten im Winter grünende Pfalz". 350 Jahre Wittelsbacher Fürstentum Pfalz-Sulzbach, Sulzbach 2006, S. 199–206.

Bernstein, Mordechai: Rabbiner Dr. Magnus Weinberg zum Gedächtnis, in: Allgemeine Wochenzeitung der Juden in Deutschland vom 16. 3. 1951, S. 13.

Bloch, David Ludwig: Holzschnitte: Shanghai 1940-1949 = Bloch, David Ludwig: Woodcuts, herausgegeben von Barbara Hoster/Roman Malek/Katharina Wenzel-Teuber, St. Augustin 1997.

Brekle, Herbert E.: Das Regensburger Ghetto. Foto-Impressionen der Ausgrabung, Regensburg 1997.

Brenner, Michael: Am Beispiel Weiden. Jüdischer Alltag des Nationalsozialismus, Würzburg 1983.

Brenner, Michael: Vertrieben, isoliert und verfolgt – Geschichte der Juden im Landkreis Neustadt, in: Heimat Landkreis Neustadt an der Waldnaab, herausgegeben vom Landkreis Neustadt an der Waldnaab. Projektleitung und Redaktion: Gustav Kaiser, Neustadt a. d. Waldnaab 1993, S. 203–216.

Codreanu, Silvia: Das jüdische Viertel am Neupfarrplatz in Regensburg. Jüdischer Alltag aus der Sicht der neuesten Ausgrabungen, in: Egon Wamers/Fritz Backhaus (Hg.): Synagogen, Mikwen, Siedlungen. Jüdisches Alltagsleben im Lichte neuer archäologischer Funde, Frankfurt a. M. 2004 (Schriften des Archäologischen Museums Frankfurt 19), S. 117–128.

Codreanu-Windauer, Silvia, The Medieval Jewish Quarter of Regensburg and its Syna-
gogue: Archeological Research 1995–1997, in: Timothy Insoll (Hg.): Case Studies in
Archeology and World Religion. The Proceedings of the Cambridge Conference,
Oxford 1999 (BAR International series 755), S. 139–152.
Codreanu-Windauer, Silvia/Ebeling, Stefan: Die mittelalterliche Synagoge Regensburgs,
in: Susanne Böning-Weis/Karlheinz Hemmeter/York Langenstein (Hg.): Monumental.
Festschrift für Michael Petzet, München 1998, S. 449–464.
Codreanu-Windauer, Silvia/Harck, Ole: Ein jüdischer Goldring aus Regensburg, in: Ar-
chäologisches Korrespondenzblatt 29 (1999), S. 583–591.

Dan, Joseph: The Book of Divine Glory by Rabbi Judah of Regensburg, in: Ders./Klaus
Joseph Herrmann (Hg.): Studies in Jewish Manuscripts, Tübingen 1999 (Text and Stu-
dies in medieval and early modern Judaism 14), S. 1–18.
Dirmeier, Artur: Die Schierstatt von Regensburg. Frühe jüdische Siedlungsspuren, in:
Konrad Ackermann/Alois Schmid (Hg.): Staat und Verwaltung in Bayern. Festschrift
für Wilhelm Volkert zum 75. Geburtstag, München 2003, S. 37–42.
Doerfer, Mordechai: Die Scheunensynagoge in Bechhofen – Beispiel traditionellen
Synagogenbaus in Deutschland, in: Machon Moreschet Aschkenas Deutschland e.V.,
25. 10. 2005, S. 10.
Dörner, Dieter: Juden in Amberg – Juden in Bayern, Pressath 2006.
Dörner, Dieter: Juden in Amberg – Niedergang und Neuanfang, Pressath 2006.

Eberhardt, Barbara/Hager, Angela (Hg.): Mehr als Steine... Synagogen-Gedenkband
Bayern 1, Lindenberg i. Allgäu 2007.
Eckstein, Adolf: Geschichte der Juden im ehemaligen Fürstbistum Bamberg, Bamberg
1898.
Eckstein, Adolf: Geschichte der Juden im Markgrafentum Bayreuth, Bayreuth 1907.

Finke, Manfred: Sulzbach im 17. Jahrhundert. Zur Kulturgeschichte einer süddeutschen
Residenz, Regensburg 1998.
Flade, Roland: Die Würzburger Juden. Ihre Geschichte vom Mittelalter bis zur Gegen-
wart, Würzburg ²1986.
Frank, Abraham: The Dinkelsbühler, Hönigsberger and Wilmersdörfer Families of Floss
and Fürth. Biographies and Genealogical Charts, Jerusalem 2006.

Germania Judaica Band II: Von 1238 bis zur Mitte des 14. Jahrhunderts. 1. Halbband, her-
ausgegeben von Zvi Avneri, Tübingen 1968: Ortsartikel Amberg (S. 13–14).
Germania Judaica Band II: Von 1238 bis zur Mitte des 14. Jahrhunderts. 2. Halbband, her-
ausgegeben von Zvi Avneri, Tübingen 1968: Ortsartikel Nabburg (S. 568), Regensburg
(S. 679–691), Sulzbach(-Rosenberg) (S. 812), Sulzbürg (S. 813).
Germania Judaica Band III: 1350–1519. 1. Teilband, herausgegeben von Arye Maimon in
Zusammenarbeit mit Yacov Guggenheim, Tübingen 1987: Ortsartikel Amberg (S. 13–
15), Floss (S. 341).
Germania Judaica Band III: 1350–1519. 2. Teilband, herausgegeben von Arye Maimon/
Mordechai Breuer/Yacov Guggenheim, Tübingen 1995: Ortsartikel Regensburg
(S. 1178–1230), Sulzbürg (S. 1445), Weiden in der Oberpfalz (S. 1559–1560).
Germania Judaica Band III: 1350–1519. 3. Teilband, herausgegeben von Arye Maimon/
Mordechai Breuer/Yacov Guggenheim, Tübingen 2003: Regionenartikel Kuroberpfalz,
das Kurpräzipuum (S. 1913–1919), Kurpfalz (S. 1919–1935).

Habermann, Abraham Meir: Pijjute rabbenu Efrajim b' 'r Jizchaq mi-regensburg, Berlin/
Jerusalem 1938 (Studies of the Research Institute for the Hebrew Poetry in Jerusalem
IV).

Harburger, Theodor: Die Inventarisation jüdischer Kunst- und Kulturdenkmäler in Bayern, herausgegeben von den Central Archives for the History of the Jewish People, Jerusalem und dem Jüdischen Museum Franken in Fürth und Schnaittach, 3 Bde, Fürth 1998.

Hofmann, Klaus: Die Verdrängung der Juden aus öffentlichem Dienst und selbständigen Berufen in Regensburg 1933–1939, Frankfurt a.M. 1993 (Rechtshistorische Reihe 110).

Höpfinger, Renate: Die Judengemeinde von Floß 1684–1942. Die Geschichte einer jüdischen Landgemeinde in Bayern, Kallmünz 1993 (Regensburger Historische Forschungen 14).

Ibel, Johannes: Die Häftlingsdatenbank der KZ-Gedenkstätte Flossenbürg, in: Gedenkstättenrundbrief, Nr. 115 (2003), S. 3–13.

Jakubowicz, Josef: Auschwitz ist auch eine Stadt, Nürnberg 2005.

Jüdische Gemeinde Regensburg (Hg.): Die Jüdische Gemeinde in Regensburg, Regensburg 2002.

Kick, Wilhelm: Sag es unseren Kindern. Widerstand 1933–1945. Beispiel Regensburg, Berlin/Vilseck 1985.

Kraus, Peter: Der Judenberg in Floß, in: Oberpfälzer Heimat XIX (1975), S. 63–74.

Langer, Martina: Die Regensburger Judengemeinde zwischen 1914 und 1945. Zulassungsarbeit Universität Regensburg 1984.

Laschinger, Johannes: Judenpogrome in Weiden und Amberg 1938, in: Verhandlungen des Historischen Vereins für Oberpfalz und Regensburg 128 (1988), S. 185–227.

Meyer, Isaak: Zur Geschichte der Juden in Regensburg. Gedenkschrift zum Jahrestage der Einweihung der neuen Synagoge, nach handschriftlichen und gedruckten Quellen, Berlin 1913.

Muggenthaler, Thomas: „Ich lege mich hin und sterbe!" Ehemalige Häftlinge des KZ Flossenbürg berichten, Stamsried 2005.

Muggenthaler, Thomas: Regensburgerinnen im Exil, in: Hubert Ettl/Harald Grill (Hg.): Oberpfalz, Viechtach 1995, S. 116–122.

Mutius, Hans Georg von: Ephraim von Regensburg. Hymnen und Gebete, Hildesheim/Zürich/New York 1988 (Judaistische Texte und Studien 10).

Rede am Tage der Einweihung der neuerbauten Synagoge bei der jüdischen Gemeinde zu Floß am 22sten August 1817 gehalten von Rabbi Moses ben Rabbi Abraham, dasigem Rabbiner, Sulzbach 1818 (Exemplar im Leo Baeck Institute, New York).

Rood, Coen: „Wenn ich es nicht erzählen kann, muß ich weinen". Als Zwangsarbeiter in der Rüstungsindustrie, Frankfurt a.M. 2002.

Schiessl, Günter/Oberdorfer, Simon: Velodrom. Auf den Spuren eines Regensburger Bürgers, Regensburg 1990.

Schott, Sebastian: „Weiden a mechtige kehille". Eine jüdische Gemeinde in der Oberpfalz vom Mittelalter bis zur Mitte des 20. Jahrhunderts, Pressath 1999.

Schulz-Brize, Thekla (Hg.): 3 D-Visualsierung der untergegangenen Regensburger Synagoge, erstellt an der FH Regensburg, 2007.

Schwarz, Stefan: Sage nie Du gehst den letzten Weg, München 1970.

Schwerdt, Otto/Schwerdt-Schneller, Mascha: Als Gott und die Welt schliefen, Viechtach 1998.

Schwierz, Israel: Steinerne Zeugnisse jüdischen Lebens in Bayern, München ²1992.

„Siehe der Stein schreit aus der Mauer". Geschichte und Kultur der Juden in Bayern. Ausstellungskatalog, Nürnberg 1988.

Skriebeleit, Jörg: Flossenbürg – Stammlager, in: Wolfgang Benz/Barbara Distel (Hg.): Flossenbürg, Das Konzentrationslager Flossenbürg und seine Außenlager, München 2007, S. 11-60.
„Stadt und Mutter in Israel". Jüdische Geschichte und Kultur in Regensburg, Regensburg 1989 (⁴1996) (Ausstellungskataloge zur Regensburger Geschichte 2).
Synagogen in Deutschland. Eine virtuelle Rekonstruktion, Katalog der Ausstellung Bonn (Buch und CD-Rom), herausgegeben von der TU Darmstadt, Fachgebiet CAD in der Architektur, Basel 2004.

Terry, Jack: Jakubs Welt, München 2005.

Volkert, Wilhelm, Das Regensburger Judenregister von 1476, in: Pankraz Fried (Hg.), Festschrift für Andreas Kraus zum 60. Geburtstag, Kallmünz 1982, S. 115-141.
Volkert, Wilhelm, Die Juden im Fürstentum Pfalz-Neuburg, in: Zeitschrift für bayerische Landesgeschichte 26 (1963), S. 560-605.
Volkert, Wilhelm, Die Juden in der Oberpfalz im 14. Jahrhundert, in: Zeitschrift für bayerische Landesgeschichte 30 (1967), S. 161-200.
Volkert, Wilhelm, Die Regensburger Juden im Spätmittelalter und das Ende der Judengemeinde 1519, in: Edelgard E. DuBruck (Hg.): Crossroads of Medieval Civilization: The City of Regensburg and Its Intellectual Milieu, Detroit 1984, S. 139-171.
Volkert, Wilhelm, Die spätmittelalterliche Judengemeinde in Regensburg, in: Dieter Henrich (Hg.): Albrecht Altdorfer und seine Zeit, Regensburg 1992, S. 123-149.
Volkert, Wilhelm: Pfälzische Zersplitterung, in: Handbuch der bayerischen Geschichte, Bd. 3/III: Geschichte der Oberpfalz und des bayerischen Reichskreises bis zum Ausgang des 18. Jahrhunderts, begründet von Max Spindler, neu herausgegeben von Andreas Kraus, München ³1995, S. 135-141.

Wabra, Michael (AG Geschichtswerkstatt): Von Regensburg nach Wien und London: eine „Halbjüdin" berichtet Schülern von heute, in: Jahresbericht des Von-Müller-Gymnasiums Regensburg 1987/88, S. 114-116.
Wabra, Michael (AG Geschichtswerkstatt): Zum Gedenken an unsere ehemaligen jüdischen Schülerinnen, die Opfer des Nationalsozialismus geworden sind. Eine Broschüre zur Geschichte des Von-Müller-Gymnasiums in den Jahren 1933 bis 1936, Regensburg 1987.
Wappmann, Volker: Durchbruch zur Toleranz. Die Religionspolitik des Pfalzgrafen Christian August von Sulzbach, Neustadt a.d. Aisch 1995.
Weinberg, Magnus: Das erste halbe Jahrhundert der israelitischen Kultusgemeinde Neumarkt Opf. Ein kurzer geschichtlicher Überblick, Neumarkt 1919.
Weinberg, Magnus: Die auf Juden bezüglichen Akten des Kgl. Bayerischen Kreisarchivs der Oberpfalz in Amberg, Leipzig 1912.
Weinberg, Magnus: Die hebräischen Druckereien in Sulzbach (1669-1851). Ihre Geschichte, ihre Drucke, ihr Personal, Frankfurt a.M. 1904 (Sonderabdruck aus dem Jahrbuch der Jüdisch-Literarischen Gesellschaft 1 [1903], S. 19-202).
Weinberg, Magnus: Geschichte der Juden in der Oberpfalz IV: Sulzbürg, München 1927 (Schriften der Historischen Kommission des Verbandes der bayerischen israelitischen Gemeinden I).
Weinberg, Magnus: Geschichte der Juden in der Oberpfalz V: Herzogtum Sulzbach (Sulzbach und Floss), München 1927 (Schriften der Historischen Kommission des Verbandes der bayerischen israelitischen Gemeinden II).
Wittmer, Siegfried: Regensburger Juden. Jüdisches Leben von 1519 bis 1990, Regensburg ²2002 (Regensburger Studien und Quellen zur Kulturgeschichte 6).

Ziegler, Gabriele/Grundler, Franz: Gedenke und erzähle. Die jüdischen Familien Baum, Wilmersdörfer und Bruckmann in Nabburg, Nabburg 2007.

Zweck, Erich: Die jüdische Familie Kahn in Schwandorf, in: Jahresband zur Kultur und Geschichte im Landkreis Schwandorf 1992/1993, S. 96–110.

Weiterführende Literaturhinweise:
Wiesemann, Falk: Bibliographie zur Geschichte der Juden in Bayern, München 1989.

REGISTER

Personenregister

Abraham ben Asriel 202
Abraham ben Samuel he-Chassid 17
Abraham Cohen Herrera 73f., 80
Abraham ibn Esra 20
Abulafia, Abraham 69
Adler, H.G. 154
Aharon ben Uri Lipmann Fränkel 56f.,
  60
Aharon Fränkel s. auch Arnstein, Säkel
  56, 144
Aichinger, Johann Leonhard Friedrich 41
Altdorfer, Albrecht 1, 10, 31ff.
Amode, Anna 202
Amschel ha-Lewi 21
Angerer, Martin 52
Angerstorfer, Andreas 52, 159
Ansbacher, Ernst 101
Ansbacher, Pauline 101
Arco-Valley, Anton Graf von 171
Arnstein, Elias 56
Arnstein, Elijah 45
Arnstein, Säkel (Isaak) ben Aharon 56,
  58, 62f., 67
Arnstein, Salomon 56
Arnstein s. auch Aharon Fränkel 56
Ascher, Familie 130
Auerbach, Selig 140
August, Herzog von Pfalz-Sulzbach 87f.

Bacharach, Naphtali 73f., 80
Bacherl, Kreisleiter 113
Baer, Richard 100
Bähr, George 35
Bamberger, Judith 143, 155
Bamberger, Nathan 143
Bamberger, Seligmann Bär 143
Barth, Adolf 140
Baruch ben Samuel (Mainz) 20, 26
Basilius der Große 140
Bauer, Franz 203f.
Baum, Alois 199f., 203
Baum, Clara s. auch Wilmersdörfer,
  Clara 199f., 205
Baum, Familie 198f.
Baum, Gerta s. Bruckmann, Gerta 197–
  202, 204, 206, 208–212

Baum, Irma 199f., 206ff., 212
Baum, Josef 198–207, 211
Baum, Margaretha 198, 202, 204f., 209f.
Baum, Samuel 199
Bechai ben Ascher 61
Beitler 134
Ben-Gurion, David 245, 248
Benjamin ha-Levi 80
Benveniste, Immanuel 73
Berger-Dittscheid, Cornelia 52
Berliner, Abraham 140
Bernstein, Maier 196
Bernstein, Mordechai 139
Bialik, Chaïm Nachman 54
Binswanger, Familie 161
Bloch, David Ludwig 96, 99, 209f.
Bloch, Ernst 124. 127
Bloch, Feistl 55
Bloch, Hirsch Löw 94
Bloch, Isak 4f.
Bloch, Moses ben Uri Schraga 55ff., 82,
  144
Boethius 75
Brandis, Charlotte 193
Brandner, Helene 198, 202, 209ff.
Brandner 202
Breinel 4
Brown, Thomas 75
Bruckmann, Familie 197–212
Bruckmann, Friedl (Schlomo) 197, 208,
  212
Bruckmann, Gerta 197–202, 204, 206,
  208–212
Bruckmann, Gila 212
Bruckmann, Günter 197, 199, 202, 208,
  211
Bruckmann, Salomon 197f., 200–211
Bruckmann, Siegfried 197, 208, 212
Bruckmann, Waltraut 197, 201, 208,
  210f.
Bruckmann, Werner (Abraham) 201ff.,
  205f., 208–212
Brutmann, Familie 196
Buchberger, Michael 175
Buchmann, Adolf 162
Buxtorf, Johannes 71, 79f.

Ortsregister

VERZEICHNIS DER AUTORINNEN UND AUTOREN

Dr. Andreas Angerstorfer, Wissenschaftlicher Angestellter für biblische Sprachen und Judaistik an der Universität Regensburg.

Dr. Jakob Borut, Direktor der deutschen Registraturabteilung des Yad Vashem Archivs, Jerusalem.

Dr. Michael Brenner, Professor für Jüdische Geschichte und Kultur an der Ludwig-Maximilians-Universität München.

Dr. Hans-Christoph Dittscheid, Professor für Kunstgeschichte an der Universität Regensburg.

Dieter Dörner, Kreisheimatpfleger des Landkreises Amberg-Sulzbach.

Dr. Renate Höpfinger, Leiterin des Referats „Archiv für Christlich-Soziale Politik (ACSP), Bibliothek und Dokumentation" und stellvertretende Leiterin der Akademie für Politik und Zeitgeschehen der Hanns-Seidel-Stiftung.

Dr. Andreas B. Kilcher, Professor für Literatur- und Kulturwissenschaft an der Eidgenössischen Technischen Hochschule Zürich.

Aubrey Pomerance, Leiter des Archivs des Jüdischen Museums Berlin und der Dependance des Archivs des Leo Baeck Instituts New York am Jüdischen Museum Berlin.

Dr. Sebastian Schott, Wissenschaftlicher Mitarbeiter am Stadtmuseum Weiden.

Dr. Jörg Skriebeleit, Leiter der KZ-Gedenkstätte Flossenbürg.

Dr. Ittai Joseph Tamari, Wissenschaftlicher Mitarbeiter der Abteilung für Jüdische Geschichte und Kultur der Ludwig-Maximilians-Universität München und Leiter des Forschungsprojekts „Porta Hebraica" der Bayerischen Staatsbibliothek.

Dr. Gabriele Ziegler, Kirchenhistorikerin aus Nabburg mit den Forschungsschwerpunkten Sprachsymbolik und Dialog der Religionen.

www.ingramcontent.com/pod-product-compliance
Lightning Source LLC
Chambersburg PA
CBHW031545260326
41914CB00002B/283